数据法学
导论

INTRODUCTION
TO
DATA LAW

饶传平 / 主编

李钊 杨安卓 / 副主编

华中科技大学出版社
http://press.hust.edu.cn
中国·武汉

图书在版编目(CIP)数据

数据法学导论 / 饶传平主编；李钊，杨安卓副主编. --武汉 ：华中科技大学出版社，2024. 9. -- ISBN 978-7-5772-1300-2

Ⅰ. D922.174

中国国家版本馆 CIP 数据核字第 2025J0Z841 号

数据法学导论   饶传平　主　编
Shuju Faxue Daolun   李　钊　杨安卓　副主编

策划编辑：郭善珊

责任编辑：张　丛　李可昕

封面设计：沈仙卫

责任校对：李　琴

责任监印：朱　玢

出版发行：华中科技大学出版社（中国·武汉）　　电话：(027) 81321913
　　　　　武汉市东湖新技术开发区华工科技园　　邮编：430223

录　　排：华中科技大学出版社美编室

印　　刷：武汉市洪林印务有限公司

开　　本：710mm×1000mm　1/16

印　　张：24.75

字　　数：455 千字

版　　次：2024 年 9 月第 1 版第 1 次印刷

定　　价：79.00 元

本书的出版得到

国家社科基金重大项目"数字社会的法律治理体系与立法变革研究"

（项目编号：20&ZD178）的资助

编写组成员

饶传平　杨安卓　李　钊　刘彬彬　许林波
余斐蓉　陶斯琦　刘舒婷　洪民杰　程梦思
何红桂　余佳璇　谢思卿

在历史的长河中，人类文明经历了无数次的飞跃与变迁，而每一次跃迁的背后，都是科技力量的推动与社会结构的重塑。从农业社会向工商社会的转变，从蒸汽动力到电气革命，再到今日的数字化浪潮，技术革新始终是引领时代前行的动力源泉。21世纪初，随着互联网的普及和信息技术的迅猛发展，人类社会迎来了前所未有的数字化转型，其意义类似于文艺复兴、地理大发现和工业革命的结合。数据，作为这一变革的核心要素，不仅承载着人类的智慧结晶，更成为驱动全球经济发展的关键力量。在这样的背景下，传统的法律体系面临着前所未有的挑战——如何在保障个人隐私与数据安全的同时，促进数据的合法合理利用？如何构建一个既能激发创新活力又能维护社会公平的法律框架？面对上述挑战，数据法学应运而生。它不仅是一门新兴的交叉学科，更是法学领域的一次重大飞跃。数据法学致力于研究数据作为新型法律客体的性质、数据处理过程中的权利义务关系、数据监管与安全保护、数据责任的认定与承担、数据驱动法律自动运行等问题。本书旨在通过系统梳理数据法学的基本概念、理论框架以及实践应用，为读者提供一个全面理解数据法学的窗口。

我们编写这本《数据法学导论》的目标，是为学界和业界提供一个系统研习数据法学这一新兴学科的参考框架。在着手写作之前，本书编写组对国内外相关课程教材的发展状况进行了调研。纵观法学教育的发展历程，可以看到，随着科技的进步，法学教育也在不断适应和变革。早在 20 世纪初期，随着计算机技术的萌芽，一些先驱者就开始关注技术对法律的影响，提出新的学科概念并着手编著新的教材。

1949 年，洛温格（Lee Loevinger）首次提出了"法律计量学"（Jurimetrics）的概念[1]，标志着法律与技术结合研究的开端。到了 20 世纪 70 年代末，随着个人计算机的普及，"计算机法"（Computer Law）开始成为一个专门的研究领域。1985 年，美国明尼苏达大学法学院的迈克尔·C. 杰米尼亚尼（Michael C. Gemignani）编写的《计算机法》（*Computer Law*）[2] 成为这一领域最早的系统性教材之一。进入 20 世纪 90 年代，互联网的兴起推动了"网络法"（Cyber Law）的发展。1996 年，劳伦斯·莱斯格（Lawrence Lessig）在哈佛法学院开设了第一门网络法课程，他后来出版的《代码：塑造网络空间的法律》（*Code：And Other Laws of Cyberspace*）[3] 成为这一领域的经典之作。21 世纪初，随着信息技术的进一步发展，"信息法"逐渐成为一个独立的研究领域。2010 年，伦敦政治经济学院的安德鲁·默里（Andrew Murray）编著的《信息技术法》（*Information Technology Law：The Law and Society*）[4] 是这一领域较早的系统性教材。近年来，随着人工智能、大数据、区块链等新兴技术的快速发展，更多专门针对这些技术的法学教材逐渐诞生，例如，2020 年，马克·科克尔伯格（Mark Coeckelbergh）编写的《人工智能伦理》（*AI Ethics*）[5] 等。凯文·D. 艾希礼（Kevin D. Ashley）的《人工智能与法律分析：法数字时代的法律实践的新工具》（*Artificial Intelligence and Legal Analytics：New Tools for Law Practice in the Digital Age*）[6] 在 2017 年一出版就成为这一时代的新经典。

而在国内，相关教材和著作的编写也在稳步推进。21 世纪初的网络法时代，代表性的著作有张楚主编的《网络法学》（高等教育出版社，2003），齐爱

---

[1] Lee Loevinger. *Jurimetrics—The Next Step Forward*. Minn. Law Rev. 1949，33：455.

[2] Michael C. Gemignani. *Computer Law*. Bancroft-Whitney Co，1985.

[3] Lawrence Lessig. *Code：And Other Laws of Cyberspace*. Basic Books，1999.

[4] Andrew Murray. *Information Technology Law：The Law and Society*. Oxford：Oxford University Press，2010.

[5] Mark Coeckelbergh. *AI Ethics*. MIT Press，2020.

[6] Kevin D. Ashley. *Artificial Intelligence and Legal Analytics：New Tools for Law Practice in the Digital Age*. Cambridge University Press，2017.

民、刘颖主编的《网络法研究》（法律出版社，2003），饶传平著的《网络法律制度》（人民法院出版社，2005）。2015年张妮、蒲亦非在四川大学出版社出版的《计算法学导论》是我国最早的一部计算法学教材。人工智能法学方面，有冯子轩主编的《人工智能与法律》（法律出版社，2020），以及郑飞、马国洋主编的《人工智能法学》（中国政法大学出版社，2023）等。数字法学方面，代表性的有姜伟、龙卫球主编的《数字法学原理》（人民法院出版社，2023）。数据法领域著作教材较多，代表性的有何渊主编的《数据法学》（北京大学出版社，2020）、齐爱民所著的《数据法原理》（高等教育出版社，2022）、武长海主编的《数据法学》（法律出版社，2022）、张敏主编的《数据法学》（中国政法大学出版社，2023）等。这些教材和著作无疑为数据法学及相关学科的发展作出了重要贡献，但仍存在一些不足。首先，大多数教材仍然是从特定技术出发，如人工智能法、区块链法等，缺乏一个统一的、以数据为核心的法学研究范式。其次，许多教材侧重于技术层面的介绍或具体法律问题的分析，缺乏对数据法学基础理论的系统阐述。跨学科融合不够深入，往往是法学研究者或技术专家单方面的视角，缺乏真正的交叉融合，对新兴数据伦理、数据权利等前沿问题的探讨不够深入。最后，理论与实践的结合还不够紧密，难以满足快速变化的数字经济时代的实际需求。正是基于对这些不足的认识，我们决定编写这本《数据法学导论》，试图建立一个以数据为核心的法学研究范式。

本书共七章。第一章总论，梳理了数据法学产生的背景和发展历程，剖析了数据与信息、知识的关系以及数据在法律体系中的地位，阐释了数据法治模式的新特点，并探讨了研究方法、法律渊源及人才培养问题。第二章聚焦数据处理，分析了数据的概念、类型及处理原则，为理解数据法律关系奠定了基础。第三章深入探讨数据权利，从理论渊源到具体权利类型，系统阐述了数据权利体系的构建。第四章重点关注数据安全，涵盖了数据分类分级、跨境流动管理、安全审查等关键议题。第五章论述数据监管，分析了监管的法律基础、主要领域，并比较了各国监管模式。第六章探讨数据责任，明确了责任主体、内容及承担方式。第七章则展望了数据驱动下法律自动运行的前景，包括自动化行政、智能司法及智能合约等创新应用。

本书的特色和创新主要体现在以下几个方面：

第一，本书建立了一个以数据为核心的法学研究范式。我们不再局限于某一特定技术，而是将数据作为贯穿始终的核心概念。这种范式使我们能够更加系统地分析和理解各种新兴技术对法律的影响，同时也为未来可能出现的新技术预留了理论空间。

第二，本书的教材范式框架具有独特性。我们将数据法学分为基础理论、数据处理、数据权利、数据安全、数据监管、数据责任、数据驱动法律自动运行七个主要模块，这种框架既保持了与传统法学的联系，又充分体现了数据法学的特殊性，并将对数据的法律规制（law for data）和通过数据进行的法律治理（law by data）这两个领域在学理上与技术上有机结合起来。

第三，本书的章节安排体现了深入浅出的逻辑。我们从数据法学的基本概念和理论出发，逐步深入具体的法律问题和实践应用，最后展望数据法学的未来发展。这种安排有助于读者循序渐进地掌握数据法学知识。

第四，本书注重多学科交叉视角。本书编写组成员不仅包括有法学专业背景的学者，而且包括有理工或其他专业背景的学者，确保了内容的全面性和前沿性。

第五，本书注重案例分析和实践指导。大部分章节都引用了若干典型案例，这些案例既有国内的，又有国外的；既有已经做出裁判的，又有尚在争议中的。通过这些案例，读者可以更直观地理解理论知识在实践中的应用。

第六，我们努力保持学术严肃性的同时，尽量使用通俗易懂的语言。考虑到本书的读者可能包括法学专业的学生、教师，也可能有来自 IT 行业的专业人士，所以我们在术语使用和概念解释上都力求清晰明了。

第七，我们在每章开篇提供了"内容提要"，在章末设置了"思考题"。内容提要有助于读者快速把握这一章的主要内容和核心观点，思考题有助于读者深化理解和培养解决实际问题的能力。

总之，我们希望全书内容体现数据法学的历史长度、法理深度、学科广度、技术结合度，体现近年来以《中华人民共和国网络安全法》（以下简称《网络安全法》）、《中华人民共和国数据安全法》（以下简称《数据安全法》）、《中华人民共和国个人信息保护法》（以下简称《个人信息保护法》）为代表的最新数据立法内容，体现近年来筚路蓝缕、富有成效的数据司法判例精神，体现近年来蓬勃发展、富有生气的数据法学研究成果，并多加运用可视化的图表以表达数据法律的复杂内容与鲜活材料，为新法科教材编写作出有益探索，为后续的可视化教材编写奠定扎实基础。

本书主要面向以下几类读者：

（1）法学院的学生和教师。对于学生而言，本书可以作为数据法学课程的主要教材，也可以作为相关选修课的参考读物。对于教师而言，本书提供了一个系统的教学框架，也可以作为备课的重要资源。

（2）法律实务工作者，包括律师、法官、企业法务等。在数字经济时代，几乎所有的法律实务都会涉及数据问题。本书可以帮助这些读者更好地理解和应对数据相关的法律问题。

（3）IT 行业的专业人士。随着数据在企业运营中的重要性日益提升，了解相关法律规制对 IT 从业者来说变得越来越重要。本书可以帮助他们在技术开发和应用过程中更好地规避法律风险。

此外，对数据法感兴趣的政策制定者和公众也可以通过阅读本书了解数据法学的基本理论和最新发展。

对于不同背景的读者，我们建议采用不同的阅读策略。

对于法学背景的读者，建议按照章节顺序系统阅读，以全面掌握数据法学的理论体系。

对于 IT 背景的读者，可以先重点阅读第二章和第三章，了解数据处理法律关系的新特征和具体的数据权利义务，然后再回过头来学习第一部分的理论基础。最后一章"数据驱动法律自动运行"则特别适合法律科技研发领域的工作者阅读。

对于实务工作者，可以根据自己的工作需要，选择性地阅读相关章节。

对于政策制定者和公众读者，可以重点阅读每章的内容提要，以获得对数据法学的整体认识。

数据法学是一个正在快速发展的领域，我们相信，随着数字技术的不断进步和法律实践的深入，数据法学必将发展成为一个重要的法学分支。本书的出版只是一个开始，我们期待与更多的学者、实务工作者一起，共同推动数据法学的发展，为构建数字时代的法治秩序贡献力量。在结束这篇前言之际，我们想引用著名法学家罗斯科·庞德的一句话："法律必须是稳定的，但又不能一成不变。"生物学出身的庞德敏锐地观察到法律系统演化与生命系统演化的相似之处——遗传保持稳定，进化带来变革。在数据时代，这句话显得尤为重要。据此，面对包括"马法"之议在内的种种质疑，作为一门新兴学科的数据法学，不啻一个新法学的万花筒，向全体法律人展示出这门古老学科的传承、裂变与涌现，并激发更多人参与到这个充满活力的领域中来。让我们携手共同探索数据法学的未来！

目录

C
ontents

第一章 总论

内容提要

• 数据法学诞生：数字化是"第二次地理大发现"；数据—信息—知识—智慧；数据成为新客体；数据作为生产要素；数据重构法律概念与体系；综合治理的预防型法治；数据驱动法律自动运行；对法律本质的反思；新兴交叉学科；综合性法律部门；元法学视角；从领域法到新法学。

• 数据法律关系：主体包括自然人、法人与国家机关；客体包括个人数据、数据资源、数据产品和服务；内容涉及权利义务关系、安全与风险防控关系、治理与监管关系、权益救济关系。

• 数据法律渊源：宪法的人格尊严与自由条款、通信自由与秘密条款、人身自由条款、财产权条款、科技创新与知识产权条款；《网络安全法》、《数据安全法》、《个人信息保护法》、《中华人民共和国电子商务法》（以下简称《电子商务法》）；行政法规与部门规章推动形成统一数据治理体系；地方立法因应各地数据经济发展与数据治理需求创新探索；非正式渊源为后续立法提供理论基础与实践经验。

• 数据法学研究方法：规范分析突破传统解释方法，融入大数据分析；案例研究聚焦数据法律问题的复杂性和多样性；比较研究关注全球数据治理规则；实证研究运用大数据、实验等创新方法；跨学科研究整合多领域知识应对数据法律挑战。

·数据法学教育：数据全生命周期法律问题认知能力；跨学科思维和问题解决能力；理论与实践相结合的创新教学模式；产学研合作推进数据法学人才培养；国际化视野与本土化特色的平衡发展。

法律从身份性走向契约性，古代法完成了向维护自由与民主的现代法转型。以人工智能为代表的第四次工业革命与数字社会的形成，实现了万物互联、人机交互，由此带来主体—客体、行为—关系、时间—空间的革命性变化，产生了数字空间、数字身份、数字行为、数字关系、数字纠纷等新型法律问题，数据成为联通一切的要素，对产生于单一物理世界的现行法提出了巨大挑战。为回应这一挑战，数据法学应运而生。

第一节　数据法学的诞生

数据法学的诞生植根于数字化时代的深刻变革。要理解这一新兴学科的出现，首先需要认识数字化对人类社会的革命性影响。将数字化比作第二次地理大发现，可以更好地把握其历史意义和深远影响，为理解数据法学的诞生奠定基础。

一、数字化是"第二次地理大发现"

全球史学者斯塔夫里阿诺斯在《全球通史：从史前史到 21 世纪》里之所以将人类的历史划分为 1500 年之前的世界与 1500 年以来的世界两个阶段，是因为在 1492 年，哥伦布的船队跨越大西洋，发现了美洲新大陆。在此之前的人类社会均处于不同程度的彼此隔离状态中；在此之后人类的联系日渐加强，交通工具不断革新，整个地球以加速度"日益缩小"，被称为地球村。① 地理大发现开启了大航海时代，全球贸易崛起，人类的交往、贸易、财富出现了爆炸性增长，工业革命、市场经济、民主政治叠次发生，形成现代工商社会。

近年来，数字科技的快速发展，渐次实现了人类与世界万物的数字化，人类的生活、交往、贸易、财富走向数字化、在线化、网络化、智能化。5G 的

① ［美］L. S. 斯塔夫里阿诺斯：《全球通史：从史前史到 21 世纪》，吴象婴、梁赤民、董书慧、王昶译，北京大学出版社 2012 年版，第 1-3 页。

无延时通信，云计算的扩展性算力，VR 合成的逻辑与界面，区块链认证的去中心化信任关系，AI 生成的内容生态，诸多技术汇聚创造出一个与现实的物理世界平行又独立、虚拟又融合的数字世界，心灵活动有了技术表达方式，自由创世超越了身与物的限制，第二人生成为可能。这不啻开启了人类的第二次大航海时代。

就中国而言，近半个世纪以来，工业化、城镇化让大量人口从农村向城市迁移，从依赖自然资源的生产转向市场化的工商业生产。数字化让网民在物理世界之外开拓了数字世界，实现了生产生活的实时远距离互联互通。工业化、城镇化叠加数字化、智能化，让中国人的生产生活、生存方式，从农业社会的自然性、依附性生存，快速迈向商业性、数字化生存。

万物数字化深刻改变了传统物理世界的社会结构。在数字社会，人的主要活动变成了在线的数字行为，这些数字行为不仅影响着数字经济、数字政府和数字社会的关系框架，更在数字治理、智慧司法以及数字公民的行动逻辑中得以展现和运行。随着虚拟现实、数字孪生等技术的不断进步，人们有望见证一个虚实互动、互生、互存的平行社会的崛起。[1]但数字化转型的核心并非数字化本身，而是利用数字化形成全面反映客观世界的数据，能够更精准高效地认知、改造客观世界。[2]

数据由信息层和载体层组成。作为生成和传输信息的技术，数据以二进制为基础的比特或比特流形式存在，通过应用代码的转换，将比特流转化为人们可以理解和利用的信息。广义的数据是原始的、未经处理的信息记录，它是对现实世界中客观事物的符号表示，可以是数字、文字、图像、音频等各种形式。数据经过处理与加工，可以形成具有逻辑关系、能够帮助人们认识和改造世界的知识。数据—信息—知识这一逐层递进的关系，共同构成了人类对现实世界的认知和理解。由此可知，数据与信息、知识之间的关系可概括为数据是对已知信息的符号化表达，由此形成人类认识世界、改造世界的知识和智慧。

具体而言，第一，数据是信息的表达形式，信息是自然世界和人类社会可认知事实的内容；第二，信息与数据的范围不一定等同，信息仍有未被数据表达的未知部分，数据也有表达不了信息的部分，比如噪声数据；第三，数据表达信息的结果，形成知识；第四，数据汇集处理可以形成新的数据集或数据产

---

① 马长山：《数字法学的理论表达》，载《中国法学》2022 年第 3 期，第 119-144 页。
② 高富平：《数据经济讲义》，人民日报出版社 2024 年版。

品，可以形成更多新的知识。因此，数据不仅是对客观世界的简单记录，更是对现实世界的深刻反映和改造工具。通过对海量多维数据的深度分析，我们能够更加精准地把握世界的运行规律，洞察事物的本质。

二、数据重塑法治模式

很长一段时间以来，数据只是作为信息的载体而存在，并没有独立的价值。在农业时代，传统物权仅仅保护物理层的物，比如动产与不动产。进入工业时代，人类发展出知识产权制度进一步保护信息层的创造性知识表达。数字时代来临后，万物数字化让万物包括人类皆被数据所表达，从而产生了物与人自身的数据层，传统物权与知识产权的法律框架遇到新挑战。

数据是关于人与物以及他们相互关系的符号化表达，本质上无所谓所有权的问题，而只是持有和使用的问题。比如，描述一张桌子长宽高所形成的一组数据，测量者持有了这组数据，可以使用和加工这组数据，但这组数据并不能被测量者独占。若另外一个人对这张桌子的长宽高进行测量，得到完全一致的数据，他就可以同样持有并使用、加工这组数据。这里，作为物的桌子的所有权人也无权因他对桌子的所有权而要求测量者将桌子的数据转归他所有，他若想获得这组数据，要么自己测量，要么请求其他测量者提供测量服务。当然，不同的测量者，测量数据的结果可能不一致，形成不同的数据，这些对同一张桌子的相同的或不同的数据在事实上可以被更多人同时持有和使用。

以上是对物的数据的表述。对人的表达所产生的数据与对物的表达所产生的数据有明显的不同，因为有关个人的数据所表达的个人信息，与人格尊严相关，这便产生个人信息保护的问题。个人信息保护的是人格而不是数据，数据只是人格信息的数字化表达。在此意义上，我们可以说，个人对其个人信息享有所有权，但对个人信息表达所形成的个人数据，并不能形成独占的所有权。如同对物的表达一样，对人的表达数据可以被更多表达者持有和使用，只不过有关个人数据的持有和使用要承担个人信息的安全保护义务。因而，无论是对物的数据，还是对人的数据，都不存在事实上的独占的所有问题，但存在事实上的持有和使用问题。有关数据的法律构造，首先应尊重数据的这一事实属性。

数据不仅已经成为法律关系的新客体，而且具有参与生产过程、创造新价值的资源性禀赋，从而成为与土地、劳动、资金、技术一样的战略性生产要素。在法学上，如果只是把数据当作一种法律关系的新客体，那么需要研究的是适用已有的隐私权保护作为人格权客体的数据，还是需要创设新的个人信息保护制度？是适用物权法、知识产权法、合同法、竞争法等已有制度保护作为财产的数据，还是需要创设新型财产权保护制度？数据被赋予要素属性后，意味着它不仅仅是一种法律关系的新客体，更是一种能够创造新价值的生产要素。作为能够创造新价值的具有新特征的生产要素，需要研究的是，是否需要以及创设什么样的法律规则来调整数据要素权属、估值和流转等方面的法律关系。随着数据要素在国家治理和经济发展上的广泛应用，出现了包括个人数据、企业数据、公共数据在内的开发利用、流通交易、收益分配、安全治理等新型法律关系，传统民事法律关系、行政法律关系、刑事法律关系在调整对象和利益格局上都发生了新的变化。

数据作为科技创造的新客体和新生产要素，不但产生了新型法律关系，还重构了传统法律概念，比如侵权损害的概念。《中华人民共和国民法典》（以下简称《民法典》）及相关法律规范对于损害的概念虽然没有明确的正面界定，但在司法实践中一般认为构成损害需满足三个条件：一是损害是侵害合法民事权益的结果；二是可补救性；三是确定性。其中，确定性标准是最核心要素。确定性要求损害必须真实、客观地存在，是已经发生或迫近的，而非假设性的或推测性的，是具体的而不是抽象的。与传统侵权造成的损害相比，数据侵权造成的损害具有明显的不同。第一是无形性，第二是潜伏性，第三是未知性，第四是难以计算和评估。比如个人信息损害，以无形的电子数据形式泄露，后果通常表现为被他人非法使用的潜在威胁，至于个人信息后续将流向何处、被何人获取、用于何种目的、给信息主体造成何种不利后果，很难预先判断，也难以准确评估。鉴于传统侵权法上的损害认定标准对于个人信息损害有不适应性，有学者提出了风险性损害的概念，呼吁对损害概念做更加开放性界定，以扫除个人信息侵权案件中受害人获得救济的障碍。① 在这方面，欧盟《通用数据保护条例》（GDPR）第146条规定"损害应根据欧盟法院的判例法作广义解释，并充分反映本条例的目标"，这一表述毫不隐讳地表明了扩张损害概念的立场，这种扩张解释事实上重构了传统损害的概念。

当然，即便承认了风险性损害的概念，也还存在可行性问题。比如，在普遍的侵害个人信息案件中，侵害仅为骚扰，或者带来焦虑，如果将这些都扩张纳入损害范围，那么将会有大量案件涌入法院，造成司法系统崩溃的局面。实

---

① 田野：《风险作为损害：大数据时代侵权"损害"概念的革新》，载《政治与法律》2021年第10期，第25-39页。

际上，个人信息领域的侵权，常常存在主体众多、行为隐秘、权利交叉、责任连带等特点，所以不仅仅存在损害认定难题，还存在信息主体维权不愿、侵权责任认定不能、司法救济预防不逮等一系列难题。因而有学者进一步提出大规模微侵权的概念，来描述这类侵害量大但对单个受害人伤害不大的数据侵权案件，并提出个人信息侵权之诉在损害界定、归责原则、因果关系、救济措施等制度上进行全面重构，法院也应从个体赔偿救济转向合理威慑与公共治理。[①]进一步而言，事后性的司法救济既无法预防个人信息侵害行为的发生，又无法有效惩罚侵害者，因此，必须由国家提前介入进行管理和监督。国家介入进行管理和监督的正当性源于个人信息保护属于宪法上的基本权利。作为宪法上的基本权利，国家有义务建立有效的事前、事中行政监管制度以预防个人信息侵害的发生，保护信息主体的合法权利。总而言之，随着数字社会的到来，工业时代的所有权绝对、契约自由、过错责任都需要作出调整；数据不掌握在自己手上，"自己决定，自我保护"的传统法治根基将被挖空，我们迎来了法治的百年未有之大变局。这一变局的焦点在于数据保护的事后司法救济逐渐失效。相较于事后司法救济，行政监管不仅贯穿于事前预防、事中监管和事后处理等数据保护的全过程，而且可以综合运用包括风险管理、违法调处、限期改正等多种手段，同时又具有主动性、及时性、专业性、高效性、全覆盖性特征，能够灵活应对现实中的各种新情况，为数据权益保护保驾护航。[②]这不啻一场法治模式的变革，是谓数字社会的预防型法治。[③]

数据对法治变革的意义，还在于使法律的自动运行成为可能。随着人工智能技术和法律可计算理论的发展，法律规则、法律推理、法律决策过程转化为由计算机进行数据处理成为可能。在合同领域，出现了智能合同；在行政领域，出现数字政府；在司法领域，出现数字司法；在法律服务领域，大量的一般性工作均可由人工智能辅助完成。虽然智能合同、数字政府、数字司法、法律服务仍然会存在法律解释、行政问责、信息公开、程序正义、价值权衡等问题，但数据驱动的法律自动运行无疑极大地提高了法律运行的精确性与一致性，也极大地降低了法律运行的各项成本。更重要的是，在理论层面，法律自动化的发展也引发了对法律本质的深刻反思。法律是否可以被

---

① 王利明、丁晓东：《论〈个人信息保护法〉的亮点、特色与适用》，载《法学家》2021年第6期，第1-16页；丁晓东：《从个体救济到公共治理：论侵害个人信息的司法应对》，载《国家检察官学院学报》2022年第5期，第103-120页。

② 齐延平：《数智化社会的法律调控》，载《中国法学》2022年第1期，第77-98页。

③ 黄文艺：《论预防型法治》，载《法学研究》2024年第2期，第20-38页。

简化为一系列算法？人工智能是否能完全替代人类法官的判断？这些问题不仅关乎技术的发展，更涉及法律的根本价值和人性的核心。正如德沃金所言，法律不仅是规则的集合，更是一种解释性实践，需要对社会价值和道德原则进行持续的反思和诠释。①

三、数据法学的概念与学科属性

传统法学体系已难以全面应对数字时代的新问题，亟需一门新的学科来系统研究和解决数据带来的法律挑战。数据法学正是在这样的时代呼唤下应运而生，它不仅是对现有法律体系的补充，更是法学在数字时代的创新和重构。

（一）数据法学的概念和特征

尽管学界对数据法学的定义尚未完全达成一致，但基于其研究对象和特点，可以将数据法学定义为研究数据的生成、收集、处理、传输、存储、使用和销毁全生命周期中所涉及的法律问题，以及数据对传统法律体系的影响和挑战的法学分支。

这一定义凸显了数据法学的几个核心特征。

1. 以数据为中心

数据法学将研究对象聚焦于数据本身及其相关活动，这一特征反映了数据在现代社会中的核心地位。在数字经济时代，数据已成为与土地、劳动力、资本、技术并列的关键生产要素。数据法学不仅关注个人数据，还涵盖了公共数据、商业数据、科研数据等多种类型。数据法学将研究对象聚焦于数据本身及其相关活动，这种全面的研究视角使得数据法学能够应对数据多元化应用带来的复杂法律问题。例如，在个人数据保护、公共数据开放、数据产权确权等方面，数据法学都提供了独特的分析框架和解决方案。通过将数据置于研究的中心，数据法学为理解和规制数字社会的运行提供了重要的理论支撑和实践指导。

---

① ［美］罗纳德·德沃金：《法律帝国》，李常青译，中国大百科全书出版社 1996 年版，第 158-201 页。

2. 全生命周期视角

数据法学关注数据从产生到消亡的整个过程中的法律问题，这种视角体现了对数据流动性和价值实现过程的全面把握。[①] 数据的生命周期通常包括生成、收集、处理、传输、存储、使用和销毁，每个阶段都可能涉及不同的法律问题。例如，在数据收集阶段，涉及知情同意和数据最小化原则；在数据处理阶段，涉及数据质量和目的限制原则；在数据传输阶段，涉及跨境数据流动的法律规制问题；在数据使用阶段，涉及数据权属和利益平衡问题。通过采取全生命周期视角，数据法学能够构建系统、连贯的法律规制框架，有效应对数据在不同阶段可能出现的法律风险和挑战。这种视角也有助于我们理解数据价值的动态实现过程，为数据治理提供更加精细化和针对性的法律指导。

3. 法律问题导向

数据法学聚焦于数据活动中产生的权利义务关系、法律责任等问题，这一特征不仅体现了其法学属性，[②] 也反映了数据法学在解决现实法律问题中的实践意义。在数据驱动的社会中，传统的法律概念和原则面临前所未有的挑战，例如，个人信息的保护、数据产权的确定、算法歧视的规制、数据安全的保障等问题，都需要数据法学提供新的分析工具和解决方案。数据法学通过研究这些具体的法律问题，不断丰富和发展法学理论，同时也为立法、司法和行政执法提供重要参考。此外，数据法学的问题导向特征也使其能够及时响应技术发展和社会变革带来的新问题，保持法律与社会发展的同步性。

4. 对传统法律的创新性重构

数据法学不仅研究新兴的数据法律问题，还关注如何创新性地重构传统法律体系以应对数据时代的挑战。[③] 数据法学通过研究这些挑战，推动了法学理论的创新和法律制度的革新。它不仅关注如何应用现有法律解决数据问题，更致力于探索如何重构法律体系以适应数字时代的需求。通过对传统法律的反思和重构，数据法学为法学整体的发展和创新作出了重要贡献。

---

① 何渊：《数据法学》，北京大学出版社 2020 年版，第 134 页。

② 时建中：《数据法学研究需要注意的若干问题》，载《法治日报》2023 年 10 月 25 日。

③ 傅爱竹：《数据法学对传统法学的挑战与应对——以山东大学"数据法学"建设为例》，载《新文科理论与实践》2022 年第 3 期，第 105-114 页。

（二）数据法学的学科属性

数据法学的学科属性是一个复杂而深刻的问题，它不仅涉及法学学科体系的调整和创新，还反映了数字时代对法律科学的全新要求。深入理解数据法学的学科属性，我们需要从多个维度进行综合考察。

1. 新兴交叉学科

数据法学展现出鲜明的新兴交叉学科特征。这种交叉性不仅体现在法学内部的融合，更是跨越了传统学科界限广泛交叉。在法学领域，数据法学打破了传统部门法的界限，将民法、行政法、刑法等多个法律部门中与数据相关的内容有机整合。同时，它还与计算机科学、信息技术、数据科学等学科密切交织，形成了一个全新的知识体系。这种深度交叉使得数据法学能够运用多学科的理论和方法，从多角度、多维度分析和解决数据时代的法律问题。例如，在研究算法歧视这一复杂问题时，数据法学不仅需要运用传统法学中的平等权理论，还必须深入理解算法的工作原理，分析数据处理过程中可能产生偏见的技术机制。

2. 综合性法律部门

从法学内部的视角来看，数据法学正在形成一个新兴的综合性法律部门。不同于传统以调整对象为标准划分的部门法，数据法学以数据这一特定客体为中心，重新整合了多个法律部门的相关内容。这种整合不是简单的拼凑，而是在数据这一核心概念下的有机重构，形成了一个新的法律规范体系。例如，在处理个人数据保护问题时，数据法学需要同时考虑民法中的人格权保护、宪法中的国家保护义务、行政法中的政府监管职责、刑法中的数据犯罪惩治等多个方面。通过这种综合性的整合，数据法学能够为数据相关的法律问题提供更加系统、全面的解决方案，避免了传统部门法在处理此类问题时可能出现的碎片化和不一致问题。

3. 元法学视角

从更宏观的角度来看，数据法学还具有重要的元法学属性。它不仅关注具体的数据法律问题，更致力于探讨数据时代法律的本质、功能和发展趋势。数据法学深入研究数字化对法律基本范畴、法律推理方式、法律制度设计等方面的深刻影响，试图重构一个适应数字时代的法律理论体系。这种元法学层面的思考使得数据法学成为推动整个法学体系创新和发展的重要力量。例如，在研究数据驱动决策对传统法律因果关系理论的挑战时，数据法学不仅要解决具体的法律适用问题，还需要从根本上重新思考在大数据和人工智能时代如何定义和应用法律上的因果关系概念。这种深层次的理论创新，使得数据法学不仅是对现有法律问题的回应，更是对整个法学体系的革新和重塑。①

通过以上分析，可以看到数据法学作为一门新兴学科，既融合了传统法学的基本要素，又展现出独特的学科属性。它的交叉性使其能够综合运用多学科知识解决复杂问题，其综合性使其能够系统性地应对数据法律挑战，而其元法学属性则使其成为推动法学理论创新的重要力量。

数据法学作为数字时代的产物，其概念和学科属性反映了法学对技术变革的积极回应和自身的创新发展。数据法学的特质不仅能够有效应对当前数字化转型带来的法律挑战，还为法学的未来发展开辟了新的路径。随着数据技术的不断进步和数据应用的深化，数据法学将继续发展演进，在保障数字时代法治、推动数字经济发展、维护个人权益等方面发挥越来越重要的作用。

四、从领域法到新法学

随着我们深入探讨数据法学的定义和学科属性，一个更为宏大的图景逐渐展开：数据法学不仅仅是对现有法律体系的补充，更是整个法学在数字时代的一次深刻变革。如同数字化浪潮重塑了人类社会的方方面面一样，数据法学也正在重塑法学的知识版图和思维方式。

数字技术的奔涌浪潮已然冲刷并重塑了法律的面貌。法律关系的客体、法律的基本概念、法治的运行模式，乃至法律的本质，都在这场变革中经历着前所未有的嬗变。这种变革的力量如此强大，以至于传统法学中公私法的界限、各部门法的藩篱，在数据的世界里变得愈发模糊。我们目睹了一种新型的法律现象，它既涵盖私法领域的权利义务关系，又渗透到公法层面的国家治理；它的责任体系横跨民事、行政、刑事等多元领域，编织成一张复杂而精密的法律之网。

---

① 曾赟：《第四种法学知识新形态——数据法学的研究定位》，载《法制与社会发展》2023年第1期，第41-59页。

以个人信息保护法为例，这一权利从民法跨越到宪法，它不仅是民事权利的重要组成，更已跻身宪法保护的基本人权之列。而这一权利的实现，需要在民事、行政、刑事等多个法律领域协同发力：信息处理者恪尽义务，行政机关严格监管，刑法必要时介入惩戒。这种多维度的保护机制，展现了数据法律问题的复杂性和系统性，也凸显了传统部门法划分在应对这一新兴领域时的局限。更值得注意的是，数据侵害所具有的风险性和公共性，正在推动法律救济模式的革新。单一的司法裁判模式正在向多元化的协同治理模式演进。个人信息保护领域检察公益诉讼的兴起，就是这一趋势的生动解释。

面对这种跨越传统法律疆界的复杂现象，我们不禁要深思：数据法学究竟是一个新兴的法律部门，还是一种更为宏阔的法学研究范式？它是对现有法律体系的局部调整，还是对整个法学大厦的重新建构？要回答这些问题，首先需要考察数据法学与"领域法学"这一概念的关系，探索它在法学版图中的独特定位。

所谓领域法学，指的是以问题为导向、以特定领域的法律问题作为研究对象的法学学科体系。领域法学专注于特定领域中与法律相关的全面现象，其研究不仅融合了多种范式，更体现了研究目标的综合性、研究对象的特定性以及研究领域的复杂性。鉴于这些特性，数据法学符合领域法学的标准。数据法学以领域法而非部门法的方式进行组织与建构，可以更好地聚焦数据领域的专业知识，从而使领域性专业知识与法学知识更好地融合。而为了成为一个独立且逻辑自洽的法律知识体系，它应当超越传统部门法的理论框架和视野，采取以问题为导向的整合性、多维度和一体化的研究范式。[①] 当今社会，对于法律从业者来说，对互联网、大数据、区块链、云计算、人工智能等前沿技术的深入理解，已经成为其知识结构中不可或缺的一部分。不仅如此，为了确保数字技术的健康、有序发展，法律从业者需要深入技术的核心层面，去探究其背后的原理与运作机制。因此，设立数据法学这一专门领域，不仅是对法律知识体系的重要补充，更是实现数字技术有效治理的关键一步。[②]

另一种观点是，数据法学是新法学，不能用传统法学科方式进行定义。以

---

① 何邦武：《数字法学视野下的网络空间治理》，载《中国法学》2022年第4期，第74-91页。

② 丁晓东：《数字法学：多维知识的组织方式》，载《华东政法大学学报》2024年第3期，第84-97页。

数据和数据行为为主要研究对象的数据法学是一个新兴交叉学科，涉及法学与数字技术的跨学科交叉研究，生成相对独立的知识体系和学科体系，并引领传统法学学科的升级。数据法学研究还需要进行法学与经济学、管理学等学科的交叉研究。① 因此，今日之法学教育和研究也越来越呈现出跨领域、跨部门的特色，这一趋势要求打破传统的部门法分立格局，解构法律体系内部的既有结构，即逐渐屏弃将法律部门作为法律体系的基本组成单位，转而构建以法律规范—法律体系为核心的二阶构造，以适应法学学科发展的新需求和挑战。②

在数字社会的背景下，数据法学应紧密结合数字时代的新需求，致力于构建一个适应新时代、面向新历史使命的法学知识体系。数字社会的主要矛盾发生新变化，法学领域也迎来了新的需求和挑战。新的指导思想催生了新的理论框架，而新的历史使命则决定了法学研究的新方向。同时，新的发展任务推动着新学科体系的建立，新的领域探索诞生了新的知识。网络法学、信息法学、人工智能法学、数据法学以及计算法学等领域正是这些新知识和新方向的生动体现，它们共同构成了新时代数据领域法学的核心内容，并形成了与之相应的知识体系。这一知识体系不仅涵盖了法学领域的基础知识，还融入了数字技术、信息科学等多学科的内容，为法学研究和实践提供了全新的视角和方法。③因而，数据法学已经超越传统部门法的范畴，其学科归属不能仅凭传统思维来界定，应当综合考虑数据法学的学科性质，它既包含了各传统部门法的核心要素，又独具数字化特色。为了契合数字社会的本质性要求，必须贯彻数据法学自身的学科特点和思维逻辑。这一界定不仅体现了数据法学的独特价值，也符合党的二十大报告中关于加强新兴学科、交叉学科建设的指导思想，能够更好推动法学领域的创新与发展。④

本节系统探讨数据法学的诞生背景、内涵定义和学科属性，初步勾勒出这一新兴学科的基本理论框架。数据法学作为对数字时代法律挑战的回应，其意义已不局限于单一领域，而是对整个法学体系的创新和重构。它突破了传统部

---

① 时建中等：《数据概念的解构与数据法律制度的构建　兼论数据法学的学科内涵与体系》，载《中外法学》2023 年第 1 期，第 23-45 页。

② 雷磊：《新科技时代的法学基本范畴：挑战与回应》，载《中国法学》2023 年第 1期，第 65-84 页。

③ 危红波：《数字社会的法学教育因应——基于新文科建设视角的理论考察》，载《华东政法大学学报》2022 年第 3 期，第 169-176 页。

④ 彭诚信：《数字法学的前提性命题与核心范式》，载《中国法学》2023 年第 1 期，第 85-106 页。

门法的界限，整合了多学科的知识和方法，形成了独特的研究范式。数据法学从领域法向新法学的演进，体现了它对法学理论和实践的深刻影响。

第二节 数据法律关系

　　数据法律关系是指在数据的生成、收集、处理、传输、存储、使用、销毁过程中，各参与主体之间因法律规范的调整而形成的权利义务关系。[①] 这种关系涵盖了数据活动的全过程，体现了法律对数据领域的规制。数据法律关系具有以下特征：其一是新兴性，是随着数字经济发展而出现的新型法律关系；其二是复杂性，涉及多方主体，权利义务关系错综复杂；其三是动态性，随技术进步和社会需求不断演变；其四是跨部门法，涉及民法、行政法、刑法等多个法律部门。

　　数据法律关系由数据法律关系的主体、数据法律关系的客体与数据法律关系的内容三部分构成。数据法律关系的主体是指在数据相关活动中具有权利和义务的参与者。主体的类型和角色随着数据活动的性质和目的而变化。不同主体在数据法律关系中承担不同的权利和义务，共同构成了数据治理的参与者网络。数据法律关系的客体是指该法律关系所指向的对象，即各主体权利义务所涉及的数据本身。客体的范围包括各种类型的数据，反映了数据的多样性和复杂性。数据作为法律关系的客体，其属性和价值直接影响了主体间权利义务的配置。数据法律关系的内容主要体现为各主体之间的权利义务关系。这些关系涵盖了数据活动的各个环节，包括数据的收集、处理、传输、存储和使用等。

一、数据法律关系的主体

　　根据其法律地位和在数据活动中的角色，可以将数据法律关系的主体分为自然人、法人和非法人组织，以及国家机关三类。

（一）自然人

　　自然人作为数据法律关系的主体，主要体现在以下几个方面。其一，自然人是最基本的数据主体，其个人信息和相关数据受法律保护。作为数据主体，

---

　　① 衣俊霖：《论作为法律关系的数据持有》，载《法学论坛》2024 年第 4 期，第 102-114 页。

自然人享有知情权、同意权、访问权、更正权、删除权等一系列数据权利。其二，在某些情况下，自然人可能作为个体经营者或自由职业者，成为数据控制者或处理者，对他人的数据进行收集、处理或使用。其三，自然人可以作为数据使用者。自然人在日常生活和工作中，经常作为各种数据服务和产品的最终用户，在使用过程中形成特定的数据法律关系。自然人在数据法律关系中的地位和权利义务，受到《民法典》《个人信息保护法》等法律的特别保护和规制。

（二）法人和非法人组织

法人和非法人组织在数据法律关系中扮演着重要角色，主要包含以下几种类型。其一，数据控制者。企业、社会组织等作为数据控制者，决定数据处理的目的和方式，承担保护数据安全、尊重数据主体权利等主要责任。其二，数据处理者。一些组织可能受托处理数据，需要按照数据控制者的指令进行操作，并确保数据处理的安全性。其三，行业自律组织。一些行业协会或自律组织在制定数据处理标准、促进行业规范等方面发挥作用。其四，科研机构。作为数据的使用者和生产者，在数据的收集、分析和应用方面形成特定的法律关系。法人和非法人组织在数据法律关系中的权利义务，主要受《中华人民共和国公司法》（以下简称《公司法》）、《网络安全法》、《数据安全法》等法律法规的规制。

（三）国家机关

国家机关在数据法律关系中具有双重身份，既是监管者，又可能是数据处理主体。其一，作为监管者角色，制定数据相关法律法规和政策；监督和管理数据处理活动；保护数据主体权益，维护国家数据安全；处理数据纠纷，实施行政处罚。其二，作为数据处理主体角色，收集和处理履行职能所需的数据；管理和开放政务数据；在特定情况下（如国家安全、刑事侦查）依法获取和使用数据。国家机关在数据法律关系中的地位和职责，主要受《政府信息公开条例》、《中华人民共和国电子政务法》（以下简称《电子政务法》）等法律法规的规范。

数据法律关系的主体包括自然人、法人和非法人组织以及国家机关，它们在数据活动中扮演不同角色，承担不同的权利和义务。这种多元主体的参与，反映了数据法律关系的复杂性和综合性。理解不同主体在数据法律关系中的地位和作用，对于构建公平、有效的数据治理体系至关重要。

二、数据法律关系的客体

数据法律关系的客体是该法律关系中权利义务所指向的对象，具体包括以下三类。

（一）个人数据

个人数据作为数据法律关系中最为敏感和受关注的客体，其重要性不言而喻。它涵盖了能够识别或关联到特定自然人的所有信息，不仅包括直接识别信息如姓名、身份证号、生物特征等，还包括间接识别信息如位置数据、在线标识符等。在个人数据中，又以敏感个人信息最为特殊，如生物识别、宗教信仰、特定身份、医疗健康、金融账户、行踪轨迹等，这些信息一旦泄露或滥用，可能对个人权益造成严重损害。[①]

个人数据的法律保护体现了现代社会对个人隐私和数据权利的高度重视。其收集和处理必须遵循合法、正当、必要的原则，除非法律另有规定，否则必须获得个人的明确同意。同时，个人对其数据享有一系列权利，包括知情权、决定权、查询权、更正权、删除权等。这些权利的实现不仅需要数据处理者的积极配合，还需要相关法律制度的支持和保障。

在个人数据保护中，还需特别关注未成年人个人信息的保护问题。由于未成年人认知能力和自我保护能力有限，法律对其个人数据给予了更为严格的保护。此外，随着数据全球化趋势的加强，个人数据的跨境传输也成为一个重要议题，各国都在通过立法或双边协定等方式加强对跨境数据流动的管理和限制。

（二）数据资源

数据资源包括了各类可用于开发和利用的数据集合，不仅涵盖非个人数据，也包括经过匿名化或脱敏处理后的个人数据。

根据数据的来源和用途，数据资源主要可分为以下几类。

其一，公共数据，指政府和公共机构在履行职责过程中产生或获取的数

---

① 曹相见：《个人数据的财产权归属》，载《法律科学（西北政法大学学报）》2024年第5期，第50-58页。

据。这类数据具有强烈的公共属性，其开放和共享对促进社会发展、提高政府透明度具有重要意义。然而，如何平衡数据开放与国家安全、公共利益之间的关系，是公共数据管理面临的主要挑战。

其二，工业数据，指在工业生产和服务过程中生成的数据。这类数据对提高生产效率、优化工业流程具有重要价值，是推动工业 4.0 和智能制造的关键资源。

其三，科研数据，包括在科学研究过程中产生的原始数据和衍生数据。这类数据的共享和开放对推动科技创新至关重要，但同时也涉及知识产权保护和学术伦理等问题。

其四，商业数据，指企业在经营过程中产生和收集的各类数据。这类数据往往涉及商业秘密，需要在保护商业利益和促进数据价值充分利用之间寻求平衡。

数据资源的法律地位目前尚未得到明确定义，特别是其财产属性还存在较大争议。不同类型的数据资源可能适用不同的权属规则和使用规范，这就要求在立法和实践中采取更加灵活和细致的处理方式。

在管理和利用方面，数据分类分级管理已成为一种普遍趋势，尤其是对重要数据的特殊保护。这种管理模式既考虑了数据的敏感程度和重要性，又兼顾了不同类型数据的特点和应用场景。例如，对于涉及国家安全的重要公共数据，可能需要实施更严格的管控措施；而对于一般的科研数据，则可能更倾向于鼓励开放共享。同时，如何促进数据资源的开放共享和交易流通，也是当前数据治理面临的重要课题。这涉及数据市场的构建、数据定价机制的设计、数据交易规则的制定等一系列复杂问题。在这个过程中，需要平衡数据持有者、使用者和监管者等多方利益，既要充分释放数据的社会经济价值，又要防范数据滥用带来的风险。

（三）数据产品和服务

数据产品和服务是数据价值链的终端，它们是通过对原始数据进行加工、分析、整合而形成的具有特定用途的产品或服务。[①] 这一类客体充分体现了数据的经济价值和社会价值，是数据驱动经济的核心体现。

数据产品的形式多样，可以是数据分析报告、数据可视化产品、基于数据

---

① 李永明、戴敏敏：《大数据产品的权利属性及法律保护研究》，载《浙江大学学报（人文社会科学版）》2020 年第 2 期，第 26-37 页。

的预测模型等。数据服务则可能表现为基于大数据分析的个性化推荐、智能客服、风险评估等。这些产品和服务的产生和使用，涉及复杂的法律问题。首先是知识产权保护问题，数据产品可能受到著作权法的保护，而某些数据处理方法可能涉及专利保护。其次是商业秘密的保护，许多数据产品和服务背后的算法和模型都构成企业的核心竞争力。

在数据产品和服务的开发和使用过程中，还需要特别关注算法公平性和透明度问题。随着人工智能技术的广泛应用，算法歧视、数据垄断等问题日益凸显，如何通过法律手段确保算法的公平性和可解释性，成为一个重要的研究课题。此外，数据产品中对个人隐私的保护也不容忽视，特别是在大数据分析可能导致个人信息被间接识别的情况下，如何平衡数据利用和隐私保护问题，需要更加细致的制度设计。数据产品和服务的安全性和可靠性同样值得关注。由于这些产品和服务往往在重要决策中发挥作用，其质量直接关系到用户权益，因此，有必要建立相应的质量标准和责任机制，明确数据产品和服务提供者的法律责任。

数据法律关系的客体涵盖了从最基本的个人数据到高度加工的数据产品和服务的全谱系。这种多层次的客体结构不仅反映了数据在现代社会中的多元价值，而且体现了数据法律关系的复杂性和动态性。在处理相关法律问题时，需要根据客体的不同特性，适用相应的法律规范，同时也要注意客体之间的相互关联和转化。只有准确把握数据法律关系客体的特征和发展趋势，才能构建起完善的数据治理体系，促进数据价值充分实现，推动数字经济健康发展。

三、数据法律关系的内容

随着数据的重要性日益凸显，围绕数据的法律关系也变得越来越复杂和重要。数据法律关系是指在数据活动中，法律主体之间基于法律规范而产生的权利义务关系。这些关系涵盖了数据的全生命周期，包括收集、处理、传输、存储和使用等环节，反映了数据在现代社会中的核心地位。数据法律关系的主要内容，包括数据权利义务关系、数据安全与风险防控关系、数据治理与监管关系，以及数据权益救济关系。系统梳理这些关系，可以更好地理解数据法律体系的构建，为数据的合理利用和有效保护奠定理论基础和提供实践指导。

（一）数据权利义务关系

数据权利义务关系是数据法律关系的核心内容，它主要涉及数据主体、数据控制者和数据处理者之间的权利义务配置。在这个关系中，各方的权利和义务相互对应、相互制约，共同构成了数据保护的基本框架。

1. 数据主体的权利

数据主体，通常指个人数据所关联的自然人，在数据处理活动中享有一系列旨在赋予个人对其数据控制权、保护个人隐私和数据安全的权利。这些权利的核心包括知情权、同意权、访问权和更正权。知情权作为其他权利的基础，赋予数据主体了解与其个人数据处理相关的所有信息的权利，包括数据收集和使用的目的、方式和范围。同意权则确保数据主体能对其个人数据的收集和使用做出自主决定，要求在处理个人数据之前获得数据主体的明确同意，除非法律另有规定。这种同意应该是自愿的、具体的、知情的和明确的。访问权和更正权相互补充，使数据主体能够查询、复制其个人数据，并在发现数据不准确或不完整时要求进行更正，从而确保个人数据的准确性和最新性。[①]

在此基础上，数据主体还享有删除权、限制处理权和数据可携带权等更进一步的权利。删除权允许数据主体在特定情况下，如数据不再必要、依法撤回同意或数据被非法处理时，要求删除其个人数据。限制处理权则赋予数据主体在某些条件下要求限制对其数据处理的权利，例如当数据的准确性受到质疑时，可以要求暂停处理直到验证完成。[②] 数据可携带权是一项创新性权利，它允许数据主体获取其提供给数据控制者的个人数据，并有权将这些数据转移给其他控制者，这不仅保障了用户对服务提供商的选择自由，也促进了数据市场的竞争和创新。

这些权利的设置和实施反映了现代数据保护法律对个人权益的重视，以及对数据时代个人自主权的新诠释。它们共同构成了一个全面的个人数据保护体系，旨在在数据利用与个人权益保护之间寻求平衡。

[①] 孔德明：《数据财产权到访问权：欧盟数据设权立法转型解析》，载《比较法研究》2023 年第 6 期，第 33-50 页。

[②] 崔聪聪：《数据限制处理权的法理基础与制度建构》，载《比较法研究》2022 年第 5 期，第 75-88 页。

2. 数据控制者和处理者的义务

与数据主体的权利相对应，数据控制者（决定处理目的和方式的实体）和数据处理者（代表控制者处理数据的实体）承担着一系列重要义务，这些义务共同构成了数据保护法律框架的核心。

（1）合法性义务和目的限制义务

该项义务要求所有的数据处理活动都必须有明确的法律依据，如数据主体的同意、合同的履行或法律义务的遵守等，同时数据控制者只能为特定、明确和合法的目的收集数据，并且不得以与这些目的不相符的方式进一步处理。这两项义务的设置旨在防止数据的目的外使用，确保数据处理活动的正当性和透明度。与此紧密相连的是收集和处理最小化义务，即数据控制者应仅收集和处理必要的数据，将数据的收集和处理限于实现特定目的所需的最小范围。这一原则不仅保护了个人隐私，也有助于减少数据泄露风险和不必要的数据处理成本。

（2）准确性义务和存储限制义务

准确性义务要求数据控制者采取合理步骤确保数据的准确性，并在必要时及时更新，不准确的数据应予以删除或更正。存储限制义务则规定个人数据的存储时间不应超过实现处理目的所必需的时间，一旦数据不再需要，应当予以删除或匿名化处理。这两项义务共同确保了数据的质量和时效性，防止过时或错误数据对个人权益造成不当影响。同时，完整性和保密性义务要求控制者和处理者采取适当的技术和组织措施，确保数据的安全，包括防止未经授权的访问、意外丢失、破坏或损坏。这一义务在当前频发的数据泄露事件背景下显得尤为重要，它不仅保护了个人隐私，也维护了公众对数据处理活动的信任。

（3）问责义务

问责义务作为一项综合性义务，要求数据控制者不仅要遵守上述各项具体义务，还需能够证明其合规性。这包括实施适当的技术和组织措施以确保合规，如保持详细的数据处理活动记录、对高风险处理进行影响评估、必要时任命数据保护官、建立数据泄露响应机制，以及定期评估和更新保护措施。问责义务体现了数据控制者在数据保护中的主动责任，它不仅要求合规，还需要能够向监管机构和数据主体证明合规，从而增强了整个数据保护体系的有效性和可信度。

（二）数据安全与风险防控关系

1. 一般数据安全管理

在数字经济时代，数据安全已经成为国家安全、经济发展和个人权益保护的重要组成部分。数据安全与风险防控关系主要涉及数据控制者、处理者和监管机构之间的互动，旨在建立一个全面的数据安全保障体系。这个体系的核心包括几个关键方面。首先是建立健全的数据安全管理制度，包括制定内部数据安全政策、明确数据安全责任人、建立数据分类分级制度等，这些完善的管理制度构成了实现数据安全的基础。[①] 其次，采取相应的技术措施保护数据安全也至关重要，这包括数据加密、访问控制、安全审计、漏洞管理等技术手段。随着技术的不断发展，这些安全措施也需要持续更新和完善。此外，定期开展数据安全风险评估是另一个关键环节。进行系统性的风险评估，可以识别潜在的安全威胁和脆弱点，并采取相应的防控措施，这是一个需要根据技术发展和外部环境变化而持续进行的过程。

2. 关键信息基础设施的数据保护

在这一整体框架下，关键信息基础设施（Critical Information Infrastructure，简称"CII"）的数据保护更是重中之重。作为国家经济社会运行的神经中枢，CII 的数据安全直接关乎国家安全和公共利益。对 CII 运营者提出了更高的数据保护要求。

首先，CII 运营者必须严格遵守国家有关部门制定的 CII 认定标准，这不仅涉及传统的能源、交通、金融等领域，还包括新兴的数字基础设施，如大型数据中心、云计算平台等。

其次，CII 运营者需要实施更为严格的安全保护措施，如实时监测、更频繁的风险评估、定期的应急响应演练等。在数据存储方面，对于最核心、最敏感的数据，可能需要实施强制的本地化存储政策。

再次，CII 运营者还需要积极参与和遵守数据跨境传输的安全认证机制和国际数据安全合作框架，以在保障安全的同时维护数据的合理流动。

---

① 曾铮、王磊：《数据要素市场基础性制度：突出问题与构建思路》，载《宏观经济研究》2021 年第 3 期，第 85-101 页。

最后，尽管采取了最佳的预防措施，数据安全事件仍有可能发生，因此制定详细的数据安全事件应急预案是非常必要的，这包括事件报告、损害控制、恢复程序等内容。对于 CII 运营者而言，这种应急预案的要求更为严格，可能包括向有关部门实时报告重大数据安全事件、接受特别监管检查等。这些措施共同构成了一个动态的、多层次的数据安全防护体系，反映了数据安全管理的复杂性和系统性，尤其体现了对 CII 这类关键领域的特殊保护要求。

3. 数据跨境传输管理

随着全球化的深入发展，数据的跨境流动日益频繁，这不仅推动了国际经济合作，也带来了数据安全和国家安全的新挑战。因此，数据跨境传输管理已成为数据安全体系中的重要组成部分。[①] 这一管理体系主要包含三个关键方面：首先是遵守数据本地化要求，特别是涉及国家安全和公共利益的重要数据，可能需要存储在境内；其次是进行数据出境安全评估，在数据跨境传输前评估其对国家安全、公共利益和个人权益的潜在影响；最后是获得相关部门的批准或备案，某些数据的跨境传输可能需要经过监管机构的审核。这些要求共同构成了一个多层次的管理框架，旨在平衡数据流动的需求与安全保护的要求。

4. 重要数据和核心数据管理

随着数据在国家战略中地位的提升，对重要数据和核心数据的特殊管理已成为数据安全体系中的关键环节。这一特殊管理体系主要包含三个核心方面。

首先是识别和分类重要数据和核心数据。这需要建立明确的标准和流程，以识别那些对国家安全、经济发展和公共利益具有重要影响的数据。[②]

其次是实施特殊保护措施。对于重要数据和核心数据，需要采取更严格的保护措施，可能包括更高级别的加密、更严格的访问控制、更频繁的安全审计等。

---

① 赵精武：《论数据出境评估、合同与认证规则的体系化》，载《行政法学研究》2023年第 1 期，第 78-94 页。

② 刘金瑞：《我国重要数据认定制度的探索与完善》，载《中国应用法学》2024 年第 1 期，第 189-200 页。

最后是建立定期向有关部门报告数据安全情况的机制，确保监管机构对重要数据和核心数据的安全状况保持持续的了解和监督。这种多层次的数据安全与风险防控体系旨在更好地应对日益复杂的数据安全挑战，在保护国家安全、促进经济发展的同时，也为个人数据权益提供了有力保障。

（三）数据治理与监管关系

数据治理与监管关系反映了国家、社会组织与数据控制者、处理者之间的复杂互动。有效的数据治理和监管机制是数据法律体系的重要组成部分。这种关系的核心在于建立一个既能促进数据价值实现，又能确保数据安全和个人权益保护的治理体系。

1. 数据分类分级管理

数据分类分级管理是数据治理的基础，它为不同类型和重要程度的数据提供了差异化的保护和管理策略。这种管理方式需要建立清晰的分类分级标准，根据数据的敏感度、重要性和潜在影响，将数据分为不同的级别，如公开数据、内部数据、保密数据和核心数据等。对于不同级别的数据，需要实施相应的保护措施，包括技术手段和管理措施。同时，还需要建立动态调整机制，随着数据价值和风险的变化，及时调整数据的分类分级。

2. 数据安全审查制度

数据安全审查制度是国家确保关键数据和核心基础设施安全的重要手段。这包括对可能影响国家安全的数据活动进行审查，如涉及大量个人信息的数据处理、关键基础设施数据的处理等。对于运营关键信息基础设施的单位，在采购网络产品和服务时需要进行特别的安全审查。此外，对于涉及跨境数据传输的活动，特别是涉及个人信息和重要数据的跨境传输，也需要进行安全评估。这些审查和评估机制旨在识别和管理潜在的安全风险，确保国家关键数据和基础设施安全。

3. 数据合规管理

数据合规管理是确保数据处理活动符合法律法规要求的重要机制。这包括在组织内部建立数据保护官制度，负责监督数据处理活动的合规性。同时，在开展新的数据处理活动或重大变更时，需要进行数据影响评估，评估处理的必要性和对数据主体权益的影响。定期进行数据合规审计也是必要的，以检查数据处理活动是否符合法律要求和内部政策。这些措施共同构成了组织内部的数据合规管理体系，有助于降低合规风险，保护数据主体权益。

4. 行业自律和社会监督

除了政府监管，行业自律和社会监督也是数据治理体系的重要组成部分。这包括鼓励行业协会制定适合行业特点的数据治理标准和最佳实践，建立数据安全和隐私保护的第三方评估和认证机制，以及完善公众参与和监督机制。在重要的数据处理组织中设立数据伦理委员会，负责审查重大数据处理决策的伦理影响，这也是一种有效的自律机制。这种多元化的治理方式可以更好地应对数据处理的复杂性，提高整个社会的数据治理水平。

建立这样一个多层次、多主体参与的数据治理与监管体系，可以更好应对数据时代的挑战。这个体系既包含了严格的法律规制，又留有行业自律和社会参与的空间，既有统一的国家标准，又考虑到了不同行业和数据类型的特殊需求。

（四）数据权益救济关系

数据权益救济关系是数据法律关系的重要组成部分，它涉及当数据相关权益受到侵犯时，权利人如何寻求法律保护的问题。在数据频繁流动和使用的数字时代，建立有效的数据权益救济机制对于保护数据主体权益、维护数据安全、促进数据合理利用具有重要意义。

数据权益救济主要包括行政救济、司法救济和替代性争议解决机制等方式，这些救济途径为权利人提供了多元化的保护选择。然而，数据权益救济面临诸多挑战：由于数据的无形性和技术复杂性，权利人往往难以获取有力证据，导致举证困难；数据侵权造成的损害往往难以量化，影响赔偿标准的确定；数据的跨境流动增加了权益救济的难度，涉及管辖权和法律适用等复杂问题；大规模数据泄露等事件涉及众多权利人，如何实现有效的集体救济也是一大挑战。

面对这些挑战，完善数据权益救济机制的路径包括以下内容：健全法律制度，明确数据权益的内容和边界，完善相关诉讼规则；强化行政监管，增强数据保护监管机构的执法力度；创新救济方式，探索数据侵权公益诉讼、集团诉讼等新型救济方式；加强国际合作，建立跨境数据权益救济合作机制；利用区块链等技术提高数据追踪和取证能力。数据权益救济关系的有效构建，不仅关系到个体权益的实现，也是整个数据治理体系的重要保障。它要求法律制度不断完善、执法能力持续提升，以及社会各界广泛参与。在数字经济快速发展的背景下，建立公平、高效、可及的数据权益救济机制，将为数据的安全流动和创新利用提供坚实的法律保障，同时也反映了数据法律制度的实际效力。

数据法律关系作为数据法学研究的核心内容，反映了数据在现代社会中的复杂性和多元性。这一关系网络主要围绕数据主体、数据控制者、数据处理者以及监管机构等主体展开，涉及数据的收集、处理、存储、传输、使用等全生命周期。其中，数据主体权利的保护、数据控制者和处理者的义务履行、数据安全与风险防控、关键信息基础设施的特殊保护、数据跨境流动的管理等构成了这一法律关系的主要内容。同时，数据资源作为法律关系的客体，其多样性和价值潜力给传统民法理论带来了新的挑战。而数据权益救济关系则为整个体系提供了必要的保障机制。这些元素相互交织，形成了一个动态的、多层次的法律关系网络。

第三节　数据法律渊源

数据法的法律渊源不仅反映了该领域的规范基础，也展示了其跨学科和综合性的特点。数据法的法律渊源涵盖了从宪法到部门法，从国内法到国际法的广泛范畴，同时还包括了大量的行政法规、部门规章和行业标准。

一、数据法的宪法渊源

宪法作为国家的根本大法，为数据法律提供了最高层级的法律渊源。虽然我国现行宪法制定于数字时代之前，并未明确提及数据权利这一概念，但其中多项基本原则和具体条款为数据法奠定了坚实的宪法基础。这些宪法条款不仅为数据法的立法和司法实践提供了指导原则，也在具体案件中发挥着直接的法律效力。

（一）人格尊严与自由条款

《宪法》第三十八条规定："中华人民共和国公民的人格尊严不受侵犯。禁止用任何方法对公民进行侮辱、诽谤和诬告陷害。"这一条款为个人信息保护提供了最基本的宪法依据。在数据时代，个人信息已经成为人格尊严的重要组成部分。任何未经授权的收集、使用、泄露个人信息的行为，都可能构成对公民人格尊严的侵犯。这一条款在个人信息保护类案件中具有直接的适用价值。例如，在处理个人信息泄露案件时，法院可以引用这一宪法条款，强调个人信息保护的宪法地位，从而为判决提供更高位阶的法律依据。这不仅提高了判决的说服力，也有助于塑造社会对个人信息保护重要性的认知。

（二）通信自由与秘密条款

《宪法》第四十条规定："中华人民共和国公民的通信自由和通信秘密受法律的保护。除因国家安全或者追查刑事犯罪的需要，由公安机关或者检察机关依照法律规定的程序对通信进行检查外，任何组织或者个人不得以任何理由侵犯公民的通信自由和通信秘密。"在数字时代，这一条款可以扩展解释为对数字通信和数据隐私的保护。电子邮件、即时通讯、社交媒体等现代通信方式都应当受到这一条款的保护。在处理数据窃听、非法监控等案件时，法院可以直接引用这一宪法条款，强调数字通信自由和秘密的宪法保护地位。

（三）人身自由条款

《宪法》第三十七条规定："中华人民共和国公民的人身自由不受侵犯。"这一条款虽然主要针对人身自由，但在数据时代，它可以扩展解释为对数据人身自由的保护。个人数据的自主控制权可以被视为人身自由在数字空间的延伸。

在涉及个人数据自主权的案件中，如未经同意的数据收集、强制数据共享等情况下，法院可以引用这一条款，强调个人对自身数据的控制权是人身自由的重要体现。这种解释有助于将传统的人身自由概念拓展到数字领域，为数据权利提供更加强有力的宪法保护。

（四）私有财产权条款

《宪法》第十三条规定："公民的合法的私有财产不受侵犯。"随着数据的价值日益凸显，个人数据逐渐被视为一种新型财产形式。这一条款为个人数据的财产权保护提供了宪法基础。在涉及数据财产权的纠纷中，如数据资产交易、数据侵权赔偿等案件，法院可以引用这一条款，强调个人对其数据享有类似于财产权的保护。这种解释有助于推动数据财产权理论的发展，为数据经济的法律保障提供宪法支持。

（五）科技创新与知识产权条款

《宪法》第二十条规定："国家发展自然科学和社会科学事业，普及科学和技术知识，奖励科学研究成果和技术发明创造。"这一条款为数据驱动的科技创新提供了宪法鼓励。在涉及数据创新、大数据应用等案件中，法院可以引用这一条款，强调国家对数据创新的支持态度，平衡数据保护与创新利用之间的关系。

在数据法的相关案件中适用宪法条款至少具有如下意义。一是提升法律效力。引用宪法条款可以为数据法相关判决提供最高位阶的法律依据，增强判决的权威性和说服力。二是填补法律空白。在具体数据法规尚未完善的领域，宪法条款可以作为直接法律依据，填补立法空白。三是指导法律解释。宪法条款可以为下位法的解释提供指导，确保法律解释符合宪法精神。四是促进法律发展。通过宪法条款的创新性解释，推动数据法理论和实践的发展，为未来立法提供方向。五是保护基本权利。强调数据权利的宪法基础，有助于提升社会对数据权利重要性的认识，加强对公民基本权利的保护。六是平衡各方利益。宪法层面的考量有助于在数据利用与保护之间寻求平衡，协调个人、社会和国家利益。

在具体适用中，法院需要根据案件的具体情况，选择恰当的宪法条款作为裁判依据。这不仅需要对宪法有深入的理解，还需要具备将宪法原则具体化的能力。例如，在处理一起涉及人脸识别技术滥用的案件时，法院可能需要综合考虑人格尊严、人身自由、隐私保护等多个宪法原则，权衡技术创新与个人权利保护的关系，从而做出符合宪法精神的判决。

宪法作为数据法的最高法律渊源，不仅为数据法的发展提供了基本原则和价值导向，也在具体案件的审理中发挥着直接的规范作用。充分认识和利用宪法在数据法中的地位和作用，对于构建符合宪法精神的数据法体系，保护公民在数字时代的基本权利，都具有重要意义。

二、法律

在探讨数据法律渊源时，专门的法律无疑占据核心地位。这些法律不仅直接规范了数据相关活动，也为整个数据法律体系的构建奠定了基础。本部分内容将重点介绍与数据法学密切相关的主要法律，分析它们的核心内容、相互关系以及在数据法学体系中的地位。

（一）《网络安全法》：数据法治的奠基之作

《网络安全法》于 2017 年 6 月 1 日正式实施，是我国网络空间治理的基础性法律，也是数据法学体系的重要组成部分。该法的出台标志着我国数据治理进入法治化轨道。《网络安全法》的核心内容包括网络运行安全、网络信息安全、监测预警与应急处置等方面。在数据保护方面，该法首次在国家法律层面确立了个人信息和重要数据保护制度。第四十一条明确规定了网络运营者收集、使用个人信息应当遵循的原则，包括合法、正当、必要原则，以及告知同意原则。这为后续的个人信息保护立法奠定了基础。此外，《网络安全法》还建立了关键信息基础设施保护制度，要求关键信息基础设施的运营者将在中国境内运营中收集和产生的个人信息和重要数据存储在境内。这一规定对跨境数据流动产生了深远影响，成为后续数据本地化政策的法律依据。

《网络安全法》的实施对数据法学的发展起到了关键作用。它不仅提供了一系列基本概念和制度框架，而且推动了数据安全、个人信息保护等领域的深入研究。然而，作为一部综合性法律，《网络安全法》在某些具体问题上的规定还不够细化，这也为后续专门立法留下了空间。

（二）《数据安全法》：数据治理的基础法

《数据安全法》于 2021 年 9 月 1 日正式实施，是我国数据领域的基础性法律。该法的出台填补了我国在数据安全领域的立法空白，为数据的开发利用和安全保护提供了全面的法律保障。

《数据安全法》的核心内容包括数据安全与发展、数据安全制度、数据安全保护义务、政务数据安全与开放等方面。该法最大的特点是确立了数据分类分级管理制度，要求根据数据在经济社会发展中的重要程度，以及一旦遭到篡改、破坏、泄露或者非法获取、非法利用，对国家安全、公共利益或者个人、组织合法权益造成的危害程度，对数据实行分类分级保护。

此外，《数据安全法》还明确了国家核心数据的概念，建立了数据安全审查制度，这对于保障国家安全、规范数据交易市场具有重要意义。该法还强调了政务数据的开放，为政府数据开放利用提供了法律依据。

《数据安全法》的实施对数据法学的发展产生了深远影响。它不仅丰富了数据法学的研究内容，也为数据安全治理提供了系统的法律框架。然而，该法在一些具体问题上，如数据权属、数据交易规则等，仍然有待进一步明确和细化。

（三）《个人信息保护法》：个人数据权益保护的专门法

《个人信息保护法》于 2021 年 11 月 1 日正式实施，是我国个人信息保护领域的专门法律。该法的出台标志着我国个人信息保护进入一个新的阶段，为保护个人信息权益、规范个人信息处理活动提供了全面的法律保障。

《个人信息保护法》的核心内容包括个人信息处理规则、个人信息跨境提供规则、个人在个人信息处理活动中的权利、个人信息处理者的义务等。该法最大的特点是确立了以个人同意为核心的个人信息处理规则体系，同时也规定了一系列无需征得个人同意即可处理个人信息的情形，以平衡个人权益保护与信息利用之间的关系。该法还特别强调了对敏感个人信息的保护，规定处理敏感个人信息应当取得个人的单独同意，并满足特定条件。此外，该法还建立了个人信息出境评估制度，对跨境数据流动提出了更高要求。《个人信息保护法》的实施对数据法学的发展具有重要意义。它不仅为个人信息保护研究提供了丰富的理论和实践素材，也推动了数据法学向更加精细化、专业化的方向发展。

（四）其他相关法律

除了上述三部核心法律外，还有一些法律在特定领域对数据问题进行了规制，共同构成了数据法学的法律渊源体系。

《中华人民共和国电子商务法》（以下简称《电子商务法》）对电子商务经营者收集、使用用户个人信息的行为进行了规范，为数据在商业领域的应用提供了法律依据。[①]《中华人民共和国密码法》（以下简称《密码法》）为数据加密和保护奠定了法律基础，是数据安全保护的重要组成部分。《民法典》虽然不是专门的数据法律，但其中关于隐私权和个人信息保护的规定，以及将数

---

① 高富平：《从电子商务法到网络商务法——关于我国电子商务立法定位的思考》，载《法学》2014 年第 10 期，第 138-148 页。

据、网络虚拟财产纳入民事权利客体的条款，为数据权利的民法保护奠定了基础。

此外，《中华人民共和国反不正当竞争法》（以下简称《反不正当竞争法》）将商业数据、用户信息等纳入商业秘密的保护范围，为数据在竞争法领域的保护提供了依据。《中华人民共和国统计法》（以下简称《统计法》）规定了统计数据的收集、管理和使用规则，为公共数据管理提供了部分依据。

这些法律虽然不是专门针对数据问题制定的，但它们在各自领域对数据问题的规制，丰富了数据法学的内容，也反映了数据问题的复杂性和跨领域性。

（五）法律之间的关系及其在数据法律体系中的地位

上述法律共同构成了我国数据法律体系的核心，它们之间既有分工，又有联系。《网络安全法》作为较早制定的法律，为整个数据法律体系奠定了基础。《数据安全法》和《个人信息保护法》则分别从数据安全和个人信息保护两个角度对数据问题进行了更加专门和深入的规制。其他相关法律则在各自领域对数据问题做出了补充规定。这些法律在数据法学体系中占据核心地位，它们不仅直接规范了数据相关活动，也为数据法学理论的发展提供了基本框架。数据法学的研究必须以这些法律为基础，深入分析它们的具体规定，探讨它们之间的关系，并研究它们在实践中的适用问题。随着技术的快速发展和社会的变革，这些法律可能面临新的挑战。例如，人工智能、大数据等新技术的应用可能带来新的法律问题，现有法律可能难以完全覆盖。因此，数据法学的研究还需要持续关注技术发展趋势，预测可能出现的法律问题，为未来的立法完善提供理论支持。

数据法学以《网络安全法》《数据安全法》《个人信息保护法》为核心，辅以其他相关法律的数据法律体系，所以数据法学具有丰富的研究素材和坚实的法律基础。因此，深入研究这些法律，理解它们之间的关系，探讨它们在实践中的适用问题，是数据法学研究的重要内容。同时，数据法学既要立足于这些法律，又要关注新技术带来的新问题，为数据法律体系的进一步完善贡献智慧。

三、行政法规

在探讨数据法律渊源体系时，行政法规无疑占据着举足轻重的地位。作为国务院依据宪法和法律制定的规范性文件，行政法规在我国特色社会主义法律体系中具有仅次于宪法和法律的效力。在数据治理这一快速发展且复杂多变的领域，行政法规凭借其制定程序相对简便、内容更具体灵活的特点，在填补立法空白、细化法律规定、应对新兴问题等方面发挥着不可替代的作用。本部分内容将系统梳理与数据法相关的主要行政法规，深入分析其在数据法学体系中的地位和作用，并探讨这些行政法规对数据法理论和实践的深远影响。

在数据安全保护领域，《中华人民共和国计算机信息系统安全保护条例》（以下简称《计算机信息系统安全保护条例》）堪称我国信息安全法制建设的先驱。该条例最早于 1994 年 2 月 18 日发布实施，后于 2011 年 1 月 8 日进行了修订，见证了我国信息化建设的历程。条例的出台旨在保护计算机信息系统的安全，促进计算机的应用和发展，保障社会主义现代化建设的顺利进行。这一立法目的充分体现了国家对信息安全与经济社会发展关系的早期认识。条例首次在行政法规层面明确了计算机信息系统的定义，将其界定为计算机及其相关的和配套的设备、设施（含网络）。这一定义为后续的网络安全、数据安全立法奠定了概念基础。条例规定计算机信息系统的安全保护应当保障计算机及其相关的和配套的设备、设施（含网络）的安全，保障运行环境的安全，保障信息的安全，保障计算机功能的正常发挥。这一全面的保护范围彰显了系统性思维，为后来的整体安全观念铺平了道路。

尽管条例的一些具体规定在今天看来可能已显滞后，但其确立的基本原则和制度框架，如分级保护制度，至今仍在发挥重要作用。该条例的实施推动了我国信息安全保护体系的初步建立，为企业和组织开展信息安全工作提供了最早的法律指引。从法律演进的角度来看，该条例是我国数据安全法律体系的重要起点，它为后续《网络安全法》《数据安全法》等上位法的制定积累了宝贵的实践经验和理论思考。在数据法学研究中，我们不应忽视这部早期法规，而应将其置于历史维度中考察，深入分析信息安全法律制度的演进轨迹，这对于全面把握数据法学的发展脉络具有重要意义。

随着信息技术的飞速发展和数字经济的蓬勃兴起，数据安全已然成为国家安全的重要组成部分。在这一背景下，《关键信息基础设施安全保护条例》应运而生。该条例自 2021 年 9 月 1 日起施行，是为了落实《网络安全法》关于关键信息基础设施保护的规定而制定的专门行政法规。《关键信息基础设施安全保护条例》的出台标志着我国关键信息基础设施保护工作进入一个新的阶段，明确了对关键信息基础设施的保护目标，即确保关键信息基础设施的安全稳定运行，并维护数据的完整性、保密性和可用性。这一目标设定体现了对数据价值的深刻认识，将数据安全提升到与基础设施安全同等重要的地位。《关键信息基础设施安全保护条例》的核心内容包括明确关键信息基础设施的认定标准和程序；规定关键信息基础设施运营者的安全保护义务；建立关键信息基础设施安全保护的工作协调机制等。该条例要求关键信息基础设施运营者采取技术保护措施和其他必要措施，应对网络安全事件，防范网络攻击和违法犯罪活动。这些规定大大强化了运营者的主体责任，推动了关键领域数据安全保护水平的整体提升。特别值得注意的是，该条例强调了跨部门合作和信息共享的重要性，要求建立跨部门工作机制，共同推进关键信息基础设施安全保护工作。这一规定反映了数据安全治理的复杂性和系统性，为构建协同高效的数据安全治理体系指明了方向。从理论层面来看，《关键信息基础设施安全保护条例》体现了国家安全与数据安全的紧密联系，反映了数据已成为国家关键资产的理念。它将抽象的数据安全要求具化为可操作的制度规范，推动了数据安全理论的发展。

在个人信息保护领域，行政法规同样发挥着重要作用。《互联网上网服务营业场所管理条例》的最新修订版自 2025 年 1 月 20 日起施行，虽然主要目的是规范互联网上网服务营业场所的经营行为，但其中也包含了重要的个人信息保护条款。条例要求经营者建立健全信息安全管理制度，禁止经营者擅自记录、泄露用户的个人信息。这些规定体现了个人信息保护在特定场景下的具体化，为研究特殊环境下的数据保护提供了有益案例。从实践角度来看，条例的实施加强了对互联网上网服务场所用户个人信息的保护，为相关执法工作提供了明确依据。

政务数据的安全与个人信息保护同样是数据法学关注的重点领域。《国务院关于在线政务服务的若干规定》于 2019 年 4 月 26 日公布，旨在全面提升政务服务规范化、便利化水平，为企业和群众提供高效、便捷的政务服务，优化营商环境。该规定在强调提高政务服务效率的同时，高度重视数据安全和个人信息保护。规定明确要求政务服务机构及其工作人员对在履行职责过程中知悉的个人信息、隐私和商业秘密严格保密，禁止泄露、出售或者非法向他人提供。这一规定体现了数据保护在政务服务领域的具体应用，反映了公共部门数据治理的特殊性。从更广泛的角度来看，《国务院关于在线政务服务的若干规定》的出台标志着我国政务数据治理进入新的阶段。该规定的实施不仅推动了政务数据的规范化管理，提高了公众对政务服务的信任度，同时也为政务数据的开放利用奠定了基础。在数据法学研究中，政务数据的治理是一个值得深入探讨的课题。

2024年7月1日起施行的《中华人民共和国消费者权益保护法实施条例》（以下简称《消费者权益保护法实施条例》）是对《中华人民共和国消费者权益保护法》（以下简称《消费者权益保护法》）的具体落实，为数据法学研究提供了新的素材。虽然该条例的主要目的是保护消费者权益，但其中也包含了与数据保护密切相关的内容。《消费者权益保护法实施条例》强调了消费者的人身和财产安全权，这隐含了对消费者个人信息安全的保护。更直接的是，其明确规定了经营者对消费者个人信息的保密义务，禁止经营者及其工作人员泄露、出售或者非法向他人提供消费者个人信息。这些规定体现了消费者权益保护与数据保护的交叉，为研究数据权益在消费领域的具体化提供了新的视角。从理论层面来看，《消费者权益保护法实施条例》提醒人们，数据保护不应局限于传统的信息安全或隐私保护领域，而应该扩展到消费、金融、医疗等各个与公众日常生活密切相关的领域。这种嵌入式的数据保护思路，要求我们在研究数据法律问题时，必须充分考虑不同场景的特殊性，探索更加灵活和有针对性的保护措施。从实践角度来看，条例的实施将进一步规范经营者的数据处理行为，提升消费者个人信息保护水平，同时也为消费者维权提供了更明确的法律依据。这无疑将推动消费领域数据保护实践的深化和完善。

2024年9月24日，连续三年写入国务院立法计划的《网络数据安全管理条例》正式颁布（2025年1月1日起施行），标志我国网络数据安全领域首部行政法规正式出台，并进一步完善了我国数据安全管理法律体系。该条例共九章六十四条，是《网络安全法》《数据安全法》《个人信息保护法》的实施细则，统筹落实了三部基础性法律所规定的数据安全管理要求，完善细化了个人信息保护、重要数据安全管理、网络数据跨境安全管理、网络平台服务提供者义务等方面的具体要求，增强了相关法律的系统性与衔接性，为明确数据安全管理要求、释放数据要素价值、护航数字经济高质量发展提供了有力的法治保障。

纵观这些与数据相关的行政法规，我们可以清晰地看到行政法规在数据法律体系中的重要地位和独特作用。首先，行政法规通过细化上位法的原则性规定，使抽象的法律要求变得具体可操作，为数据治理实践提供了直接指引。其次，相较于立法程序复杂的法律，行政法规能够更快地响应技术发展和社会变化，填补法律空白，解决新兴问题。这一特点在快速发展的数据领域尤为重要，使得法律规制能够及时跟上技术和实践的步伐。

此外，行政法规常涉及多个部门和领域，有助于协调不同部门在数据治理中的职责和行动，推动形成统一的数据治理体系。更重要的是，行政法规的制定和实施过程，为数据法学理论的发展提供了丰富的实践素材和经验。通过研究这些行政法规的出台背景、具体内容和实施效果，我们可以深入理解数据治理的实际需求和挑战，从而推动数据法学理论的创新和发展。

这些行政法规共同构成了我国数据法律体系的重要组成部分，与法律、部门规章等其他法律渊源一起，形成了多层次的数据治理法律框架。在这个框架中，行政法规起到了承上启下的关键作用，既落实了上位法的基本原则和制度，又为下位法的制定提供了指导和范本。这种多层次的法律体系设计，既保证了数据治理法律规范的统一性和权威性，又兼顾了不同领域、不同层面的特殊需求，体现了我国立法的智慧和数据治理的复杂性。

四、地方性法规

在数据法律渊源体系中，地方性法规作为一个不可忽视的重要组成部分，体现了我国立法体制的先行先试特色，也反映了数据治理的区域差异性和创新性。地方性法规由地方人民代表大会及其常务委员会根据本行政区域的具体情况和实际需要制定，在特定区域内具有法律效力。在数据法律领域，地方性法规不仅是对国家法律和行政法规的补充和细化，更是地方政府因应本地数字经济发展和数据治理需求的创新探索。

深圳市作为我国改革开放的先行示范区，在数据立法方面走在了全国前列。2021年6月29日，深圳市第七届人民代表大会常务委员会第二次会议通过了《深圳经济特区数据条例》，这是我国首部专门针对数据领域的地方性法规，具有里程碑式的意义。该条例自2022年1月1日起施行，涵盖了数据权益保护、数据要素市场培育、数据安全管理、政务数据应用等多个方面，为深圳市的数据治理提供了全面的法律框架。

《深圳经济特区数据条例》的出台体现了地方立法在数据法治建设中的创新性和前瞻性。条例首次在法规层面明确了数据权益，规定自然人、法人和非法人组织依法享有数据相关权益。这一规定为数据权益的法律保护奠定了基础，也为探索数据财产权制度提供了实践空间。条例还创新性地提出了数据要素市场的概念，明确了政府在培育和规范数据要素市场中的职责，为推动数据的价值化和商业化提供了制度保障。

在政务数据开放方面，《深圳经济特区数据条例》规定了政务数据共享开放的原则性要求，并建立了政务数据开放的申请、审核和使用机制。这些规定不仅有利于提高政府工作透明度，也为数据驱动的公共服务创新提供了可能。条例还对数据安全管理提出了具体要求，包括建立数据分类分级制度、重要数据目录制度等，为保障数据安全提供了操作性强的指引。

上海市作为我国重要的经济中心和国际化大都市，同样在数据立法方面进行了积极探索。2021年11月25日，上海市第十五届人民代表大会常务委员会第三十七次会议通过了《上海市数据条例》，该条例自2022年1月1日起施行。这部条例的制定旨在推动数据资源开发利用，保障数据安全，促进数字经济发展，加快建设具有世界影响力的国际数字之都。

《上海市数据条例》的一大特色是对数据分类分级制度的细化规定，将数据分为公共数据、企业数据和个人数据三大类，并对每类数据的处理规则做出了具体规定。这种分类方法既考虑了数据的来源和性质，又兼顾了不同类型数据的特点和管理需求，为数据治理提供了清晰的框架。

在公共数据开放方面，《上海市数据条例》建立了公共数据开放的清单制度和动态调整机制，明确了开放的范围、方式和程序。这些规定为推动政府数据开放、促进数据增值利用提供了制度保障。条例还特别强调了数据开发利用中的伦理要求，规定数据处理应当遵循公平公正的原则，不得损害公共利益和他人合法权益，不得违背公序良俗。

浙江省作为数字经济发展的先行省份，也在数据立法方面进行了有益尝试。2022年1月21日，浙江省第十三届人民代表大会常务委员会第六次会议通过了《浙江省公共数据条例》，该条例自2022年3月1日起施行。这是我国首部专门规范公共数据管理的地方性法规，体现了浙江省在推动数字政府建设方面的创新思路。《浙江省公共数据条例》的一大亮点是确立了公共数据资源的法律地位，它将公共数据定义为行政机关以及法律法规授权的具有管理公共事务职能的组织在履行职责过程中收集、产生的数据。这一定义明确了公共数据的范围和主体，为公共数据的管理和利用奠定了基础。

《浙江省公共数据条例》还建立了公共数据资源目录制度，要求编制公共数据资源目录，并定期更新。这一制度有利于系统梳理和管理公共数据资源，提高数据的可获得性和可利用性。在数据共享方面，条例规定了数据共享的原则、方式和程序，并建立了共享异议协调机制，以促进数据的有效流通和使用。

这些地方性法规的出台，不仅填补了相关领域的立法空白，也为国家层面的数据立法提供了有益的实践经验。它们的共同特点是注重本地实际，结合当地数字经济发展和数据治理的具体需求，进行了富有创新性的制度设计。例如，深圳市着重培育数据要素市场，这与深圳作为创新创业之都的定位相契合；上海市则强调数据的分类治理和伦理要求，体现了国际化大都市的数据治理理念；浙江省聚焦于公共数据管理，反映了该省在数字政府建设方面的先行优势。

从数据法学研究的角度来看，这些地方性法规提供了丰富的研究素材和比较分析的对象。通过对比不同地方的立法内容和特点，我们可以深入分析各地在数据治理理念、制度设计、具体措施等方面的异同，从中提炼出有价值的经验和启示。例如，我们可以研究不同地方在数据权益保护、数据交易规则、公共数据开放等方面的具体规定，分析其背后的政策考量和实践效果，为完善国家层面的数据法律制度提供参考。

同时，地方性法规的实施也为数据法学研究提供了重要的实证研究机会。我们可以通过跟踪这些法规的实施情况，分析其在实践中遇到的问题和挑战，评估其实际效果，从而为进一步完善数据法律制度提供实践依据。例如，我们可以研究深圳数据交易所的运作情况，分析《深圳经济特区数据条例》中关于数据交易的规定在实践中的可操作性和有效性。

此外，地方性法规在某种程度上也反映了数据法治的发展趋势。例如，多个地方的数据条例都强调了数据权益保护，这反映了数据权益法律化的趋势；多个条例都对公共数据开放作出规定，体现了政府数据开放共享的大趋势。通过研究这些趋势，我们可以更好地把握数据法学的发展方向，为未来的立法和政策制定提供前瞻性的建议。

地方性法规作为数据法律的重要法律渊源，既体现了我国数据法治建设的多元化和创新性，又为数据法学研究提供了丰富的素材和实践案例。在数据法学的教学和研究中，应当充分重视地方性法规的作用，将其纳入研究视野，深入分析其内容和特点，探讨其实施效果和面临的挑战。

五、部门规章

在我国数据法律渊源体系中，部门规章作为一种重要的规范性文件，在细化和落实上位法、规范具体领域数据活动方面发挥着关键作用。部门规章是指国务院各部门（包括具有行政管理职能的直属机构）根据法律和国务院的行政法规、决定、命令，在本部门的权限范围内按照规定的程序所制定的规范、办法、细则、规则等规范性文件的总称。在数据法学领域，由于数据的跨领域、跨行业特性，各个部门都可能涉及数据治理的相关问题，因此形成了多个部门在各自职权范围内制定数据相关规章的局面。

部门规章在数据法律体系中的重要性主要体现在以下几个方面。首先，部门规章能够针对特定领域的具体问题作出更为详细和专业的规定，填补上位法可能存在的空白。其次，部门规章的制定程序相对简便，能够更快速响应技术发展和实践需求。再次，部门规章包含更多的技术性和操作性内容，为实践中的数据治理提供了直接指引。最后，不同部门制定的规章共同构成了一个多元化的数据治理规则体系，反映了数据问题的复杂性和多面性。

2022年7月7日，国家互联网信息办公室正式发布了《数据出境安全评估办法》，自2022年9月1日起施行。该办法明确了数据出境安全评估的适用情形、评估程序、评估内容等，为规范数据跨境流动、保护数据主权提供了具体操作指南。这一规章的出台，不仅填补了我国在数据出境管理方面的制度空白，也为研究数据跨境流动的法律问题提供了新的素材。

在个人信息保护方面，工业和信息化部于2013年7月16日发布了《电信和互联网用户个人信息保护规定》，这是我国较早的针对特定领域个人信息保护的部门规章。该规定明确了电信业务经营者、互联网信息服务提供者收集、使用用户个人信息的规则，为保护电信和互联网用户的个人信息权益提供了重要保障。尽管这一规定早于《个人信息保护法》的出台，但其中的许多规定仍具有重要的参考价值，反映了我国个人信息保护法律制度的演进过程。

在金融数据管理方面，中国人民银行作为我国的中央银行，制定了一系列规范金融数据处理的规章。2020年2月13日，中国人民银行发布了《个人金融信息保护技术规范》，对金融业收集、传输、存储、使用、删除、销毁个人金融信息的全生命周期进行了规范。这一规范虽然不是强制性的国家标准，但在金融行业具有重要的指导作用，也为研究金融领域的数据保护问题提供了专业视角。

在医疗健康数据管理方面，国家卫生健康委员会于2018年7月12日发布了《国家健康医疗大数据标准、安全和服务管理办法（试行）》，规定了国家在保障公民知情权、使用权和个人隐私的基础上，根据国家战略安全和人民群众生命安全需对公民的健康和医疗数据进行规范管理和开发利用。

在交通数据管理方面，交通运输部等多个部门于2021年8月16日联合发布了《汽车数据安全管理若干规定（试行）》，自2021年10月1日起施行。该规定针对智能网联汽车日益普及带来的数据安全挑战，对汽车数据的收集、分析、存储、传输、检索、使用等活动进行了规范，体现了数据安全管理在特定场景中的具体化和精细化。

这些部门规章的出台，反映了各个领域在数据治理方面的具体需求和实践探索。它们不仅为相关行业的数据合规工作提供了直接指引，而且为数据法学研究提供了丰富的案例和素材。通过研究这些部门规章，我们可以深入了解不同领域数据治理的特点和挑战，探讨通用性数据法律规则在具体领域适用时的调适和变通。

部门规章在数据法律体系中发挥着重要的补充和细化作用，但同时面临多方面的挑战，需要我们审慎应对。首要的挑战是规章之间的协调性问题。由于不同政府部门基于各自的职责范围、专业背景和监管重点制定规章，容易导致规定之间存在不一致甚至冲突的情况。例如，在个人信息保护领域，网信部门可能更注重网络空间的数据安全，工信部门可能更关注电信和互联网企业的数据处理问题，而公安部门则可能更侧重于打击数据犯罪。这些不同视角可能导致对相同问题产生不同的规定，如对个人信息跨境传输的具体要求、数据本地化的范围等，从而给企业和个人的实践带来合规困扰。其次，部门规章的制定可能面临系统性和整体性不足的问题。各个部门基于自身职责分别制定规章，虽然能够针对具体领域的问题作出快速响应，但可能导致整体数据治理体系缺乏统一性和系统性，这种碎片化的立法模式可能造成法律适用的困难，增加执法和司法成本。例如，在数据分类分级方面，不同部门可能采用不同的标准和方法，导致实践中难以形成统一的数据管理体系。再次，部门规章面临更新及时性的挑战。数据技术和应用场景的快速发展常常超出了传统立法和行政规章制定的节奏。面对如人工智能、区块链、量子计算等新兴技术带来的新问题，部门规章的制定和更新可能滞后于实践需求。这种滞后性一方面可能制约创新发展，另一方面可能无法有效应对新技术带来的风险和挑战。此外，部门规章的制定还可能面临专业性和技术敏感性的挑战。数据领域的许多问题具有高度的技术复杂性，要求规章制定者具备跨学科知识背景。然而，行政部门可能缺乏足够的技术专业知识来准确把握和规范某些前沿数据技术问题。最后，部门规章可能面临执行力和监管效果的问题。由于缺乏统一的监管框架和协调机制，不同部门制定的规章在执行过程中可能出现重复执法或监管真空的情况，影响监管效果和执法公平性。

六、非正式渊源

在数据法律渊源体系中，除了正式的法律、行政法规和部门规章外，还存在一类重要但常被忽视的渊源——非正式渊源。这些非正式渊源包括各种标准、指导意见、实施方案等文件，虽然它们不具有严格意义上的法律效力，但在我国数据法律发展过程中发挥了极其重要的作用。这些文件不仅填补了正式立法的空白，还为后续的立法工作提供了宝贵的实践经验和理论探索。本部分内容将深入讨论这些非正式渊源的特点、作用以及它们在数据法律体系中的地位。

非正式渊源的重要性首先体现在其灵活性和前瞻性上。在数据技术飞速发展的背景下，正式立法往往难以及时跟上技术进步和社会变革的步伐，而非正式渊源可以更快速地响应新的挑战和需求，为实践提供及时的指导。例如，工业和信息化部于 2017 年发布的《公共互联网网络安全突发事件应急预案》就是针对日益复杂的网络安全形势而制定的。它为处理网络安全突发事件提供了系统的指导，填补了当时正式法律在这一领域的空白。

其次，非正式渊源时常能够更好地反映特定行业或领域的具体需求。2019年工业和信息化部联合各部门发布的《加强工业互联网安全工作的指导意见》就是一个典型例子。这份文件专门针对工业互联网这一新兴领域，提出了具体的安全保障措施和发展目标。这种针对性强的指导意见，能够为特定行业的数据安全实践提供更加精准的指引，这是一般性法律难以做到的。

最后，非正式渊源还发挥着试验和探索的作用。许多创新性的制度和概念经常先在这些文件中提出，经过实践检验后，再上升为正式的法律规范。例如，工业和信息化部办公厅于 2020 年发布的《电信和互联网行业数据安全标准体系建设指南》首次系统性地提出了电信和互联网行业的数据安全标准体系，为后续的立法工作奠定了基础。

在我国数据法律发展历程中，非正式渊源的作用尤为显著。从 2016 年开始，我国就通过一系列非正式渊源逐步构建起数据安全和个人信息保护的基本框架。2016 年至 2017 年，工业和信息化部发布的《工业控制系统信息安全防护指南》明确要求企业实施数据分类分级管理，这一要求后来成为我国数据安全管理的基本原则之一。2017 年至 2019 年，国家互联网信息办公室发布一系列征求意见稿，如《个人信息出境安全评估办法（征求意见稿）》，以及《数据安全管理办法（征求意见稿）》，为后来的《个人信息保护法》和《数据安全法》的制定积累了丰富的实践经验。2019 年至 2020 年，国家标准化管理委员会和信息安全标准化技术委员会积极推进数据安全标准化工作，这些标准虽然不具有强制执行力，但为行业实践提供了重要的技术指导。同期，工业和信息化部发布的《电信和互联网行业数据安全标准体系建设指南》，为电信和互联网行业的数据安全标准化工作提供了系统性的指导框架。

进入 2022 年，非正式渊源在数据法领域的作用更加凸显。被称为"数据二十条"的《中共中央 国务院关于构建数据基础制度更好发挥数据要素作用的意见》的发布，标志着我国数据治理进入新的阶段。这份文件提出了建立数据产权、流通交易、收益分配、安全治理等制度，为数据要素市场的健康发展提供了基础性的制度保障。这些制度创新性地将数据作为一种新型生产要素进行规制，体现了我国在数据治理理念上的重大突破。

2023 年 1 月，工业和信息化部等十六部门联合发布的《关于促进数据安全产业发展的指导意见》进一步细化了数据安全产业发展的路径。这份文件不仅设定了具体的发展目标，还从产业创新、服务提升、标准体系建设等多个方面提出了详细的要求。这种多部门联合发文的方式，体现了数据安全治理的复杂性和系统性，也彰显了我国在推进数据治理中的协同治理理念。

2023 年发布的《工业领域数据安全标准体系建设指南（2023 版）》和 2024 年发布的《工业领域数据安全能力提升实施方案（2024—2026 年）》则聚焦于工业领域的数据安全问题。这两份文件的出台，反映了我国数据治理逐步向细分领域延伸的趋势。工业数据作为国家重要的战略资源，其安全问题直接关系到国家经济安全和产业竞争力。这些文件通过构建完善的工业数据安全标准体系，明确数据安全的管理要求和技术规范，为保障工业数据的机密性、完整性和可用性提供了具体指引。从理论角度来看，这些非正式渊源的演变反映了数据法学理论的几个重要发展趋势。

第一，从技术治理向综合治理的转变。早期的非正式渊源主要关注技术层面的安全防护，而近年来的文件逐渐强调数据全生命周期的管理、多主体协同治理等综合性治理理念。这种转变体现了数据法学对数据治理复杂性的深刻认识。

第二，数据价值与风险平衡理念的深化。从早期单纯强调数据安全，到后来逐渐关注数据价值的挖掘和利用，再到现在强调安全与发展并重，体现了数据法学在平衡数据价值与风险方面的理论进步。

第三，数据主权概念的具体化。从最初模糊的数据本地化要求，到后来明确的跨境数据流动管理机制，再到现在对核心数据、重要数据的特殊保护，体现了数据主权理论在实践中的逐步落实和细化。

第四，数据权益保护理念的演进。从最初侧重个人信息保护，到后来关注数据财产权、数据收益分配等问题，反映了数据权益保护理论的丰富和发展。

这些非正式渊源不仅推动了数据法学理论的发展，也为数据法律实践提供了重要指引。它们在填补立法空白、探索创新制度、统一行业标准等方面发挥了重要作用。然而，我们也应当看到，非正式渊源在发挥积极作用的同时，也面临一些挑战。首先是法律效力问题，这些文件不具有强制执行力，可能影响其实施效果。其次是协调性问题，不同部门发布的文件可能存在不一致甚至冲突的情况。最后是系统性问题，这些零散的文件可能难以构成一个完整的制度体系。

对于数据法学研究者而言，深入研究这些非正式渊源具有重要意义。我们不仅要全面收集和梳理这些文件，还要对它们进行系统性的分析和比较，探讨它们在数据法律体系中的地位和作用。同时，我们还应当关注这些文件与正式法律之间的关系，研究它们如何互相影响、如何转化。此外，我们还需要加强对这些文件实施效果的实证研究，为评估和完善非正式渊源的作用提供依据。

在数据法学教学中，这些非正式渊源也应当成为重要的教学内容。通过学习这些文件，学生可以更好地理解数据法的发展脉络和最新趋势。同时，我们也应当培养学生批判性分析这些文件的能力，鼓励他们思考这些文件的合理性、可行性以及可能存在的问题。

第四节　数据法学的研究方法

数据法学的研究方法既继承了传统法学的基本方法，又因应数字时代的特点发展出了新的研究路径。这种方法论的创新是数据法学应对复杂数据法律问题的必然要求，也体现了数据法学的跨学科特征。

一、规范分析法

规范分析方法作为法学研究的基础方法，在数据法学中仍然保持着重要地位，但其应用方式和范围有了新的发展。在数据法学语境下，规范分析法不仅关注法律文本的解释和逻辑推理，还结合大数据分析技术，对法律规范的实际运作效果进行深入研究。具体而言，数据法学中的规范研究法主要体现在以下几个方面。

（一）法律文本解释

法律文本解释是规范分析的基础，在数据法学中尤为重要。这种方法要求对法律文本进行深入、系统地分析，综合运用文义解释、逻辑解释、历史解释和目的解释等多种方法。以《数据安全法》中重要数据概念的解释为例，需要分析其在法律语境中的含义，与其他概念的关系，追溯其立法演变过程，并结合立法目的进行解读。同时，还需考虑技术发展趋势和不同法律部门之间的协调，采取动态和开放的解释视角，确保解释的一致性和体系性。

（二）法律规范体系化

法律规范体系化是数据法学研究的重要任务，旨在构建一个内部协调、逻辑一致的数据法律规范体系。这项工作包括全面收集相关法律规范，对规范进行分类整理，识别和解决规范冲突，发现法律漏洞，并建立持续更新机制。法律规范体系化过程需要考虑规范的效力层级、调整对象、保护目标等多个维度，同时关注体系的动态发展，及时将新的立法和司法实践纳入体系中，以应对快速发展的数据技术和应用场景。

（三）法律原则提炼

法律原则提炼是规范分析中的高层次工作，要求从具体法律规范中抽象出指导性的基本原则。在数据法学领域，主要可以提炼出数据安全原则、个人信息保护原则、数据开放共享原则、数据权益保护原则和技术中立原则等。这些原则不仅指导法律解释和适用，还为新型数据法律问题的解决提供方向性指引。法律原则的提炼有助于深入挖掘法律规范的内在逻辑和价值取向，为数据法学的理论建构奠定基础，同时也为应对快速变化的数据技术和应用场景提供应变可能。

二、案例研究法

案例研究法在数据法学研究中具有独特而重要的地位。这种方法能够将抽象的法律规范与具体的数据实践紧密结合，深入揭示数据法律问题的复杂性和多样性。通过对典型案例的深入分析，研究者可以洞察法律规范在现实场景中的应用挑战，发现立法和司法实践中的不足，并为未来的法律发展提供有价值的参考。案例研究法主要包括以下几个关键环节。

（一）案例选择

案例选择是案例研究的关键起点。在数据法学领域，案例来源广泛多样，可以包括司法判决、行政执法决定、企业合规实践、国际争端等。选择案例时，研究者需要综合考虑案例的典型性、前沿性、复杂性和国际性等因素。

典型性要求所选案例能够代表某类数据法律问题的共性特征，如 2020 年欧洲法院就 Schrems Ⅱ 案作出的判决，涉及欧盟-美国数据传输机制的合法性问题，对全球数据治理格局产生了深远影响。[①] 前沿性则要求案例涉及新兴技术或新型商业模式，以探讨法律应对新问题的能力，如 2019 年苹果信用卡涉嫌性别歧视的争议，反映了人工智能算法对传统法律概念和原则的挑战。[②] 复杂性意味着案例应涉及多个法律问题或多方利益冲突，如 TikTok 数据安全争议案涉及数据安全、个人隐私、国家安全等多个维度。[③] 国际性则要求考虑具有跨国性质的案例，如 2018 年的剑桥分析数据泄露案，涉及多国用户数据和多国监管机构，体现了数据治理的跨境挑战。[④]

（二）案情分析

在进行案情分析时，研究者需要对案例进行全面而深入的剖析。这不仅包括对案件事实的详细梳理，还要深入理解案件的技术背景、争议焦点和社会影响。以剑桥分析案为例，研究者需要清晰阐述数据如何从 Facebook 流向 Cambridge Analytica，后者如何利用这些数据进行政治分析和定向广告投放。[⑤] 这一过程涉及复杂的技术细节，如 Facebook 的 API 设计、大数据分析技术等，

[①] Court of Justice of the European Union. Judgment in Case C-311/18 Data Protection Commissioner v Facebook Ireland and Maximillian Schrems. Press Release No 91/20，2020.

[②] Vigdor，N. *Apple Card Investigated After Gender Discrimination Complaints*. The New York Time. https：//www. nytimes. com/2019/11/10/business/Apple-credit-investigation，html♯.

[③] Sacks S. *Banning TikTok：A Battle for Technological Dominance*. Council on Foreign Relations，2020.

[④] Cadwalladr C，Graham-Harrison E. *Revealed：50 Million Facebook Profiles Harvested for Cambridge Analytica in Major Data Breach*. https：//www. theguardian. com/news/2018/mar/17/cambridge-analytica-facebook-influence-us-election.

[⑤] Isaak J，Hanna M J. *User Data Privacy：Facebook，Cambridge Analytica，and Privacy Protection*. Computer，2018，51（8）：56-59.

需要研究者具备跨学科知识背景。同时，案情分析还应关注案件的争议焦点，如用户同意的有效性、数据处理者的责任范围、跨境数据流动的监管等。这些争议点往往反映了数据法律中的核心问题和理论难点。此外，评估案例的社会影响也是案情分析的重要内容。剑桥分析案引发了全球范围内对社交媒体平台数据治理的反思，推动了多国数据保护立法的完善，这些影响都应在案例分析中得到充分重视。

（三）法律适用研究

法律适用研究是案例研究的核心环节，要求研究者深入分析案例中法律规范的解释和适用。这一过程首先需要准确识别案例适用的具体法律规范。例如，在分析欧盟数据保护案时，需要明确欧盟 GDPR 中的相关条款，研究者需要仔细研究法院或监管机构如何解释相关法律规范。以"Schrems Ⅱ案"为例，欧洲法院对 GDPR 中适当保护水平的解释就具有深远影响，不仅影响欧美数据传输问题，还为全球数据保护立法设立了新标准。在此基础上，研究者还需要评价法律适用的合理性和可能存在的问题。例如，在涉及算法歧视的案例中，法院如何平衡算法的技术复杂性与反歧视法的传统原则，这是一个值得深入探讨的问题。这种评析不应停留在表面，而应深入探讨法律适用背后的价值取向和政策考量，揭示数据法律适用的内在逻辑和可能的发展方向。

（四）规则提炼

规则提炼是案例研究的重要成果，要求研究者从个案中提炼出具有普遍意义的法律规则或原则。这一过程需要研究者具备高度的抽象思维能力和扎实的法学理论功底。以剑桥分析案为例，我们可以从中提炼出几项重要的数据治理规则。首先是目的限制原则，即数据收集和使用必须限于特定、明确、合法的目的，不得随意扩大使用范围。其次是数据控制者责任原则，即数据控制者（如 Facebook）对其平台上第三方应用的数据处理行为负有监督责任。最后是有效同意原则，即用户同意必须是在充分知情的基础上自愿作出的明确表示。这些规则不仅适用于社交媒体平台，还可以推广到其他类型的数据密集型服务中。在提炼这些规则时，研究者需要注意区分案例的特殊性和普遍性，避免过度泛化或局限化。同时，还要考虑这些规则在不同法律体系和文化背景下的适用性，为跨国数据治理提供参考。

（五）影响评估

影响评估是案例研究的最后一个重要步骤，旨在全面评估案例对数据法实践、产业发展和社会公众的影响。这一步骤要求研究者跳出纯粹的法律视角，采用跨学科的方法来分析案例的广泛影响。以剑桥分析案为例，其影响是多方面的。在法律层面，该案推动了多国数据保护法律的完善，如欧盟 GDPR 的严格实施和美国加利福尼亚州消费者隐私法案的出台。在产业层面，该案引发了社交媒体平台对数据共享政策的全面审视，推动了数据治理技术和合规实践的创新。在社会层面，该案提高了公众对个人数据价值和隐私风险的认知，促进了数据素养教育的发展。评估这些影响时，研究者需要综合运用法学、经济学、社会学等多学科方法，收集和分析大量的实证数据。例如，可以通过对相关立法的数量和内容变化进行统计分析，评估案例对立法的影响；通过对企业数据治理投入和实践的调研，评估案例对产业的影响；通过社会调查和舆情分析，评估案例对公众认知的影响。这种全面的影响评估不仅有助于理解案例的深远意义，还能为未来的数据治理政策制定提供重要参考。

（六）案例研究法的应用注意事项和局限性

案例研究法的应用还需要注意几个关键问题。首先，案例代表性的问题。单一案例可能无法全面反映数据法律问题的复杂性，因此研究者常常需要进行多案例比较研究。例如，在研究数据本地化政策时，可以比较分析中国、俄罗斯、印度等国的相关案例，以揭示不同国家在数据主权和跨境数据流动方面的政策取向。其次，案例分析的深度问题。数据法律案例经常涉及复杂的技术细节和商业模式，要求研究者具备跨学科知识背景。例如，在分析涉及区块链技术的数据治理案例时，研究者需要深入理解区块链的技术原理和应用场景，这样才能准确把握案例的法律问题。最后，案例研究的时效性问题。数据技术和应用的快速发展可能使得某些案例很快过时，因此研究者需要建立动态的案例更新机制，及时捕捉和分析新出现的典型案例。

此外，案例研究法在数据法学研究中的应用还面临一些挑战和局限性。一个主要挑战是案例信息的获取难度。许多数据相关的纠纷可能通过和解或仲裁等非公开方式解决，研究者难以获得详细的案情信息。另一个挑战是案例的技术复杂性，有些案例涉及的技术细节可能超出一般法学研究者的知识范围，需要与技术专家合作才能深入分析。此外，案例研究可能存在以偏概全的风险，研究者需要谨慎地从个案中推导一般性结论。尽管存在这些挑战，案例研究法仍然是数据法学研究中不可或缺的重要方法，它为抽象的法律原则提供了生动的现实映射，为数据法学理论的发展和实践的改进提供了宝贵的素材和洞见。

三、比较研究法

比较研究法在数据法学研究中具有特殊而重要的地位。这种方法不仅有助于借鉴国际经验，也能深化对本国制度的理解。在全球化和数字化的背景下，数据流动和数据治理已成为跨国性问题，使得比较研究更具必要性和紧迫性。

（一）横向比较

横向比较是比较研究法的核心内容，它要求研究者对不同国家和地区的数据法律制度进行系统的对比分析。这种比较不应停留在表面的制度描述，而应深入探讨不同制度背后的价值取向、社会文化背景和技术发展水平等因素。

例如，在个人信息保护领域，欧盟的 GDPR、美国的部门法体系和中国的《个人信息保护法》展现了不同的立法模式和保护理念。欧盟 GDPR 采取了全面而严格的保护模式，强调个人对其数据的控制权；美国则采取了以市场为导向的部门立法模式，在不同领域制定具有针对性的数据保护规则；中国的立法吸收了欧盟和美国的经验，同时结合本国国情，形成了兼顾个人权益保护和数据利用的综合性立法。[①] 比较这些不同模式，需要考虑各国的法律传统、市场结构、技术创新能力等多方面因素。通过这种深入的比较，研究者可以更好地理解不同数据保护模式的优劣，为本国数据制度的完善提供参考。

（二）纵向比较

纵向比较是比较研究法的另一个重要维度，它要求研究者对特定国家或地区数据法制度的历史演变进行深入分析。这种历时性研究有助于把握数据法律的发展趋势和内在逻辑。

以美国为例，从 1970 年的《公平信用报告法》到 2018 年的《加州消费者隐私法》，美国数据保护法律经历了从局部的部门保护到全面性保护的转变。

---

① Greenleaf G. *Global Data Privacy Laws 2021：Despite COVID Delays*，*145 Laws Show GDPR Dominance*. Privacy Laws & Business International Report，2021，169：1-5.

这一演变过程反映了技术发展给隐私保护带来的挑战，也体现了公众隐私意识的提升。通过分析这一演变过程，研究者可以洞察数据保护法律如何应对技术变革，如何平衡个人权益保护与数据创新利用的关系。同样，研究从《网络安全法》到《数据安全法》再到《个人信息保护法》的立法过程，可以揭示中国数据治理理念的发展轨迹，从最初的以安全为中心逐步转向安全与发展并重的综合治理模式。

（三）功能比较

功能比较是比较研究法中一个较为深入的层面，它要求研究者超越法律文本的表面差异，探讨不同法律制度在解决类似数据问题时的实际效果。这种方法特别适用于数据法学研究，因为数据问题的技术性和复杂性常使不同国家采用不同的法律工具来应对相似的挑战。

例如，在促进数据流动和竞争方面，欧盟 GDPR 规定了数据可携带权，而美国则通过数据开放政策来实现类似目标。尽管法律形式不同，但两种方法都旨在增强用户对个人数据的控制，促进数据的流动和创新利用。通过比较这两种制度的实施效果，包括对市场竞争、用户选择权、数据创新等方面的影响，研究者可以评估不同法律工具的优劣，为制度设计提供实证依据。

（四）制度移植

制度移植研究是比较法学中的一个重要课题，在数据法学研究中尤为重要。随着数据问题的全球化，各国经常需要借鉴他国先进经验来完善本国制度。然而，制度移植并非简单的复制粘贴，而是需要考虑本国的法律文化、监管环境和技术发展水平。例如，在引入欧盟 GDPR 中的数据保护影响评估制度时，中国需要考虑如何将这一制度与现有的安全评估制度相协调，如何在中国的行政管理体系中落实这一要求。又如，在借鉴美国的数据沙箱监管经验时，需要考虑中国的市场结构和创新环境，设计适合本国国情的监管创新机制。制度移植研究要求研究者不仅要深入理解原有制度的内涵和运作机制，还要全面分析本国的制度环境和实际需求，在此基础上提出有针对性的本土化方案。

四、实证研究法

实证研究法是数据法学区别于传统法学的一个重要特征，它体现了数据时代对科学化、精确化法学研究的要求。这种方法试图通过收集和分析经验数据来验证或反驳法律理论假设，为制定法律政策提供实证依据。在数据法学领域，实证研究方法的应用尤为重要，因为数据法律问题经常涉及复杂的技术和社会因素，仅依靠规范分析难以全面把握问题的本质。

（一）大数据分析

大数据分析是实证研究法中一个极具潜力的新兴方法。随着司法大数据的积累和分析技术的进步，研究者可以利用大数据技术对海量法律文本、司法案例进行分析，揭示法律适用的模式和趋势。例如，通过对大量数据泄露案件的量刑情况进行统计分析，研究者可以识别影响数据犯罪量刑的关键因素，如泄露数据的规模、性质或犯罪主体的特征等。这种分析不仅能够为司法实践提供参考，还能为立法修订提供实证依据。另一个例子是通过对大量知识产权诉讼案件的分析，研究数据驱动创新对传统知识产权制度的挑战，如算法创作的版权保护问题。大数据分析的优势在于能够处理大规模样本，克服传统案例研究的样本局限性问题，提供更具普遍性的结论。然而，这种方法也面临数据质量、算法偏见等挑战，研究者需要谨慎处理这些问题以确保结论的可靠性。

（二）实地调研

实地调研是另一种重要的实证研究方法，它通过问卷调查、深度访谈等方式，直接收集相关主体对数据法律问题的认知和态度信息。这种接地气的研究方法能够弥补纯粹理论研究可能忽视的实践问题。

例如，通过对企业进行实地调研，研究者可以了解企业在实施数据合规过程中遇到的实际困难，如技术实现的挑战、成本压力、跨境数据传输的障碍等。这些一手资料可以为完善数据合规制度提供重要参考。另一个例子是通过对普通公众的调查，了解其个人信息保护的认知水平和隐私偏好。这类研究可以帮助立法者和政策制定者更好地平衡数据保护与数据利用之间的关系。实地调研的优势在于能够捕捉官方统计和文献研究可能忽视的细节，为数据法学研究提供丰富的实证素材。然而，这种方法也面临样本代表性、调查偏差等方法论挑战，研究者需要采取严格的研究设计和质量控制措施。

（三）实验研究

实验研究是一种在法学研究中相对新颖但极具潜力的方法，特别适用于研究数据法律制度对个人和组织行为的影响。通过设计控制实验，研究者可以精确测量特定法律规则或政策干预对行为的因果影响。

例如，通过实验比较不同隐私政策设计对用户信息披露行为的影响，研究者可以为个人信息告知同意制度的优化提供实证依据。这类实验可以测试不同的隐私政策措辞、呈现方式对用户理解和决策的影响，从而设计出更有效的隐私保护机制。另一个例子是通过实验研究数据可携带权对市场竞争的影响，模拟不同的数据可携带规则如何影响用户的平台选择行为和市场结构。实验研究的优势在于能够建立清晰的因果关系，避免观察性研究中的内生性问题。然而，实验研究也面临外部效度的挑战，即实验结果能否推广到现实世界。因此，研究者常常需要将实验研究与其他方法结合使用，以增强结论的可靠性和适用性。

（四）计量经济学方法

计量经济学方法在数据法学研究中的应用日益广泛，特别是在评估法律政策效果方面。这种方法利用统计学和经济学工具，对法律变量和经济社会变量之间的关系进行量化分析。例如，使用断点回归设计评估数据本地化政策对跨国企业投资决策的影响，或者改善公共服务。[①] 研究者可以利用政策实施前后的数据，分析政策是否显著影响了外国直接投资的流向和规模。另一个例子是使用面板数据分析方法，研究不同国家数据保护法律强度与数字经济发展之间的关系，这可以帮助政策制定者在数据保护和经济发展之间找到平衡点。计量经济学方法的优势在于能够控制多种影响因素，提供统计上可靠的因果推断。

五、跨学科研究法

数据法学的跨学科性决定了其研究必须打破传统学科界限，整合多学科知识。跨学科研究法不仅能够全面、深入地把握数据法律问题的本质，还能提出综合性的解决方案。这种方法的应用反映了数据时代法学研究的复杂性和综合性，也体现了数据法学的创新特征。

---

① 王长昱，赵志红：《基于断点回归设计的实证分析——以"一元公交"政策对改善城市空气质量的效果评估为例》，载《科学技术创新》2020年第6期，第9-10页。

（一）法学与计算机科学

法学与计算机科学的交叉要求法学研究者深入理解数据技术，同时需要计算机科学家参与法律问题讨论。例如，研究算法公平性时，需要结合机器学习原理分析算法偏见的技术根源，如训练数据偏差、特征工程中的主观判断等。研究区块链法律规制时，需理解其去中心化特性和智能合约机制，这样才能准确把握其对传统法律概念的挑战。[①] 这种跨学科研究提高了法律规制的精准性，促进了技术发展与法律价值的协调。

（二）法学与经济学

经济学理论和方法可以帮助我们分析数据法律制度的效率和激励效果，为制度设计提供理论支撑。例如，在研究数据产权制度时，可以运用产权经济学理论分析不同产权配置对数据利用效率和创新激励的影响。通过建立经济模型，研究者可以模拟不同产权制度下市场主体的行为选择，预测制度效果。又如，在设计数据共享机制时，可以使用博弈论模型分析各参与方的策略选择，设计激励相容的共享规则。例如，建立多方博弈模型，研究不同利益相关者（如数据持有者、使用者、监管者）在数据共享过程中的决策行为，从而设计出能够实现帕累托改进的共享机制。这种经济学分析不仅能够提高法律制度的科学性，还能为政策制定者提供可量化的决策依据。

（三）法学与伦理学

随着人工智能、大数据等技术的深入应用，许多传统法律无法覆盖的伦理问题日益凸显，需要伦理学理论的指导。例如，在研究人工智能决策的法律规制时，仅依靠传统法律原则难以全面应对挑战。研究者需要深入探讨机器伦理问题，如 AI 系统的道德决策能力、人机协作中的责任分配等。这可能涉及功利主义、义务论等伦理学理论在 AI 领域的应用和改造。法律与伦理的交叉研究，可以为 AI 监管提供更全面的价值指引，如制定 AI 伦理准则、设立伦理审查机制等。另一个例子是基因数据的利用和保护问题。这不仅涉及隐私保护的法律问题，还涉及生命伦理、世代正义等深层次伦理议题。跨学科研究可以帮

---

① 陈爱飞：《区块链智能合约纠纷解决的可能性边界》，载《比较法研究》2024 年第 5 期，第 196-208 页。

助我们在技术创新与人类价值之间寻找平衡点，为数据法律制度提供坚实的价值基础。

（四）法学与社会学

社会学方法可以帮助我们分析数据技术对社会结构、权力关系的影响，探讨数据法律的社会效果。例如，在研究大数据杀熟现象时，除了法律分析，还需要运用社会学理论考察其对社会公平和群体关系的影响。通过社会网络分析、问卷调查等方法，研究者可以揭示大数据定价如何加剧社会不平等，进而为反数据歧视立法提供社会学依据。另一个例子是社交媒体平台的数据治理问题。社会学视角可以帮助我们理解数据在塑造公共舆论、影响社会互动方面的作用，为平台责任和言论自由的平衡提供新的思路。这种跨学科研究不仅能够拓展数据法学的研究视野，还能增强法律制度的社会适应性。

六、场景分析法

场景分析法是应对数据应用场景多样化、复杂化的有效方法。这种方法注重将法律规范与具体应用场景相结合，探讨法律在不同情境下的适用问题。在数据法学研究中，场景分析法的重要性日益凸显，因为数据技术的快速发展和应用创新常常超出了现有法律框架的预期，需要通过具体场景的分析来预测和应对可能出现的法律问题。

（一）场景构建

场景构建是场景分析法的首要步骤，也是最具挑战性的环节之一。研究者需要基于现实或预测的技术发展状况，构建典型的数据应用场景。这一过程不仅需要对现有技术和市场趋势有深入了解，还需要具备前瞻性思维，预测可能出现的新兴应用。例如，在构建自动驾驶汽车数据收集和使用的场景时，研究者需要考虑车载传感器数据、道路环境数据、乘客行为数据等多种数据类型，以及这些数据在车辆控制、路况预测、紧急救援等不同场景中的应用。① 场景构建应当尽可能详细和具体，包括数据的产生、传输、存储、处理、共享等全

---

① Taeihagh A，Lim H S M. *Governing Autonomous Vehicles：Emerging Responses for Safety，Liability，Privacy，Cybersecurity，and Industry Risks*. Transport Reviews，2019，39（1）：103-128.

生命周期，以及涉及的各方主体及其利益关系。高质量的场景构建为后续分析奠定了基础，能够帮助研究者全面把握数据应用的复杂性和潜在的法律风险。

（二）法律映射

法律映射是场景分析的核心步骤，要求研究者将相关法律规范映射到具体场景中，分析法律适用的可能性和局限性。[1] 这一过程不仅要考虑识别适用的法律条文，还要考虑法律原则的延伸适用。例如，在自动驾驶场景中，研究者需要考虑《中华人民共和国道路交通安全法》（以下简称《道路交通安全法》）、《民法典》中关于侵权责任的规定，以及《数据安全法》《个人信息保护法》等数据相关法律的适用。同时，还需探讨传统法律概念如何在新场景中得到解释和适用，如驾驶人概念在自动驾驶语境下的重新定义。在法律映射的过程中可能会发现现有法律在应对新兴场景时的不足，为后续的法律完善提供依据。

（三）冲突识别

冲突识别是场景分析中的关键环节，旨在发现法律规范在特定场景下可能产生的冲突或模糊地带。[2] 这种冲突可能来自不同法律之间，也可能源于同一法律内部不同条款之间的矛盾。例如，在自动驾驶场景中，个人位置信息保护与交通数据共享之间可能存在冲突。一方面，乘客的位置信息属于个人敏感信息，需要严格保护；另一方面，共享位置数据对于优化交通流量、提高道路安全具有重要价值。识别这些冲突不仅有助于预防潜在的法律争议，还能为法律制度的完善指明方向。

（四）解决方案设计

解决方案设计是场景分析的重要成果，针对识别出的问题，提出法律解释或制度创新的方案。这一步骤要求研究者具备创新思维和实践导向的问题解决能力。例如，针对自动驾驶中的数据冲突问题，可以提出分级授权的数据共享机制，允许在紧急情况下有限度地共享关键数据，同时在非紧急情况下严格保

---

① Bennett Moses L. *How to Think about Law，Regulation and Technology：Problems with "Technology" as a Regulatory Target.* Law，Innovation and Technology，2013，5（1）：1-20.

② Hildebrandt M. *Law as Information in the Era of Data-Driven Agency.* Modern Law Review，2018，81（1）：1-30.

护个人隐私。解决方案的设计应当考虑技术可行性、经济合理性和社会接受度，确保方案能够在实践中得到有效实施。

（五）情景模拟

情景模拟是场景分析的最后一个步骤，通过模拟不同的情景变量，测试解决方案的适应性和稳健性，可以采用定性分析方法，也可以借助计算机模拟等定量方法。例如，可以模拟不同程度的数据泄露情况，测试所设计的数据保护机制是否能够有效应对各种风险。情景模拟能够帮助研究者发现解决方案的潜在缺陷，进行必要的调整和完善。

七、技术影响评估法

技术影响评估法是研究新兴技术对法律制度的影响的专门方法。在数据法学研究中，这种方法尤为重要，因为数据技术的高速发展常常对现有法律体系产生深远影响，需要前瞻性评估和应对。技术影响评估法能够帮助研究者系统地分析新技术可能带来的法律挑战，为法律的适应性发展提供指导。

（一）技术趋势分析

技术趋势分析是技术影响评估的起点。这一步骤要求研究者深入了解数据技术的发展趋势和潜在突破，如量子计算、边缘计算、区块链、人工智能等新技术的发展。这不仅需要研究者具备跨学科知识背景，还要与技术专家保持密切交流。例如，在分析量子计算对密码学的影响时，研究者需要理解量子计算的基本原理，了解其在破解现有加密算法方面的潜力。[①]

技术趋势分析应当注重长期性和系统性，不仅要关注单项技术的进步，还要考虑技术融合带来的综合效应。例如，5G技术与物联网的结合可能带来数据收集和处理能力的质的飞跃，从而对数据隐私保护提出新的挑战。

（二）法律影响评估

法律影响评估是这一方法的核心环节，旨在分析新技术可能对现有法律概

---

① Shor P W. *Polynomial-Time Algorithms for Prime Factorization and Discrete Logarithms on a Quantum Computer*. SIAM Journal on Computing，1997，26（5）：1484-1509.

念、原则和制度产生的冲击。这一过程需要研究者具备深厚的法学功底和敏锐的洞察力，能够识别技术变革对法律体系的潜在影响。例如，在评估脑机接口技术对法律的影响时，研究者需要考虑这项技术如何挑战传统的意思自治原则。脑机接口可能模糊人的思维与外部输入之间的界限，从而影响法律对自由意志的判断。这可能涉及合同法中的意思表示认定、刑法中的主观故意判断等多个法律领域。法律影响评估不应局限于单一法律部门，而应当从整个法律体系的角度进行全面分析，考虑不同法律领域之间的相互影响和系统性变革需求。

（三）风险预测

风险预测是技术影响评估中的重要环节，旨在预测新技术可能带来的法律风险和社会问题。这要求研究者不仅要考虑技术本身的特性，还要分析其在社会应用中可能产生的负面效应。例如，在评估深度伪造技术对个人名誉权保护的潜在威胁时，需要考虑这项技术如何被滥用来制作虚假视频，从而损害个人声誉和社会信任。风险预测应当采用系统化的方法，如风险矩阵分析，评估不同风险的发生概率和潜在影响程度。同时，还应当考虑风险的累积效应和长期影响，如某些看似微小的隐私侵犯可能随时间累积而产生重大社会影响。

（四）法律应对

法律应对是技术影响评估的重要成果，旨在设计应对新技术挑战的法律对策，包括立法建议、监管框架等。这一步骤要求研究者具备创新思维和实践导向的问题解决能力。例如，针对人工智能决策系统的公平性问题，可以提出建立算法审计制度、引入可解释人工智能的法律要求等对策。法律应对的设计应当考虑技术的特性和发展趋势，避免过于具体和僵化的规定，而应采用原则性和弹性化的立法技术，以增强法律的适应性。同时，还应当考虑法律应对的国际协调问题，因为许多数据技术问题具有跨境性质。

（五）持续监测

持续监测是技术影响评估的最后一个步骤，旨在建立技术发展与法律响应的动态评估机制，确保法律能够及时适应技术变革。这需要建立常态化的技术—法律互动评估机制，定期回顾技术发展状况和法律应对效果。例如可以建立数据技术法律影响年度评估报告制度，系统总结新技术发展对法律的影响，评估现有法律措施的有效性，提出调整建议。持续监测机制的设计应当考虑多方参与问题，包括技术专家、法律学者、政策制定者和产业代表等，以确保评估的全面性和客观性。

综上所述，数据法学的研究方法体现了传统与创新的结合、理论与实践的融合、法律与技术的交叉。这些方法不是相互孤立的，而是在具体研究中相互补充、有机结合。例如，在研究数据本地化政策时，可能需要综合运用比较研究法、实证研究法和场景分析法等多种方法。数据法学研究者需要根据研究问题的特点，灵活选择和组合不同的研究方法，以全面、深入地把握数据法律问题的本质，提出有针对性的解决方案。

通过这些多元化、创新性的研究方法，数据法学不仅能够应对当前的数据法律挑战，还能为未来可能出现的问题预先布局，推动法学理论和实践在数字时代持续发展。这种方法论的创新本身就是数据法学作为新兴学科的重要特征和贡献，体现了法学对技术变革的积极回应和自身的与时俱进。

第五节　数据法学教育

在数字化时代的浪潮中，数据法学教育已成为法学教育体系中不可或缺的重要组成部分。随着数据在社会经济生活中的重要性日益凸显，传统法学教育很难满足当前培养法律与数字技术相结合的复合型人才的要求，因此，构建一个全面、系统的数据法学教育体系，培养具备跨学科知识和实践能力的数据法律人才，成为当前法学教育改革的重要任务。本节将从数据法学教育的目标与核心能力、课程体系设计、教育模式创新、国际经验借鉴以及未来挑战与展望等方面，全面阐述数据法学教育的理论基础和实践路径。

一、数据法学教育的目标与核心能力

数据法学教育的根本目标是培养能够适应数字时代需求的复合型法律人才。这些人才不仅需要具备扎实的法学理论基础，还要掌握数据科学、计算机技术等相关知识，能够深入理解数据在法律领域的应用，并能够有效处理数据法律实践中的复杂问题。[①] 具体而言，数据法学教育的目标可以概括为以下几个方面。

---

① 龚向前、李寿平：《“法律＋科技”复合型高端人才培养的实践与思考》，载《学位与研究生教育》2019 年第 2 期，第 41-45 页。

首先，培养学生对数据法律关系的全面认知能力。数据法学涉及数据收集、处理、存储、传输、使用和销毁全生命周期的法律问题，学生需要理解数据在不同环节中的法律属性变化，以及由此产生的权利义务关系。这种认知能力的培养不仅需要法学知识的支撑，还需要对数据技术有深入的了解。

其次，培养学生的跨学科思维和问题解决能力。数据法律问题常涉及多个学科领域，如法学、伦理学、计算机科学、统计学等，[①] 学生需要具备跨学科思维，能够从多个角度分析问题，并综合运用不同学科的知识来解决复杂的数据法律问题。

再次，培养学生的数据分析和应用能力。在数字时代，法律工作逐渐依赖于对大量数据的分析和处理。学生需要掌握基本的数据分析方法和工具，能够运用数据思维来支持法律决策和实践。

最后，培养学生的法律创新能力。面对快速变化的数字技术和新兴的数据应用场景，学生需要具备法律创新思维，能够灵活运用法律原则来应对新的挑战，并在必要时提出创新性的法律解决方案。

基于这些教育目标，可以进一步明确数据法学教育应当着力培养的核心能力。这些核心能力构成了数据法律人才的基本素质要求，主要包括以下方面：（1）法律分析能力：这是数据法学人才的基础能力，要求学生能够准确理解和解释法律条文，分析法律关系，并能够将抽象的法律原则应用于具体的数据法律问题中。（2）技术认知能力：数据法学人才需要对数据技术有基本的了解，能够理解数据收集、处理、存储、传输等过程中的技术原理，并能够识别这些技术过程中可能存在的法律风险。（3）数据分析能力：这包括基本的统计分析能力、数据可视化能力，以及运用法律大数据进行案例分析和预测的能力。学生应当能够利用数据分析工具来支持法律研究和实践。（4）跨学科整合能力：数据法学人才需要能够整合法学、计算机科学、信息安全等多个学科的知识，在处理数据法律问题时能够考虑技术、法律、伦理等多个维度。（5）法律创新能力：面对新兴的数据应用场景和法律问题，学生应当能够创造性地运用法律原则，提出新的法律解释或解决方案。（6）风险管理能力：数据法学人才需要具备识别、评估和管理数据法律风险的能力，能够为组织制定有效的数据合规策略。

这些核心能力的培养不是孤立的，而是相互关联、相互支撑的。例如技术

---

① 程金华：《法律人才与中国"新文治"》，载《中国法律评论》2021年第1期，第194-210页。

认知能力的提升可以帮助学生更好地理解数据法律关系，而数据分析能力的培养则可以增强学生的法律创新能力。因此，在构建数据法学教育体系时，需要采取综合性的方法，通过多样化的课程设置和教学方法来全面培养学生的各项核心能力。

二、数据法学教育模式创新

传统的法学教育模式在培养数据法律人才方面显然存在局限性。为了实现数据法学教育的目标，培养学生的核心能力，我们需要在教育模式上进行创新。这种创新不仅涉及教学方法的改进，还包括培养机制的创新和资源整合的优化。以下是几个可能的创新方向。

（一）理论与实践相结合的教学模式

数据法学是一个实践性很强的领域，仅仅依靠课堂讲授难以使学生真正掌握所需的技能，因此，我们需要设计更多的实践性教学环节。例如，可以建立数据法律实验室，让学生在模拟的环境中处理数据合规、数据安全等实际问题。[①] 又如，可以与企业合作设立数据法律诊所，让学生在指导下处理真实的数据法律问题。这种学中做、做中学的模式可以有效提升学生的实践能力。

（二）跨学科合作培养模式

鉴于数据法学的跨学科特性，单一学院难以提供全面的教育，[②] 因此，可以探索法学院与计算机学院、数学学院等跨院系合作的培养模式，例如，可以实行双导师制，由法学和技术领域的教师共同指导学生；可以设置跨院系的联合培养项目，让学生能够系统地学习不同学科的知识。这种跨学科合作模式可以帮助学生建立更加全面的知识结构。

（三）校企合作培养模式

数据法律实践经常需要紧跟产业前沿，因此加强与企业的合作十分必要。

---

① 汪习根、刘佳：《论数字法学课程实验教学体系的构建》，载《中国大学教学》2023年第12期，第46-55页。

② 武西锋：《法学跨学科研究的中国之道》，载《学术论坛》2021年第3期，第44-56页。

学校可以邀请企业法务、数据合规专家参与课程教学，为学生带来第一手的实践经验；可以与企业合作设立实习基地，让学生有机会参与实际的数据法律工作。这种校企合作模式可以帮助学生更好地了解行业需求，提升就业竞争力。

（四）国际合作培养模式

数据流动的全球性决定了数据法律问题时常具有跨国界的特征，因此，培养具有国际视野的数据法律人才十分重要。学校可以与国外知名院校建立合作关系，开展学生交换、联合培养等项目；可以引入国际组织的相关课程或认证，如IAPP（国际隐私专业人员协会）的CIPP认证等。这种国际合作模式可以拓展学生的国际视野，增强跨文化交流能力。

（五）在线教育与混合式学习模式

在线教育平台可以为学生提供更加灵活和个性化的学习方式，例如，开发数据法学慕课（MOOC），让学生自主安排学习进度；采用混合式学习模式，将在线学习与线下讨论、实践相结合，增强学习效果。这种模式不仅可以提高教育资源的利用效率，还可以培养学生的自主学习能力。

（六）项目制学习模式

老师可以设置跨学期的综合性项目，让学生组队完成复杂的数据法律问题研究或实践任务，例如，可以让学生参与数据法律政策的研究与制定、数据合规体系的设计与实施等项目。这种项目制学习模式可以培养学生的团队协作能力和综合问题解决能力。

这些创新教育模式的实施需要多方面的支持。首先，需要教育管理部门的政策支持，为跨学科合作、校企合作等模式提供制度保障。其次，需要学校层面的资源整合，包括师资、实验室、实习基地等硬件资源，以及课程体系、培养方案等软件资源的优化。再次，需要教师队伍的积极参与和创新，包括更新知识结构、改进教学方法等。最后，还需要学生的主动性和创造性，积极参与到这些新型的学习模式中。

通过这些教育模式的创新，希望能够培养出既懂法律又懂技术，既有理论素养又有实践能力，既有本土视角又有国际视野的复合型数据法律人才，以满足数字时代对法律人才的新要求。

三、数据法学教育的国际经验与借鉴

数字时代不仅改变了传统法律服务的方式，也催生了众多与法律相关的新职业。这些新职业不仅要求从业者具备扎实的法律基础，还需掌握数字技术、数据分析等现代技能，以适应数字化法律服务的需求。世界各国在应对数字化挑战、培养数据法律人才方面都进行了不同程度的探索和实践。研究这些国际经验，我们可以获得有价值的启示，为我国数据法学教育的发展提供参考和借鉴。

美国作为技术创新和法律教育的先行者，其数据法学教育体系较为成熟。许多顶尖法学院都开设了与数据法相关的课程和项目。例如，斯坦福大学法学院设立了法律与技术中心，提供包括隐私法、网络安全法、人工智能与法律等在内的系列课程。该中心还与计算机科学系合作，开展跨学科研究和教学。哈佛大学法学院则设立了网络法与政策项目，关注数据隐私、网络安全、人工智能治理等议题。这些项目不仅提供理论课程，还设有法律诊所，让学生有机会处理实际的数据法律案件。[①] 美国的经验表明，跨学科合作和实践导向是数据法学教育的重要特征。法学院与技术学院的密切合作，使得学生能够同时掌握法律和技术知识。同时，与科技公司、政府机构合作，为学生提供了丰富的实习和实践机会。这种模式有效地培养了学生的跨学科思维和实践能力。

欧洲在数据保护法律方面一直走在世界前列，这也反映在法学教育中。以英国为例，伦敦大学学院设立了法律与技术硕士项目，内容涵盖数据保护法、网络犯罪法、人工智能伦理与法律等内容。该项目特别强调法律、技术和伦理的交叉研究，培养学生的跨学科视野。荷兰蒂尔堡大学开设的法律与技术硕士项目则采用了模块化的课程设置，学生可以根据自己的兴趣选择不同的专业方向，如数据保护与隐私、网络安全、人工智能监管等。这种灵活的课程设置使学生能够根据个人职业规划进行针对性的学习。欧洲的经验突出了数据法学教育中伦理和价值观的重要性。在技术日新月异的今天，如何在法律框架内平衡技术创新和个人权益保护，是欧洲数据法学教育特别关注的问题。这种关注伦理和价值观的教育理念，对于培养具有社会责任感的数据法律人才具有重要意义。

---

① 邹卫中、李萍萍：《人工智能与法学教育融合发展研究》，载《南宁师范大学学报（哲学社会科学版）》2020年第2期，第134-140页。

亚洲国家在数据法学教育方面也有自己的特色。以新加坡为例，新加坡国立大学法学院设立了法律、科技与创新中心，开展数据法、人工智能法律等领域的研究和教学。该中心特别强调产学研合作，与政府部门和科技公司保持密切联系，及时将最新的实践经验引入教学。日本东京大学则在法学院设立了信息法政策研究中心，关注数据隐私、网络安全、数字经济监管等议题。该中心特别强调跨学科研究，经常举办跨学院、跨学科的研讨会，促进法律与技术领域的交流。亚洲国家的经验表明，将数据法学教育与本国的数字化发展战略相结合，是一个值得关注的问题。这些国家常将数据法学教育视为培养数字经济人才的重要组成部分，因此在课程设置和研究方向上更加注重实用性和本土化。

国际组织在推动数据法学教育的标准化和国际化方面也发挥了重要作用。例如国际隐私专业人员协会（IAPP）提供的认证项目，如CIPP证书、CIPM证书等已成为全球公认的数据隐私专业资格。这些认证不仅为数据法学教育提供了参考标准，也为学生提供了国际化的职业发展路径。

这些国际经验对我国数据法学教育的发展具有以下几点启示。

（一）跨学科合作的重要性

数据法学作为一门新兴学科，其本质是高度交叉和综合的。它不仅需要深厚的法律基础，还需要对数据科学、计算机技术、统计学等领域有充分的理解。因此，在数据法学教育中，跨学科合作显得尤为重要。这种合作不应仅限于表面的课程整合，而应该是深层次的知识融合和思维碰撞。具体而言，可以建立跨院系的联合教学团队，开发融合法律、技术和管理的综合课程。例如，可以由法学院和计算机科学学院共同设计算法公平与法律课程，让学生既能理解算法的技术原理，又能分析其中的法律问题。同时，可以成立跨学科研究中心，吸引不同背景的学者共同探讨数据法律问题，产出跨领域的研究成果。此外，鼓励学生跨学科学习也是重要途径，如法学专业的学生可以选修数据科学课程，而计算机专业的学生也可以学习基础法律知识。这种跨学科的教育模式将有助于培养出既懂法律又懂技术的复合型人才，能够更好地应对数字时代的复杂法律挑战。

（二）实践导向的教学模式

在数据法学教育中，理论与实践的结合至关重要。传统的法学教育往往侧重于理论知识的传授，但在快速变化的数字环境中，仅有理论知识是远远不够的，因此，实践导向的教学模式变得尤为重要。这种模式不仅仅是增加几门实践课程，而是要将实践贯穿整个教育过程。可以设立数据法律诊所，让学生有机会处理真实的数据隐私案件，体验从客户咨询到法律分析再到提供解决方案的全过程。组织数据保护主题的模拟法庭，可以让学生在模拟的法庭环境中运用所学知识，提高法律推理和辩论能力。与科技公司、律师事务所建立长期稳定的实习合作关系，为学生提供实际工作环境中的学习机会。在课堂教学中，可以广泛采用案例教学法，分析典型的数据法律案例，让学生了解法律原则如何在实际情况中应用。此外，还可以引入项目式学习，让学生参与实际的数据合规项目，从而培养解决实际问题的能力。通过这些实践性强的教学方法，学生不仅能够加深对理论知识的理解，还能掌握实际工作所需的技能，为未来的职业发展打下坚实基础。

（三）灵活多样的课程设置

数据法学领域的快速发展和学生需求的多样化，要求课程设置必须具有足够的灵活性和多样性。传统的固定课程模式已经难以满足这一要求，因此，需要采用更加开放和灵活的课程设置方式。可以考虑采用模块化的课程设计，将课程分为基础模块、技术模块、应用模块等不同类型，学生可以根据自己的兴趣和职业规划选择不同的模块组合。增加选修课程的比例，开设如区块链与法律、人工智能伦理等前沿课程，让学生能够接触到最新的研究成果和实践动态。引入微学分课程，允许学生以更灵活的方式累积学分。开设跨学期的项目课程，让学生能够深入研究特定主题。允许学生在导师指导下自主设计部分学习计划，实现个性化学习。同时，可以提供在线课程选项，增加学习的时空灵活性。这种灵活多样的课程设置不仅能满足不同学生的需求，而且能够快速响应行业变化，及时将新知识、新技术纳入教学体系，确保教育内容的前沿性和实用性。

（四）伦理和价值观教育的融入

在数据法学教育中，技术和法律知识的传授固然重要，伦理和价值观教育也同样不可或缺。随着数据技术的发展，很多法律和伦理问题变得越来越复杂，仅靠法律条文已难以完全解决。因此，培养学生的伦理意识和社会责任感成为数据法学教育的重要组成部分。这种教育不应局限于单独的伦理课程，而应该渗透到整个教学过程中。可以在每门专业课程中设置伦理讨论环节，引导学生思考技术应用和法律实施中的伦理问题。开设专门的数据伦理课程，系统讲授数据伦理的理论框架和实践案例。组织数据伦理辩论赛，培养学生的批判性思维和道德推理能力。邀请哲学、社会学等领域的专家进行跨学科讲座，拓宽学生的思维视野。设置伦理案例分析作业，让学生在面对具体情境时学会权衡利弊、作出合乎伦理的判断。鼓励学生参与数据伦理相关的社会实践活动，将课堂所学与现实社会问题结合起来。通过这些方式，学生不仅具备了专业知识和技能，还拥有坚实的伦理基础和强烈的社会责任感，能够在未来的职业生涯中作出正确的价值判断。

（五）产学研合作的推进

数据法学作为一个紧密联系实际的学科，其教育发展离不开与产业界、政府部门的密切合作。产学研合作不仅能确保教育内容与实际需求相符，还能为学生提供丰富的实践机会和就业渠道。具体而言，可以建立校企合作实验室，共同研究数据法律问题，将最新的技术发展和法律挑战引入教学。与政府部门合作，参与数据立法和政策制定，让学生有机会了解法律制定的过程和考量。定期组织产学研论坛，邀请业界专家、政府官员和学者进行交流，促进知识的流通和创新。设立由企业捐赠的奖学金和研究基金，支持相关领域的学术研究和人才培养。邀请业界专家参与课程设计和教学评估，确保课程内容的实用性和前沿性。鼓励教师参与企业咨询项目，了解实际问题，将实践经验带回课堂。这些多元化的合作方式，不仅能够丰富教学内容，提高教育质量，还能为学生创造更多的学习和就业机会，培养出真正满足社会需求的数据法律人才。

（六）国际化视野的培养

在全球化的背景下，数据的流动已经超越国界，数据法律问题也越来越具有国际性，因此，培养具有国际视野的数据法律人才变得尤为重要。这种国际化教育不应局限于语言能力的提升，而应该是全方位的。我们可以通过开设比较数据法课程，深入分析不同国家和地区的数据法律体系，理解各国在数据保护、隐私权等方面的异同；建立国际交换生项目，让学生有机会亲身体验不同的法律文化和教育体系；引入国际认证，如国际隐私专业人员协会（IAPP）的CIPP认证，提高学生的国际竞争力；定期组织国际学术会议，邀请全球知名专家学者进行交流，让学生了解国际前沿研究动态；鼓励学生参与国际模拟法庭竞赛，提高跨文化交流和法律应用能力；开设全英文授课的数据法课程，提高学生的专业英语水平。通过多样化的国际化教育方式，培养学生的跨文化理解能力和全球化思维，使他们能够在国际化的工作环境中游刃有余，为未来在跨国公司或国际组织中工作奠定基础。

（七）本土化特色的发展

尽管国际化视野很重要，但数据法学教育必须立足本国实际，发展具有中国特色的教育模式。这种本土化不是简单地照搬和翻译国外教材，而是要深入研究中国的数据治理体系和实践，开发适合中国国情的课程和教材。可以深入分析中国特色的数据法律案例，如《个人信息保护法》实施后的典型案例，让学生理解法律在中国语境下的具体应用。结合"数字中国战略"，设置相应的课程模块，培养符合国家战略需求的人才。研究中国特色的数据伦理问题，如社会信用体系的法律与伦理，培养学生对本国社会问题的敏感度和思考能力。与中国本土科技企业合作，研究符合国情的数据合规方案，让学生了解中国企业在数据治理方面的实践和挑战。注重培养学生运用中国法律思维解决数据问题的能力，使他们能够在中国的法律框架下灵活应对各种数据法律问题。这种本土化的教育方式，不仅能够培养出更适应中国需求的人才，还能为中国特色的数据法学理论和实践作出贡献。

四、数据法学教育面临的挑战

尽管数据法学教育在近年来取得了显著进展，但在未来的发展道路上仍面临诸多挑战。同时，这些挑战也代表着数据法学教育的发展机遇和潜力。分析这些挑战并展望未来，可以为数据法学教育的持续改进和创新提供思路。

第一，技术的快速迭代对数据法学教育提出了巨大挑战。数据技术的发展速度远远超过了法律的更新速度，这导致法律教育内容可能迅速过时。例如，人工智能、区块链、量子计算等新兴技术不断涌现，[①] 每种技术都带来了新的法律问题。如何确保教育内容的时效性和前瞻性，是数据法学教育面临的一大挑战。为应对这一挑战，数据法学教育需要建立更加灵活和开放的课程体系。

---

① 黄炜杰：《量子信息技术专利权保护的困境与出路》，载《科技与法律》2022年第6期，第64-72页。

一方面，可以采用模块化的课程设置，便于及时更新和调整课程内容；另一方面，可以邀请业界专家参与课程设计和教学，及时将最新的技术发展和法律实践引入课堂。此外，培养学生的自主学习能力和终身学习意识也十分重要，使他们能够在毕业后持续跟进技术和法律的最新发展。

第二，跨学科人才培养的难度较大。数据法学要求学生同时具备法律和技术知识，这对学生的知识结构和学习能力提出了很高的要求。如何在有限的学习时间内，让学生既能掌握扎实的法律基础，又能够理解复杂的技术原理，这是一个巨大的挑战。针对这一挑战，需要创新教育模式。例如，可以探索法学＋计算机科学的双学位项目，或者设立专门的数据法学学位。同时，可以加强法学院与其他学院的合作，开发跨学科课程和项目。此外，还可以利用在线教育平台，为学生提供更多自主学习和个性化学习的机会。

第三，实践教学资源的缺乏也是一个显著挑战。数据法学是一个实践性很强的领域，但目前许多高校缺乏相应的实践教学资源，如数据法律实验室、实习基地等。这使得学生难以将理论知识转化为实际能力。为解决这一问题，高校可以加强与企业、政府部门的合作，共建实践基地和创新中心。同时，可以引入虚拟仿真技术，开发数据法律模拟实训系统，为学生提供更多实践机会。此外，鼓励学生参与实际的数据法律项目和研究，也是增强实践能力的有效途径。

第四，师资力量的不足是数据法学教育面临的又一大挑战。目前，既精通法律又熟悉技术的复合型教师相对稀缺。如何培养和引进适合数据法学教育的高质量师资是亟待解决的问题。对此，首先可以通过培训项目提升现有教师的跨学科能力。其次，可以引进具有技术背景的法律实务专家担任兼职教师。再次，可以鼓励法学博士生跨学科学习，培养新一代的数据法学教育人才。最后，建立跨院系、跨学科的教师合作机制，这也是解决师资问题的有效途径。

展望未来，数据法学教育仍有广阔的发展空间。随着数字经济的深入发展，社会对数据法律人才的需求将持续增长。同时，新技术的不断涌现也将为数据法学教育带来新的内容和方向。例如，元宇宙[①]、脑机接口等前沿技术可能成为未来数据法学教育的新议题。

---

① 杨学科：《法学教育数字化 3.0：元宇宙时代的法学教育》，载《法学教育研究》2023 年第 4 期，第 111-135 页。

数据法学教育正面临前所未有的机遇和挑战。有理由相信，通过不断创新教育理念和模式，加强跨学科、跨领域合作，数据法学教育将能够培养出更多符合时代需求的复合型法律人才，为数字时代的法治建设作出重要贡献。

思考题

1. 数据作为法律关系的新客体，如何重塑法治模式？

2. 为什么说数据法学既是领域法又是新法学？

3. 为什么数据领域多地方立法与行业标准？它们都有哪些实践意义？

4. 数据法学人才应具备哪些核心能力？如何习得这些核心能力？

第二章　数据处理

🔙 **内容提要**

• 数据的概念：数据是通过数字技术生成的信息记录；数据在技术上具有格式统一、规模庞大、更新频率快、质量参差不齐、价值大而密度低的特征；数据在法律上具有非物质性、可复制性和可聚合性的特征。

• 数据的类型：个人数据、企业数据、公共数据；原始数据、派生数据、加工数据；一般数据、敏感数据、核心数据。

• 数据处理：数据生命周期理论是对数据处理行为进行管理的思维；数据处理行为规制是数据立法的重要内容。

• 数据处理的法律原则：数据权利保护原则、数据处理自由原则、数据处理可信原则、数据处理安全原则、数据处理责任原则。

• 数据处理行为：合法的数据法律行为与数据违法行为；数据收集、存储、提供、删除与数据委托处理；数据侵权行为、数据犯罪行为；计算机犯罪、数据犯罪、信息内容犯罪以及其他犯罪。

　　想象这里有一座巨大的、永不停歇的工厂，它的原料是无形的比特流，它的产品是改变世界的洞察力。这就是数据处理的魔力所在。在这个数字时代的炼金炉中，看似平凡的日常痕迹被转化为价值连城的战略资源。每一次点击、每一次交易、每一次位置更新，都在这座无形的工厂中经历着奇妙的嬗变。数据处理就像是给现实世界戴上了一副魔法眼镜。通过这副眼镜，人类得以洞察隐藏在表象之下的规律，预见尚未发生的未来。它能让人们在茫茫人海中找到知音，在浩瀚市场中捕捉机遇，在复杂系统中预警风险。然而，这副眼镜的威力如此强大，以至于我们必须谨慎地思考：谁有权戴上这副眼镜？如何确保它不会被滥用？

在这个数据驱动的新纪元，数据处理不再仅仅是一个技术词汇，它已然成为一种新的生产方式，一种重塑社会关系的力量。它挑战着人们对隐私、公平、自由的传统理解，推动社会重新思考人与数据、个体与集体的关系。人类正站在一个前所未有的十字路口：数据处理的力量可以让社会更加高效、更加智能，但也可能导致前所未有的控制和不平等。本章将深入探讨数据处理的本质、方法和影响。从技术的内核到伦理的外延，从个人的微观体验到社会的宏观变革，全方位剖析这一改变世界的力量。读者将跟随文字，穿梭于数据的迷宫，解码隐藏在数字背后的秘密，思考技术与人性的永恒命题。

第一节　数据的含义与特征

在数字化时代，数据已成为驱动社会经济发展的关键要素。深入理解数据的法律定义和属性，是构建数据处理法律规制体系的基石。

一、数据的含义

（一）数据的界定

数据概念的演变反映了信息技术的发展历程。最初，数据主要指代以数字形式表达的统计信息，即数值数据。随着数字技术的进步，数据的内涵不断扩展，逐渐涵盖了通过数字技术生成的各类信息记录，包括非数值数据。这一演变源于数字技术的本质特征：基于 0 和 1 的二进制编码系统。在现代计算机和网络通信中，所有形式的信息均通过二进制编码表示、存储和传输。[①] 通过多样化的计算机程序，这些二进制编码的数据可以被解析为文字、符号、数字、图形、图像、声音等多种形式，使人类能够识别和获取其中蕴含的信息。因此，数据已成为数字世界中记录和表达所有信息的统一载体。

要全面把握"数据"这一概念，必须将其置于"大数据"思潮兴起的历史背景中。随着大数据处理技术的创新与应用，数据作为一种新兴资源的价值日益凸显。道格拉斯·兰尼早在 2001 年就提出了描述大数据的三"V"特征："volume"（数据量）、"velocity"（数据产生和处理速度）以及"variety"（数据类型的多样性）。[②] 这一基于"V"的大数据特征描述获得了广泛认可，并在此基础上不断发展。例如，IBM 后来增加了"veracity"（数据的真实性）和"value"（数据的价值），[③] 进一步丰富了对大数据特征的理解。

基于上述背景，我们可以归纳出数据作为一种新型事物所呈现的关键特征。

1. 格式统一，类型多样

数据以二进制数字编码的电子形式存在，在格式上具有统一性。然而，可被编码的信息内容却是多种多样的，包括文字、图片、声音、视频、代码等各类信息，均可通过数据化方式表达。这种统一性和多样性的结合，为对不同类型信息进行综合分析和计算创造了可能。

2. 规模宏大

信息科技和网络技术的迅猛发展，使得人类社会中的各种活动和信息交流能够被实时数据化，形成规模庞大的数据集群。例如，物联网（IoT）技术通过传感器和智能设备，不断生成海量数据，并借助云计算等先进技术进行大规模数据处理。

---

① 时巍、李爽主编：《计算机应用技术教程》，清华大学出版社 2019 年版，第 10 页。

② Laney D. 3D Data Management：Controlling Data Volume，Velocity，and Variety，Technical Report，META Group，2001. https：//studylib. net/doc/8647594/3d-data-management-controlling-data-volume-velocity-an…．

③ Aaron D，Parsons，et al. Automatic Processing of Multimodel Tomography Datasets．Journal of Synchrotron Radiation，2017，24：248-256．

3. 更新频率高

人类活动的高密度、频繁性，结合数据采集技术的实时性，导致数据的生成、传输和处理呈现出高频率的特点。这种快速更新的特性，为实时分析和决策奠定了基础。

4. 质量参差不齐

与传统的结构化数值数据不同，现代计算机数据呈现出极高的复杂性和多样性。数据类型包括结构化、半结构化和非结构化数据，形式涵盖数值、文字、图形、声音、图像等。随着数据规模的扩大，数据质量的差异也日益显著，这对数据处理和分析提出了更高的要求。

5. 整体价值巨大，单位密度低

数据作为信息的载体，其价值主要体现在所记录的信息内容上。随着数据量的增加，其潜在包含的信息越丰富，整体价值也随之增大。然而，单位数据的价值密度相对较低，这一特性决定了大数据分析和挖掘技术的重要性。

（二）数据的法律定义

随着数据在社会经济发展中的角色日益凸显，立法对数据概念的定义经历了一个逐步明确和完善的过程。这一过程不仅反映了技术发展的轨迹，也体现了立法者对数据重要性认识的深化。

1. 国内立法定义

我国《数据安全法》首次在国家法律层面对数据进行了明确定义。该法第三条规定："本法所称数据，是指任何以电子或者其他方式对信息的记录。"这一定义具有以下几个显著特点。

（1）广泛性：使用"任何""其他方式"的表述，该定义涵盖了各种形式的信息记录，不限于电子数据。

（2）中立性：定义避免了对特定技术或形式的偏重，为未来技术发展预留了解释空间。

（3）基础性：作为首个国家层面的数据法律定义，它为后续相关立法和司法实践奠定了基础。

2. 国际立法比较

在国际层面，不同法律体系对数据的定义呈现出多样化的特点，反映了各国在数据保护理念和立法重点上的差异。

欧盟《通用数据保护条例》（GDPR）将个人数据定义为与已识别或可识别的自然人相关的任何信息。这一定义强调了数据与个人之间的关联性，突出了对个人隐私保护的重视，并采用了宽泛的"任何信息"的表述，为各种形式的个人相关数据提供了保护。GDPR 的这一定义对全球数据保护立法产生了深远影响，许多国家在制定数据保护法时都参考了这一定义。

相比之下，美国《加州消费者隐私法》（CCPA）采用了更为宽泛的定义，涵盖了"可直接或间接识别、关联或描述特定消费者或家庭的信息"。这一定义不仅扩大了保护范围，将家庭这一单位也纳入考虑，还特别强调了间接识别的可能性，这在大数据时代尤为重要。CCPA 的这一定义反映了美国对消费者权益保护的独特视角，体现了美国法律在数据保护方面的特色。

尽管立法层面对数据的定义已经趋于明确，学术界仍然存在一些争议。这些争议不仅反映了数据概念的复杂性和多维性，也为数据法学的发展提供了丰富的理论探讨空间。主要的争议点包括数据与信息的关系、数据的范围、数据的价值属性以及数据的动态性。

在数据与信息的关系问题上，一种观点认为数据是信息的载体，两者是不同的概念，[1] 另一种观点则认为数据是信息的一种表现形式，两者本质上是同一的。[2] 这一争议涉及信息科学和法学的交叉领域，对理解数据的本质特性具有重要意义。

关于数据的范围，有学者主张应将数据限定在电子化的范围内，而另一些学者则认为应包括各种形式的信息记录。这一争议直接关系到法律适用的范围，对确定数据法的调整对象具有实际影响。

---

[1] 程啸：《论大数据时代的个人数据权利》，载《中国社会科学》2018 年第 3 期，第 102-122 页，第 207 页。

[2] 张素华、刘寅：《论网络虚拟财产与数据的区分保护》，载《北方法学》2024 年第 5 期，第 67-83 页。

在数据的价值属性方面，一些学者强调数据的经济价值，将数据定义为一种新型生产要素；① 而另一些学者更关注数据的社会价值和文化价值。② 这一争议反映了对数据在现代社会中角色的不同理解，影响着数据法律制度的设计方向。

此外，有学者提出，数据的定义应当考虑到其动态变化的特性，不应局限于静态的信息记录。③ 这一观点强调了数据在流动和处理过程中的特性，为理解数据生命周期中的法律问题提供了新的视角。这些学术争议的存在，一方面体现了数据概念的复杂性，另一方面也推动着数据法学理论的不断发展和完善，为未来的立法和司法实践提供了重要的理论支撑。

二、数据的法律特征

数据作为一种新型的法律客体，展现出独特的法律属性，主要体现在非物质性、可复制性和可聚合性三个方面。这些特征不仅影响了数据的法律定性和保护方式，也对传统法律体系提出了新的挑战，推动数据法学理论和实践的持续发展。

（一）非物质性

数据的非物质性是其最为基本的特征，表现为数据以电子或其他非实体形式存在的信息记录。这一属性使数据在法律定位上区别于传统有形财产，主要体现在以下三个方面。

1. 无形性

数据不占据实际物理空间，可在不同载体间自由转移而保持本质不变。这一特性极大地便利了数据的存储和传输，但同时也给确定数据所有权和管辖权带来了挑战。法律需要建立新的规则来界定数据的归属和管辖范围。

---

① 冯晓青：《数据产权法律构造论》，载《政法论丛》2024 年第 1 期，第 120-136 页。

② 张杨、刘江彬、卢鑫：《当代资本主义数据权力的统治关系批判及其启示》，载《内蒙古社会科学》2023 年第 44 卷第 4 期，第 136-145 页。

③ 冯晓青：《数字经济时代数据产权结构及其制度构建》，载《比较法研究》2023 年第 6 期，第 16-32 页。

2. 非排他性

多个主体可以同时拥有和使用相同的数据，这与传统物权中的排他占有形成鲜明对比。非排他性促进了数据的共享和广泛利用，但也增加了数据权利保护的复杂性。法律需要在促进数据流通和保护权利人利益之间寻求平衡。

3. 价值多样性

数据的价值不仅体现在其本身，更体现在对数据的分析和应用中。同一数据在不同场景下可能产生截然不同的价值，这增加了数据估值和定价的难度。法律需要建立灵活的评估机制来应对数据价值的多变性。

（二）可复制性

数据的可复制性是指数据可以被无限次复制，且复制品与原始数据在本质上完全相同。这一特性对法律产生了深远影响。

1. 传播便利性

数据可以以极低的成本快速传播，这极大地促进了信息共享，但同时也增加了数据泄露的风险。法律制度需要在促进数据流通和保护数据安全之间寻求精妙的平衡。

2. 权利保护难度

数据的可复制性不仅带来了传播的便利，也给权利保护带来了前所未有的挑战。

（1）由于数据可以被轻易复制和传播，权利人对数据的独占和控制变得极为困难。这一特性从根本上挑战了传统的知识产权保护模式，要求法律创建新型保护机制来维护数据权益。例如，传统版权法主要保护作品的表达形式，但对于数据这种可以被轻易复制和重组的信息载体，单纯依靠版权保护显然不够。因此，一些国家开始探索特殊权利（sui generis）保护制度，如欧盟的《数据保护指令》，试图为数据编撰者提供特殊的法律保护。

（2）数据的可复制性还给取证工作带来了巨大挑战。在数据侵权案件中，由于数据易被复制和修改，取证和归因变得异常复杂。这要求法律不断发展数字取证技术，并相应调整电子证据的采信规则。例如，如何确保电子证据的真实性和完整性，如何追溯数据的来源和流转过程，这都是司法实践中亟需解决的问题。一些国家已经开始在立法中明确规定电子证据的法律效力和采信标准，以应对这一挑战。

（三）可聚合性

可聚合性是数据的另一个重要法律特征，指不同来源、不同类型的数据可以被整合、分析，从而产生新的价值。这一特性具有深远的法律意义。

首先，数据聚合和分析可以产生远超单个数据价值的新见解和知识。这一特性是大数据分析和人工智能应用的基础，也是数据经济的核心驱动力。法律需要为这种价值创造提供保护和激励。例如，如何认定和保护数据分析的成果，如何平衡原始数据提供者和数据分析者的利益，这都是法律需要考虑的问题。

其次，数据的可聚合性导致权属认定变得极为复杂。聚合后的数据产品可能涉及多个权利主体，如何界定各方的权利和义务成为一个棘手问题。法律需要明确界定数据的原始权属、加工权属和衍生权属，建立合理的利益分配机制。这可能需要借鉴知识产权法中的一些概念，如共同著作权、职务作品等，但又不能简单套用，而是要根据数据的特性进行创新。

再次，数据聚合极大地增加了隐私风险。看似无害的数据经过聚合可能揭示高度敏感的个人信息，这大大增加了个人隐私保护的难度。为应对这一挑战，法律需要在数据保护中引入更加严格的数据最小化原则和目的限制原则。例如，欧盟的《通用数据保护条例》（GDPR）就明确规定了数据最小化原则，要求数据处理者只收集和处理实现特定目的所必需的个人数据。

最后，数据聚合的跨领域性对现有的部门法规制提出了挑战。数据聚合可能跨越多个法律领域，如隐私法、竞争法、知识产权法等，这要求建立跨部门的协调机制，以应对数据聚合带来的复杂法律问题。例如，在反垄断执法中，评估数据聚合对市场竞争的影响，就需要隐私法、竞争法等多个领域的专业知识。

总的来说，数据的非物质性、可复制性和可聚合性这三大法律特征，深刻影响了数据的法律定性和保护方式。它们不仅挑战了传统法律体系中的诸多概念和规则，而且推动着数据法学理论和实践的不断创新。在制定数据相关法律规则和政策时，必须充分考虑这些特征，在促进数据价值实现和防范潜在风险之间寻求平衡。这需要法律工作者具备跨学科视野，不断创新法律思维和制度设计，以适应数据驱动的新经济形态和社会治理模式。

三、数据的类型

在数据法学中，对数据进行科学分类是理解和规制数据的重要基础。不同类型的数据可能涉及不同的法律规制和保护措施。以下将从数据来源、处理状态和敏感程度三个维度对数据进行系统分类。

（一）个人数据、企业数据和公共数据

根据数据的来源，可将数据分为个人数据、企业数据和公共数据。

个人数据是指与已识别或可识别的自然人相关的任何信息。例如，姓名、身份证号、生物特征、行为轨迹等。这类数据直接关系到个人隐私权，因此受到较高程度的法律保护。我国《个人信息保护法》等法律对个人数据的收集、使用、处理等方面作出了明确而严格的规定。个人数据的保护不仅涉及隐私权的保护，还关系到个人尊严和人格权的维护，因此在法律规制上往往采取更为严格的标准。

企业数据是指企业在生产经营活动中产生、收集、处理的数据。如客户信息、生产数据、财务数据、研发数据等。企业数据往往涉及商业秘密，具有重要的商业价值。这类数据主要通过商业秘密保护制度、反不正当竞争法等法律机制进行保护。企业数据的保护需要在促进数据价值实现和维护市场公平竞争之间寻求平衡。一方面，法律需要为企业数据提供充分保护，以激励企业进行数据创新和利用；另一方面，也要防止企业利用数据优势形成市场垄断，损害消费者利益和阻碍市场竞争。

公共数据是指政府和公共机构在履行职责过程中产生、采集的数据。例如气象数据、交通数据、人口统计数据等。公共数据具有公共性质，关系重大公共利益，其管理和使用涉及政府信息公开、公共数据开放等法律制度。公共数据的开放和利用对于促进社会创新、提高政府透明度和效率具有重要意义。然而，如何在开放利用和保护隐私、国家安全之间找到平衡，是公共数据管理面临的主要挑战。

（二）原始数据、派生数据和加工数据

从数据的处理状态来看，可以将数据分为原始数据、派生数据和加工数据。原始数据是指未经任何处理的最初采集的数据，如传感器直接采集的数

据、问卷调查的原始回答等。原始数据真实反映原始状态，其权属较为明确，通常归属于数据采集者。原始数据的法律保护主要涉及数据采集的合法性和数据真实性的保障。

派生数据是指通过对原始数据进行简单处理或计算得到的数据。例如，根据原始销售数据计算的日均销售额。派生数据与原始数据密切相关，但可能具有新的价值。派生数据的权属可能存在争议，需要考虑数据处理者的贡献。在法律上，派生数据的保护涉及如何评估和认定数据处理者的创造性贡献，以及如何在原始数据提供者和数据处理者之间分配权益。

加工数据是指经过深度处理、分析或融合的数据。如基于多源数据分析得出的消费者画像。加工数据可能具有全新的价值和意义，与原始数据差异较大，其权属和使用权限较为复杂，可能涉及多方利益，是数据法律领域的一个重要研究课题。加工数据的法律保护需要考虑数据加工者的智力投入和创造性贡献，同时也要平衡原始数据提供者的利益。此外，加工数据可能涉及个人隐私和公共利益，因此其使用和流通也需要受到相应的法律规制。

（三）一般数据、敏感数据和核心数据

根据数据的敏感程度，可以将数据分为一般数据、敏感数据和核心数据。

一般数据是指不涉及个人隐私、国家安全等敏感内容的普通数据，如公开的统计数据、一般的商品信息等。一般数据的流通和使用限制较少，但仍需遵守基本的数据安全保护要求。

敏感数据是指一旦泄露、非法使用，就有可能危害人身、财产安全或导致名誉、身心健康受到损害的数据。例如生物识别、宗教信仰、特定身份、医疗健康等信息。敏感数据需要更高级别的保护和更严格的处理规则。我国《个人信息保护法》等法律对敏感个人信息的处理有特别规定，要求采取更严格的保护措施，如取得个人的单独同意，进行影响评估等。

核心数据是指关系国家安全、国民经济命脉、重要民生、重大公共利益的数据，如国防信息、大型关键信息基础设施运行数据等。核心数据具有最高级别的敏感性，受到最严格的管控。《数据安全法》对核心数据的保护作出了专门规定，要求实行更加严格的管理制度，确立重点保护、分类分级管理制度。

这种多维度的数据分类方法有助于我们更全面、精准地理解和规制不同类型的数据。需要注意的是，在实践中，这些分类可能交叉重叠，需要综合考虑来确定具体数据的法律属性和保护级别。例如，一些个人数据可能同时属于敏

感数据，而某些企业数据可能涉及核心数据。因此，在进行法律适用时，需要对数据的多重属性进行综合评估。

随着数据技术和应用的快速发展，数据的分类方法也可能需要进一步细化和完善。例如，随着人工智能技术的发展，可能需要考虑对 AI 生成数据的特殊分类和保护。在数据法学研究和实践中，应当密切关注数据分类理论的最新发展，并根据具体情况灵活应用，以确保法律规制的精准性和有效性。

总的来说，数据的分类不仅是一个理论问题，更是一个具有重要实践意义的问题。科学合理的数据分类有助于立法者制定更有针对性的法律规范，有助于执法者更准确地适用法律，也有助于数据处理者更好地理解和遵守相关法律规定。因此，在未来的数据法学研究中，应当继续深化对数据分类的研究，为数据的法律保护和合理利用提供更加坚实的理论基础。

第二节　数据处理及其法律特征

随着数字技术的迅猛发展，数据处理已然成为一个亟待法律规制的新兴领域。全球各国纷纷开启了数据立法的探索之旅，逐步构建关于数据处理的法律规范体系与基本原则，明确数据处理行为的法律性质、法定类型与规范结构。本节旨在深入探讨数据处理的内涵、法律规制及其基本原则，为理解数据处理的法律框架奠定全面而深刻的基础。

一、数据处理的含义

（一）数据处理与大数据技术

数据可以在物理介质上存储，也可以借助物理介质或通信网络进行传输，接入计算机中加以处理。"计算机系统中的每一个操作，都是对数据进行的某种处理"，[1] 例如存储、传输、计算、检索、分析等操作。我国立法中没有对"数据处理"作出定义，欧盟 GDPR 第 4 条第 2 项对数据处理的定义是对个人数据进行的任何操作或者一系列操作，无论其是否通过自动化手段进行，如数据收集、记录、组织、建构、存储、改编或修改、恢复、查询、使用、通过传

---

① 魏赟主编：《计算机应用基础》，中国铁道出版社有限公司 2022 年版，第 8 页。

播分发方式进行披露或者其他使个人数据可被他人获得、排列或组合、限制、清除或销毁的操作。

　　大数据是信息技术发展的最新成果。大数据技术的创新应用，促进了数据处理的发展。基于计算机技术和通信技术结合而形成的计算机网络，可以对数据进行大规模的汇集和处理，大大提升了数据价值实现的可能。一方面，大数据技术能够实现对大规模数据的存储和处理。数据的规模可以 PB、EB，甚至 ZB 级别来衡量。另一方面，大数据技术具备强大的计算能力，能够快速高效地处理和分析大规模数据，获取有价值的信息。大数据技术不仅提高了数据处理的能力和效率，还提升了所获取分析结果的价值性，能够转化为卓越的经济价值，从而开启了传统经济数字化转型和数字经济的新时代。

（二）数据处理与数据生命周期

　　在大数据时代，数据处理是日常而多样的。基于数据生命周期的理念，可以把各种数据处理行为进行归类和体系化。数据生命周期的提法源于 20 世纪 60 年代，是在信息生命周期理论的基础上发展而来的。随着大数据的兴起，数据生命周期理论成为对数据及其处理环节进行管理的一种重要思维。数据生命周期是模拟自然生命的过程抽象而来的，是指数据从产生到消亡的全过程。数据生命周期包含若干个过程环节和数据处理行为。各种数据处理行为被纳入抽象的数据生命周期中，构成一个数据处理的模型体系。

　　数据生命周期并无固定的模型。基于不同的建构目的，国内外涌现出了多种广泛应用的数据生命周期模型。不同的数据生命周期模型，展示出了各种各样的数据处理行为，以及围绕不同处理目的的行为组合。数据的产生是数据生命周期的开端，因此各类数据生命周期模型都把数据的创建作为第一个环节。注重数据质量和应用的模型，以数据的使用为目的，将其设置为模型的终点，中间包括存储、检索、分析等环节。[①] 而注重数据流程的管理与安全的模型，

---

　　① 如数据质量生命周期模型，包括数据的创建、存储、检索、使用四个环节，See Levitin A V，Redman T C. *A Model of the Data（Life）Cycles with Application to Quality*. Information and Software Technology，1993，35（4）：217-223.

　　DDI 联合生命周期模型，包括数据的收集、处理、存储、发布、发现、分析、使用等环节，See Ball A. *Review of Data Management Lifecycle Models*. University of Bath，IDMRC，2012.

强调数据的全流程，不止于数据的使用，还包括后续的存档、销毁等环节。^①此类数据生命周期模型较好地呈现了数据生命的全流程，以及较为通用的各个阶段。综合来看，基于数据生命周期的数据处理流程包括数据的创建、存储、使用、流动、存档、销毁等环节。

二、数据处理的法律规制

随着数据处理技术的发展，数据处理在人们的社会生活和经济生产中发挥着越来越重要的作用。一方面，通过数据处理获得更加丰富的知识，创造出更多智能便利的产品，更好地满足人们日常生活需要，促进了数字经济的发展；另一方面，大数据使得人们的个人信息和活动数据被广泛收集，数据平台凭借所控制的数据和所掌握的数据处理技术形成强大的实力，个人的合法权益、市场公平竞争、公共利益都面临被侵犯的风险。数据处理已经成为改变利益创造和分配模式的关键活动，正在重塑人们的交往方式和社会的发展机制，必将引发作为社会治理机制的法律的变革。

数据处理者、数据控制者、个人信息主体等一系列新的参与者成为社会交往和经济活动的新主体，亟待法律予以规制。伴随数据处理涌现出来的新的利益及其分配亟须法律予以调整。基于数据处理而形成的数字经济秩序需要法律予以维护，需要国家机关创新监管予以保驾护航。数字技术引发的社会变革是21 世纪法律面临的重大挑战，也是法律变革的契机与推动力。

（一）数据处理的法律规范体系

随着数据技术的蓬勃发展，数据处理对社会的影响力日益突显。数据处理原本只是技术过程和数据处理者的内部行为，如今却越来越受到社会的关注，人们已经不满足只接受数据处理者提供的数据处理结果，而是强烈地要求将数据处理的过程置于社会的检视和监督之下。各国在对数据开发利用进行立法规制的过程中，都意识到数据处理对个人和社会的巨大影响。对于数据，不论通

---

① 如数据资产管理组织（DAMA）提出的数据生命周期模型（DAMA 模型），包括数据的创建、获取、存储、维护、使用、销毁 6 个环节，以及 CSA 模型，包括数据的创建、存储、使用、共享、存档、销毁 6 个环节，See Yu X，Wen Q. *A View About Cloud Data Security from Data Life Cycle*，in 2010 International Conference on Computational Intelligence and Software Engineering. IEEE，2010，1-4.

过何种确权模式实现良好的规制，都需要对数据利用的处理行为进行规制。[①]由于确权模式尚不能提出良好的产权配置模型而具有立法难度，相对而言，行为规制的立法模式更具有可操作性，被大多国家和地区的数据立法所采用。[②]我国《网络安全法》关于网络数据处理、《数据安全法》关于数据处理、《民法典》和《个人信息保护法》关于个人信息数据处理的立法规定构成了我国数据处理规范的行为规制体系，包含了对数据处理的原则和规则，并且细化了数据处理行为的类型，对每一个数据处理行为的特定情形作出了特别的规定。

（二）数据处理行为的法律化

法律以规范人们的行为作为主要内容，通过规范人们的行为来调整人与人之间的权利和义务。从法律的生成学角度，人们的实践行为丰富多样，法律不可能详细地规定每一个具体行为的规范要求，这就需要归纳描述。通过法律的概念体系，在立法中对所需要的规范的行为作一般性的抽象描述，形成行为的一般结构，再通过法律解释技术和论证方式将立法的一般规定与实践中的具体行为进行匹配，从而实现法律对人的实践行为的规制。

从法律的适用角度来看，社会的法律状态、人们的权利义务发生变化，意味着一定发生了什么，这就是所谓的法律关系的变动。法律关系发生变动的原因称为法律事实，包括事件和行为。事件与行为的区分在于是否以权利主体的意志为转移，法律上的事件是指不以权利主体的意志为转移的法律事实，行为则是以权利主体的意志为转移的法律事实。[③] 也就是说，人们有意识实施的行为是法律调整的重要对象。纳入法律调整范围并能产生法律后果的行为也称为法律行为。法律是规范社会行为的规则体系之一，一个社会行为是不是法律行为，取决于该行为能否引发法律关系的变化，也即引发不同主体之间权利义务关系的变化。依据《中国大百科全书·法学》对法律行为的界定，法律行为指

---

① 梅夏英：《在分享和控制之间数据保护的私法局限和公共秩序构建》，载《中外法学》2019 年第 4 期，第 845-870 页；丁晓东：《数据交易如何破局——数据要素市场中的阿罗信息悖论与法律应对》，载《东方法学》2022 年第 2 期，第 144-158 页；金耀：《数据治理法律路径的反思与转进》，载《法律科学》2020 年第 2 期，第 79-89 页；时诚：《企业数据权益保护的行为规制模式研究》，载《大连理工大学学报（社会科学版）》2022 年第 6 期，第 84-92 页，等。

② 如欧盟《通用数据保护条例》细致规定了数据处理者的处理行为应当受到约束的内容。

③ 《法理学》编写组：《法理学（第二版）》，人民出版社 2020 年版，第 137 页。

能发生法律上效力的人们的意志行为。[①] 法律行为具有以下特征：（1）人们在其意志控制下实施的行为；（2）受法律调整的行为，有法律规范的规定；（3）具有法律后果的行为。

在行为规制的立法思想指导下，对数据处理行为进行细致规制构成了数据立法的重要内容。通过这一立法过程，数据处理行为被法律化。法律为数据处理行为设定明确的行为要素、标准和模式。经过立法规范的数据处理行为构成数据法律行为，受到数据法律的调整，能够引发相应的法律后果。

三、数据处理的法律原则

法律规范数据处理的主要方式是设定基本原则和制定具体行为规则。法律对数据处理的基本原则加以规定，为处理行为的具体规则制定提供指导，也有助于在实践中准确地理解、适用以及补充数据处理的具体规则，有利于构建科学合理、融贯的数据处理法律规范体系。

纵观世界范围内的数据立法，尚未有国家或地区制定出一部完整的数据法，而是分散制定了众多的数据相关法律。各国的数据法律体系和立法进程各不相同。美国以"数据自由与行业自律为基础，同时以国家安全为例外"作为数据立法的基本指南，以隐私保护为起点，形成了一个复杂的数据法律组合。欧盟在数据领域一直采取积极的立法策略，在保护数据权利的基础上，积极制定促进数据流动与开放的法律规则，为其他国家提供了参考。

我国关于数据处理的立法分散在《网络安全法》《数据安全法》《个人信息保护法》《民法典》《刑法》等法律中。《数据安全法》规定开展数据处理活动，应当遵守法律、法规，尊重社会公德和伦理，遵守商业道德和职业道德，诚实守信，履行数据安全保护义务，承担社会责任，不得危害国家安全、公共利益，不得损害个人、组织的合法权益。[②]《个人信息保护法》对个人信息处理的基本原则作出了集大成的规定，在《网络安全法》《民法典》等的基础上，专门采用了五个条文详细规定了九项基本原则，分别是合法、正当、必要、诚信、目的限制、公开透明、质量、责任和安全原则。[③]

---

① 胡乔木、姜椿芳、梅益：《中国大百科全书·法学》，中国大百科全书出版社1992年版，第102页。

② 《数据安全法》第八条。

③ 《个人信息保护法》第五、六、七、八、九条。

数据处理的基本原则取决于保护数据与促进数据流通利用的基本目的。因此，数据处理的基本原则应当包括以下几项：数据权利保护优先原则、数据处理自由原则、数据处理可信原则、数据处理安全原则与数据处理责任原则。

（一）数据权利保护优先原则

保护数据是数据立法的基本目的。法律对数据的保护以保护数据权的方式展开。数据权包括数据主权、个人信息权益以及各类数据财产权。信息来源的主体对数据享有相应的利益，国家对所属社会与个人的信息享有主权利益，因此，数据在被处理的过程中，应当优先保护数据上的在先权利。只有在不侵犯数据主权、个人信息权益、其他主体财产权与知识产权等在先权利的基础上，才能开展数据处理行为。

在中国，数据权利保护原则在立法中得到了全面体现。《个人信息保护法》是这一原则的集中体现，该法第五、六、七条明确规定了处理个人信息应遵循的原则，包括合法、正当、必要和诚信原则，以及目的限制和公开透明的原则。这些原则共同构成了个人信息保护的基本框架。《个人信息保护法》还详细规定了个人信息处理的具体规则。例如，该法第十三条规定了个人信息处理应当取得个人同意的原则，同时也列举了无需征得个人同意的例外情形。这一规定既强调了个人对其信息的控制权，又考虑了现实中可能存在的特殊情况，体现了立法的灵活性和实用性。法律还特别强调了对敏感个人信息的特殊保护。《个人信息保护法》第二十九条至第三十条规定，处理敏感个人信息应当取得个人的单独同意，并应当向个人告知处理敏感个人信息的必要性以及对个人权益的影响。这一规定体现了对不同类型个人信息的差异化保护，是个人信息权利保护优先的具体体现。

在司法实践中，数据权利保护优先原则也得到了广泛应用。例如，在"郭某某诉某网络科技有限公司隐私权纠纷案"中，法院认定被告未经原告同意，在其经营的社交软件上公开展示原告的个人信息，侵犯了原告的隐私权。法院指出，个人信息是公民隐私权的重要内容，网络服务提供者应当尊重用户的个人信息权益，不得擅自公开或不当使用用户信息。[①] 这一判决体现了司法实践对数据权利保护原则的贯彻。

---

① 杭州互联网法院（2021）浙 0192 民初 5626 号。

（二）数据处理自由原则

数据处理自由原则是指数据应当依法自由获取和自由流通。数据的技术原理决定了数据具有便捷的流动性。数据的自由流动也是发挥数据要素价值、促进数字经济发展的客观要求。数据处理自由原则意味着，数据的处理是处理者的意思自治范围。数据处理者自主决定数据处理的目的、方式，自主开展数据处理行为。当然，法治社会的自由不是无限度的，法律对数据处理进行规制。这并不意味着数据处理者不再能够自主处理数据，而是说，数据处理者的数据处理行为符合法律的规范要求就会受法律保护，否则得不到法律的保护，如果违反法律的强制性规定开展数据处理行为还要承担相应的法律责任。

我国的数据立法贯彻了数据处理自由原则。《数据安全法》第七条规定国家保障数据依法有序自由流动，第十一条规定国家促进数据跨境安全、自由流动。组织和个人均可以自由开展数据处理活动，有效利用数据价值。同时，该法也要求数据处理应当"依法合理"进行，不得侵犯他人的合法权益，并确保数据安全。

（三）数据处理可信原则

数据处理可信原则是指在数据的收集、存储、加工、使用、提供、共享、公开和删除等一系列处理活动中，确保数据的真实性、完整性和安全性，以及数据处理过程的透明性和可追溯性。这一原则对于维护数据市场的健康发展、保护数据提供者的隐私权益以及确保数据消费者的利益至关重要。

数据处理应当遵守可信原则，这是其技术原理与应用场景所决定的。数据处理虽然是处理者的自主行为，但是会影响到社会或者其他个人、组织的利益。而且，数据处理通常是基于数字技术来进行的，即大数据分析处理。大数据分析系统基于统计概率运算，打破了传统的因果关系逻辑，以相关关系为分析目标，因此大数据分析的结果缺乏线性的因果推理，甚至呈现出"算法黑箱"的现象。这使得数据处理的后果具有不可预测性，而且涉及面广，一旦出现侵权后果，其影响范围甚大，其责任的划分也难以厘清。因此，为了数据处理的良性发展，应当坚持可信原则，确保数据处理的过程透明、可解释、可问责。

坚持数据处理可信原则，应当在数据的真实性、完整性和安全性，以及数据处理的透明性、可追溯性等方面着手。数据的真实性是指数据必须是准确无误的，没有被篡改或伪造。在数据市场中，服务提供商需要确保他们提供的数据是真实可信的，以避免误导数据消费者。例如，TPDM 模型（一种用于描述和存储文本数据的模型）通过加密和签名的方式，确保了数据的真实性和隐私保护。① 数据的完整性是指数据在处理过程中保持完整，没有被非法修改或破坏，这要求数据处理系统具备高度的安全性，能够防止未授权访问和非法篡改。数据的安全性是指保护数据不被未授权访问和使用，包括对敏感数据的保护，防止数据泄露和非法使用。数据处理的透明性和可追溯性是指数据处理过程应该是公开透明的，所有参与者都能够了解数据是如何被处理的，以及数据处理的结果是如何得出的。这有助于建立数据处理的信任，确保数据处理活动的公正性和合理性。

遵循数据处理的可信原则，需要综合运用加密技术、可信计算机制、数据真实性验证方法等多种技术和策略，以确保数据真实、完整、安全，以及处理过程的透明可追溯。这不仅有助于保护数据提供者的隐私权益，而且有助于维护数据市场的健康发展和数据消费者的利益。

（四）数据处理安全原则

安全是数据全生命周期的首要价值，体现在数据处理中，意味着数据的处理应当在安全的环境中进行，确保处理过程和结果安全。数据处理安全原则也是数据权利保护优先原则的一个重要方面。数据主权、个人信息权益等在先权利的一个共同的法益就是安全法益。数据处理安全主要体现在数据存储和数据传输等处理行为中。

在中国的立法实践中，数据处理安全原则得到了充分体现。我国《数据安全法》将数据安全工作上升为国家战略。该法第二十七条明确规定："开展数据处理活动应当依照法律、法规的规定，建立健全全流程数据安全管理制度，组织开展数据安全教育培训，采取相应的技术措施和其他必要措施，保障数据安全。"这一规定全面概括了数据安全原则的核心要求。《数据安全法》还创新性地提出了数据分类分级保护制度。该法第二十一条规定："国家建立数据分类分级保护制度，根据数据在经济社会发展中的重要程度，以及一旦遭到篡

---

① Niu C, Zheng Z, Wu F, Gao X and Chen G. *Achieving Data Truthfulness and Privacy Preservation in Data Markets*, in IEEE Transactions on Knowledge and Data Engineering, 2019, 31 (1): 105-119.

改、破坏、泄露或者非法获取、非法利用，对国家安全、公共利益或者个人、组织合法权益造成的危害程度，对数据实行分类分级保护。"这一制度体现了数据安全保护的精细化和差异化，是数据处理安全原则在立法中的具体落实。

在司法实践中，数据处理安全原则也得到了广泛应用。例如，在"浙江某公司诉某网络科技公司不正当竞争纠纷案"中，法院认定被告未经授权获取原告网站数据的行为构成不正当竞争，体现了对数据安全的司法保护。法院指出，网站经营者对其合法获取并经过整理、加工的数据库依法享有特定权益，他人未经许可擅自获取并使用构成不正当竞争。[①] 这一判决不仅保护了数据控制者的合法权益，也强化了数据安全保护的法律要求。

然而，数据处理安全原则的实施在实践中也面临诸多挑战。首先是技术发展的挑战。随着云计算、大数据、人工智能等技术的快速发展，数据安全面临的威胁也在不断发展。例如，深度伪造技术的出现对个人身份数据的安全提出了新的挑战。其次是安全与效率的平衡问题。过于严格的安全措施可能阻碍数据的有效利用和流通，影响数字经济的发展。如何在确保安全的前提下促进数据的价值实现，是立法和执法过程中需要不断权衡的问题。

（五）数据处理责任原则

数据处理责任原则是指在数据处理过程中，组织和个人应当遵循的一系列法律和道德规范，以确保数据处理安全、合法和透明。数据处理是会产生相应后果的事实行为，包括正面的结果即收益，以及负面的结果即损害。一旦发生损害，就需要问责。数据处理者应当对其从事的数据处理活动负责。这既是数据处理自由原则的必然要求，又是收益与损失一体的体现——数据处理者享受数据处理带来的收益，也应当为处理活动造成的损害负责。

我国《网络安全法》《数据安全法》和《个人信息保护法》都规定，数据处理者应当对其数据处理活动负责。责任原则表现在以下几个方面：第一，数据处理者应当考虑到处理的目的、处理的方式和处理的范围，以及处理活动给其他主体的数据权利带来的风险，采取适当的措施确保处理活动是合法的；第二，处理个人信息数据和重要数据时应当符合相关法律的特别规定要求；第三，责任原则要求数据处理者要对违反法律规定的数据处理行为承担相应的责任，包括民事责任、行政责任乃至刑事责任。

---

① 杭州市中级人民法院（2020）浙 01 民终 873 号。

随着大数据和人工智能技术的发展，数据处理责任原则也面临新的挑战和要求。例如，算法的透明度和可解释性成为新的关注点，[①] 以及在处理个人数据时，需要特别注意保护个人隐私和防止歧视性决策。在实际操作中，数据处理责任原则的实施需要数据处理者具备高度的责任意识和专业能力，同时也需要相关法律法规的完善和监管机构的有效监督。例如，GDPR 对数据处理记录义务的规定，以及《个人信息保护法》对过错推定责任的规定，都是为了加强数据处理者的责任意识和提高数据保护水平。

这些原则共同构成了数据处理的法律框架，为数据处理活动提供了基本的行为准则和价值导向。它们不仅指导着具体数据处理规则的制定，而且为司法实践中的法律适用提供了重要参考。在未来的数据法律实践中，这些原则将继续发挥重要作用，引导数据处理活动朝着更加安全、合法、透明的方向发展。

第三节　数据处理行为及其规则

一、数据处理行为的法律要件

数据处理行为作为数据法律行为的一种，具备法律行为有效构成的一般要件。这些要件主要包括行为的主体、行为主体的主观方面、行为的外在方面（行为要素）以及行为结果。它们共同构成了数据处理行为的法律规范结构，为判断数据处理行为的合法性奠定了基础。

（一）主体

数据处理行为的主体是指实施数据处理行为的实体。由于数据处理本质上属于事实行为，主体只需具备数据处理的技术能力，并且以自主的目的和方式开展数据处理，即可成为数据处理行为的主体。[②] 这种主体可以是自然人、法人或其他组织，但通常应当具备完全法律行为能力。

在数据处理这一新兴领域，不同国家和地区的立法对数据处理行为主体的

---

① H V Jagadish. *Responsible Data Science*. in The Twelfth ACM International Conference on Web Search and Data Mining（WSDM' 19），2019.

② 《个人信息保护法》第七十三条第一款。

称谓并不统一。例如，欧盟《通用数据保护条例》（GDPR）采用了"数据控制者"和"数据处理者"的概念。其中，"数据控制者"指决定个人数据处理目的与方式的主体，而"数据处理者"指为数据控制者处理个人数据的主体。[①]这两个概念分别对应不同数据处理法律关系中的数据处理行为主体。

在我国现行法律体系中，对数据处理行为主体的表述也呈现多样化：

（1）《全国人民代表大会常务委员会关于加强网络信息保护的决定》使用"网络服务提供者和其他企业事业单位"的表述；

（2）《中华人民共和国消费者权益保护法》（以下简称《消费者权益保护法》）采用"经营者"的说法；

（3）《网络安全法》则使用"网络运营者"的概念；

（4）《民法典》规定处理个人信息的可以是"任何组织或者个人"；

（5）《个人信息保护法》引入了"个人信息处理者"的概念；

（6）《数据安全法》则使用"开展数据处理活动的组织、个人"和"数据处理者"的表述。

尽管表述不一，但"数据处理者"和"个人信息处理者"已逐渐成为较为通行的概念用语。

值得注意的是，除了数据处理行为主体，还存在数据处理的相对人。特别是在涉及个人信息数据的处理时，自然人作为数据主体，其权益尤其需要得到保护。

（二）主观方面

数据处理行为主体的主观方面是法律认定行为主体资格、行为性质以及法律后果的重要因素。这一方面主要包括行为能力、动机和目的等要素。

首先，数据法律行为主体应当具备完全行为能力。行为能力表现为行为的认知能力和控制能力，即行为人对自己的行为本身及其后果有清晰的认知，并能够对行为进行有效控制。这是行为人主观意志的外在表现，也是法律判断行为人是否应当承担法律后果的重要考量因素。[②] 在民事法律中，对于无民事行为能力人和限制民事行为能力人实施的行为有特殊的法律规定；在刑事法律中，对于未成年人的行为也有特别的规定。

其次，动机也是法律规范行为的重要考量因素。在民事活动中，行为主体

---

① Regulation（EU）2016/679（General Data Protection Regulation）.

② 梁慧星：《民法总论（第五版）》，法律出版社 2017 年版，第 89 页。

的动机通常不影响法律的认定。但在刑事法律中，行为主体的动机是其主观方面的重要表现，直接影响对行为情节的认定。[①]

最后，行为的目的是行为主体主观方面的核心内容。目的合法是行为合法的一个必要条件，而目的违法则是判断行为故意违法的根本标准。因此数据处理行为主体的主观方面直接影响到法律对其行为的认定以及可能产生的法律后果。[②]

（三）行为要素

行为表现和行为结果共同构成了行为的客观方面，对行为的法律认定具有决定性意义。行为表现是法律规范行为的重要内容。法律通常对行为的动作、手段和过程等方面作出具体规定，设立适法的行为标准或要求，并规定相应的法律后果，以此引导人们的行为。数据处理行为作为一类新兴的法律规制对象，具有独特的特点：一方面，数据处理行为与传统法律规范的行为相比具有新的表现形式，需要法律作出新的具体规定和行为标准；另一方面，数据处理行为仍处于快速发展阶段，其行为表现呈现出巨大的创新性，未来可能出现更多新的形态和特点。[③]

（四）行为结果

行为结果是行为结构中不可或缺的组成部分，也是法律规范行为的一个重要认定因素。当行为结果对社会造成影响，改变了人们之间的关系时，就需要受到法律的调整。行为结果是法律调整的重要标准，主要体现在两个方面。首先，行为结果对社会的影响程度是法律决定是否调整某个行为的重要依据。通常没有社会影响或影响程度很低的行为，不会被纳入法律的调整范围。其次，行为结果的影响程度不同，决定了它们可能被纳入不同法律调整范围，特别是对于违法行为，其结果的严重程度直接影响着行为性质的认定，即是民事违法、行政违法还是刑事违法，从而决定应当承担的责任类型。[④]

数据处理行为的法律规范同样面临这种情况。根据行为结果的不同，数据处理行为可能被纳入民事侵权、行政违法抑或刑事犯罪的规制范畴。基于数据

---

① 张明楷：《刑法学》，法律出版社 2016 年版，第 124 页。
② 王利明：《民法》，中国人民大学出版社 2015 年版，第 156 页。
③ 冯晓青：《数据法律制度研究》，法律出版社 2019 年版，第 78 页。
④ 张新宝：《侵权责任法（第 4 版）》，中国人民大学出版社 2016 年版，第 45 页。

的全生命周期，数据处理包括多个技术环节。而法律的基本定义是规范主体之间权利义务关系的规则体系。因此法律对数据收集、存储、提供、删除等涉及不同主体之间权利义务变化的处理环节分别加以规制，制定具体的规范。

二、数据处理行为的类型

数据处理作为一个新兴领域，其主体多元、形态各异，对数据的处理行为也呈现出多样性和复杂性。目前，学术界对数据处理行为的理论研究尚未成熟，对其含义、类型、范围都缺乏统一的界定。同时，对数据处理行为的立法也处于探索阶段，尚难以构建完整的数据处理行为规范体系。然而，基于数据生命周期理论，可以为各种数据处理行为构建一个全流程体系。事实上，数据立法也是根据数据的生命周期来列举数据处理的行为类型的。《民法典》列举了个人信息的处理包括收集、存储、使用、加工、传输、提供、公开共七种数据处理行为。①《数据安全法》的规定与《民法典》保持一致。②《个人信息保护法》在此基础上增加了"删除"行为，从而完善了数据处理的全生命周期。③

因此，我国数据立法所明确规定的数据处理行为包括收集、存储、使用、加工、传输、提供、公开、删除，共八种行为。这八种行为涵盖了数据全生命周期的各个流程环节。需要注意的是，这只是一种抽象的顺序排列，在现实中任意一种数据处理行为都可以单独进行，任意两种数据处理行为都可能相继进行，任意的排列组合都可能出现。此外，现实中还存在非法的数据处理行为，如数据窃取、非法买卖等。上述法律中所列举的行为是对数据处理全生命周期各个环节的规范表达。立法将这些行为纳入调整范围，通过调整这些数据处理行为实现对数据处理全生命周期的规范。按照不同的标准，可以对上述数据处理行为进行分类，帮助拓展对数据处理行为的认识。

以行为是否符合法律的规范要求为标准，数据法律行为可以分为合法的数据法律行为与数据违法行为。数据立法为实践中的数据处理行为设置了合法的规范要求，凡是符合法律规范的数据处理行为会产生肯定性的法律后果，会受到法律的保护。《数据安全法》《网络安全法》《个人信息保护法》等立法为数据收集、存储、加工等行为设置了相应的规范要求，凡是依法开展的数据处理

① 《民法典》第一千零三十五条。
② 《数据安全法》第三条。
③ 《个人信息保护法》第四条。

行为都会受到法律保护,[①] 而违反法律规范要求的数据处理行为,则会受到法律的规制。

数据违法行为可以根据不同的法律部门而分为民事违法行为、行政违法行为与刑事犯罪行为。违反法律规范要求的数据处理行为,可能是数据侵权行为、数据违法行为,也可能是数据犯罪行为,需要分别承担民事侵权责任、行政责任以及刑事责任。

(一)数据收集行为

在数据的全生命周期中,数据的收集是第一步,通过收集获得数据以待存储和进一步处理。数据的收集本质上意味着数据的取得。在民事法律中,取得一般包括原始取得和继受取得。对应到数据领域,数据的原始取得即原始收集,是将信息编码成数据并加以控制的过程。而数据的继受取得则是指通过数据的流转而获得。与传统的物的取得不同,数据还可以在网络中获取已经生成的数据,这种方式被称为"二次收集"。[②]

合法取得是权利产生的基础。数据的合法收集是数据处理者获得数据处理权利的前提,也是维护数据相关主体权益、促进数字经济健康发展的重要保障。因此,数据收集者必须严格遵守相关法律法规对数据收集的规范要求,确保其数据收集行为合法合规。[③]

1. 原始收集与二次收集

根据所收集的数据形态,可以将数据收集分为原始收集与二次收集。

原始收集,即数据的生成,指的是直接从数据源获取数据的行为。数据的原始收集是将真实世界中的信息进行采集并数字化编码,从而生成数据。数据生成的来源可以是个人、设备、系统或任何能够产生数据的实体。

数据生成的历史可以分为三个阶段,也可以理解为三种不同的数据生成路径,分别对应着不同的数字和信息网络技术与设备的创新发展。[④]

---

① 《数据安全法》第二十七条。
② 李学龙、龚海刚:《大数据系统综述》,载《中国科学:信息科学》2015 年第 45 卷第 1 期,第 1-44 页。
③ 《数据安全法》第三十二条。
④ 李学龙、龚海刚:《大数据系统综述》,载《中国科学:信息科学》2015 年第 45 卷第 1 期,第 1-44 页。

（1）第一阶段是基于数字技术和数据库系统的广泛应用而实现的数据生成。这个路径始于 20 世纪 90 年代，生成的主要是结构化的数据，如银行交易业务数据、商场购物记录等。

（2）第二阶段是基于 web 系统的广泛应用而实现的数据生成。这个路径始于 20 世纪 90 年代末，包括基于 web 1.0 系统的搜索引擎和电子商务等应用，以及基于 web 2.0 系统的在线社交网络等应用场景。这一阶段生成的主要是半结构化和非结构化的数据，如网页数据、事务日志、用户社交内容等。

（3）第三阶段是基于移动数字设备的广泛应用而实现的数据生成。这个路径始于 21 世纪初，包括智能手机、笔记本电脑、传感器等数字智能产品的应用。这一阶段生成的数据更加丰富，尤其是生成方式更加自动化、智能化。[①]

从生成的方式来看，这三个阶段呈现出从被动记录到主动生成，再到自动生成的演变过程。随着人工智能和机器学习的创新发展，自动生成愈发成为数据生成的主要路径。需要注意的是，这三种数据生成的路径并非前后相继的替代关系，而是累加并列的关系，共同构成了当前数据生成的多路径、多样态特征。[②]

二次收集则是指从已经存在的数据集中再次获取数据的行为，这些数据集可能是由其他组织或个人已经收集并存储的数据。二次收集的主要对象是网络数据，不同于原始收集，二次收集是面向网络中已存在的数据，收集者根据自己的需要而抓取相关的数据。

与真实用户正常的网络浏览不同，二次收集通常是收集者利用专门的收集程序自动化、规模化地收集并存储目标网站的数据。二次收集的主要方式是利用网络爬虫程序通过网络抓取目标网站上的数据。网络爬虫是一种能够自动化收集并存储数据的技术。[③] 它能够自动浏览万维网，通过从网页中提取链接，然后递归地访问这些链接，来收集并存储网页内容。需要注意的是，网络爬虫收集的数据可能是数据控制者公开的数据，也可能是设置了访问限制的数据，

[①]　李学龙、龚海刚：《大数据系统综述》，载《中国科学：信息科学》2015 年第 45 卷第 1 期，第 1-44 页。

[②]　李学龙、龚海刚：《大数据系统综述》，载《中国科学：信息科学》2015 年第 45 卷第 1 期，第 1-44 页。

[③]　饶传平：《论数据抓取法律风险的流程化管理》，载《东方法学》2023 年第 6 期，第 28-42 页。

还可能是受到知识产权法、个人信息保护法等法律保护的数据。因此，网络收集数据的行为应当遵守相关的法律法规，也应当遵守商业道德。[①]

我国《数据安全法》对数据的收集进行了明确的规定。该法第三十二条明确规定，"任何组织和个人收集数据，应当采取合法、正当的方式，不得窃取或以其他非法方式获取数据"。同时，第三十四条规定，法律、行政法规对收集、使用数据的目的和范围有规定的，应当在这些规定的目的和范围内收集和使用数据。

具体而言，数据收集应当满足以下几个方面的法律要求：

（1）数据收集必须基于合法的目的，通过合法的方式进行；

（2）数据收集应当准确无误，并且及时更新，以确保数据的质量和可靠性；

（3）数据收集者必须采取适当的技术和管理措施来保护数据，确保数据安全和保密，免受未经授权的访问、泄露、篡改或销毁；

（4）数据收集应当接受相关监管机构的监管。

《个人信息保护法》也对个人信息的收集提出了严格要求。该法第一条指出，"为了保护个人信息权益，规范个人信息处理活动，促进个人信息合理利用，根据宪法，制定本法"。这意味着个人信息的收集必须符合宪法的规定，并且要保护个人信息主体的权益。

个人信息的收集除了应当满足以上要求，还应当满足以下几方面的要求。

（1）数据主体的知情同意：涉及个人信息的数据收集时，以告知同意为原则，法律规定的不需要同意的情形为例外；数据收集者应当向个人告知数据收集的目的、范围、使用方式等信息，并且获得个人信息主体的明确同意。

（2）目的限制原则和最小化原则：个人信息的收集应当明确使用目的，并且收集范围限制在实现目的所必需的最小范围内，不得过度收集个人信息，也不得将收集的个人信息用于未经授权的目的；超出目的范围的使用应重新获得授权。

（3）保障个人信息权益：个人信息收集者应当尊重并保障个人在个人信息处理过程中的权利，包括查阅复制权、更正权、解释说明权、删除权等。[②]

---

① 饶传平：《论数据抓取法律风险的流程化管理》，载《东方法学》2023年第6期，第28-42页。

② 《个人信息保护法》第四十四条至第四十八条。

2. 境内收集与跨境收集

根据数据收集的地理位置和涉及的法域，数据收集可以分为境内收集和跨境收集两种情形。这一区分的意义在于，两者适用的法律规范要求不同，数据安全和个人信息保护的标准不同，行政监管的难度不同，还涉及数据的国际合作与跨境流动的问题。

境内收集是指数据收集者在本国境内进行的数据收集活动。境内收集的数据可能包括个人、企业、政务服务等相关信息。在中国的数据收集活动应当遵守中国的法律法规，包括《数据安全法》《网络安全法》《个人信息保护法》《关键信息基础设施安全保护条例》等相关规定。

跨境收集是指数据收集者在境外收集境内个人或组织的数据的行为。一国法律的管辖一般遵循属地主义与属人主义相结合的保护主义原则，如《数据安全法》第二条第二款规定，"在中华人民共和国境外开展数据处理活动，损害中华人民共和国国家安全、公共利益或者公民、组织合法权益的，依法追究法律责任。"这表明，我国法律奉行保护主义原则，对境外侵权行为也享有管辖权。

跨境数据收集涉及两个或多个国家、地区的法律体系，需要同时遵守数据源所在国和数据接收国的法律法规，以及可能涉及的国际法律协定和标准。因此，跨境数据收集面临不同国家、地区的监管要求，需要同时满足不同的合规要求。由于跨境数据收集可能面临更高的安全风险，因此需要承担更严格的安全保护义务，采取更严格的安全保护措施。

跨境收集个人信息的行为受到《个人信息保护法》的严格规制。《个人信息保护法》第三条第二款明确规定了境外处理境内自然人个人信息的活动应当受到本法规制的情形，一是以向境内自然人提供产品或者服务为目的；二是分析、评估境内自然人的行为；三是法律、行政法规规定的其他情形。在进行跨境数据收集时，数据收集者必须特别注意遵守中国的法律要求，特别是关于个人信息保护的规定。这可能包括但不限于以下情形：向数据主体明确告知数据跨境传输的目的、范围和方式，并获取其同意；采取合同等形式与境外接收方约定数据保护的责任和要求；在数据跨境传输前进行安全评估，确保数据传输的合法性、正当性和必要性；遵守中国法律对于数据出境的其他相关规定和要求。

跨境数据收集涉及数据的国际流动，需要考虑数据流动的自由化与安全保障之间的平衡，以及不同国家间的数据保护合作。在保护境内数据安全的同时，各个国家也应当积极开展数据国际交流与合作，构建数据流动与安全管理相关的国际规则和标准体系，促进数据跨境安全、自由流动。我国《数据安全法》《个人信息保护法》等法律法规也作了相应的规定。

（二）数据存储行为

收集而来的数据必须要存储起来以待进一步的处理和利用。数据存储是指将收集的数据以适当的格式存放并且可供提取使用的环节。

数据的存储需要满足两个功能要求，一个是持久而可靠地存放数据，另一个是提供可访问数据的接口和通道。[①] 为满足这两个功能要求，数据存储需要遵循一系列的法律、技术和管理规定。

对于数据存储行为，《数据安全法》《个人信息保护法》等法律法规提出了分类分级、安全存储、境内存储等规范要求。

1. 分类分级存储

数据存储时，应当根据数据的敏感性和重要性进行分类分级存储，对不同类别的数据采取不同级别的保护措施。[②] 这种分类分级存储的方法有助于优化资源配置，确保重要和敏感数据得到更高级别的保护。

2. 安全存储

数据的安全存储要求数据处理者采取必要的技术措施来保障数据的存储安全，这包括但不限于数据加密、访问控制、防火墙、入侵检测系统等。数据的安全存储应当做到以下几点：

（1）数据应当以标准化、通用的格式存储，方便长期保存和访问使用；

（2）应当选择合适的存储介质，确保数据的持久性和可靠性；

（3）应当定期对数据进行备份存储，可以采用多地备份、容灾等技术手段提高数据的安全性和灾难恢复能力；

（4）应当建设存储安全防护措施，包括数据加密、防火墙、入侵检测系统等，防止数据被非法获取、泄露等安全事故的发生。

---

① 李学龙、龚海刚：《大数据系统综述》，载《中国科学：信息科学》2015 年第 45 卷第 1 期，第 1-44 页。

② 国家标准《信息安全技术 政务信息共享 数据安全技术要求》（GB/T 39477—2020）。

数据处理者应履行数据安全保护义务，建立健全数据安全管理制度，包括数据分类分级、数据存储期限、数据访问记录等，确保数据处理活动的合规性。

3. 境内存储

对于关系到国家利益和公民个人权益的特定类型数据，相关法律规定了数据必须存储在境内的要求。具体如下：

（1）关键信息基础设施的运营者应当将在中华人民共和国境内运营中收集和产生的个人信息和重要数据存储于境内；[①]

（2）国家机关处理的个人信息应当存储于境内；[②]

（3）处理个人信息达到国家网信部门规定数量的个人信息处理者，应当将在中华人民共和国境内收集和产生的个人信息存储于境内。[③]

数据本地化存储，有利于降低数据的安全风险，便于监管机构进行有效监管，同时也能够更好地保护国家安全和公民个人权益。

（三）数据委托处理行为

数据委托处理是指数据处理者（委托方）将部分或全部数据处理活动交由其他组织或个人（受托方）执行的过程。这一做法在数据密集型业务中尤为常见，旨在通过专业分工提高数据处理效率和质量。

数据委托处理面临一系列合规与安全方面的风险。数据委托处理的法律要求旨在确保个人信息和重要数据的安全性，防止数据泄露、滥用或非法获取。这些要求不仅保护数据主体的权益，也为数据处理者提供了合规的操作指南。

在国际上，数据委托处理受到严格的法律监管，尤其是欧盟的《通用数据保护条例》（GDPR）提供了详细的规定。根据 GDPR，数据控制者在委托数据处理者处理个人数据时，必须签订详细的书面合同，明确双方的责任和数据处理的具体要求。数据处理者必须依照合同规定的范围和目的处理数据，并且不得擅自转委托给第三方。此外，数据处理者需采取适当的安全措施确保数据安全，并协助数据控制者履行 GDPR 规定的义务，包括响应数据

---

① 《网络安全法》第三十七条。

② 《个人信息保护法》第三十六条。

③ 《个人信息保护法》第四十条。

主体的请求和处理数据泄露事件。GDPR 的这些规定旨在加强对个人数据的保护，确保数据处理活动的透明度和责任性，同时赋予数据主体更多的控制权和其他权利。[①]

在中国，数据委托处理的法律框架主要由《数据安全法》和《个人信息保护法》等法律法规构成。这些法律规定了数据处理者在委托他人处理数据时必须遵守的基本原则和具体要求。主要如下：

（1）委托方需与受托方签订书面协议，明确数据处理的目的、范围、方法和保护措施；

（2）受托方在处理数据时必须遵循约定的范围和目的，不得擅自扩大数据处理的范围或转委托给第三方；

（3）委托方有责任对受托方的数据处理活动进行监督，确保其具备足够的数据安全保护能力。

在实践中，数据处理者应当审慎选择受托方，并建立有效的监督和评估机制，确保数据处理活动符合法律法规的要求，同时维护数据主体的隐私权和数据安全。

（四）数据提供行为

数据提供是指数据处理者将数据转移给其他方的行为。提供是《数据安全法》和《个人信息保护法》明确列举的一种数据处理行为，具体包括数据公开和数据共享等行为。数据公开是指将数据向公众开放，使其可以被任何人访问和使用。数据公开有利于促进信息共享、提高透明度、支持研究和创新，以及增进公共利益。数据共享是指在不同的组织、机构或个人之间共享数据。另外，数据的提供包含数据的传输环节，在提供数据时要确保数据的传输安全。

在数据提供过程中，必须遵循《数据安全法》和《个人信息保护法》等相关法律法规的要求，确保数据的合法合规传输，同时保护数据主体的隐私权、个人信息权益和数据安全。具体而言，数据提供者需要注意以下几点。

（1）采取必要措施：如数据脱敏和加密，以防止数据在传输和使用过程中被未经授权的第三方获取或滥用。

---

① Regulation（EU）2016/679（General Data Protection Regulation）。

（2）保证数据质量：提供的数据应当准确、完整、可靠，避免因数据质量问题给数据使用者造成误导。

（3）明确使用条件：数据提供者需明确所提供数据的使用条件和限制，如许可协议、使用范围限制等，确保数据使用者遵守相应的规定。

《个人信息保护法》对个人信息的提供设定了更为严格的规范和要求，以保护个人的隐私权和数据安全。

（1）个人信息处理者在向第三方提供个人信息之前，必须依法获得数据主体的明确同意。

（2）确保数据主体充分了解信息提供的目的、范围以及接收方的详细信息，确保透明度和可追溯性。

（3）对于敏感个人信息，如生物识别信息、健康信息等，处理者需获取个人的单独同意，且在某些情况下，法律或行政法规可能要求以书面形式获得同意。

（4）个人信息处理者承担着确保个人信息安全的责任，必须采取适当的安全措施防止数据泄露、篡改或丢失，并确保所提供的信息准确无误，以免对个人权益造成损害。

这些规定旨在加强对个人信息的保护，确保个人信息的合法、合规和安全使用。

另外，数据跨境提供是一种特殊情形，指将数据从一个国家传输到另一个国家或地区的过程。在全球化的背景下，数据跨境流动已成为常态，尤其在商业、科研、教育和技术发展等领域。然而，这一过程面临一系列数据安全和隐私保护的问题，因此受到法律的严格规范。

在中国，数据立法对数据跨境提供设定了明确的要求和限制：

（1）《网络安全法》第三十七条首次提出了关键信息基础设施运营者的数据本地化要求；

（2）《数据安全法》第三十六条进一步规定了数据出境批准制度；

（3）《个人信息保护法》在第三章专门规定了个人信息跨境提供的规则，包括安全评估、个人同意等要求；

（4）国家互联网信息办公室 2022 年发布的《数据出境安全评估办法》，进一步细化了数据出境安全评估的具体规则，这标志着中国数据跨境流动管理制度日趋完善。

根据这些法律，关键信息基础设施运营者和处理大量个人信息的组织在进行数据跨境提供时，必须遵守国家有关规定，确保数据安全和个人信息保护，主要包括以下几个方面。

（1）安全评估：数据跨境提供需进行安全评估。这包括评估数据跨境传输可能带来的安全风险，以及接收国的数据保护水平是否符合要求。安全评估的目的是确保数据在跨境传输过程中不被非法获取、泄露或滥用，保护数据主体的合法权益。

（2）明确责任：数据提供者在传输数据前，应与数据接收方签订数据保护协议，明确双方在数据保护方面的责任和义务。协议中应包含数据的处理目的、范围、期限以及采取的安全措施等内容。

（3）尊重数据主体权利：在某些情况下，数据提供者需征得数据主体的明确同意，尤其是涉及敏感个人信息时。数据主体应当被告知其数据将被跨境传输，并有权撤回同意或要求删除其个人信息。

（4）国际合作：中国积极参与国际数据保护规则的制定和交流，推动与其他国家和国际组织的合作，以促进数据跨境流动的安全和合规性。

数据跨境提供是一个复杂的过程，涉及多方面的法律和技术问题。它不仅需要遵守中国的法律法规，还可能受到其他国家法律的影响。因此，在进行数据跨境提供时，必须采取严格的安全措施，确保数据的安全和合规性，同时保护数据主体的权益。随着数字经济的发展，数据跨境提供将继续成为数据安全法律领域的一个热点议题。

总之，数据提供的规定旨在平衡数据流通的便利性和个人信息权益的保护，促进数据资源的合理利用，同时维护网络空间的安全和秩序。

（五）数据删除行为

1. 数据删除的含义

数据删除是指从系统中移除数据的索引或访问路径，使得数据对用户和系统不再可见或不可访问。数据删除通常是一种逻辑操作，数据可能仍然存在于存储介质上，但不再通过正常方式访问或检索。数据删除的方法主要如下：

（1）逻辑删除，从数据库中删除数据记录的索引，但数据本身可能仍然存在于存储介质上；

（2）应用层删除，删除应用程序中的快捷方式或引用，但数据本身可能还在服务器的备份或存档中。

数据删除通常在以下情况下进行：

（1）遵守数据保留期限，数据到期后需要从系统中移除；

（2）响应数据主体的删除请求；

（3）出于隐私保护的考虑。

2. 数据销毁的含义

数据销毁是指通过物理或电子手段彻底消除数据的可读性和可恢复性。数据销毁的目的是确保数据在任何情况下都不能被恢复和再次使用，从而避免数据泄露和不当利用。数据销毁的方法如下：

（1）物理销毁，如粉碎硬盘、磁带等物理存储介质；

（2）电子销毁，使用专业的数据擦除软件彻底清除电子数据，确保数据无法通过任何技术手段恢复；

（3）加密后销毁，在某些情况下，数据在销毁前可能需要先进行加密处理，以确保即使数据被非法恢复，也无法读取其内容。

数据销毁通常在以下情况下进行：

（1）数据不再需要用于业务或法律目的；

（2）数据存储介质到达生命周期末端；

（3）响应数据主体的删除请求；

（4）遵守数据保护法规的要求。

3. 数据删除与数据销毁的区别与联系

数据销毁和数据删除都是数据生命周期管理的一部分，它们有助于维护数据安全和合规性。数据销毁是彻底的、不可逆的过程，目的是确保数据无法恢复；而数据删除是逻辑的、可逆的过程，目的是使数据不再可见或访问。

在某些情况下，数据删除可能是数据销毁的前奏，例如，在彻底销毁物理存储介质之前，可能先进行数据删除以移除数据的索引。

在中国的法律体系中，数据销毁通常指的是彻底消除数据的物理或电子形式，以防止数据被恢复和非法使用。然而，《数据安全法》和《个人信息保护法》等法律法规中并未直接使用"数据销毁"这一术语，而是使用了"数据删除"的用语，对数据删除进行了规定。

删除数据是数据处理者确保数据安全的一种方式，也是保护个人信息权益的一种方式。个人信息主体有权要求数据处理者删除其个人信息，特别是在某些特定情况下，如数据处理目的已经实现，数据处理者违反法律、法规的规定处理个人信息等。个人信息处理者在收到个人信息主体的删除请求后，应当及时进行处理，并在必要时提供删除的证明。在删除个人信息时，应当采取措施防止数据被恢复，确保个人信息在删除后不会被非法使用。

与数据删除相关联的一个权利是被遗忘权。我国《个人信息保护法》规定了删除权，没有规定个人信息被遗忘权。欧盟的 GDPR 规定了数据主体的"被遗忘权"，即在特定条件下，数据主体有权要求数据控制者删除关于其个人的数据。二者在删除数据的要求方面具有一致性。

第四节　数据违法行为

一、概述

数据违法行为是指违反数据保护、数据安全和个人信息等相关法律法规的行为。这些行为可能涉及个人隐私、数据安全，甚至国家安全等多个层面，具体表现为未经授权收集数据、非法使用数据、数据泄露、侵犯个人信息主体权利以及违反个人信息保护规定等形式。数据违法行为可能导致行政处罚、民事赔偿，甚至刑事责任。

数据违法行为的危害性主要体现在以下几个方面：首先，它侵犯了个人的隐私权和数据自主权；其次，它威胁了数据安全，可能导致数据失真、丢失或被滥用；再次，它扰乱了正常的市场秩序，损害了企业的合法权益；最后，在某些情况下，它还可能危及国家安全。

鉴于数据违法行为的严重性，组织和个人都应当遵守相关法律法规，建立健全数据保护和安全管理制度，以防止违法行为的发生。同时，监管机构也应加强对数据处理活动的监督和执法，以保护数据主体的权益和社会公共利益。

数据违法行为根据其具体行为方式可以进一步细分为多种类型，其中包括非法获取数据、非法买卖数据和非法提供数据等。非法获取数据是指未经数据主体或合法持有者的授权或违反相关法律法规，通过技术手段或其他不正当方式获取数据的行为。非法获取的技术手段包括网络钓鱼、黑客攻击、恶意软件、内部泄露等。非法买卖数据是指未经授权或许可不明确的情况下，将个人信息或敏感数据作为商品进行交易，获取经济利益的行为。非法提供数据是指未经数据主体同意或超越合法授权的范围，将数据提供给他人使用的行为。

数据违法行为不仅侵害了个人的隐私权和企业的商业利益，也对社会秩序和国家安全构成威胁。因此，依法打击数据违法行为，保护数据安全是维护网络空间安全和促进社会和谐发展的重要任务。

二、数据违法行为的类型

数据违法行为根据其性质和严重程度可分为数据侵权行为和数据犯罪行为。

（一）数据侵权行为

数据侵权行为通常指的是违反了数据保护法规，侵犯了数据主体的合法权益，但尚未构成犯罪的行为。数据侵权行为具有以下特征。

（1）行为违反数据保护法规。我国《民法典》《数据安全法》《网络安全法》《个人信息保护法》等法律法规规定了数据保护的要求和数据处理者的义务。数据处理者违反数据保护规则或者不履行数据保护义务，可能构成数据侵权行为。

（2）侵害了合法权益。数据侵权行为侵害了个人或组织的合法权益。

（3）损害程度较小。数据侵权行为造成的损害相对较小，通常不涉及重大的社会危害或国家安全危害。

（4）民事责任。数据侵权行为的法律后果主要是民事责任，适用侵权责任法律规定，应当承担停止侵权行为，消除影响、赔偿损失等法律责任。

（二）数据犯罪行为

广义的数据犯罪行为是指犯罪人实施的违反数据犯罪惩治法规定构成数据犯罪的行为。狭义的数据犯罪行为是指以电子数据为对象实施的犯罪行为。

数据犯罪行为具有以下特征。

（1）社会危害性。数据和网络是社会经济基础设施，数据因其资源价值而成为市场主体的重要资产，同时也成为犯罪的对象。数据犯罪行为的类型、方式越来越多样化，"从数据生命周期的应用阶段理解数据价值及数据犯罪的社会危害性，是刑法体系实现有效打击的关键"。[①] 数据犯罪具有非特定的风险，呈现出无序的趋势，为社会带来新型的、更严重的社会危害，构成了对刑事司法程序打击和预防犯罪的巨大挑战。

（2）数据法益的侵害性。数据犯罪行为侵害了个人、组织或者国家的数据法益。

（3）刑事违法性。行为人违反了《中华人民共和国刑法》（以下简称《刑法》）中关于数据保护的相关规定。根据罪刑法定原则，只有法律明确规定为犯罪的行为，才能被追究刑事责任。

（4）应受惩罚性。行为人的数据犯罪行为应当受到惩罚，没有排除刑事处罚的法律事由。

三、数据犯罪行为的法定类型

我国《刑法》根据犯罪行为作用的对象不同，将数据犯罪行为分为计算机犯罪、数据犯罪、信息内容犯罪以及其他犯罪等类型。

（一）计算机犯罪

计算机犯罪是指以计算机系统为对象的犯罪。我国《刑法》规定的计算机犯罪包括非法侵入计算机信息系统罪，非法控制计算机信息系统罪，提供侵入、非法控制计算机信息系统程序、工具罪，破坏计算机信息系统罪。

1. 非法侵入计算机信息系统罪

非法侵入计算机信息系统罪是我国《刑法》中规定的一种犯罪行为，主要针对未经授权或超越授权范围，擅自进入计算机信息系统的行为。这一罪名的设立旨在保护计算机信息系统的安全，防止未经授权的访问可能导致的数据泄露、系统破坏等严重后果。我国《刑法》第二百八十五条规定了非法侵入计算机信息系统罪的基本概念和处罚标准。《刑法修正案（七）》对原有的法律条款进行了补充和完善。违反国家规定，侵入国家事务、国防建设、尖端科学技术领域或者其他计算机信息系统的，属于非法侵入计算机信息系统罪。根据该规定，非法侵入计算机信息系统罪包括两种情形。

---

① 于志刚、李源粒：《大数据时代数据犯罪的制裁思路》，载《中国社会科学》2014年第10期，第110页。

（1）非法侵入国家事务、国防建设、尖端科学技术领域的计算机信息系统，即达到入罪标准，此种情形的刑罚是处三年以下有期徒刑或者拘役。

（2）非法侵入其他计算机信息系统。对其他计算机信息系统的侵入，情节严重方达到入罪标准。此种情形又分为情节严重与情节特别严重两种刑罚。情节严重的，处三年以下有期徒刑或者拘役，并处或者单处罚金；情节特别严重的，处三年以上七年以下有期徒刑，并处罚金。

2. 非法控制计算机信息系统罪

非法控制计算机信息系统罪是指违反国家规定，通过非法手段获取计算机信息系统的控制权，并实施控制的行为。这种犯罪行为不仅侵害了计算机信息系统的安全，还可能对信息系统的功能、数据或应用程序造成损害，进而影响正常的社会秩序和经济活动。

我国《刑法》第二百八十五条第二款对非法控制计算机信息系统的犯罪行为进行了规定。该罪也以情节严重为入罪标准，根据情节严重与情节特别严重分别规定了不同的刑罚。依据最高人民法院、最高人民检察院发布的《关于办理危害计算机信息系统安全刑事案件应用法律若干问题的解释》（以下简称《解释》），非法控制计算机信息系统情节严重的情形如下：非法控制计算机信息系统二十台以上，或者违法所得五千元以上或者造成经济损失一万元以上，或者其他情节严重的情形。情节特别严重的情形，如数量或数额达到前述标准五倍以上，或者其他情节特别严重的情形。

3. 提供侵入、非法控制计算机信息系统程序、工具罪

提供侵入、非法控制计算机信息系统程序、工具罪的法律依据主要是我国《刑法》第二百八十五条第三款，以及最高人民法院、最高人民检察院发布的《关于办理危害计算机信息系统安全刑事案件应用法律若干问题的解释》。提供侵入、非法控制计算机信息系统程序、工具罪主要规制提供专门用于非法侵入或控制计算机信息系统的程序、工具的行为。这类行为危害了计算机信息系统的安全，可能导致数据泄露、系统瘫痪等严重后果。

该罪的定罪量刑依照非法控制计算机信息系统罪，根据情节严重与情节特别严重分别处以刑罚。根据《关于办理危害计算机信息系统安全刑事案件应用法律若干问题的解释》第三条，具有以下情形之一的，应当认定为刑法第二百八十五条第三款规定的"情节严重"：（一）提供能够用于非法获取支付结算、证券交易、期货交易等网络金融服务身份认证信息的专门性程序、工具五人次以上的；（二）提供上述以外专门用于侵入、非法控制计算机信息系统的程序、工具二十人次以上的；（三）明知他人实施非法获取网络金融服务身份认证信息的违法犯罪行为而为其提供程序、工具五人次以上的；（四）明知他人实施侵入、非法控制计算机信息系统的违法犯罪行为而为其提供程序、工具二十人次以上的；（五）违法所得五千元以上或者造成经济损失一万元以上的；（六）其他情节严重的情形。具有以下情形之一的，应当认定为"情节特别严重"：数量或者数额达到前款第（一）项至第（五）项规定标准五倍以上的；或者其他情节特别严重的情形。

4. 破坏计算机信息系统罪

破坏计算机信息系统罪是我国《刑法》第二百八十六条规定的犯罪行为，主要针对违反国家规定，对计算机信息系统功能进行删除、修改、增加、干扰等操作，以及故意制作、传播计算机病毒等破坏性程序，影响计算机系统正常运行的行为。

该罪名的构成要件包括三种类型的行为。一是违反国家规定，对计算机信息系统功能进行删除、修改、增加、干扰，造成计算机信息系统不能正常运行，后果严重的行为。二是违反国家规定，对计算机信息系统中存储、处理或传输的数据和应用程序进行删除、修改、增加的操作，后果严重的行为。这种行为的保护法益是数据和应用程序的真实性、完整性与可利用性，以及他人对数据和应用程序的占有、使用、处分等权利。三是故意制作、传播计算机病毒等破坏性程序，影响计算机系统的正常运行，后果严重的行为。破坏性程序是指能够自我复制、传播并破坏计算机系统功能、数据或应用程序的程序。

破坏计算机信息系统罪的责任形式为故意，即明知自己的行为会发生影响计算机系统正常运行等结果，并且希望或者放任这种结果的发生。根据行为的严重程度，可能面临不同程度的刑事处罚，"后果严重的，处五年以下有期徒刑或者拘役；后果特别严重的，处五年以上有期徒刑"。根据最高人民法院、最高人民检察院发布的《关于办理危害计算机信息系统安全刑事案件应用法律若干问题的解释》，"情节严重"包括以下情形：造成十台以上计算机信息系统的主要软件或硬件不能正常运行；对二十台以上计算机信息系统中存储、处理或传输的数据进行删除、修改、增加操作；违法所得五千元以上或造成经济损失一万元以上；造成一百台以上计算机信息系统提供基础服务或为一万以上用户提供服务的系统不能正常运行累计一小时以上；或者造成其他严重后果。

"情节特别严重"的情形包括数量或数额达到情节严重的标准五倍以上；破坏国家机关或关键领域的计算机信息系统，造成严重影响等。

（二）数据犯罪

数据犯罪是指以电子数据为对象的犯罪。我国《刑法》规定，数据犯罪包括非法获取计算机信息系统数据罪和破坏计算机信息系统数据罪。这两个罪名的增设，反映了我国《刑法》的与时俱进，已经考虑到直接保护数据的重要性。但是，这两个罪名仍然将数据限定在"计算机信息系统中存储、处理或传输"，"对数据作为保护对象的独立性仍然较弱，没有针对不同技术对象予以区别保护"。[①]

1. 非法获取计算机信息系统数据罪

非法获取计算机信息系统数据罪所规制的行为，是指未经授权或超越授权范围，擅自获取计算机信息系统中存储、处理或传输的数据的行为。这一罪名的设立旨在保护计算机信息系统的数据安全，防止未经授权的访问和数据泄露。我国《刑法》第二百八十五条第二款规定了非法获取计算机信息系统数据罪的基本概念和处罚标准。非法获取计算机信息系统数据的情节严重才入罪，"情节特别严重"属于加重刑罚。《关于办理危害计算机信息系统安全刑事案件应用法律若干问题的解释》对非法获取计算机信息系统数据罪的认定和量刑标准进行了进一步明确。根据《关于办理危害计算机信息系统安全刑事案件应用法律若干问题的解释》第一条，具有以下情形之一的，应当认定为"情节严重"：获取支付结算、证券交易、期货交易等网络金融服务的身份认证信息十组以上；获取除上述身份认证信息外的其他身份认证信息五百组以上；违法所得五千元以上或者造成经济损失一万元以上；或者其他情节严重的情形。具有以下情形之一的，应当认定为"情节特别严重"：数量或者数额达到"情节严重"标准五倍以上；或者其他情节特别严重的情形。非法获取计算机信息系统数据罪所保护的法益是数据的安全与计算机信息系统所有者对数据享有的权利。

---

① 于志刚、李源粒：《大数据时代数据犯罪的制裁思路》，载《中国社会科学》，2014年第10期，第112页。

2. 破坏计算机信息系统数据罪

破坏计算机信息系统数据罪是我国《刑法》中针对危害计算机信息系统安全的行为所设立的罪名。该罪名主要涉及对计算机信息系统中存储、处理或传输的数据进行删除、修改、增加等操作，从而破坏数据的真实性、完整性和可用性，严重时可能对信息系统的正常运行和其他用户的合法权益造成损害。

我国《刑法》第二百八十六条第二、三款规定了破坏计算机信息系统数据罪的行为类型，第二款规定的行为是，对计算机信息系统中存储、处理或者传输的数据和应用程序进行删除、修改、增加的操作，后果严重的情形。第三款规定的行为是，故意制作、传播计算机病毒等破坏性程序，影响计算机系统正常运行，后果严重的情形。《关于办理危害计算机信息系统安全刑事案件应用法律若干问题的解释》分别细化了破坏计算机信息系统数据罪情节严重与情节特别严重的定罪量刑标准。情节严重的情形有，造成十台以上计算机信息系统的主要软件或硬件不能正常运行；对二十台以上计算机信息系统中存储、处理或者传输的数据进行删除、修改、增加操作；违法所得五千元以上或造成经济损失一万元以上等。情节特别严重的情形有，数量或数额达到情节严重的标准五倍以上；破坏国家机关或关键领域的计算机信息系统，造成严重影响等。

（三）信息内容犯罪

针对信息内容的犯罪，主要指的是侵犯公民个人信息罪。侵犯公民个人信息罪是指违反国家有关规定，非法获取、出售或提供公民个人信息的行为，情节严重时，依照我国《刑法》第二百五十三条之一的规定，将受到相应的法律制裁。这一罪名的设立旨在保护公民的个人信息安全，防止未经授权的获取和滥用，维护公民的隐私权和个人尊严。

侵犯公民个人信息罪的法律依据主要是我国《刑法》第二百五十三条之一，以及相关的司法解释和《个人信息保护法》等前置法的规定。侵犯公民个人信息罪的构成要件包括以下几个方面。

第一，行为对象。涉及的必须是能够识别特定自然人身份或反映其活动的个人信息。个人信息具有信息主体的权利面向、其他主体的利益面向和信息流通的公共面向。这三重面向的权重随个人信息的类型和场景而变化，因此，个人信息的类型化区分对罪名的适用有重要影响，例如，私密信息如行踪轨迹、通信内容等，由于与个人隐私和人格权密切相关，受到更为严格的保护。

第二，法益的侵害性。该罪的法益属性不仅包括信息主体的个人权利，如隐私权和个人信息权，还涉及社会公共利益和国家安全。个人信息的泄露和滥用可能导致诈骗、身份盗窃等犯罪行为，影响社会秩序和公民的正常生活。侵犯公民个人信息罪的保护法益应当界定为受到信息流通公共价值限制的信息主体的信息权利。[①]

第三，行为方式。包括非法获取、出售或提供公民个人信息。这些行为可以通过技术手段如黑客攻击、利用软件工具，或通过其他非法途径如欺骗、偷窃等手段实施。

第四，违法性。行为必须违反了国家关于个人信息保护的相关规定。《个人信息保护法》为侵犯公民个人信息罪提供了前置法依据。《个人信息保护法》中的"同意原则"可以阻却刑事违法，但是，如果违反了国家有关的强制规定，即使获得了个人的同意，仍可能构成犯罪。

第五，情节严重性。犯罪行为的情节必须达到一定的严重程度，如非法处理的信息数量、违法所得金额、对信息主体造成的危害后果等。

综上所述，侵犯公民个人信息罪是一个复杂的犯罪类型，涉及个人权利、数据相关主体的权利和公共利益等法律保护的多重维度利益。法律和司法实践需要不断适应信息社会的发展，更新保护思路和方法，以确保公民个人信息得到有效的法律保护。

（四）其他犯罪

数据犯罪行为在实践中形态百出，除了以上的犯罪类型，我国《刑法》还规定了帮助信息网络犯罪活动罪。

我国《刑法》第二百八十七条之二规定了帮助信息网络犯罪活动罪的基本概念和处罚标准。该条规定，为实施信息网络犯罪活动提供帮助，情节严重的，应当受到相应的法律制裁。为信息网络犯罪活动提供帮助，如技术支持、广告推广、支付结算等，有利于促进或便利犯罪行为的实施，情节严重时具有社会危害性。为了加大对该类犯罪的打击，《刑法》专门规定了本罪。

---

① 万均扬：《侵犯公民个人信息罪的教义学重构》，载《刑事法评论》2023年第1期，第302-322页。

思考题

1. 请分析数据作为法律客体所具有的特征，并探讨这些特征对构建数据保护法律体系的影响。

2. 请阐述数据处理与大数据技术之间的关联性，并评估大数据技术的发展对现有数据处理法律规制框架带来的挑战。结合具体案例，提出可能的应对策略。

3. 请详细论述数据处理行为作为有效法律行为所需满足的构成要件，并分析这些要件如何影响数据处理行为的合法性判断。在此基础上，讨论如何在实践中确保数据处理行为的合规性。

4. 请系统性地归纳数据处理行为的主要类型，并针对每种类型详细阐述其在现行法律框架下的合规要求。同时，请讨论这些合规要求在实际执行过程中可能面临的困难及解决方案。

5. 请深入分析以电子数据为对象的犯罪行为的特征，并重点比较非法获取计算机信息系统数据罪与破坏计算机信息系统数据罪在犯罪构成要件、法益保护和刑事责任等方面的异同。结合典型案例，讨论这两种犯罪在司法实践中的认定难点。

第三章 数据权利

内容提要

• 数据权利的基础理论：数据权利是数据主体所享有的与数据信息和数据资源相关的权利的总和；数据权利是一个尚在形成中的学理概念，是一种综合性的权利；数据权利制度是对传统法律制度的补充、发展和创新。

• 个人数据权利保护的理论来源："隐私控制—隐私风险管理—隐私信任"的隐私保护理论演进；个人信息自决权理论直接影响了欧洲数据基本权利立法；数据财产权理论是数据隐私的保护方式，也是数据财产性权益保护的基础。

• 作为基本权利的数据权利："数字人权"属于广义的数据基本权利；狭义的数据基本权利专指在数据处理过程中受保护的权利；个人信息权是具有宪法位阶的基本权利束；个人信息权是对所有传统基本权利在数字社会的全面提升。

• 数据人格权的理论构建：数据人格权是数据基本权利（个人信息权）在民事权利之上的具体化；数据人格权是自然人基于人格利益在个人数据处理中所享有的权利；数据人格权与个人信息权、隐私权在保护范围上存在交叉，权利之间存在竞合；数据人格权包括积极权能和消极权能。

• 数据产权的法律构造：数据从信息载体到生产要素；数据产权的客体具有非独占性、权利内容具有交织性；完全排他的传统财产权不能匹配数据流通利用的价值生产规律；数据产权的结构性分置集中体现在以核心权益为分类标准的确权对象上和以数据价值生产流程为基础的确权模式上；数据产权及其行使应当受到的限制。

　　我们站在数字文明时代，面对着的是一个由比特构建的新世界。在这个世界里，我们的一举一动、一言一行都可能被转化为数据，悄然流淌在看不见的网络之中。这些数据是我们的影子，还是我们的延伸？是需要保护的隐私，还是可以利用的资源？数据权利的出现，正是对这些深刻问题的回应。

　　然而，定义和保护数据权利绝非易事。它就像是在移动的沙地上画界，每一次技术的进步都可能改变我们对数据的理解和使用。我们需要在个人隐私和社会效率之间寻找平衡，在创新动力和伦理底线之间划定边界。这不仅是一个法律问题，更是一个关乎人性和社会契约的哲学命题。

　　在这个数据驱动的时代，我们每个人都是数据的创造者、使用者和守护者。理解和塑造数据权利，不仅关乎个人利益，更决定着我们社会的未来走向。让我们带着好奇和审慎的态度，共同探索这片数字权利的新疆域，为人类在数字世界中的尊严和自由贡献我们的智慧。

第一节　数据权利的基础理论

　　法哲学研究应当与时代精神紧密相连，积极回应当代社会所面临的重大问题。当前，我们正处于一个数字技术迅猛发展、数字权力不断扩张的时代。在人类社会向数字化转型的进程中，数字技术已深入渗透到生产生活的各个领域，既推动了新技术、新业态和新模式的蓬勃发展，又不可避免地带来了一系列新问题和新挑战。在这一背景下，个人在数据世界中常常面临被透明化和被动化的困境。现实中，作为数据控制者的技术主体与作为普通用户的个人之间存在显著的技术能力和地位差距。这种不平衡导致个人的利益、权利乃至主体人格常常受到侵害。与此同时，随着数据逐渐被认定为重要的生产要素，公平获取和访问数据等新兴权利需求也日益凸显。数据领域的复杂性体现在多个主体和多种法益的交织之中。面对这种复杂局面，我们需要重新思考和定义数据权利的内涵和外延。正如诺姆·乔姆斯基所言，"社会行动必须由对未来社会的愿景以及对这个未来社会特征的明确价值判断来推动。"①因此，为了适应数字时代的变革，数据权利的概念和实践必须回应社会的需求和期望，作出符合时代精神的诠释。这一过程不仅涉及法律和技术层面的调整，更需要在伦理和价值观层面进行深入思考。我们需要在保护个人权益、促进技术创新和维护社会公共利益之间寻求平衡，构建一个既能充分释放数据价值，又能有效保障个人权利的数字社会治理框架。只有这样，我们才能在数字化浪潮中既把握机遇，又有效应对挑战，最终实现技术进步与人文关怀的和谐统一。

一、数据权利概说

（一）权利的概念

在所有的基本法律概念中，权利是最为核心，也是讨论得最频繁的概念。早在古罗马时期，权利观念就已经产生。但关于"权利是什么"的追问，并没有明确一致的回答，因为用不同的诠释方法，权利的定义各有侧重。目前最具代表性的有以下几种学说：

"资格说"认为，权利是主体所享有的资格。"利益说"认为，权利是法律所保护的或法律主体依法享有的权能或利益。"自由说"认为，权利是法律保障的自由。"规范说"认为，权利是法律所保障或允许的能够作出一定行为的尺度。"主张说"或"要求说"则认为权利就是法律上有效的、正当的、合法的理由要求。"法力说"认为权利之所以能够享有、自由行使和实现，是因为有国家强制力的支撑。

权利的各种学说都从一定角度反映了权利的特征，但每一种特征与属性仅代表着权利的某一个层面或领域。本书认为，权利是得到社会承认和法律支持并由国家维护的自主行为或约束他人行为的能力，表现为权利人可以为一定行为或要求他人作为、不作为。

（二）数据权利的产生

1. 数据权利是一个尚在形成中的学理概念

数据权利作为人类社会数字化进程中的法治产物，对其概念与性质的探

---

① Chomsky N，Pateman B. *Chomsky on Anarchism*. AK Press，2005.

索，不仅是对数据权利本体论的认识，也关乎客观法秩序的统一。数据之上具有多重利益，不仅包含数据主体的隐私与自由利益，而且体现着数据处理者的使用和收益权益，还承载着关于国家与社会的公共利益。例如，新冠疫情期间所收集的个人行踪数据，不仅关乎个人的隐私与尊严，还关乎社会公共卫生安全；平台所收集的用户浏览数据，个人是数据的来源者，个人的基础信息、出行轨迹等被平台等数据控制者收集，平台通过技术和资金投入，利用大数据分析技术进行预测分析，优化算法设计，为用户提供更精准的推荐服务，促进交易达成。截至目前，数据权利概念本身在学理上的讨论并不充分，数据权利的概念尚在形成过程中。

这是因为，一方面，权利概念的提出有一个过程。新权利的产生往往是因为出现了无法被既有权利体系容纳的、需要保护的利益，这些利益要上升为权益甚至权利并得到法律的保护，需要经过道德权利标准、实证标准等一系列基于现实依据、价值标准、制度成本的综合考量与利益平衡。数据权利是对现实权利诉求的理论回应。中外权利发展史上的一个普遍现象是，一项权利主张先在学理和司法判例上获得承认，而后立法加以确认。因此数据权利的确立，也必然要经历从"应有权利"到"法定权利"再到"实然权利"的历史转变。

另一方面，数据权利产生于技术发展和社会治理逻辑的跃迁时期，需要经历对规则和权利的整合、再造与创新。传统法律调整的是物理/现实世界的社会关系，在信息化、工业化的转型中，网络构建了社会的形态，网络空间不再是独立的社会空间，也不是物理空间的再造，网络化逻辑的扩散实质性改变了生产、经验、权力与文化过程中的操作和结果。[1] 随着数字化、智能化的深入，人类行为的规则需要在虚拟和现实的双向互动中不断调适与整合。例如，在商业交易领域，社会资源从传统的单向生产和流动的模式转变成一种由供应商、顾客和平台等多元主体深度互动的模式，持续进行着双向甚至多向的生产、交换和互动。数字财产正以一种全新的面貌出现，不仅数字财产权益本身的配置和利用以一种新型的方式展开，而且对隐私、个人信息等人格性权益形成了新的挑战。[2] 因此，数据权利不止是对权利的重新解释，技术的发展与网络化的逻辑已经对数据权利的实现场景、实现方式、内容体系产生了系统性的影响。

---

① ［澳］马尔科姆·沃特斯：《现代社会学理论》，杨善华、李康等译，华夏出版社2000年版，第113页。
② 王利明：《迈进数字时代的民法》，载《比较法研究》2022年第4期，第17页。

2. 数据权利制度是对传统法律制度的补充、发展和创新

从发展阶段来看，工业化与数字化并不是割裂的过程，相反，数字化是工业化技术融合发展的结果。产生和成熟于工业时代的知识产权、商业秘密等有关信息内容和数据知识产品的法律制度在一定范围内可以为信息和数据库的利用提供解决方案，因而数据权利制度与工业化时代的网络、信息、知识产权法律制度存在内容上的连续性、制度上的亲和性。但随着对数据及其技术环境支配、控制、管理、利用能力的提升，数据种类、状态、行为的多样性和复杂性决定了数据赋权的复杂性。传统法律框架在面对动态实时的数据交互场景和新型的数据价值生产方式时具有相当的局限性，数据权利概念的提出和数据权利制度的构建具有相当的现实意义。

（三）数据权利的性质与特征

1. 数据权利是一种综合性的权利

数据具有人格属性。从数据实践中所呈现的内容看，自然人的数据涉及姓名、身份证号、家庭住址、信用状况、运动轨迹、收入、爱好等方方面面。这些内容体现其人格尊严和自由意志，具有人格权的属性与内容。

数据具有财产属性。法学理论中的"财产"，一层含义是具有经济利益的权利的集合；另一层含义是财产性权利的客体。在实践层面，数据已作为商品进行交易具有交换价值，如各地方的数据交易平台所交易的客体就是数据。数据交易已经成为一种产业，尽管不同的交易平台或交易中心对数据、大数据交易范围的界定存在差异，但其交易的对象最终都是数据。[①]

数据权益的保护需要实现公私法与各部门法之间的有效协同。在数据权益的保护中，公法主要是通过设定禁止性规范的方式，防止大规模数据侵害行为的发生。虽然公法规范相较于私法规范可能更具威慑力，并能有效维护数据安全，实现有效利用、合规流通，防止大规模侵权事件发生，但这并不意味着数据权益保护可以完全交由公法进行。

数据权利是一种综合性权利，很难将其归属于哪一种具体的权利类型，现有法律制度并不能完全解决数据的法律保护问题。数据中既可能包含个人

---

① 李爱君：《数据权利属性与法律特征》，载《东方法学》2018年第3期，第68页。

信息，又可能有知识产权等，对于数据权利的概念需要整体性、全方位地考察，而不是仅仅将其限定为某一种权利，否则考察就过于片面。尤其是在数据权益中，如果涉及个人信息，需要妥善处理好数据与个人信息的关系，其本质是财产权与人格权的关系。同时，还需要妥当协调好数据权利归属与利用的关系。[①]

多数学者认同数据权利是一种综合性的权利。例如李爱君认为，数据权利是指公民、法人或其他非法人组织对数据享有的权利，具有财产权、人格权和国家主权等多方面的性质；齐爱民认为，数据权是权利人对数据（不包括电子货币）享有的权利，不是一个单一的权利或权力，而是一个权利束。作为权利束，数据权可以进一步划分为不同的权利和权力，包括数据主权、个人信息权、数据财产权、知情权和数据自由权等；[②] 武长海认为，数据权是包含了数据人格权、财产权等数据权利和数据主权的新型法益综合体，之所以被称为"新型"是因为包含的法益不是单一法益，也不是传统法益所能涵盖的。[③]

2. 数据权利与数字权利的区别

数据权利是与数据信息和数据资源有关的权利，数据权利与数字权利密切相关但不能混为一谈。[④] 首先，数据化与数字化是两个有联系但有区别的概念。数字化是指将物理世界中的事物、信息等转化为数字形式的过程，通过数字技术手段，转化为计算机可处理的数字形式，从而实现信息的存储、传输和处理。也可以理解为对企业、政府等各类主体的战略、架构、管理、生产、营销进行系统性、全面性的更新，通过数字技术对整个组织进行重塑，进行模式与业务创新。数据化是在数据产生后对数据进行的量化分析与开发利用。由此可见，数字化侧重于系统的整体提升，改善数字技术的运行环境和组织模式，数字化会产生数据，但不必然产生数据化；而数据化则针对数字环境中所产生数据的分析利用过程，是利用数据进行组织决策的主动选择。其次，数字权利与数据权利的对象和范围不同。数字权利所涵盖的范围更加广泛，数字权利是指

---

① 王利明：《数据何以确权》，载《法学研究》2023年第4期，第56-73页。

② 齐爱民：《数据法原理》，高等教育出版社2022年版，第164页。

③ 武长海主编：《数据法学》，法律出版社2022年版，第117页。

④ 时建中：《数据概念的解构与数据法律制度的构建——兼论数据法学的学科内涵与体系》，载《中外法学》2023年第1期，第40页。

人们自由和开放地获取信息和通信技术的权利，例如访问、使用、创建和发布数字媒体，以及访问和使用计算机、其他电子设备和通信网络的权利。数字权利强调个人基本权利不受数字技术的消极影响，既包括使用数字技术的能力，又包括获取信息的权利。而数据权利则强调数据主体对数据所享有的权利，包括人格权益和财产权益。与数字权利相比，数据权利的对象更为具体，限于数据资源和数据信息。建立数据权利体系的目的是建立数据行为的边界，明确数据行为所引起的法律关系的内容，从而保障数据主体的相应权益，规范数据利用的社会秩序。

（四）数据权利的概念和内容

数据权利是数据主体所享有的与数据信息和数据资源相关的权利的总和。数据权利是由个人与数据控制者的关系决定的，不同于私法上的权利，体现为数据主体以某种正当的、合法的理由主张在一定程度上对数据的收集、存储、利用等数据处理行为的控制权和对数据利用的权利。具体包括数据财产权、数据人格权、作为基本权利的数据权利等。

数据权利的归属和保护是高度相关的两个议题，通常对数据权利类型及其归属的判定方式会直接影响数据保护的重点。如将数据权利确立为基本权利，则数据利益保护就有了宪法基础，具体到法律制度上，数据权利可以从数据人格权和数据财产权两个角度理解：一方面，数据人格权包括知情同意权、查阅权、删除权、修改权、限制处理权等；另一方面，数据财产权包括持有权、使用权、经营权和收益权等。作为基本权利的数据权利以保护个体自由自主发展，平等、公平获取数据为目标，数据人格权强调对数据中隐私和个人信息利益的保护，而数据财产权的界定路径更重视数据的经济属性和财产权益保护。

不同数据类型在权利内容上存在较大差异。例如，对于个人数据，数据权利旨在保护个人对数据的自主决定利益，防止个人数据因非法收集和利用而侵害个人隐私权和自主发展的基本权利；对于公共数据，数据权利主要保障公众所享有的知情权、访问权和公平利用权；商业数据包含企业的知识产权、商业秘密和竞争性合法权益等，数据权利主要保护企业对数据的合法使用权，维护公平竞争环境，保障企业合法的财产性收益。

此外，数据从产生到利用是一个动态发展的过程，需要将数据流转过程中相关的主体、行为、形态、场景等有效统摄，识别不同场景中数据相关主体的利益需求，并根据不同的数据价值形态，赋予差异化的、精细化的权益规则。

二、数据权利的基础理论

有关数据权利的讨论源于个人数据保护和数据权属等具体问题的讨论。个人数据权利保护的法学理论主要有三个来源，一是发端于隐私权的信息隐私保护理论。隐私权保护路径起源于美国，经历了"隐私控制—隐私风险管理—隐私信任"的隐私保护理论演进，并对世界范围内的个人数据保护立法与实践产生深远影响；二是个人信息自决权理论。德国的个人数据保护制度走的是自上而下从公法定位到私法保护的道路，个人信息自决权理论从德国宪法中的一般人格权发展而来，并逐渐体现在德国的民法典中；三是数据财产权的路径，通过赋予财产权，实现由自由市场机制决定数据流向从而达到数据保护的效果。在个人数据保护领域，财产权理论是相对小众的理论，但在认识到数据流通利用的财产价值后，财产权相关理论成为企业数据财产权益保护的理论基础。

（一）隐私权与信息隐私保护

1. 隐私控制理论与公平信息实践

20世纪六七十年代，随着计算机等网络与信息处理技术的发展，信息的产生、获取、传播成本降低，以及信息的自动处理技术使得数据利用方式发生了根本性变革，个人信息被公共机构和私人机构广泛收集、使用和共享，公民的个人信息（数据）和隐私遭遇了前所未有的威胁。个人信息保护的现实基础在于信息由个人生产却脱离个人控制。[①]

1967年，美国隐私控制理论的奠基者阿兰·威斯汀在《隐私与自由》一书中对"信息隐私权"作出界定："所谓隐私权，是指自然人……所享有的决定何时、以何种方式以及何种程度将其个人信息向他人公开的权利"。传统隐私权是不受他人侵扰的独处权与人格权，目的是保护自然人的私生活安宁，而隐

---

① 申卫星：《数字权利体系再造：迈向隐私、信息与数据的差序格局》，载《政法论坛》2022年第3期，第91页。

私权的行使时常有赖于司法的事后救济。 威斯汀对隐私概念的重新界定将隐私权与个人信息保护联系起来，将隐私保护的范围扩展至"个人信息自决与控制"，奠定了个人数据权利保护的方式。1977 年，美国最高法院的惠伦诉罗伊案首次系统性地阐释了"信息隐私权"，对美国司法实践产生了深远的影响，确认了自然人享有控制其信息被披露的权利；自然人享有独立作出免受政府影响的决策的权利。

信息隐私控制的理念于 1973 年由美国《公平信息惯例》（FIPs）所正式确立，虽然这一法则本身并不是强制性的法律规则，却为美国联邦《有线通信政策法》《计算机欺诈和滥用法》《视频隐私保护法》《电话消费者保护法》《儿童在线隐私保护法》等法规奠定了基础，并且得到美国联邦贸易委员会（FTC）的认可与执行。之后在美国联邦贸易委员会向国会提交的 1998 年《在线隐私报告》中，FTC 首次将被广泛接受的公平信息实践原则描述为通知、选择、访问和安全。根据《公平信息惯例》，数据收集者有责任通知数据主体将收集和处理有关他们的个人信息，并征求他们的同意。正是出于这个原因，网站和应用程序在用户首次登录时都会呈现用户隐私协议，要求用户确认已阅读隐私政策并同意其条款和条件。

公平信息实践不但在美国扮演了关键性角色，而且已经成为全球隐私保护的重要国家准则。例如 1981 年欧洲议会通过的《个人数据自动化处理中的保护公约》（以下简称《108 号公约》）、1995 年制定的欧洲议会和理事会《关于涉及个人数据处理的个人保护以及此类数据自由流动的第 95/46/EC 号指令》（以下简称《95 指令》）、欧盟于 2016 年制定并于 2018 年生效的《通用数据保护条例》第 5 条。公平实践原则同样体现在国际组织的文件中。1980 年，经济合作与发展组织（以下简称"经合组织"）制定了《关于隐私保护与个人数据跨境流通指南》，确定了个人数据保护的八项基本原则：收集限定性原则、数据质量原则、目的说明原则、使用限定性原则、安全保障原则、公开原则、个人参与原则和可责性原则。除了经合组织，亚太经济合作组织（APEC）也延续了公平信息实践的若干原则。2004 年制定的《APEC 隐私保护框架》规定了

---

① Samuel D. Warren, Louis D. Brandeis, *The Right to Privacy*, 4 Harvard Law Review, 1890 (4)：193-220.

② Whalen v. Roe, 429 U. S. 589 (1977).

信息隐私的九项原则：预防损害、告知、收集限定性、个人信息的使用、选择、个人信息的完整性、安全措施、访问和可更正、可责性。

美国数据隐私法权威学者丹尼尔·索洛夫（Daniel Solove）将其描述为"隐私控制"——每个人都要考虑与每个数据收集者的数据实践，并自行决定是否参与。[①] 但这种建立在个体赋权框架之上的隐私管理方法也受到了质疑。其一，"告知—选择"框架虽然看似赋予了个体选择的权利，但其实并不能真正发挥公告或意思表示的功能，更多时候，公民个体对隐私公告的选择只是一种漫不经心或无可奈何的点击。[②] 要求用户知悉和确认隐私协议不仅会增加用户使用负担，还会因此转移合同的责任，实际上无法为用户提供真正的选择。[③] 其二，在个人信息保护高度依赖"告知—选择"框架与其他权利的前提下，企业可能将大量资源投入隐私协议与其他形式主义的合规上以规避法律风险。至于是否真正考虑到了个人信息泄露与滥用的风险，并不一定能够成为信息控制者的首要关注点。[④]

2. 场景隐私理论与隐私风险评估

控制隐私只是隐私保护的一个维度。随着隐私理论的发展，信息隐私的研究视角发生了结构性的转向。在信息时代，追求独立自主的个人需要意识到，人们之间的数据纽带——隐私，并非绝对独立存在的。信息隐私不单是个人利益，更是一种社会利益。隐私规范产生于长期的社会规范和实践中，并对整个社会产生影响。权力和知识的悬殊差异导致了数据控制者与用户之间的不平等，通过"知情—同意"、个人信息自决来控制信息隐私的流动遭到质疑，法律需要更多地关注数据收集者和数据主体之间不平等的"权力关系"和隐私规范的"场景完整性"，以灵活应对信息时代对个人信息的新威胁。

美国数据隐私法学者丹尼尔·索洛夫（Daniel Solove）提出，隐私不存在一个核心或本质的特征，保护隐私实际上是保护具体场景中的某些个人权益不

---

① Solove D J. *Privacy Self-management and the Consent Dilemma*. Harvard Law Review，2013，126：1880-1903.

② Omri Ben-Shahar，Carl E. Schneider. *The Failure of Mandated Disclosure*. Actual Problems of Economics and Law，2017（2）：170-198.

③ Nissenbaum H. *Privacy as Contextual Integrity*. Washington Law Review，2004，79：119-157.

④ 丁晓东：《论个人信息法律保护的思想渊源与基本原理——基于"公平信息实践"的分析》，载《现代法学》2019 年第 3 期。

受侵害。因此，研究视角应当从传统上对每一种特定的隐私"侵犯"的担忧，转移到对数字监控的控制[①]和对数据处理的条件上，这些条件建立于全社会的、系统性的架构创造上。[②]

海伦·尼森鲍姆的"场景完整性"理论也将信息隐私置于社会生活之中，为理解隐私保护需求的来源和信息隐私的规范内容提供了一个新的视角。其核心思想是，隐私权是个人信息合理流动的权利，这种流动不仅由个人偏好所决定，还由社会规范所决定。在不同的场景中，信息应该如何流动的规则是不同的。有些规范已经被立法确认下来，而有些隐私规范则是默示的，被编织在社会网络和社会关系中，仅仅是引导人们如何更为得体行事的行为规范。[③] 这些规范被尼森鲍姆称为"场景隐私规范"（又称"隐私规范"）。

由此，对个人数据利用应避免脱离场景作抽象预判，合理与否应当将其置于具体的环境中进行审视，并综合考量多元因素，避免"全有或全无"的二元判断标准。场景与风险是评价信息合理使用的一体两面，场景是出发点，风险管理是实现手段。风险管理基于相应的个人信息处理场景，场景的构成要素也是风险评估的具体指标。在动态的数据传输过程中，隐私风险作为衡量个人信息合理使用的指标，应进行"隐私风险评估"（PIA），根据具体场景中的风险评估采取差异化的保障措施，变静态合规为动态风险控制。在数据流动时，具体场景中的判断标准包括数据发出者的身份、数据主体、数据类型、数据传输原则等。由此，美国通过颁布《加利福尼亚州消费者隐私法》（*Consumer Privacy Bill of Rights Act of 2015*，CPBR）引入场景为主导的个人信息保护新机制，规定机构"合理收集、利用个人信息需在相应场景中进行"，个人数据使用的动态边界为"在相应场景中"。数据使用者应当如实告知数据主体场景中不合理的情况，并提供适当的选择机制。一旦发生"在相应场景中不合理的情况"，数据使用者应当进行隐私风险评估，并采取包括但不限于"提供增强性披露及用户控制机制"等适当手段降低风险。欧盟《通用数据保护条例》也有类似风险控制的条款，根据数据收集和处理的具体场景、性质、范围、目的赋予数据使用者等不同的责任，并根据风险等级大小规定了额外的增强性义

---

① Zuboff, Shoshana. *The Age of Surveillance Capitalism：The Fight for a Human Future at the New Frontier of Power*. New York：Public Affairs，2019.

② Solove D J. *The Digital Person：Technology and Privacy in the Information Age*. New York University Press，2004.

③ Nissenbaum H. *Privacy in Context：Technology，Policy，and the Integrity of Social Life*. Stanford University Press，2010.

务。场景与动态风险监控的方式将数据使用的合理性标准用"是否符合用户的合理隐私期待"代替了传统的"知情同意原则"，有利于充分挖掘大数据价值与保护个人隐私。①

3. 隐私信任理论与数字信任体系

互联网和数字技术激发了人类与生俱来的共享欲望，场景隐私理论为隐私在具体场景中的流动与管理规范提供了理论依据，但并不足以解释信息流动的内在动力。"隐私即信任"提供了在信息共享的背景下，通过信任的互动促进数据流动的方式。该理论认为，隐私不是与社会分离，而是基于信任的互动。②

信任关系是一种社会关系，传统社会的信任是基于亲缘关系和社群组织的人际信任；随着社会复杂性的提高，现代社会中的信任逐渐转为基于规则、契约和权威的制度信任。③ 隐私是基于信任的社会规范，信息隐私实际上是社会共享者之间、个人与网络中介之间、在线和离线交互的人群之间的基于信任的社交结构。当我们信任彼此的时候，我们会共享信息；当我们的信任遭到破坏时，例如当我们的信息被提供给我们一无所知的人或公司时，我们感到我们的隐私受到侵犯。

数字信任的概念最初被用来特指消费者、合作伙伴或员工对组织保护数据和个人隐私的能力的信心，随着数字经济社会形态中组织边界的消弭，数字信任的对象变成了技术、算法、系统、机器等非人格化的客体。这一转变起初并不引人注目，毕竟技术、算法等信任客体如同制度本身一样，是人类自主选择和设计的结果。然而，逐渐地，数字智能技术的渗透率和泛在性远远超出个体所能够理解和感知的范畴，且一些智能技术如机器学习、人机交互等具备"自主性"的特征，如人类无法篡改、无法预知结果等，因此，数字信任的客体具备了实在论意义上的主体地位。④ 与传统判断隐私侵权的法律要件（公开、侵扰等）不同，隐私信任理论强调保护和修复信任关系应该成为今后隐私立法的重点。

---

① 张素华，李雅男：《数据保护的路径选择》，载《学术界》2018 年第 7 期。

② ［美］阿里·埃斯拉·瓦尔德曼：《隐私即信任——大数据时代的信息隐私》，张璐译，法律出版社 2022 年版。

③ Granovetter M. *Economic Action and Social Structure：The Problem of Embeddedness*. American Journal of Sociology，1985，91：481-510.

④ 范为：《大数据时代个人信息保护的路径重构——初探欧美改革法案中的场景与风险理念》，载《网络信息法学研究》2017 年第 1 期。

一个完善的数字信任体系必然嵌入市场、政府和技术等多种秩序系统和规则体系：在欧盟《通用数据保护条例》、美国《加利福尼亚州消费者隐私法》（CCPA），以及我国的《数据安全法》和《个人信息保护法》中，政府设立专门的部门来负责进一步的政策规划，如美国专门设立了首席数据官（CDO），要求其负责各联邦机构自身的数据治理和数据共享开放等工作；欧盟《通用数据保护条例》要求每个成员国都成立专门的政府部门，同时要求企业任命数据保护官（DPO）；中国则设立国家数据局、成立地方数据管理机构负责实施数据战略。此外，各国政府还在数字身份认证、电子签名、数据安全流动、互认机制建设等方面，提出了明确的操作规范和技术标准。

中介信任机制符合市场自发秩序，由中介机构收取一定的费用提供专业技术服务，解决陌生交易主体之间的信息不对称问题。数据中介机构是中介信任机制的执行机构。2021 年，英国数据伦理与创新中心发布了《释放数据的价值：探索数据中介的作用》的研究报告，报告着重对数据中介机构的作用进行了研究分析，认为数据中介机构可以提供技术基础设施和专业知识来支持数据之间的互操作，或者充当数据中介人，帮助用户在数据共享、访问、使用、保护过程中的管理和谈判。不同类型的数据中介可以为不同类型的市场需求提供服务，例如：数据信托、数据交换、工业数据平台、数据托管人、数据合作者、第三方信用者。

（二）信息自决权与个人数据基本权利

1. 信息自决权与欧洲数据保护立法

美国的个人数据保护制度走的是自上而下从隐私等私法保护到宪法等公法保护的道路；而德国的个人数据保护制度则是自下而上从公法定位到私法保护的道路。

由于在"二战"前后遭受了法西斯主义的摧残，欧洲很早就开始关注"数据保护"问题。1969 年，联合国人权理事会会议首次提出"数据保护"的概念，[①] 1970 年后在欧洲召开的多次人权会议中提到计算机技术大规模处理所带

---

① Ari Ezra Waldman. *Privacy as Trust——Information Privacy for an Information Age*. Cambridge University Press，2018.

来的隐私风险，提出"个人数据基本权利"。[①] 欧洲委员会 1981 年《108 号公约》的设计，对欧盟立法的起草以及国家法律制度产生了重大影响。1995 年欧盟层面第一部数据保护法《数据保护指令》诞生，指令第二条阐明，数据处理系统旨在为人类服务，不论自然人的国籍或住所如何，数据处理系统都必须尊重其基本权利和自由，特别是隐私权，并为经济和社会进步、贸易扩展及个人福利作出贡献。欧盟法院在解释关于数据保护和隐私权相关问题时，将数据和隐私理解为相同权利，直到 2007 年《欧盟基本权利宪章》颁布，人权条款中隐私权和个人数据保护权才在法律文件中得以区分。[②]《欧盟基本权利宪章》第 8 条"个人数据保护"分为三款：（1）每个人都有权保护个人数据；（2）此类数据必须基于特定的目的，且在征得数据所有人同意或满足其他法律正当性要求的前提下，合理地被处理。每个人都有权获取其个人数据，并有权要求更正；（3）应由独立的主管机关监督这些原则的遵守情况。

个人信息自决权理论起源于德国。1983 年，德国联邦宪法法院在"人口普查案"中最早确认"个人信息自决权"，法院通过对《德国基本法》第 1 条第 1 款之人性尊严条款和第 2 条第 1 款之"一般人格权条款"等概括性条款的推导而创设性地提出"信息自决权"的概念。[③]"人格的自由发展"也是"一般人格权"的核心价值，安宁的私人生活是形成人格自由、个人自主发展的基础。人人皆有自由发展其人格之权利，但以不侵害他人权利、不抵触合宪秩序及公序良俗为限。在此基础上，德国联邦宪法法院演绎出"信息自决权"，包括保护个人数据不被无限制地提取、存储、使用和继续传输，个人有权自我决定、透露或使用其个人数据。

德国的个人信息自决权作为宪法基本权利，具有宪法和私法上的双重性质。在公民和国家之间，公民宪法上的权利不受来自国家公权力的侵害，国家负有不侵害个人权利的消极义务，信息自决权也适用于公民和数据控制者之间对信息的处理。此外，国家还需要履行积极义务，为保护基本权利不受其他主体侵害提供保障：一方面，普通法院需要在信息自决权受到侵害时提供救济机

---

① Gloria Gozalez Fuster. *The Emergence of Personal Data Protection as a Fundamental Right of the EU*，Springer International Publishing，2014.

② 余圣琪：《数据权利保护的模式与机制》，知识产权出版社 2023 年版。

③ 赵宏：《信息自决权在我国的保护现状及其立法趋势前瞻》，载《中国法律评论》2017 年第 1 期，第 147-161 页。

制；另一方面，欧盟各国必须采取措施积极作为，监管、监督数据控制者采取恰当的措施保护公民的信息自决权。

2. 信息自决权的法律边界

信息自决权并不是绝对权。正如德国联邦宪法法院所说，"信息自决权利并非无限。对于其'自身'的信息，个人不具有任何绝对或无限的控制权"。理由在于，个人是在社会共同体之下发展其个性的，因此，即使是个人信息，也同样是社会事实的反映，而并非纯粹地与个人相连。由此可见，个人原则上必须接受对信息自决的某些限制。如果某些信息与政府计划相关，作为社会一员就有责任回复，例如，官方进行人口调查问及个人有关的某些问题。同时，为了避免国家权力借由"权利相对化"而肆意限制个人信息自决权的行使，联邦宪法法院也在判决中明确列举了限制个人信息自决权的"合宪性理由"，具体包括合目的性原则、比例原则、法律保留和明确性原则等。

（三）数据财产权与财产权益保护

在隐私法的演变过程中，关于是否应该就个人信息授予数据主体明确的财产权，在数据财产权或数据产权的意义上理解数据权利，有过几次详细的学术讨论。

1. 个人数据财产权

阿兰·威斯汀在 20 世纪 60 年代末提出，信息隐私应当理解为财产权，任何对财产转移以及隐私范围的限制都是不合理的，需要加以控制。[①] 个人可以决定或调节隐私的内容与范围。这种个人的抉择、决策，尤其是数据控制这一点，与他最终主张隐私是一种数据权是一脉相承的。尼默和克劳瑟斯教授认为，美国对隐私权的分析以侵权法（责任规则）为基础展开。当未经个人同意控制信息导致隐私侵权时，权利主体有权寻求赔偿。[②] 根据法经济学的理论，法律应赋予个人数据信息以财产权，使个人可以通过出售其个人数据信息进行适当的交易并从中得到补偿，以实现个人数据信息市场更加公平合理的运作，同时可以迫使商家在收集使用个人数据信息时更多地考虑成本问题，从而达到

[①]　A Lan F, Westin. *Privacy and Freedom*. New York：Atheneum, 1967：7.

[②]　Raymond T. Nimmer, Patricia A. Krauthaus. *Information as Property Databases and Commercial Property*. The International Journal of Law and Information Techology, 1993 (1)：30.

保护个人数据信息隐私的目的。[①] 例如，劳伦斯·莱西格提倡创建个人数据自由市场，也即由自由市场机制决定数据的流向。莱西格建议法律将信息的原始产权赋予个人，个人拥有绝对的信息使用权，这样个人就可以与数据收集者讨价还价，以确定是否使用以及以多少对价出售数据，市场就会根据谈判双方的权利来建构交易秩序。[②]

对此，有意见认为，假如将数据产权赋予个人，虽然能够在理论上实现个人对数据使用目的、方式的控制，但实践中的缔约成本和履约成本会很高。在缔约时，由于个人隐私保护的需求是独特的，数据采集者可能需要逐个谈判，拟定个性化的数据处理合同。在履约过程中，一种情况是个人基于数据权利可能产生海量的数据请求，即使并非所有请求都合理，数据产业也将不得不花费成本来处理这些问题。另一种情况则是个人为了避免高昂交易成本而选择轻易放弃。假如将数据产权赋予数据采集者，相比之下缔约成本较低，因为数据采集者只需拟定一份双方满意的合同，由数据采集者按照合同约定的授权范围利用数据。然而，这类赋权履约成本很高，因为个人很难监督企业的数据行为，而且一旦数据产业发生系统性风险，个人也很难维护自己的权益。

从"数据归属于谁"的角度分析与思考数据财产权会发现，数据与信息难以截然分割，数据也无法脱离技术处理产生信息价值，数据来源者与数据处理者之间更无法基于信息与载体划分权益。具体而言：第一，数据与算法、算力不可分离。数据要素化、资源化的过程离不开技术的处理，单纯的数据来源与数据产生无法直接创造价值，未经处理，数据至多止于信息载体，不具有资源属性。第二，数据不仅影响数据主体本身，还更广泛地影响了社会关系和结构。数据主体间的关系不是割裂而是相互联系的。数据具有信息载体和资源的双重属性，单纯从信息角度来看，除了仅关乎个人的基础信息，信息还会反映个人与所在环境中其他主体、事物之间的关系。例如消费数据不仅能体现个人消费偏好，还体现群体消费趋势；地理位置数据不仅反映个人位置所在，还可能体现出个人的社会交往关系。从数据持有、加工、利用方面看，数据在物理形态上具有可复制性，在使用上具有非竞争性和非排他性，数据载体可以同时被多方持有、加工与使用，且不会相互影响，也不会损耗数据的价值。

---

① 彭礼堂，饶传平：《网络隐私权的属性：从传统人格权到资讯自决权》，载《法学评论》2006 年第 1 期，第 60 页。

② Lawrence Lessig. *The Architecture of Privacy：Remalcing Privacy in Cyberspace*，Vanderbilt Journal of Entertainment and Technology Law，1999（1）：56.

实际上，在数据的全生命周期，随着技术革新和新型商业模式的出现，数据的形态和属性会发生变化，数据权利的主体和类型也会发生演化。数据来源者、数据处理者与数据利用者之间的关系在数据客体上互嵌共生，每一个参与者应在数字化的各个环节与具体场景中被赋予不同的数据权益。作为数据利益相关者的数据来源者、处理者与受益者的权利在数据社会关系的结构中相互交织，因此，数据权利不是绝对化的权利，数据权利所要保护的利益具有多元性。总体而言，个人数据之上存在财产性利益这一点是毋庸置疑的。赋予个人数据财产权有两个目标，一是向个人分配财产利益，二是赋予个人通过财产规则控制数据的披露、访问、许可、使用、更改和复制等权利，以保护个人的隐私利益。

2. 企业数据财产权

我国立法肯定了数据的财产权益，并体现在相关立法中。例如，《民法典》第一百二十七条规定："法律对数据、网络虚拟财产保护有规定的，依照其规定。"《数据安全法》第七条规定："国家保护个人、组织与数据有关的权益，鼓励数据依法合理有效利用，保障数据依法有序自由流动，促进以数据为关键要素的数字经济发展。"地方立法中，《深圳经济特区数据条例》第四条首次明确了自然人、法人、非法人组织对数据的"财产权益"。2022 年 12 月，《中共中央 国务院关于构建数据基础制度更好发挥数据要素作用的意见》提出建立数据产权制度，探索数据产权结构性分置，建立数据资源持有权、数据加工使用权、数据产品经营权"三权分置"的数据产权制度框架。

在激励数据资源社会总供给量方面，设立专门的数据财产权制度，能够为数据提供更有力的保护，从而在更大程度上制止擅自使用他人数据的"搭便车"行为，最终更有效地激励数字企业生产数据产品的积极性，提高数据资源的社会总供给量。但在为数据提供更有力保护的制度选择上，选择赋权模式，即设立数据财产权的模式并非是唯一选择。有学者认为，成熟的法律制度如合同法、侵权法，以及商业秘密、专利权、著作权等知识产权制度足以提供数据资产和数据产品的确权与保护。也有学者认为应当设立"新型数据财产权"（以上制度比较将在本章第四节详述）。总体而言，支持企业数据财产权确权的理论如下。

（1）劳动价值论与捕获规则。洛克的劳动价值论认为，每个人对自己的人身享有所有权，所以他支配自己的身体所从事的劳动也属于他自己。既然劳动是劳动者无可争议的所有物，那么对于因其劳动有所增益的事物，至少在还留有足够好的同样的事物为其他人所共有的情况下，除他以外便无人有理由享有。[①] 洛克的劳动价值论也成为捕获规则的理论渊源之一。皮尔逊诉波斯特案确定了捕获规则的占有标准，认为所有权应归属于第一个实际捕获或杀死它的人，也即实际捕获标准。捕获规则对判断野生动物、水、石油、天然气等自然资源的实际所有权提供了理论指引——只有实际取得控制的人才能合法地确定其权利。[②]

劳动价值论和捕获规则成为支持企业数据财产权的理论基础。有观点认为，在数据活动中，企业基于其加工利用和实质性投资，在数据的产生过程中投入了一系列劳动，应当得到法律上的肯定与激励，数据从业者对于其合法收集的数据集合或各种数据产品（如数据库、数据报告或数据平台等），享有占有、使用、收益和处分的财产权益。[③] 但也有观点指出，劳动价值论和捕获规则不足以成为数据财产之产权保护模式的充分条件，它还需要满足独创性、新颖性、实用性等以契合诸如著作权、专利权等具体产权规则的保护条件。

（2）功利主义与投资激励理论。功利主义的观点认为，在"最大多数人的最大福利"的观念下，如果保障特定财产权能够提高普遍效益，那么法律就应予以认可。数据确权有利于激励生产、促进数据流通。这类理论又包含了不同角度和方式的论证，其中具有较强影响力的理论包括投资激励理论、信息成本理论、公地悲剧理论和防止搭便车理论。[④]

投资激励理论认为，缺乏产权保护和预期回报，市场主体就会在事前缺乏对财产进行投资的激励；在事后缺乏管理和改善其财产的激励。相反，通过财产权保护，社会可以创造有效激励。数据生产包括数据收集、整理、挖掘等劳动，在数据的开发过程中，数据处理者投入大量的资金、人力和物力，需要通过法律赋权使其产生合理预期，从中获得回报、获取收益，否则将极大地挫伤人们创新的动力和积极性。[⑤]

---

① ［英］约翰·洛克：《政府论（下篇）》，叶启芳，瞿菊农译，商务印书馆2003年版，第17-20页。

② ［美］约翰·G.斯普兰克林：《美国财产法精解（第2版）》，钟书峰译，北京大学出版社2009年版，第23页。

③ 许可：《数据权属：经济学与法学的双重视角》，载《电子知识产权》2018年第11期，第23-30页。

④ 丁晓东：《新型数据财产的行为主义保护：基于财产权理论的分析》，载《法学杂志》2023年第2期，第54-70页。

⑤ 王利明：《数据何以确权》，载《法学研究》2023年第4期，第56-73页。

德姆塞茨在 1967 年《产权理论探讨》中指出："当内在化的收益大于成本时，产权就会产生，将外部性内在化。"罗纳德·科斯也认为，权利的初始界定是市场交易的前提，不同的产权安排所带来的交易成本不同，只有合理界定产权，才能降低交易成本，促进交易。① 如果相关主体对所交易的数据并不享有产权，则当事人能否如愿实现缔约目的，存在不确定性，这也可能危及交易安全和秩序。而当事人为了降低数据流通的法律风险，可能需要在合同中作出事无巨细的规定，增加谈判和交易的成本。

英国学者哈丁提出"公地悲剧"理论。该理论的核心要义是，确立排他性的所有权是避免资源被过度使用的有效方式，否则，如果人人都想利用公地资源将个人利益最大化，资源将面临被过度消耗而枯竭的悲剧。与此相关，搭便车理论则从非投资方或产权方的视角出发，认为缺乏产权保护，会在社会中造成大量"不劳而获"的人员。无论是在缺乏产权保护的环境中搭公共资源的便车，还是搭其他私人主体的便车，都可能导致对市场的逆向激励。数据具有公共品属性，当前，数据被非法收集、倒卖、使用等行为屡禁不止、屡见不鲜，人民的生活安宁被打扰，公私财产遭受损失，人身安全面临风险，国家安全受到威胁。确认数据权属有助于将负外部效应内部化，通过明晰产权的方式保障平台商业化运营并附以相应义务，有效维护个体用户和平台的权益。

（3）责任规则与财产规则。美国著名法学家卡拉布雷西与梅拉米德于 1975 年从法经济学角度提出了对权利进行保护的分类，即财产规则与责任规则。② 其中，财产规则采取预先赋权的方式，权利人可以事先与对方通过谈判协商一致获得补偿后放弃这一项权利，典型地采用财产规则对权利进行保护的为物权。责任规则不预先赋权，当权利被非自愿侵害后由第三方确定价格进行补偿，典型地采用责任规则对权利进行保护的为刑法、侵权责任法。③ 数据的财产规则与"选择进入"相结合，对互联网企业来说，只有取得用户同意才能使用用户数据，而对用户而言，即使不同意互联网隐私政策，也可以继续使用该软件；而数据的责任规则则意味着"选择退出"机制，即默认互联网企

---

① Coase R. *The Problem of Social Cost*. Journal of Law & Economics，1960（3）：1-44.

② Guido Calabresi A. Douglas Melamed. *Property Rules*，*Liability Rule*，*and Inalienability*，*One View of the Cathedral*，85 Harv. L. Rev. 1972：1089-1128.

③ Calabresi G，Melamed A D. *Property Rules*，*Liability Rules*，*and Inalienability*：*One View of the Cathedral*. Harvard Law Review，1972（85）：1089-1128.

业对数据的使用和访问，当用户提出不可继续使用的异议，即选择退出后，互联网企业便不得再继续使用用户数据。

三、数据权利的立法保护概览

在数据权利的立法保护上，由于经济实力、文化背景、社会观念不同，不同国家和地区在数据保护模式上存在相当的差异。本书挑选了三个具有代表性的国家/区域的数据权利立法进行介绍。

（一）"统一立法"为主导的欧盟立法模式

欧盟是较早针对个人数据保护展开立法实践的国际主体之一，欧盟的数据保护立法经历了从"建议""公约""决议"到"指令""条例"的更迭，无论是在立法时间还是立法的系统性上，欧盟的数据立法都处于领先位置。

1. 欧洲数据保护与治理的基本框架

作为一个经济共同体，欧盟的法律框架主要分为两类：一级法律，即基本法性质的政府间条约；二级法律，即欧盟机构依照条约的法律条文而通过的立法文件的综合，又称为"次级立法"或"派生法"。

在一级法律层面，1981 年《108 号公约》是世界上第一部关于数据保护的国际公约。该公约旨在确保每个缔约方管辖范围内的公民，在个人数据自动化处理过程中得到保护，尊重其基本权利和自由。公约建立了有关个人数据保护的基本原则以及各缔约国之间的基本义务，将保护个人基本权利和自由作为履行国家义务的出发点。《108 号公约》分别于 1999 年、2001 年、2012 年、2018年 5 月和 10 月进行修订。

在二级法律层面，1995 年《95 指令》（也称《数据保护指令》，已被取代）、2018 年通过的《通用数据保护条例》、2018 年《非个人数据自由流动条例》、2018 年《关于在欧盟机构、机关、办公室和办事处处理个人数据方面对自然人的保护以及这些数据的自由流动，并废除（EC）第 45/2001 号条例和（EC）第 124712002 号决定的条例》，形成了欧洲数据保护与治理的统一框架。

2. 推进欧盟单一数据市场的立法进程

为了实现数据驱动的创新，提高欧洲竞争力和社会福利，发展公平且有竞争力的数字经济，2020 年，《欧洲数据战略》为数据自由流动等方面的发展制订了框架性的战略规划，开启了构建欧盟单一数据市场的进程。随后，《数据治理法》《数字市场法》《数字服务法》和《数据法》相继通过，为欧盟内的数据流通利用和共享营造了制度环境，提供了具体机制。

2022 年批准通过的《数据治理法》及 2023 年通过的《数据法》规定了不同类型数据的流动方式和相应主体权利义务。《数据治理法》旨在促进数据的使用、公共行政数据的再利用和共享，建立数据信任机制，提升数据共享中介服务质量，增强数据可用性，使得数据使用不再受其在欧盟的实际存储位置局限，进一步为涉及他方权利的数据二次利用构建统一架构，从而搭建横跨各地域和纵贯各领域的单一数据市场；《数据法》旨在通过促进欧盟内数据处理服务之间的切换，提高数据和数据共享机制及服务的互操作性，为中小微型企业的数据创新提供机会，最大化数据价值并促进价值的公平分配。使用相关产品或服务的用户对自行生成的数据享有访问、使用、与第三方分享的权利，该法案还规定了数据持有者以公平、合理和非歧视的条款和条件向欧盟内的数据接收方提供数据，包括向公共部门提供为完成公共利益任务所必需的数据，以保障数据的公平访问与合理使用。

2022 年《数字市场法》《数字服务法》则分别规定了大型平台的竞争规则与数字市场的消费者权利保护框架，共同构成数字市场的监管规则。《数字市场法》旨在确保任何平台不得滥用其优势地位，重点规制"守门人"不合理的商业行为，保障数字竞争环境的公平性、有序性、开放性。《数字市场法》将大型数字平台"守门人"作为监管重点，兼具法理和效率，体现特别化专门规制、前置化事前规制与动态化灵活规制的特征，实质上担任了欧盟数字时代反垄断法、反不正当竞争法、创新促进法三重身份和角色。[①]《数字服务法》主要处理的是消费者与平台之间的关系，旨在保护消费者及其在线基本权利，建构完备、透明、清晰的在线平台问责框架，构建安全和负责任的在线环境。

3. 欧盟人工智能立法率先通过

人工智能技术飞速发展，不仅引发了激烈的经济竞争还可能带来不可估量的系统性风险。人工智能技术的研发和应用不得损害人类权利和尊严，而且要

[①] 景然：《数据主权、单一市场与共同空间：数据流通的欧盟战略及其镜鉴》，载《网络安全与数据治理》2023 年第 9 期，第 36-41 页。

致力于最大限度增进人类福祉，是世界人工智能发展的底线与共识。2024年5月，欧洲议会正式批准欧盟《人工智能法案》，该法案成为世界上首部对人工智能进行全面监管的法案。《人工智能法案》不仅适用于所有位于欧盟境内的人工智能使用者，还包括位于欧盟以外的人工智能系统软硬件设备的供应商等，具有广泛的域外适用效力，对欧盟和其他地区产生重要影响。

（二）"自由市场"为主导的美国模式

美国是世界上最早提出隐私权并予以保护的国家，政府长期秉持数据开放和数据自由流动相结合的理念，以市场为主导，"分行业"进行分散立法。美国的数据保护融合了数据隐私领域（即如何控制个人数据的收集和使用）和数据安全领域（即如何保护个人数据免受未经授权的访问与使用，以及如何解决未经授权访问的问题）。通过"立法＋行业自律"的模式对个人信息提供保护，其中主要依靠行业自律机制。与欧盟相比，美国以自律机制为主导的保护被认为是"弱保护"，但美国并不是不重视个人数据及隐私保护，而是选择了不同的个人数据保护立法模式。

美国作为联邦制国家，采双轨制法律框架，联邦的制定法由国会颁布，州的法律由各州议会制定。就立法层级而言，美国在从中央到州地方各级政府都实行三权分立的基础上，同时实行中央和州两个层次之间的纵向分权，立法也相对分散和多元化。

1. 具有代表性的州立法

2018年起，美国州层面的数据保护立法呈现快速增长的趋势。近些年来，美国各州都在加速制定隐私权保护及数据安全政策主题的州立法，包括且不限于数据泄露通知准则及网络安全规则，加利福尼亚州、内达华州、缅因州以及弗吉尼亚州等数十个州都相继出台并实施数据或隐私保护法。其中，以加利福尼亚州最具代表性。

2018年《加利福尼亚州消费者隐私法》（CCPA）、2020年《加利福尼亚州隐私权法》（CPRA）相继出台。加利福尼亚州的经济体量与科技实力居于美国领先地位，因此这两部立法的意义远超其本身的立法层级，对其他州的立法进程、内容都产生了重要影响。

《加利福尼亚州消费者隐私法》为消费者控制个人信息提供了法律依据，规定了消费者权利和企业的义务，是美国聚焦网络领域消费者隐私权保护最全面、保护力度最大、监管最严的法案，堪称美国境内最接近欧盟《通用数据保护条例》的法案。从内容上看，CCPA 更关注企业对个人信息的利用，属于更着重处理企业与消费者之间的关系的"消费者保护法"。[①]

《加利福尼亚州隐私权法》（CPRA）于 2020 年 11 月 3 日通过，并于 2023 年 1 月 1 日正式生效。这是继 CCPA 颁布后又一具有标志性意义的美国消费者隐私权保护立法。CPRA 增设了信息更正权和自动化决策退出选择权、对信息收集及保留的限制，专设个人敏感信息的保护，完善了信息安全保障措施，并创设了专门的隐私保护监管机构等。

2. 分行业的数据保护立法

在很长一段时间内，美国都没有联邦层面的综合、统一的隐私法。美国特别强调数据隐私保护的特定化，即针对不同行业或特殊对象（如医疗、教育、通信、金融或儿童个人数据等）应制定不同内容的隐私保护政策，执法一般也由相应行业监管机构承担，没有一个统一的执法机构。例如《消费者金融保护法》的规制对象是为消费者提供金融产品或服务的机构，授权的监管机构是美国消费者金融保护局，旨在禁止上述金融机构在提供数据隐私政策、数据安全政策以及数据处理活动中的不公平、欺诈与滥用行为。此外，还有《金融服务现代化法》《家庭教育权和隐私权法案》《视频隐私保护法》（VPPA）《儿童在线隐私保护法》《健康保险流通与责任法》《公平信用报告法》《电子通信隐私法》《计算机欺诈和滥用法》《联邦贸易委员会法》。

3. 联邦层面的统一立法提上日程

由于缺乏联邦层面的指导，大部分州立法机构在起草其隐私法案时主要参考了欧盟《通用数据保护条例》。为统一州隐私立法的制定提供示范法案，2021 年美国统一法律委员会（ULC）通过了《统一个人数据保护法》（UPD-PA）。UPDPA 基于数据实践有利于或不利于数据主体的可能性，对"兼容""不兼容"和"禁止"的数据实践作出区分，为个人提供更有限的访问或以其他方式控制数据的权利，并对假名数据提供了广泛的豁免。

2024 年 4 月，美国参议院商业、科学和运输委员会主席玛丽亚-坎特韦尔和众议院能源和商业委员会主席凯茜-麦克莫里斯-罗杰斯共同发布了《美国隐私权法案（草案）》（APRA）。这项立法草案吸收了大量 2022 年《美国数据隐

---

① 张继红：《个人数据保护法国别研究》，北京大学出版社 2023 年版。

私和保护法（草案）》（ADPPA）与已生效的各州隐私保护法的内容，旨在确立基本且统一的国家数据隐私权和保护措施，取消现有的各州综合数据隐私法，消除各州数据隐私保护的混杂局面。该立法具有里程碑意义，法案将建立美国全国范围内的用户数据隐私权和安全标准。草案中赋予了美国公民控制其信息去向和谁可以出售的权利，禁止公司在人们不知情和未同意情况下的跟踪、预测和操纵，同时制定了数据安全的具体规范，建立了强有力的执法机制，包括个人的私人诉讼权，以追究违法者的责任。

4. 美国的行业自律机制

自律机制是指在国家立法之外，社会组织通过自律规范来规范自己行为的一种机制。行业自律作为一种有效的市场治理手段，对约束市场不良主体的行为、维护正常市场运营秩序有着独特的调控作用，被视为一种补充政府监管的治理路径。[①]

1997 年至 2007 年是美国隐私保护行业自律发展的黄金十年。这一时期，各行业明显感受到联邦层面加强隐私保护的立法趋势，为了避免受到强制性监管，隐私保护行业自律模式迅速铺开，涌现了大量行业自律组织与认证机构，例如，个人参考服务组织、隐私领导倡议、在线隐私联盟、网络广告倡议、BBBonline 隐私计划等。客观地说，这一时期有限的政府资源，很难有效覆盖各行业，政府不得不依靠行业自律组织。同时，各隐私保护自律组织确实制定出台了较为完善正规的隐私保护原则、规则、标准，建立了较为健全的成员企业准入和年审机制，定期发布隐私保护审查报告，并筹措到了组织运转必要的资金支持，客观上弥补了政府监管能力的不足，在一定程度上减少了政府投入，满足了当时的隐私保护现实需求。

然而，行业自律也有一定弊端，行业自律缺乏监督和执行，更缺少有效的救济手段。2008 年之后，随着云计算、大数据等信息技术创新发展，隐私保护面临的挑战日趋严峻，政府部门监管意愿日趋强烈，隐私保护行业自律开始走"下坡路"。第一，企业缺乏加入数据保护行业自律的动力。在没有监管成本和合规压力的情况下，遵循隐私保护行业自律规则直接影响到企业的收入与利润。第二，行业自律组织也缺乏对成员企业的有效约束手段。行业自律本身的自发组织性决定了其更多地依靠企业自觉履行责任和义务，行业自律组织制定

---

① 张继红：《大数据时代个人信息保护行业自律的困境与出路》，载《财经法学》2018
年第 6 期，第 57-70 页。

的准入和年审机制也难以同政府监管手段媲美，持续性发挥作用。以 TRUSTe（全球著名隐私认证公司）为例，美国联邦贸易委员会（FTC）在 2014 年的《隐私和数据安全年终报告》中指责 TRSUTe 未按照其发布的认证章程履行年检责任。自 2006 年到 2013 年，超过 1000 家网站没有经过 TRUSTe 的年度复核，却依然张贴 TRUSTe 的认证标志。第三，政府强化隐私保护监管使得行业自律失去意义。美国虽然尚未设立统一的数据保护监管部门，但近年来，联邦贸易委员会、联邦通信委员会等政府部门从自身职责出发，不断强化隐私保护监管政策，加大监督执法力度。仅 2015 年，美国联邦贸易委员会就处理了 14 起涉及侵害消费者隐私或威胁个人数据安全的案件，对涉事企业处以高额罚款并向社会公示。从现实来看，美国已经逐渐意识到单纯依靠行业自律已经无法满足大数据时代下民众对隐私保护的期待，政府监管执法逐步替代行业自律成为保护体系的核心。①

（三）中国"保护与发展并重"的立法模式

法律制度是数据权利保护和数据要素市场化建设的重要保障。《中华人民共和国国民经济和社会发展第十四个五年规划和 2035 年远景目标纲要》提出，要加快推进数据安全、个人信息保护等领域基础性立法，强化数据资源全生命周期安全保护。中国秉持保护与发展并重的思路，在安全的基础上谋求充分发展，平衡数据产业发展与个人信息、数据权益保护的需求，制定了一系列法律规范。

1. 个人信息/数据保护法律体系形成

我国高度重视个人信息在法律层面的保护，最早的个人信息保护立法可追溯至 2004 年的《居民身份证法》第六条第三款。2009 年实施的《刑法修正案（七）》专门增加了"侵犯公民个人信息罪"及其处罚。随着互联网与经济社会持续深度融合，以电子等方式记录的个人信息大量产生，个人信息保护面临严峻挑战，广大人民群众普遍关心个人信息安全，尤其关注个人隐私信息能否得到保护。党的十八大以来，我国对个人信息的保护愈加重视，立法也逐渐完善。②

---

① 《大数据时代我国个人信息保护如何借鉴美国经验》，载"中国信通院 CAICT"公众号，2017 年 5 月 17 日发布，2024 年 7 月 29 日访问，https：//mp.weixin.qq.com/s/2YzlMlkSYlTOSjLDSsReRQ。

② 王春晖：《中国个人信息保护立法这十年》，载《保密科学技术》2022 年第 11 期，第 3-10 页。

2012 年，《全国人民代表大会常务委员会关于加强网络信息保护的决定》出台，该决定规定了国家对可识别公民个人身份和涉及公民个人隐私的电子信息的保护义务。2013 年，全国人大常委会修正《消费者权益保护法》，强调依法保护消费者个人信息，明确了消费者个人信息保护的基本规则。2015 年，全国人大常委会通过《刑法修正案（九）》，扩大了侵犯公民个人信息犯罪主体的范围。

2017 年 6 月 1 日，我国首部《网络安全法》施行，在第四章网络信息安全中专章规定了公民个人信息保护的基本法律制度，主要有四大亮点：一是确立了网络运营者收集、使用个人信息必须遵循"合法、正当、必要"原则；二是明确了网络运营商收集、使用公民个人信息的目的、原则，并履行"知情同意"；三是提出了公民个人信息的删除权和更正权制度；四是规定了网络安全监督管理机构及其工作人员对公民个人信息、隐私和商业秘密保密等制度。2019 年 1 月 1 日起施行《电子商务法》，要求电子商务经营者依法履行个人信息保护的义务。

2021 年 1 月 1 日，我国首部《民法典》正式实施，《民法典》将个人信息受法律保护作为一项重要民事权利写在了"总则"，在《民法典》"人格权编"第六章隐私权和个人信息保护中明确了个人信息处理的原则和条件、确立了个人信息主体的权利、强化了信息处理者的信息安全保障义务等，为个人信息保护立法奠定了基础，构建了个人信息"全周期"保护的法律体系，包括第一百一十一条、第一千零三十二条、第一千零三十三条、第一千零三十四条至一千零三十九条，共同构成了更全面的个人信息保护体系，确立了个人信息保护的基本原则和规则。

2021 年 9 月 1 日施行《数据安全法》，围绕保障数据安全和促进数据开发利用两大核心，从数据安全与发展、数据安全制度、数据安全保障义务、政务数据安全与开放的角度进行了详细的规制。

2021 年 11 月 1 日，我国第一部个人信息保护的专门性法律《个人信息保护法》开始施行。《个人信息保护法》立足于数据产业发展和个人信息保护的迫切需求，聚焦个人信息的利用和保护，进一步完善了我国数据合规领域的法律体系。该法建立了一整套个人信息合法处理的规则。

至此，《数据安全法》《网络安全法》《个人信息保护法》共同形成了数据合规领域的"三驾马车"，标志着我国数据合规法律架构已初步搭建完成，开启了依法全面保护个人信息的新时代。

2. 行业、场景、技术规范逐渐细化

在数据合规基础法律框架搭建完成后，针对工业、电信、金融、汽车等行业数据的基础性规范和指导性文件密集出台，关键基础设施、数据跨境和数据垄断等热点问题得到及时回应，着眼于人脸识别、算法等数据应用的规制也迅速跟进，为保护公民个人信息、国家安全的诸多难点热点问题提供了有力的法律保障。

除法律外，国务院 2021 年颁布了《关键信息基础设施安全保护条例》，国家网信办、工信部、公安部、国家市场监管总局等部门制定了《网络安全审查办法》、《数据出境安全评估办法》、《工业和信息化领域数据安全管理办法（试行）》、《互联网信息服务算法推荐管理规定》、《信息安全技术　个人信息安全规范》（GB/T 35273—2020）、《国务院反垄断委员会关于平台经济领域的反垄断指南》等多项规定和标准，并正在组织研究制定修改《互联网信息服务管理办法》《网络安全等级保护条例》等行政法规，以及数据出境管理、重要数据识别和保护等方面的规范和标准。网络安全和数据合规领域的主干性法律法规已经出台大半，这些已经出台以及将要出台的配套规定，将保障法律的各项规定落到实处，使数据法律制度体系更加健全。

从行业维度看，随着数字化、智能化的快速普及和深入，数字化技术的应用覆盖了人们生活的方方面面，数据及其系统安全成为行业规范的重点。互联网、汽车、医疗、金融是数据立法最为活跃的四个行业。

以汽车行业为例，2021 年，网信办会同四部委发布了《汽车数据安全管理若干规定（试行）》，专门针对网联汽车的场景对个人信息、敏感个人信息、重要数据等提出了数据分类等要求。同期，工信部印发了《关于加强智能网联汽车生产企业及产品准入管理的意见》，要求加强汽车数据安全、网络安全、软件升级、功能安全和预期功能安全管理。2022 年起，相关部门还出台了《关于促进智能网联汽车发展维护测绘地理信息安全的通知》《关于开展智能网联汽车准入和上路通行试点工作的通知》等一批部门规范性文件，以及《信息安全技术　汽车数据处理安全要求》等一批国家标准。

金融行业立法则聚焦于个人征信信息保护、消费者个人金融信息保护、金融监管数据及统计数据保护，2021 年中央人民银行发布了《征信业务管理办法》。

随着传统医疗行业与互联网的深度融合，医疗行业的数据不仅涉及个人敏感信息，还涉及人类基因与遗传、生物安全与公共健康等方面的法益，在统一

的数据安全管理法律法规之上，针对医疗数据利用、人口健康信息、医疗病历管理等，国务院办公厅、国家部委等发布了诸如《关于促进和规范健康医疗大数据应用发展的指导意见》《卫生行业信息安全等级保护工作的指导意见》《互联网诊疗管理办法（试行）》《信息安全技术 健康医疗数据安全指南》等一系列政策意见、规范和标准。

在互联网信息服务领域，立法部门聚焦互联网平台及互联网信息服务，以互联网信息服务为代表的个人信息保护领域监管不断深入，针对算法推荐服务提供者的备案制度正式落地，国家网信办等部门陆续发布了《互联网信息服务算法推荐管理规定》《互联网弹窗信息推送服务管理规定》《互联网信息服务深度合成管理规定》等监管规范。

3. 地方立法先行先试

随着数据合规立法的深入推进，地方立法充分发挥试点优势，探索数据权益保护、数据流通、数据要素市场建设等关键的发展问题，推动数字经济发展，为国家制度创新积累经验。2016年，贵州率先开启地方数据立法，制定了《贵州省大数据发展应用促进条例》。2020年以来，地方数据立法兴起高潮：2020年，浙江率先围绕数字经济，制定了《浙江省数字经济促进条例》；2021年，地方数据综合立法崭露头角，《深圳经济特区数据条例》《上海市数据条例》相继制定。

《深圳经济特区数据条例》是国内数据领域首部基础性、综合性的地方立法。在个人数据方面，它进一步明确了个人数据处理的合法基础和处理方式；在数据市场方面，它肯定了市场主体对合法处理形成的数据产品和服务享有的使用权、收益权和处分权，回应了数据画像和大数据杀熟等热点问题，强调了数据交易所的积极作用。同年11月，《上海市数据条例》明确了数据同时具有人格权益和财产权益双重属性，在数据要素市场方面，提出建立数据资产评估、数据生产要素统计核算和数据交易服务体系等。

总而言之，当前地方数据立法主要有三种典型类型。[①] 一是促进型立法。如"数字经济促进""大数据发展应用"立法，其以促进数字经济发展为核心，以基础设施、数据资源、产业化和数字化发展为主要内容。浙江、广东出台了数字经济立法，天津、福建出台了促进大数据发展应用立法。二是数据综合立

---

① 王娟：《地方数据立法的路径和特点》，载《上海法学研究》集刊2022年第23卷，第27-37页。

法，其以保护数据权益、规范数据处理活动为目的，以个人数据、公共数据、数据要素市场、数据安全为主要内容。比如，深圳、上海的立法。三是公共数据、网络信息安全等重点领域的立法。比如《浙江省公共数据条例》《江西省公共数据管理办法》等。应当说，重点领域立法与前两类立法是并行不悖的，或者可以说是前两类立法的重要补充。据北大法宝检索统计，截至 2024 年 6 月，数据立法中地方性法规（含省级、设区的市地方性法规和经济特区法规）共计 34 部，地方政府规章 50 部，地方规范性文件 2650 部。

第二节 作为基本权利的数据权利

基本权利是宪法学和政治学研究的重要议题，尊重与保障公民基本权利是现代国家民主政治的基本价值观。对个人而言，权利不仅是实际利益、自由、资格，更是防御他人尤其是政治权力侵害的铠甲与盾牌。数字技术消解了物理时空的边界，主权能力也被数字化解构，全球范围内的数字鸿沟、数字霸权、数字垄断愈演愈烈，人权的国际化保护更为复杂。将数据权利（或个人信息权）提升至基本权利和数字人权的高度，凝聚了全球价值共识，呼应了人权变迁的时代关切。

一、基本权利概说

（一）基本权利的概念与性质

基本权利是"对于人和公民不可缺少的、不可取代的、不可转让的、稳定的、具有母体性的平等的共同权利"，[①] 是一个人处于人的地位，基于人的尊严所应享有的一种正当品格。基本权利并不是一个精确的权利，在个人与国家的关系中，权利是个人对其他公民或国家提出的要求，而基本权利则是个人在宪法上针对国家提出的消极或积极的主张。所谓"基本"，在不同的时代具有不同的要义，随着时代的变迁和社会复杂性的提升，基本权利的功能和内容也在发生变化。

---

① 徐显明：《"基本权利"析》，载《中国法学》1991 年第 6 期，第 28 页。

（二）"三代人权"的提出与特征

卡雷尔·瓦萨克将 18 世纪、19 世纪和 20 世纪受到保护和维护的主要人权理想概括为"三代人权"。[①] 人权代际理论作为一种话语范式，其核心价值就是因应时代之变，揭明人权保障核心关注的不断变迁。人权的内容和目标均服务于不同时期的特定时代任务，人权作为规范价值影响了社会的变迁，其观念形态也在社会实践中不断被塑形和改造。[②]

1. 第一代人权——以政府的不干预为特征的"消极人权"

"第一代人权"以自由、生命、财产和安全等天赋人权为核心，以自由权和平等权作为主要内涵，这些人权的基本特征是其固有性，是先于国家和政府而存在的，政府具有不得干预的义务和责任，所以，"第一代人权"是以政府的不干预为特征的"消极人权"。

2. 第二代人权——以依赖政府的积极保障为特征的社会保障权

"第二代人权"以 1919 年德国《魏玛宪法》为标志。19 世纪末以降，自由主义的国家理念带来了诸多社会问题，福利国家理念兴起。人们意识到，国家的角色不能仅仅是"守夜人"或"最低限度的政府"，还应当在社会的组织和个人权利的实现中发挥积极作用。[③] 政治力量通过宪法的通道对经济系统的扩张加以限制，从而化解贫富差距加大导致的社会问题。"第二代人权"的基本特征是必须依赖政府的积极保障，是在修正"第一代人权"价值缺陷的基础上产生的。

3. 第三代人权——民族国家的自决权与发展权

第二次世界大战反法西斯战争的胜利极大促进了全世界人权意识的觉醒与提高，促使民族自决权、发展权、和平权、环境权等第三代人权确立。

---

① ［法］卡雷尔·瓦萨克：《人权的不同类型》，张丽萍等译，载郑永流主编：《法哲学与法社会学论丛（四）》，中国政法大学出版社 2001 年版，第 468-469 页。

② 蔡立东：《为什么"数字人权"是第四代人权》，载《数字法治》2023 年第 3 期，第 6 页。

③ 李忠夏：《宪法功能转型的社会机理与中国模式》，载《法学研究》2022 年第 2 期，第 3-18 页。

"第三代人权"主要是以生存权、发展权等权利为特征形成的新型人权，"第三代人权"的核心价值就是要消灭贫困，缩小发展中国家与发达国家之间的贫富差距，使人权的保护获得一个相对公平合理的国内和国际环境，是从集体人权意义上强调各个民族国家、主权国家保护人权的责任。

（三）第四代人权的提出与争议

2019 年联合国大会第 74 届会议审议《数字合作路线图：执行数字合作高级别小组的建议》中首次出现"数字人权"，文件在"人权和人类自主性"部分明确提出了"数字人权"，并且与数据保护和隐私、数字身份、监控技术、内容治理等并列。在全球数字鸿沟、数字霸权、数字垄断的政治格局下，数字人权话语凝聚了全球价值共识，既是国际利益博弈的关键场域，又是全球数字治理与国际人权治理的重要联结点。[①] 面对第四次工业革命以及复杂的国际政治格局，"数字人权"作为"第四代人权"被提出，主要涵盖两个方面的内容：一方面，"数字人权"提出了大数据时代的个人信息或数据被保护的权利，并且上升到了宪法基本权利的高度；另一方面，"数字人权"提出了获得数字基础服务的权利。[②]

就"数字人权"是否构成"第四代人权"，学界展开了争鸣。倡导者指出，"数字人权"是对传统人权的更新与升级，已经构成第四代人权。2019 年，张文显教授在"知识产权与相关权利的法理"学术研讨会上首次正式提出"数字人权"概念，他从人民对美好生活的人权诉求出发，论证在数字时代安全人权、环境人权、"数字人权"共同构成"美好生活权"的新时代人权体系。[③]"数字人权"是新时代人权体系中最显赫、最重要的新兴权利，引领着新一代人权。[④] 马长山教授基于人的信息存在方式赋予人权数字属性等理由，初步论证了"数字人权"的概念，他提出，数字人权以数据和信息为载体，展现着智慧社会中人的数字化生存样态和发展需求的基本权利，具体包括数据信息自主权、数据信息知情权、数据信息表达权、数据信息公平利用权、数据信息隐私

---

①　汪茹霞：《论数字人权话语权的国际格局及中国路径选择》，载《法学论坛》2024 年第 1 期，第 93 页。

②　丁晓东：《论"数字人权"的新型权利特征》，载《法律科学（西北政法大学学报）》2022 年第 6 期，第 65 页。

③　张文显：《新时代的人权法理》，载《人权》2019 年第 3 期，第 12-27 页。

④　张文显：《无数字 不人权》，载《网络信息法学研究》2020 年第 1 期，第 6 页。

权、数据信息财产权等。[①] 郑智航教授从人性基础、宪法规范及功能层面证立"数字人权"，将上网权、隐私权、网络表达权、个人数据权、数字身份权、数字弱势群体的权利等都视为"数字人权"在当下社会的具体权利形态。[②] 批评者则认为"数字人权"这一命题仍有待商榷。刘志强教授认为，"数字人权"不具备人权代际上的新型特征，缺乏人权的道德基础和宪法的规范基础，未构成人权的代际革新，不能被证立为一种基本权利。[③] 同时，他认为，"数字"与"人权"的结构耦合关系是"数字"与"人权"互为环境、互相激扰，无法融合为"数字人权"，可以构建一种无需"数字人权"中介的人权领域法。

"数字人权"是政治话语，也是学术命题，对这一命题的探索不仅要从逻辑上回应人权体系的演进，还要从中国丰富的数字治理实践中提炼出"数字人权"的话语体系和思想体系，推动构建中国数字法学的概念体系和自主知识体系，从而呼应人权变迁的时代关切。数字人权的代际更新不是相互覆盖和取代，而是持续性拓展和升级，[④]"数字人权"是人在数字社会中的基本权利，随着数据、数字技术及数字基础设施成为人生存和发展的基本条件，"数字人权"已经具备了人权的基本特性，其在外延上既包括传统人权在数字社会的系统性提升，具体权利如数字生存权（网络接入权）、数字平等权、数字发展权、数据人格权、数据财产权等，又包括数字时代所注入的价值立场和新兴权利，具体权利如数据公平利用权、数字离线权等。

二、数据基本权利的提出

需要说明的是，从语义上看，信息与数据是两个不同的概念，往往被当作形式与内容的关系，数据是信息的存在形式或是记录，而信息则是被赋予特定内涵的内容。例如，《数据安全法》中定义的数据"是指任何以电子或其他方

---

① 马长山：《智慧社会背景下的"第四代人权"及其保障》，载《中国法学》2019年第5期，第5-24页。

② 郑智航：《数字人权的理论证成与自主性内涵》，载《华东政法大学学报》2023年第1期，第35-74页。

③ 刘志强：《论"数字人权"不构成第四代人权》，载《法学研究》2020年第1期，第20-34页。

④ 蔡立东：《为什么"数字人权"是第四代人权》，载《数字法治》2023年第3期，第3页。

式对信息的记录"；在网络治理中所指的违法信息，则是指向内容本身的违法。但在特定讨论语境下，数据和信息的概念可以互换，二者所指基本一致，例如在主张个人信息和个人数据受保护的情形下，数据与信息具有内在一致性，只是在数字化场景中使用"数据权利"更符合权利演化的规律。本书将作为个人基本权利的数据权利概括为数据基本权利。

（一）数据基本权利的范畴

数据基本权利有广义和狭义之分，广义的数据基本权利是与数据及数字环境相关的所有权利，是数字人权的范畴，包括但不限于数据的公平利用权、网络接入权、在数字环境中的发展权、平等权等；而狭义的数据基本权利则指作为基本权利的个人数据权利或个人信息权，专指在数据处理过程中受保护的权利。下文所指的个人信息权是指狭义的数据基本权利。

（二）数据基本权利的提出背景

数据是数字技术发展的基础，数字社会秩序、数字经济发展和数字政府建设都建立在对数据的利用之上，公共组织和私人组织越来越依赖大规模数据分析辅助决策，数据的收集和分析以及由此产生的信息、知识的应用，将对个人的权利和自由产生实质性影响，人类生存和发展的场域已经从物理空间扩展至数字空间，人民对美好生活的需要最广泛地体现为对数字科技的需要，数字环境关乎人的尊严与发展。同时，数字技术是一把双刃剑，对数字科技的开发及运用也需要强化伦理约束和法律规制。

数据权益或信息权益已经在部分部门法中得到一定程度的保护，例如《数据安全法》《个人信息保护法》等形成了对个人数据和信息权益的保障。但是部门法并没有明确个人数据的权利属性，碎片化的部门法秩序也难以为个人数据权利提供整全性的保护。[1] 宪法作为整体实在法秩序中的最高规范，是其他一切部门法秩序的基础和依据。数据权利的正当性基础需要得到宪法规范的支撑，经由宪法变迁的阐释吸纳科技发展催生的权利要素，通过价值渗透完成数据权利秩序统一的使命。[2]

在价值上，数字技术必须以人为本，把人的权利和尊严作为最高目的，并

---

① 周维栋：《个人数据权利的宪法体系化展开》，载《法学》2023 年第 1 期，第 32 页。
② 周维栋：《个人数据权利的宪法体系化展开》，载《法学》2023 年第 1 期，第 33 页。

以人权作为其根本的尺度，以人权作为评价科技进步的根本标准。[①] 在制度上，强调科技企业尊重和保障人权的责任，以及政府尊重、保障和实现"数字人权"的义务。一方面，政府应当充分识别、尊重与保护公民在数字化生活中的隐私权、数据权、表达权、人格尊严与自由；另一方面，国家需要积极提供数字基础设施和数字化设备，弥合弱势群体所面临的"数字鸿沟"，以公共资源和集体行动确保社会成员平等、充分地享有接入互联网世界、过上数字化生活的条件和机会，进而真正实现其上网权或数字化生活权。

（三）数据基本权利的构造基础

在数字时代，确认数据基本权利具有坚实的法理基础、现实基础、规范基础，是因应人权理念的发展和社会经济变迁的必然要求。

1. 法理基础

人的尊严与自主性是数据基本权利的内在理由和价值基础。"人的尊严"是一个历时性的概念，随着社会的发展其内涵更加丰富，但最为根本的一点是康德所阐述的，人在任何时候都只能是目的而不是手段，这体现了尊重人最重要的一个方面就是尊重人的主体性、独立性和自主性。数据主体基于人的独立性而得到尊重和保护的权利，个人对其数据享有一定程度的控制权和自主决定权，即使无法完全实际控制数据的流动，但人们依然有权知晓个人所处的数字环境，有权对数据处理活动的过程进行合理干预，决定是否同意收集使用、如何使用、是否删除或修改。数据基本权利并非意在排除或阻碍数据的处理和流通，而是要求数据控制者在数据处理活动中适当尊重个人的主体意愿，这既有利于建立数字经济的信任基础，又符合我们的道德直觉——数据控制者不能未经允许就收集使用我们的个人数据并以此牟利。[②] 这是数字时代对人的尊严和自主性最基本的尊重。

2. 现实基础

技术的发展和社会功能的分化催生了社会"私权力"，数据主体与数据控制者之间形成的是一个由数据要素组成的"用户-平台-国家"三元权利/权力结

[①] 张文显：《无数字 不人权》，载《网络信息法学研究》2020年第1期，第4页。

[②] 付新华：《个人信息权的权利证成》，载《法制与社会发展》2021年第5期，第129页。

构体系。其中，用户是数据的生产者，平台企业和国家是数据的利用者，作为公民的用户与平台企业和国家之间构成权利与权力关系。数字平台通过提供搜索引擎、媒体和内容服务、市场或交易平台、社交网络和通信服务等，创造了广泛的公共空间，获得了数据资源的支配优势，平台已经实质上成为具有社会强力的"权力"主体，以数据和算法驱动为核心的算法权力将对个人产生重大影响。面对可能的数据侵害风险，数据主体基于数据处理规则所形成的防御权往往是事后的、个别化的，无法周密地统摄数据处理全流程。有效行使防御权能的前提条件是数据主体可以较低成本发现侵权行为，但数据处理所产生的侵害往往具有延迟效果，行为和侵害后果之间的因果关系较难确定。所以，防御权能在权利保障上存在相当缺陷。

　　数据基本权利的意义在于平衡国家、平台与个人等主体之间的不对称关系，从而控制数据处理风险、推动数据价值公平分享。[①] 个人数据是社会交往的产物，个人数据权利与社会数据利益往往交织在一起，个人数据的流动性与交互性在发展自我人格的同时也在建构社会，因此对个人数据权利的保护必须融入整个社会连带环境中。[②] 人是社会关系中的责任主体，公民的权利与政治共同体的利益紧密相连。在数字社会中，个人的数据具有社会连带性，并不是孤立的个人身份象征、兴趣爱好与行为记录，而是在社会交往中形成的关联数据集合，故而个人也要积极承担数字发展公共责任。如果公民个人是数据的霸主，过度限制数据的收集和传播，就会阻碍数据的自由流动，不利于社会进步和经济发展，所以个人数据权利的合理配置受到国家和社会多元利益的影响。合理界定数据基本权利，应当将数据权利体系纳入开放的社会网络中。数据基本权利应当打破数据保护和利用二元对立的格局，统筹数据主体权益，从更为根本的人的社会发展出发确定权利的性质，促进数据的充分合理流通，建立互信的数据共同体，从保护个人免受干扰的控制权能到建构社会的互动功能。

3. 规范基础

　　在传统基本权利理论中，基本权利具有主观权利和客观法双重性质，相对应地，基本权利具有主观防御功能与客观价值秩序功能。主观权利是指个

---

　　① 陈越峰：《超越数据界权：数据处理的双重公法构造》，载《华东政法大学学报》2022 年第 1 期，第 31 页。

　　② 周维栋：《个人数据权利的宪法体系化展开》，载《法学》2023 年第 1 期，第 43 页。

人享有要求国家不侵害且得主张国家积极保护其正当权益的权利，其核心功能是"防御权功能"和"受益权功能"。[①] 客观价值秩序理论认为，基本权利是整个社会共同利益的体现，国家义务不仅在于每个具体个案中对个人具体权利的保护，也在于保障社会共同利益的整体实现，保障整个基本权利体系的效力最大化。仅仅靠排除国家干预并不能保证基本权利的真正实现，国家还应当为基本权利的实现提供实质性的前提条件，也即国家应当积极履行保护义务以保障权利实现。一切有助于基本权利实现的具体行为和具体制度都可能被解释为基本权利的内涵而被正当化。[②] 例如，在客观价值秩序约束下的立法、行政、司法行为所提供的制度性保障、组织和程序保障，是国家保护义务的具体落实。

数据基本权利既具有主观权利的属性，又具有客观法的属性。[③] 作为主观权利的数据基本权利赋予了公民对抗国家权力机关恣意侵犯的防御权，即排除国家公权力的不当干涉和不法侵害。当国家作为数据处理者或数据控制者时，基于主观防御功能，国家不得随意采集、处理、利用个人数据。当个人数据权利被侵犯时，公民可以请求司法机关介入，通过诉讼途径实现权利救济。作为客观价值秩序的数据基本权利在更宽泛的意义上形成了一个客观法秩序，基本权利价值以间接效力的形式辐射至私人关系。通过要求立法、行政、司法部门积极地履行保护义务，国家负有数据权利的积极保护义务，例如：在制度性保障层面，构建个人信息处理的基本制度，设定个人与个人信息处理者之间的权利义务关系结构，确保个人的实质性参与，对数据处理者形成制衡；在组织与程序保障层面，为国家保护义务之落实提供担保性和辅助性制度，以促进权利实现。具体而言，包括通过建立权威、有效的监管机构，设立履行数据保护职责的部门，面向数据处理者提出组织结构要求，如内部数据管理机构的设立，对问责机制、人员组成、部门与机构设置等方面提出相应的组织要求等，规范数据处理行为，降低外部执法成本，强化合规内生动力。

---

① 防御权功能：当国家侵害个人的基本权利时，个人得请求国家停止侵害，而且此项请求可以得到司法上的支持。受益权功能：主观权利在一定条件下还具有直接请求国家积极"作为"以使个人享有某种利益的功能，但由于宪法中基本权利的规定较为抽象，个人不能直接依据宪法基本权利的规定请求国家提供一定的给付，而只有借助立法明确具体权利，才得以依据相关法律请求积极给付。
② 张翔：《基本权利的双重性质》，载《法学研究》2005年第3期，第27页。
③ 丁晓东：《论"数字人权"的新型权利特征》，载《法律科学（西北政法大学学报）》2022年第6期，第65页。

数据基本权利的保护和实现是一个综合不同法律技术与制度工具的系统过程，更加依赖于客观法属性中的客观价值秩序功能，需要国家统筹协调不同部门法工具，吸纳多元主体参与，这样才能兼顾消极防御和积极保护。

三、作为宪法基本权利的个人信息权

（一）个人信息权法律性质之争议

从《个人信息保护法》的立法过程来看，立法者在个人信息保护的权利基础上存在困惑与犹疑。在立法过程中，就个人信息是权利还是利益、个人信息保护模式应采取权利保护模式还是法益保护模式等问题存在争议。有民法学者认为，应当以权利保护的模式规定个人信息权，基于个人身份信息的独立性，权利保护模式相比法益保护模式而言，保护力度更大。[1] 也有学者主张"法益保护"，认为自然人对个人信息不享有绝对权和支配权，而只享有应受法律保护的利益。[2] 民法学者多主张将个人信息视为私权的客体，构建一种由个体对抗不特定主体的权利。个人信息处理者的义务，则被理解为不得侵犯私法主体所享有的个人信息民事权益的体现。民法权利框架下展开的个人信息保护规则建立起了以"个人信息民事权利—个人信息处理者义务"为基础的权利义务分析框架。

但也有学者提出，基于个人与信息处理者之间关系的高度不对称性、处理频率的大规模性、处理风险的外溢性，个人信息保护问题具备天然的"公共化"形态，[3] 个人信息保护已然成为一个多部门法综合处理、共同着力的领域，民法思维未必能适用。从宪法角度看，不同类型的个人信息承载关联着不同类型的法益，对个人信息权益的保护需要展开场景化与社群主义的理解，对不同场景下不同内容的个人信息保护进行利益权衡。将个人信息权定位于民事权利，不仅与民法的既有概念体系存在张力，[4] 从规范逻辑、制度功能、域外经

---

① 杨立新：《个人信息：法益抑或民事权利——对〈民法总则〉第111条规定的"个人信息"之解读》，载《法学论坛》2018年第1期，第34-45页。

② 程啸：《民法典编纂视野下的个人信息保护》，载《中国法学》2019年第4期，第26-43页。

③ 胡凌：《功能视角下个人信息的公共性及其实现》，载《法制与社会发展》2021年第5期，第176-189页。

④ 王锡锌，彭錞：《个人信息保护法律体系的宪法基础》，载《清华法学》2021年第3期，第9页。

验等维度观察，个人信息私权化的路径也缺乏相应支撑。① 应将个人信息权确立为宪法位阶的基本权利，并将基本权利作为针对国家的主观防御权和辐射一切法领域的客观价值秩序的原理，协调个人信息保护的私法和公法机制。②

（二）作为宪法基本权利的个人信息权

本书认为，第一，个人信息权是具有宪法位阶的基本权利。虽然宪法并未明文规定个人信息权，但是可以通过宪法学来证成。我国《宪法》第三十八条人格尊严条款和第四十条通信自由和通信秘密条款是个人信息权的宪法基础。在数字治理的背景下，国家机关和法定授权组织收集、处理了海量的个人信息，极易对个人人格发展相关的私生活安宁与行为自由形成压迫与侵扰，使人降格为国家管理的手段。将个人信息上升为宪法基本权利，首先意味着对国家公权力的防御。《个人信息保护法》在制定过程中经过多次审议才纳入"根据宪法，制定本法"条款，体现了立法机关并非只从民事权利的角度来理解个人信息保护，而是从基本权利的高度定位个人信息保护的主张。《民法典》中所规定的"个人信息受法律保护"也并不是为了保护信息本身，而是指向对个人人格尊严和主体完整性、独立性的保护，例如个人自治，身份利益，平等利益，防止个人在数据处理活动中遭受窥探、控制、剥削、歧视等侵害。

第二，个人信息权不指向实证宪法上的某一单一基本权利，而是一个基本权利束。个人信息权利束是一个法教义学概念，是指数据主体可以行使的，用以保障个人不受数据处理侵害的具体权利的集合。从性质上看，个人信息权利束是一种工具性权利。这些权利并不同于"信息自决权"，立法者只是通过特定的制度设计保障个人在与其相关的个人信息处理活动中的发言、参与和选择，以抑制个人信息处理者的恣意和滥权，③ 但并非赋予个人对其个人信息的实体性控制权。从权利发生机制方面看，工具性权利是国家履行保护义务的结果，并非由个人对信息的控制和占有衍生而来；从权利功能方面看，工具性权利并非以保障个人对个人信息的占有、支配为目的，而是为了在数据处理中制

---

① 王锡锌：《个人信息国家保护义务及展开》，载《中国法学》2021年第1期，第147页。

② 张翔：《个人信息权的宪法（学）证成——基于对区分保护论和支配权论的反思》，载《环球法律评论》2022年第1期，第53页。

③ Winfried Veil. *The GDPR：The Emperor's New Clothes—On the Structural Short-comings of Both the Old and the New Data Protection Law*，Neue Zeitschrift für Verwaltungsrecht，2018（10）：687-689.

衡数据处理者；从权利保障方面看，国家统筹多种法律责任机制，包括行政处罚、刑事追责以及民事责任，延伸和落实国家保护义务。[1]

第三，个人信息权不是新一代的基本权利，而是对所有传统基本权利在数字社会的全面扩张。数字社会中所有的基本权利都面临互联网化、数据化或者信息化的场景。传统的基本权利，包括表达、人身、住宅乃至婚姻、家庭等在内，都会进入信息处理的场景，可能因信息处理而被干预。也就是说，各项基本权利都可能被动地在信息化场景下与宪法教义学上建构起来的个人信息权发生关联。这意味着作为"权利束"的个人信息权具有一种扩容的可能性，由不断"信息化"的各项权利捆扎而成。[2]

第三节　数据人格权

第一节中提到，数据同时具有人格权益与财产权益双重属性。作为基本权利的数据权利是数据利益受保护的宪法基础，具体到法律制度，数据权利可以从数据人格权和数据财产权两个角度理解。数字技术对传统的隐私权、个人信息权益造成冲击，人的主体性在数据化、客体化过程中被不断侵蚀，数据人格权旨在从更广泛的视角，提供具体的制度性权利，捍卫人的尊严与人身自由，满足数字时代新兴人格法益保护的需求。

一、数据人格权概说

（一）数据人格权的体系定位

人格权是人权的组成部分，是个人在社会中所应当享有的基本人权，这些权利是人把自己同社会联结在一起并与社会发生各种联系与交往的前提。人权首先体现为人格利益，忽略人格权制度及社会经济条件对该制度的制约，就不可能了解人权的真实内容。

---

① 王锡锌：《个人信息国家保护义务及展开》，载《中国法学》2021年第1期，第159页。

② 张翔：《个人信息权的宪法（学）证成——基于对区分保护论和支配权论的反思》，载《环球法律评论》2022年第1期，第59页。

数据人格权是数据基本权利在民事权利之上的具体化。宪法上数据基本权利的确立不仅不与民法上的个人信息权益相冲突，反而为民法内部的人格权制度奠定了价值基础，而民法上人格权制度也为数据基本权利提供了制度衔接。但需要注意的是，从制度体系和价值目标看，数据人格权的行使与保护不是数据权利的唯一制度目标，数据人格权也并不必然优先于其他数据权利，如数据财产权。

第一，数据人格权（或作为具体制度的个人信息权）并非数据基本权利在具体制度上的完整体现。这是因为向个人赋权只是规范信息处理的手段之一。面对大规模、持续性的数据处理，私法关系上个体化的赋权、行权以及救济模式已经出现系统性困境，私法上的权利保护难以全面应对不平等的信息处理关系。还需要以数据基本权利为基础，通过向信息处理者施加义务，明确并创新监管方式、监管体制，确立监管责任等方式要求国家积极履行保护义务，实现数据之上的多元价值。

第二，数据人格权并不必然导致个人对信息的全面控制，且个人信息控制的强度也需要综合具体情况判断，否则可能阻碍数据整体价值的释放。在数据的开放利用过程中，存在不确定的权利侵害风险，但是利益始终是在权衡中才能分辨孰高孰低，不能将"人格利益高于财产利益"奉为圭臬。[1] 自然人对个人信息处理过程仅具有一定程度的控制权，这种控制权来源于两个方面，一方面是出于尊重个人自由发展之自主性和独立性的需要，另一方面得益于告知同意规则在个人信息保护制度中的基础性地位。个人控制权的强度，应当根据信息技术、社会需求、个人意愿、人格观念和文化变迁等诸多因素综合考察，[2]以历史的眼光确定和调整。

第三，数据人格权通过行使积极权能和消极权能在数据处理流程中实现程序参与，基于个人自主发展的权利，在一定范围内管理数据的流通与利用过程。个人的发展与其所处的环境息息相关，包括制度环境、自然环境，还有构成其生存生活空间的数字环境。数字技术与产业的发展依赖丰富的数据，个人数据是个人数字生存环境的重要组成部分，反过来，数字环境也会影响个人的认知与行动。数据人格权是沟通个人与数字生存环境的制度桥梁：一方面，数据人格权具有传统人格权消极防御的功能，通过更正权、删除权、拒绝权的行

---

① 周维栋：《个人数据权利的宪法体系化展开》，载《法学》2023 年第 1 期，第 43 页。

② 蔡培如：《欧盟法上的个人数据受保护权研究——兼议对我国个人信息权利构建的启示》，载《法学家》2021 年第 5 期，第 29 页。

使排除潜在的数据侵害；另一方面，基于个人数据的财产价值，个人数据具有积极利用的价值，个人有权以积极的方式行使权利，例如通过知情同意、访问、转移促进数据共享流通，改善数字环境，建立数字信任，并直接或间接地共享数据利用过程中的物质与非物质利益。

（二）数据人格权的概念

关于数据人格权的内涵，学界主要有三种不同的观点。第一种观点从数据本体出发，强调数据本身蕴含的人格尊严价值，以个人为中心构建数据权利，包括数据人格权和数据财产权，其中，"数据人格权主要包括数据知情权、数据修改权、数据遗忘权，其所承担的主要功能是保障隐私空间，让人们享受大数据时代的'美好生活'"。[1] 也有学者从个人数据权的宪法定位出发，认为个人数据权是一项兼具民事权利和宪法权利性质的人格权，其核心内容是数据主体的数据自决权，也即"非经数据主体同意，其他主体不得私自搜集、占有、利用和传输其个人数据，数据主体对其个人数据拥有处分的权利"。[2]

第二种观点从规范论视角定义数据人格权，将《民法典》《个人信息保护法》《网络安全法》《电子商务法》等立法中的个人信息权益，如信息采集知情权、信息利用决定权与拒绝权、信息更正权、信息删除权以及个人提供有限信息权等权利，归整为数据人格权。[3]

第三种观点从实践视角出发，强调数据人格权是人们在数字空间中应享有的人格权益，是作为自然人在数字空间中化身的"数据人"的人格权益。数字社会中，个人在自然人格之外，又新增了由数字化信息汇集而成的数字人格，个人数据不再是外在于个人的法律客体，而是具有特殊意义的主体性存在。有学者认为"数据人格权是指通过数据承载或表达的隐私、名誉、肖像、信用以及人格尊严等人格利益，是人们化身'数据人'在数字空间中展开社会活动时应当享有的基本权利"，[4] 数据主体依法享有尊严不被侵犯、自由不被剥夺、隐

① 肖冬梅，文禹衡：《数据权谱系论纲》，载《湘潭大学学报（哲学社会科学版）》2015年第6期，第69页。
② 周斯佳：《个人数据权的宪法性分析》，载《重庆大学学报（社会科学版）》2021年第1期，第136页。
③ 朱程斌：《论个人数字人格》，载《学习与探索》2021年第8期，第52-90页。
④ 韩印：《元宇宙背景下的数据人格权研究》，载《重庆邮电大学学报（社会科学版）》2024年第4期，第98-109页。

私不受窥探、信息不被滥用、名誉不受侮辱的权利。[1]

人格权是人依其自然属性与社会属性所享有的权利。从以上观点来看，对数据人格权的理解，既包括数据主体基于人格尊严和主体性在个人数据处理中所享有的权利，又包括更广泛的"数据人"所享有的拟制人格以及"自然人"对"数据人"所享有的主体人格利益。本书主要讨论的是前者，数据人格权是自然人基于人格利益在个人数据处理中所享有的权利。数据人格权保护的对象既包括静态的个人信息，又包括动态的规范和限制个人信息处理行为的权利。数据人格权不是静态的权利，而是权利主体在与数据控制者互动的过程中，在参与数据处理活动中时所触发、享有的一系列权利。[2]

二、数据人格权与隐私权的关系

（一）科技作为权利演变的诱因

个人信息权益保护和隐私权的关系是在自然人个人信息保护中非常重要也是争议特别大的一个问题。在数据权利化早期，个人数据主要被纳入隐私权范畴，通过对私人空间与私人信息的积极控制，保护个人数据隐私免受公开的风险。例如借鉴美国信息隐私的概念来实现对个人信息的保护。[3] 近年来，有观点主张将隐私扩展到个人信息或数据之上进行保护，并且只有与隐私利益相关的个人信息才值得保护，这类信息隐私位于隐私保护层级的末端。[4] 还有学者认为，个人信息不同于隐私，传统的隐私权已经无法涵盖公民个人信息权益的保护，法律需要从隐私权转向个人信息权益的保护。[5] 从发展脉络来看，数据人格权与隐私权、个人信息权一脉相承，隐私权与个人信息权之间具有密切的

---

[1]　龚向和、宋凡：《网络平台对数据人格权的尊重义务》，载《南京社会科学》2023年第6期，第81-89，149页。

[2]　付新华：《个人信息权的权利证成》，载《法制与社会发展》2021年第5期，第128页。

[3]　徐明：《大数据时代的隐私危机及其侵权法应对》，载《中国法学》2017年第1期，第130-149页。

[4]　李忠夏：《数字时代隐私权的宪法建构》，载《华东政法大学学报》2021年第3期，第42-54页。

[5]　王利明：《论个人信息权的法律保护——以个人信息权和隐私权的界分为中心》，载《现代法学》2013年第4期，第62-72页。

联系，但二者也存在明显的区别，不能相互取代。其中，科技的变化是权利演变最为明显且重要的诱因。

隐私权的内涵和外延迅速拓展。塞缪尔·沃伦和路易斯·布兰代斯在最初提出隐私权概念时，即提出"个人的人身和财产应当受到保护的原则，应当根据时代的变化赋予其新的性质和内容。政治、社会和经济的变化应当确认新的权利"。[①] 信息技术渗透进生活空间，搜集日常信息资料、监视公共场所、识别和辨认面部特征、电话窃听、定位与跟踪装置、远距离拍照、透视扫描等都使得人们无处藏身。隐私权的保护范围也由最初的私人生活秘密扩张到个人信息、通信、个人私人空间甚至虚拟空间以及私人活动等领域。随着计算机的出现，信息技术获得了空前的发展，20 世纪 80 年代以来逐渐进入信息社会，个人信息逐渐成为一项重要的社会资源，对个人信息保护的必要性凸显。网络环境下，信息的联网和共享，使得信息的收集、存储、共享、流动、公开变得更为容易，与此同时，网络技术的发展对隐私权等人格权的侵害变得愈发容易且损害后果也更为严重。不仅如此，利用网络进行侵权还造成了事实认定困难，有时甚至很难认定侵权主体、权利主体、损害后果和救济手段。随着云计算和云存储技术的发展，个人信息的存储、加工、传输都处于流动和分布式状态，个人信息的知情权和控制权都受到了极大挑战。

由此可见，科技的发展直接影响了私人与公共空间的界定，扩展了隐私权的内涵与外延，丰富了信息与数据的利用场景和利用方式。自互联网兴起后，个人信息权益日益受到重视，隐私权保护已不足以满足人格权保护的需要。[②]

（二）权利的辨析

隐私权与个人信息权、数据人格权的区别和联系主要体现在以下方面。

在权利需求上，数据人格权的法益保护以法益衡量为基准，个人权益保护具有场景性。保护个人信息其实并不是保护个人信息本身，而是通过保护个人信息来保护其他权益，[③] 个人信息背后具有多重法益，如保障个体权益、促进

---

① Samuel D. Warren, Louis D. Brandeis. *The Right to Privacy*, Harvard Law Review, 1890 (4): 193-200.

② 郑飞、李思言：《大数据时代的权利演进与竞合：从隐私权、个人信息权到个人数据权》，载《上海政法学院学报（法治论丛）》2021 年第 5 期，第 137-149 页。

③ 丁晓东：《个人信息的双重属性与行为主义规制》，载《法学家》2020 年第 1 期，第 74 页。

数据公平、维护社会数据规范、规制数据风险、促进公共讨论。不同理论从不同角度论证了个人信息所承载的多重权利。[①] 在价值取舍上，隐私权的建构基于个人本位的思想观念，当个人利益与其他利益相冲突时，一般优先保护个人利益。而对于大数据时代的个人数据来说，企业甚至国家对于数据的利用在某些情况下可能高于个人对数据利用的效果和收益，因而，在个人数据上的个人利益与企业或国家的利益冲突时，不能一概以个人本位作出抉择，而应该基于不同场景作出判断。[②]

在保护法益上，隐私权保护的是自然人的具体人格利益，即"自然人的私人生活安宁和不愿为他人知晓的私密空间、私密活动、私密信息"（《民法典》第一千零三十二条第二款），而个人信息权和数据人格权所保护的核心利益是自然人免于因非法处理个人信息而遭受人身权益、财产权益上的损害或人格尊严、人身自由被侵害的风险。虽然处理与个人有关的数据可能侵害隐私权，但隐私权也可以在不涉及个人数据处理的情况下适用，同时，并不是所有数据处理行为都会构成对隐私权的侵害。

在保护对象的范围上存在交叉，权利之间存在竞合。大数据技术的产生削弱了个人对个人信息和隐私的控制能力，模糊了私人与公共空间的界限，数据人格权的权利需求扩展到了隐私权、个人信息权之外的空间。隐私与个人信息的竞合，在于个人信息中有不愿为他人知悉的私密信息，这部分信息属于隐私权的范畴。而个人信息也不都是由个人数据表达出来的，个人信息注重表达的内容，个人数据侧重痕迹的记录，并不是每个个人数据都能识别到特定个人，成为个人信息。就数据人格权而言，其保护范围主要是不具有强识别性的，但可以通过数据采集、数据挖掘、统计分析、模型预测等大数据技术，造成危及个人生活安宁后果的个人数据。

在保护方式上，隐私权行使具有被动性，权利人通常只有在隐私遭受侵害时才可以提出主张。这是因为，隐私权制度的重心在于防范隐私被刺探、侵扰、泄露、公开等方式侵害，此时，侵权的方式是明确且有限的，权利人能够明确知悉侵害行为并采取救济。而个人信息和数据人格权的保护方式具有事前防范和事中干预的特点，事前保护机制包括匿名化和以知情与自决权为核心的

[①] 高富平：《论个人信息保护的目的——以个人信息保护法益区分为核心》，载《法商研究》2019 年第 1 期，第 93-104 页；程关松：《个人信息保护的中国权利话语》，载《法学家》2019 年第 5 期，第 17-30，191-192 页。

[②] 郑飞、李思言：《大数据时代的权利演进与竞合：从隐私权、个人信息权到个人数据权》，载《上海政法学院学报（法治论丛）》2021 年第 5 期，第 142 页。

权利，具体内容或权能包括查阅权、复制权、可携带权、更正权、补充权、删除权、解释说明权等。事中干预则包括施加守门人义务和风险评估机制，如《个人信息保护法》第五十一条至第五十九条的保护义务，以及专门为大型网络平台设置的要求更高的信息保护义务。

三、数据人格权的权能

人格权的权能通常包括积极权能和消极权能。积极权能是指法律赋予权利主体所享有的对其人格利益进行自主决定和利用的权能，消极权能则是指权利主体所享有的禁止他人对其人格权进行非法干预和侵害的权利。传统理论认为，人格权的特殊性在于其防御性，传统人格权如生命权、身体权、健康权、名誉权等，本质上都是一种"防御权"，也即禁止他人侵害的权利。法律规定或者认可人格权的目的，是将侵害人格权的加害行为纳入侵权责任法的适用范围，以便对加害人追究侵权责任。[①] 在卡尔·拉伦茨看来，人格权实质上是一种人身不受侵犯的权利，并非一种绝对支配权。[②] 人不能在自己的身上设立支配权，不能像利用财产一样利用人格。因此，人格权虽然是绝对权，但其支配性备受质疑。

但随着以"姓名、名称、肖像"为代表的人格权商业化利用开始兴起，人格权的积极利用权能得以扩张，人格权的属性正在从传统的消极防御向现代的积极利用发展。《民法典》亦规定人格权的合理使用和许可使用规则，民事主体可以将自己的姓名、名称、肖像等许可他人使用，但是依照法律规定或者根据其性质不得许可的除外（《民法典》第九百九十三条）。此外，《民法典》第一千零三十五和第一千零三十六条也从反面规定了自然人有权同意（许可）他人处理个人信息。可见，权利人可以在法定范围内依照其意志支配其部分人格利益，也可通过对人格权的积极利用或许可他人利用获得财产利益。由此，可以将数据人格权界定为自然人对其个人数据享有的有限支配和受保护权，是一种兼具积极利用权能和消极防御权能的人格权。

数据人格权的最终目标在于保障数据合理流通而非信息的单向控制，数据

---

① 梁慧星：《民法典编纂中的重大争论——兼评全国人大常委会法工委两个民法典人格权编草案》，载《甘肃政法学院学报》2018年第3期，第1-19页。

② ［德］拉伦茨：《德国民法通论：上册》，王晓晔、邵建东、程建英等译，法律出版社2013年版，第379页。

人格权的权能亦有边界。由于个人数据处理中存在多重法益，数据处理的规则有赖于具体场景进行判断，参与主体、信息类型、传输原则等因素都将对信息流动的规则产生影响。传统法律所采取的"一刀切"的监管救济与事后的风险防控方案无法回应智能技术的特征和复杂多变的应用场景，因此，赋予数据主体一系列权利，使得数据主体直接参与到数据处理过程中，与数据处理者共同决定其个人信息是否以及以何种方式被处理，是针对不同应用场景建立的信息治理方案，符合情境化的信息流通秩序，具有灵活性、差别性的特点，是智能时代的必然选择。

（一）积极利用权能

个人信息权有如下积极权能：知情同意权、访问权（包括查阅权、复制权）、可携带权（转移权）、利用收益权。

1. 知情同意权

知情同意权是个人信息权中最基础的权能，是信息主体后续的访问权、可携带权、删除权等所有其他权能的依托。知情同意原则是个人信息保护的首要基本原则，"其在原则体系中的作用，如同意思自治原则在民法中的作用"。[①]

知情权是指数据主体有权知道与其数据处理相关的一切信息，包括数据处理者的身份、拟处理数据的范围、处理依据、处理目的、处理类型、处理持续期间、后果影响、是否向他人或境外传输以及主体享有的各种权利等。知情权是个人信息权其他一切权利的前提和基础，因此，即使数据控制者基于法定职权或公共利益而收集或处理用户数据，用户也有知情权，除非控制者能证明，告知将有损目的实现。例如，依照《个人信息保护法》第十八条第一款的规定，个人信息处理者处理个人信息，有法律、行政法规规定应当保密或者不需要告知的情形的，个人知情权等权利的行使应当受到限制。

知情是同意的前提，个人的同意是信息处理的合法性基础之一。同意的对象是一切形式的数据处理，包括数据收集、记录、组织、建构、存储、改编或改变、恢复、查阅、使用、泄露或传播、匹配或合并、限制、删除或破坏等。《个人信息保护法》第十三条至第十六条明确了单独同意、书面同意、撤回同意与额外同意等情形，第二章第二节在关于敏感个人信息的处理规则设计上采

---

① 齐爱民：《拯救信息社会中的人格》，北京大学出版社 2009 年版，第 259 页。

取了增强同意的立法思路，如第二十九条规定处理敏感信息应当取得个人的单独同意。

2. 访问权

在数字环境下，一旦个人信息被信息处理者收集，这些个人信息就容易脱离个人控制，信息处理是否违背其意愿往往不得而知。访问权的创设能保证信息主体及时、便捷地获取信息处理情况，也能为其后续正常行使更正权和删除权创造条件。

访问权是指数据主体有权访问其个人数据，了解数据处理目的、所涉数据类型、数据接收者身份及其类型、存储期限、数据画像的逻辑设定、意义及其后续影响等，并有权获得相关副本（欧盟《通用数据保护条例》第 15 条）。《民法典》第一千零三十七条、《个人信息保护法》第四十五条规定了自然人有权依法向信息处理者查阅或者复制其个人信息。访问权是对知情权的深化和扩张，知情权是数据控制者负担数据收集前的主动告知义务，而访问权是数据主体主动提出数据浏览复制要求的积极权能，贯穿于整个数据处理过程中。个人信息主体经由查阅权和复制权的行使可清晰知晓信息控制者所掌握的数据是否满足信息处理活动中的知情同意规则，可以衡量数据最小化、目的特定等个人信息保护规则是否得以遵守。

3. 可携带权（转移权）

可携带权是指数据主体有权接收其先前提供给数据控制者的个人数据，也有权将数据迁移至其他数据控制者。它是欧盟《通用数据保护条例》新创的权利（第 20 条），其原型是法国《消费者法典》中规定的"消费者数据回收权"。欧盟《通用数据保护条例》第 20 条以及"前言"部分第 68 条规定，数据主体在特定情形下有权要求以有序排列的、通常使用的、机器可读取的且可互相操作的格式接收其之前提供给控制者的个人数据，并将其传输给其他控制者，且在技术上可行的情况下，有权要求个人数据在控制者之间进行直接传输。

可携带权的意义如下：其一，强化主体对其数据的支配。数据主体基于访问权只能取得无检索功能的数据副本，而基于可携带权，数据主体能以电子形式获取可供机读的、结构化的数据；其二，有助于塑造更加公平透明的数据处理市场。可携带权的行使可降低互联网服务公司的进入门槛，促进市场良性竞争。其三，增强个人信息保护力度。客户有更多选择权，从而在客观上有利于数据控制企业提高信息保护力度。不过，行使可携带权应注意三点：（1）它只适用于信息收集系基于数据主体同意的场合；（2）可携带权仅针对数据主体提供的原始数据，不包括加工后的数据，加工产生的价值属于数据加工者；（3）可携带权的行使不得有损他人商业秘密及其他知识产权等，但潜在的商业风险本身不能成为拒绝可携带权的理由。[①]

4. 利用收益权

个人信息的财产性价值可分为使用价值和交换价值。信息主体可以自己使用（如获得某种服务），也可同意他人使用；可以同意他人免费使用，也可通过收费同意他人有偿使用。同意不仅是违法阻却事由，同时也是一种法律行为，权利人借此赋予他人商业化利用其人格要素的权利。[②] 例如，美国法律允许人类基因数据的有偿许可，数据研究者在数据主体知情的基础下，通过支付报酬获取主体同意，从而展开研究。[③] 从这个角度说，也无需将个人信息权设定为财产权，只需通过知情同意或授权设计即可构建个人数据的财产变现机制。另外，应予澄清的是，数据人格权所具有的利用收益权能，只是意味着信息主体许可他人使用其个人信息，不等于人格或人格权的让与。

（二）消极防御权能

数据人格权的消极权能表征信息主体排除侵害的可能性，当个人信息的完整性、准确性、私密性遭受损害时，数据主体有权行使以下权能：反对权、限制权、更正权、删除权、被遗忘权。不同于一般的人格权侵权，个人信息处理中的风险具有继发性、广泛性和系统性的特点，损害未必直接体现为现实的、确定的实害，存在损害风险时也可以行使数据人格权。数据人格权的消极防御权能使得数据主体可以通过积极行权的方式禁止数据处理中的非法或者不合理的利用，达到风险的事前预防和事中控制的效果。

1. 反对权和限制权

反对权和限制权是信息自决在消极防御权能中的重要体现。《个人信息保护法》第四十四条规定，个人"有权限制或拒绝他人对其个人信息进行处理；

---

① 叶名怡：《论个人信息权的基本范畴》，载《清华法学》2018 年第 5 期，第 143-158 页。

② 刘召成：《人格商业化利用权的教义学构造》，载《清华法学》2014 年第 3 期，第 131 页。

③ Contreras J L. *Genetic Property*. The Georgetown Law Journal，2016，105（1）：53.

法律、行政法规另有规定的除外",即信息主体在特定条件下有权要求数据控制人暂时或永久停止数据处理行动,除非有法律、行政法规所规定的例外。限制权一般适用于数据错误或保护不足,或数据系非法处理但不宜删除的情形。反对权一般适用于数据主体撤回同意或处理超范围,或数据处理所依据的正当事由不成立的情形。[①]

2. 更正权与删除权

《民法典》第一千零三十七条,《个人信息保护法》第四十六、第四十七条所规定的更正权和删除权,可以统称为"信息修复权",旨在保证个人信息的准确性和数字人格的完整性。

更正权是指信息主体有权要求信息控制者及时更正其不正确、不准确或不完整的信息。删除权是指在特定条件下,信息主体有权要求信息控制者及时删除其个人信息,特定条件包括数据主体撤回同意或有充足理由反对处理,信息收集目的已实现或无法实现,信息被非法处理,控制者履行法定义务所必需等情形。《个人信息保护法》第四十七条第一款规定了信息主体的删除权,该条第二款规定:"法律、行政法规规定的保存期限未届满,或者删除个人信息从技术上难以实现的,个人信息处理者应当停止除存储和采取必要的安全保护措施之外的处理。"《民法典》第一千零三十七条规定,自然人"发现信息有错误的,有权提出异议并请求及时采取更正等必要措施"。当信息控制者收集、处理个人信息不合法或者不合约时,自然人享有要求信息控制者及时删除其个人信息的权利。《个人信息保护法》第四十七条对删除权的内容再作细化,第一款明确了适用情形并细化为五种:一是处理目的已实现、无法实现或者不再必要;二是个人信息处理者停止提供产品或服务,或者保存期限已届满;三是个人撤回同意;四是个人信息处理者违法、违规或违约处理个人信息;五是法律、行政法规规定的其他情形。立法规定删除权能让个人信息权的权利体系和生命周期相互匹配,获得同步保障。通过行使删除权,保障自然人在信息社会自由终止流动中的个人信息,实现个人从信息社会中自由退出的权利机制,以最终维护个人信息准确、完整和有效支配。

3. 被遗忘权

被遗忘权是指数据主体对于网络上误导性的、令人难堪的、不相关的或过

---

① 叶名怡:《论个人信息权的基本范畴》,载《清华法学》2018年第5期,第143-158页。

时的个人数据，个体有权要求数据控制者予以断链或删除。被遗忘权是信息自决理念的体现，赋予权利人将已经公开的信息移至隐私领域的权利。信息主体要想实现信息的私权自治，必须采取事前防控与事后救济相结合的方法，即事前设置保存期限，事后可享有删除权。由此，被遗忘权的权利包括如下两方面：一是个人信息的事前控制，即要求适时删除个人信息的权利；二是在特定领域限制披露和使用信息主体过往负面信息。在此意义上，被遗忘权是主体所享有的一种删除到期信息的权利。其关注焦点应放在避免他人披露信息主体过往的负面信息上，让那些有污点的人重新回归社会，这实际上涉及对言论自由与尊重当事人隐私和尊严间的平衡。

被遗忘权涉及诸多利益冲突，需要划定其权利行使的界限。根据欧盟《通用数据保护条例》第 17 条第 3 款规定，不适用被遗忘权的情形如下：一是行使言论和信息自由权而进行的数据处理；二是基于遵守欧盟或成员国法定义务和公共利益而履行义务、行使职务权限进行的数据处理；三是为了公共健康领域的公共利益进行的数据处理；四是为了实现公共利益存档目的、科学研究或历史研究目的或统计目的而进行的数据处理；五是为提起诉讼或应诉所必要的数据处理。

第四节　数据产权制度

新一代信息技术的发展使数据成为生产要素，数据要素化催生了新产业、新业态，对生产力和生产关系的发展和变革具有重要影响。数据通过融入并赋能生产、分配、流通、消费各环节的过程和结果，推动经济效率提升、结构优化、转型升级和提质增效。[①] 产权是市场化配置的基础，但基于数据之上主体的多元性、法益的复杂性与交织性，数据产权制度的构建是当前世界各国共同面临的难题，学理探讨众说纷纭。为完善数据要素市场化配置，促进数据要素有序流通、高效利用，中共中央、国务院陆续提出"研究根据数据性质完善产权性质""建立健全数据产权交易和行业自律机制"，[②] 构建数据产权"三权分

[①]　时建中：《数据概念的解构与数据法律制度的构建——兼论数据法学的学科内涵与体系》，载《中外法学》2023 年第 1 期。

[②]　中共中央、国务院《中共中央　国务院关于构建更加完善的要素市场化配置体制机制的意见》，2020 年 4 月 9 日发布，2024 年 7 月 30 日访问。https://www.gov.cn/zhengce/2020-04/09/content_5500622.htm。

置"制度，^① 体现了淡化所有权、强化使用权以促进数据生产力发展的新思路，凸显了数据产权制度和市场机制在资源配置中的重要性。

一、数据成为生产要素

在大多数情况下，数据与信息往往被不加区别地使用。数字编码技术的发展使信息得以以二进制为基础的比特形式进行表达，数据往往只被当作信息的载体或运输工具，其价值内核仍然在于所记录的信息。随着数据存储和计算的技术和能力突飞猛进，数据的潜在价值不断被挖掘、开发，数据逐渐成为生产要素。数据的要素化，关键在于数据之间相关性的发现和运用。基于真实的数据，采用关联分析方法（例如回归分析）和预测算法（例如深度学习）等技术与方法进行分析，可将相关性拓展到信息的内容与主体之间、信息的主体与主体之间，从而帮助人们预测、匹配、管理相关信息，极大地降低了信息流通和磋商的成本。

（一）数据的经济特性

1. 数据的可复用性与非损耗性

在一定技术条件下，数据可以近乎零成本或零边际成本的方式进行复制，增加额外使用者的边际成本几乎为零；同一宗数据也可以从多渠道重复采集、平行持有、重复使用，一个人的使用不排斥他人同时使用，也即数据可以同时被多主体、在多场景、多次循环使用且不仅不会损耗其价值，相反还能增加社会总价值。因此数据在使用上具有一定程度的非排他性和非竞争性。^② 数据的这一特性内在地要求数据开放共享和接入再利用，数据的多场景应用将有助于最大化挖掘数据要素的价值。

2. 数据开发利用中的聚合性、关联性、协同性与场景性

数据的聚合性主要是指数据能够聚少成多，从而发挥叠加效应。单个的数

---

① 中共中央、国务院《中共中央　国务院关于构建数据基础制度　更好发挥数据要素作用的意见》，2022 年 12 月 19 日发布，2024 年 7 月 30 日访问。https：//www.gov.cn/zhengce/202212/content_6720768.htm。

② 纪海龙：《数据的私法定位与保护》，载《法学研究》2018 年第 6 期，第 72-91 页；崔国斌：《大数据有限排他权的基础理论》，载《法学研究》2019 年第 5 期，第 3-24 页。

据价值有限，数据汇集起来才能够产生规模效应。数据具有关联性，指的是数据间纵横交错的关系会影响数据的价值。在使用数据的时候经常会发现，多种数据的组合对某个场景的应用产生超过单一数据生产价值的总和。[1] 数据的协同性体现在数据要素本质上是一种协同要素，通过与资本、劳动、人力资本、技术等深度融合，数据要素才能将其对生产率的作用更好地发挥出来。此外，数据要素开发利用的供给侧规模经济和需求侧规模经济具有内生的正反馈自强化机制，二者协同大幅度地向外移动了社会生产可能性曲线，实现了经济增长的倍增效应。[2] 数据价值具有场景依附性，数据的价值高度依赖使用数据的具体场景，不同场景中数据的价值可能差异很大。

3. 数据的外部性

任何生产要素在使用中都有可能出现外部经济性，数据在使用过程中的外部性格外显著。从正外部性看，发挥数据的高流动性、低成本复制、报酬递增等特点，有利于提高资源配置效率，创造新产业新模式，实现对经济发展的倍增效应。从负外部性看，同样的特点也可能带来隐私泄露、数据滥用、拉大收入差距问题，甚至对国家安全造成潜在风险。

4. 数据的网络效应

当网络的价值不仅取决于它所提供的服务，而且取决于连接到该网络的用户数量时，就会存在网络效应。[3] 网络效应的概念源于"梅特卡夫定律"。该定律是指网络可能连接的数量随着用户数量的增加而呈平方次的增加，并且可能存在的交易数量也在不断地增加。[4] 随着利用与共享数据主体的增加，网络与数据的价值均会呈现指数级增长，由此推动经济效益大幅提升。

---

① 丁晓东：《论企业数据权益的法律保护——基于数据法律性质的分析》，载《法律科学（西北政法大学学报）》2020 年第 2 期，第 90-99 页。

② 唐要家：《数字经济赋能高质量增长的机理与政府政策重点》，载《社会科学战线》2020 年第 10 期，第 61-67 页。

③ ［美］丹尼尔·F. 史普博、克里斯托弗·S. 尤：《反垄断、互联网及网络经济学》，时建中译，载时建中，张艳华主编：《互联网产业的反垄断法与经济学》，法律出版社 2018 年版，第 441 页。

④ 毛丰付：《标准竞争与竞争政策：以 ICT 产业为例》，上海三联书店 2007 年版，第 100 页。

（二）数据产权与传统产权的区别

1. 产权客体的非独占性

传统民法理论奉行"一物一权"原则，即特定物理客体同一时间只能由一个权利主体占有、使用、收益和处分。物权规则建立了单一主体对特定客体的排他性支配权，但这一规则以有体物为基础，且以排他性使用的资源为客体，多个主体之间形成资源稀缺的竞争关系。设定排他性权能，能够激励权利人对特定资源进行投资和有效利用。[①] 而数据要素产权配置的逻辑有所不同，财产权制度之支配性和排他性与数据共享性和利他性之间存在矛盾。鉴于数据的上述特点，单一数据很难形成排他性占有，难以形成公示的权利外观。而且，数据的社会价值在于流通共享而非封闭垄断，即使能够通过技术方式实现排他性占有，也与数据的价值实现方式相悖。数据资源的形成和积累，并不为倒卖数据赚取中间差价，而是要通过处理数据，生产基于算法的预测力，这种预测力有助于通过更好地匹配供需、提升交易决策效率来产生价值。[②] 因此，传统物权法定原则不能直接适用于数据领域。

2. 权利内容的交织性

传统财产权利具有明晰的归属边界，权利主体通过登记、交付等公示方式加以确定，进而取得排他的占有、使用、收益、处分的权能。物权法强调物权客体的特定性，需明确特定的人对特定的物享有特定的权利。数据产权则呈现出权利内容因客体形态、主体身份关系等因素相互影响、动态交织的特征。海量数据通过关联整合产生价值，数据加工利用可能涉及多个环节和主体，数据客体交叉了多种权益内容。传统静态赋权模式难以完全覆盖数据在不同处理环节的权益，需要采用共存论的动态赋权模式解决问题。在数据生产、流通、使用等过程中，个人、企业、社会、国家等相关主体对数据有着不同利益诉求，且呈现复杂共生、相互依存、动态变化等特点。由于数据来源者、数据持有者、数据处理者、数据应用者、数据产品使用者的身份往往重叠交错，导致对特定数据的权属认定极其复杂。原始数据、中间数据、加工数据的产权归属更

---

① 高富平：《寻找适合数据特征的数据产权》，载《中国改革》2023年第3期，第72-75页。

② 戴昕：《数据界权的关系进路》，载《中外法学》2021年第6期，第1561-1580页。

是错综交织，动态演进。区分数据、数据产品、数据资源抑或数据集合等不同客体分别确权的主张虽然可以使人们认识到数据价值链的变化和实现过程，但客体之上依然面临权利交织的困境。① 数据从产生到利用是一个动态发展的过程，数据产权的行使需要有效统摄相关主体权益、数据性质、利用场景、处理行为等具体因素，综合衡量个人权益、商业利益、竞争秩序、公共利益，在数据全生命周期动态配置、相互协调确定产权的边界。

二、数据产权的学理讨论

一些学者在既有的制度框架中讨论数据财产权，认为现有法律和技术条件下已形成的数据控制理念应从强化转向谦抑，在严格确定数据控制理由的基础上构建公法上系统的数据公共秩序。② 有学者提出"知识产权路径"，将数据纳入知识产权的保护范围，或主张借鉴欧洲的数据库权利，以数据库制作人在内容收集、核准和提供等方面上有实质性投入为条件，赋予制作人对数据库内容的全部或实质内容一种具有特殊独占排他效力的权利；③ 或主张大数据的形成过程及产出结果具有秘密性，作为市场机构的竞争优势而具有经济价值，其利用及保护具备保密管理性，符合商业秘密的构成要件，应把其作为商业秘密给予法律保护。④ 有学者主张"合同路径"，就数据财产化的利用和保护提出一种债权式的规范思路，即将大数据交易合同视为一种以数据控制者为交易相对方提供数据为交易核心内容的数据服务合同，并以侵权法为数据权利人因第三方侵犯数据利益而遭受的损害提供救济。⑤ 另有学者基于个人信息数据特殊的利益结构提出一种"新型的数据财产权"。这种财产权具有双层结构，即网络用户同时拥有个人信息利益和数据利益，网络运营商应配置数据经营权和数据资产权。⑥

① 程啸主编：《数据权益与数据交易》，中国人民大学出版社 2024 年版。
② 梅夏英：《在分享和控制之间：数据保护的司法局限和公共秩序构建》，载《中外法学》2019 年第 4 期，第 845-870 页。
③ 徐实：《企业数据保护的知识产权路径及其突破》，载《东方法学》2018 年第 5 期，第 55-62 页。
④ 俞风雷，张阁：《大数据知识产权法保护路径研究——以商业秘密为视角》，载《广西社会科学》2020 年第 1 期，第 99-104 页。
⑤ 梅夏英：《数据的法律属性及其民法定位》，载《中国社会科学》2016 年第 9 期，第 164-183，209 页。
⑥ 龙卫球：《数据新型财产权构建及其体系研究》，载《政法论坛》2017 年第 4 期，第 63-71 页。

　　还有学者在传统财产权制度之外，主张扩张"数据治理范式"，认为法律需要承认数据本身在初始生产及其整个产品化过程中展现的控制和使用权利，但不能采取排他支配权范式，给予某个主体排他性决定数据使用的权利，而应当采取数据治理范式平衡各利益主体权益。① 也有学者选择将数据产权结构性分置嵌入数据要素流通价值链，从而引入"创生赋权"的设计逻辑，在价值链中的关键节点设置数据资源持有权、数据加工使用权和数据产品经营权。② 王利明教授将《中共中央　国务院关于构建数据基础制度　更好发挥数据要素作用的意见》的"三权"政策话语转化为持有权、使用权、收益权、处置权以衔接法律的规范表达。持有权是数据处理主体对所持有的数据"自主管控"不受不特定第三人擅自获取或干扰的权利；使用权是在不损及来源主体法定在先权利基础上，依需要自主使用的权利；收益权是指无论基于自我使用还是法律上的处分，权利人都有权据此获得经济效益的权利；处置权是指权利人有权对数据进行事实上或法律上的处置。③ 还有学者主张数据界权的"关系进路"，认为数据法应超越传统的财产权属思维，以开放利用的价值逻辑为基础，用"搭积木"而非"套模具"的方式，在主体间利益互动关系层面进行具体界权，逐步建成容纳多维度、多层次规范的领域规则网络。④

　　数据产权化不是一个简单的过程，它必须经过严格的论证与实践的检验。数据的利用形态和生产过程决定了传统法律框架对数据产权的保护具有一定效果但也都存在一定不足。首先，不可否认的是，数据产权与知识产权存在制度上的亲和性，数据有可能成为著作权保护的对象。对于数据当中具有独创性的部分，可以作为汇编作品对其保护。对于无独创性的数据信息来说，若符合具有保密性和价值性特点，可以从商业秘密的角度寻求保护，可以适用《反不正当竞争法》有关商业秘密的条款。专利权可以保护有创新性的数据产品，比如作为方法创新的算法模型。目前，浙江省、江苏省等地出台了数据知识产权登记管理办法，这是运用知识产权保护数据的典型地方立法。但是，还有大量不能满足创造性要求，又不能满足秘密性要求，只是有实质性投入，但能带来财产性利益的部分，这就要求创新数据产权制度。

---

　　① 高富平，冉高苒：《数据要素市场形成论——一种数据要素治理的机制框架》，载《上海经济研究》2022 年第 9 期，第 70-86 页。

　　② 黄丽华、杜万里、吴蔽余：《基于数据要素流通价值链的数据产权结构性分置》，载《大数据》2023 年第 2 期，第 5-15 页。

　　③ 王利明：《数据何以确权》，载《法学研究》2023 年第 4 期，第 56-73 页。

　　④ 戴昕：《数据界权的关系进路》，载《中外法学》2021 年第 6 期，第 1561-1580 页。

三、从数据财产权到数据产权

在宏观政策上，2019 年 10 月，党的十九届四中全会首次决定将数据列为与土地、劳动力、资本、技术等并列的生产要素。2020 年 3 月 30 日通过的《中共中央　国务院关于构建更加完善的要素市场化配置体制机制的意见》提出"加快培育数据要素市场"，其任务之一就是"研究根据数据性质完善产权性质"。2022 年 12 月《中共中央　国务院关于构建数据基础制度　更好发挥数据要素作用的意见》（以下简称"数据二十条"）创造性地提出"建立数据资源持有权、数据加工使用权、数据产品经营权等分置的产权运行机制"，这一运行机制的前置表述为"根据数据来源和数据生成特征，分别界定数据生产、流通、使用过程中各参与方享有的合法权利"。"数据二十条"将数据确权的探讨推向高潮。

（一）产权释义

产权起初是一个经济学概念，是"一个社会所强制实施的选择一种经济品进行使用的权利"。① 根据产权经济学家德姆塞茨的观点，产权的意义在于帮助交易各方构建合理的预期。② 在经济学上，产权设计与安排和资源有效配置与使用效率直接相关。为解决资源的稀缺性以及外部性内部化问题，产权安排应以产生最佳的激励效果为目标，促进资源的有效配置和使用。因此，产权强调在市场交易和流转中实现特定对象物的价值，市场交易与动态流转是产权的要义所在。

产权本身也是一个与时俱进的概念。经济学上产权的运作，最终需要以法律上明确规定的法定权利予以保障。缺乏法律上法定权利或者至少法定化权益的保障，产权制度不可能得到有效的实施。在当代，随着经济社会发展和法治进步，涉及财产权相关的法定权利也在不断扩张。

（二）大陆法系财产权结构与英美法系产权结构的区别

我国《民法典》采纳了大陆法系的财产权制度结构，财产权由物权、债权和知识产权构成。财产权在作为财产性权利理解时经常指向完整的所有权，并

---

① Coase R. The Problem of Social Cost. Journal of Law & Economics，1960（3）：1-44.

② 德姆塞茨：《关于产权的理论》，载《财产权利与制度变迁》，上海三联书店，1991年版，第 98 页。

倾向于强调静态归属的权利状态。在传统的大陆法系财产权体系中，有形物是财产权的客体，财产权以所有权为中心，用益物权、担保物权和债权共同发挥作用。而无论是依大陆法系理解被认为是最完整的所有权，还是受到限制的用益物权或担保物权，在英美法系中，都被一视同仁地表达为"产权"。

英美法系强调根据利益对较优的产权加以保护，不强调所有权的概念。产权概念最突出的特征就是相对性，由于各方当事人都拥有产权，大陆法系那种预设权利类型优先性的方法就无法再适用了。从静态角度讲，产权本身都是完整的权利，并无优劣之分，在没有人主张其他某项产权优于它之前，均得要求他人对此普遍尊重及给予相应的保护；从动态角度理解，英美法系采取的是一种情境思维的方法，在具体案情背景下比较各方产权的具体内容，即不是比较权利的一般类型，而是比较权利或利益的具体内容，然后断其高下，对其中相对较优的产权给予保护。由于是情境化的思维，换个场景的结果可能不同，所以是否还有其他没有出现在案中的人的更加有效的产权，在所不问。[①]

比较而言，大陆法系法律意义上特别是民事法律意义上的财产权、财产所有权更多的是在充分确权的基础上，强调财产的静态归属，也即客体归谁所有，所有权内包含了优先的权能内容，权利与权利之间已经具有了优劣之分。日本学者我妻荣进一步将这种关系解释为"物权人之外的任何人的意思均受物权人意思之限制"。[②] 物权法之所以如此规定，其目的在于保障物权人在"利用"物上的优先地位。静态的所有权虽然能够激励财富的生产，却并非交易的最佳安排。科斯在《社会成本问题》中指出，要使社会财富最大化，核心在于交易，通过交易发掘资源的有用性，依赖于契约等市场自由竞争手段挖掘出资源的潜在效用，而不再是通过保护对财产客体的占有来实现对财产权人进取心的鼓励，从而在交易层面实现社会整体效率的最大化。

完全排他的产权不能匹配数据流通利用的价值生产规律。数据确权的制度需求，本质上是以资源的有效配置和价值的最大化实现为目标，探寻数据资源利用的秩序规则。因此，需要认识数据要素的不同形态和数据在不同发展阶段、不同生产环节发挥的作用，通过产权规则和责任规则的设计，进行权益的保护和权利的确认，以化解数据流通利用的价值逻辑基础与数据权利支配控制的产权制度需求之间的矛盾，平衡数据的公平利用权益和有限排他权益。

---

① 冉昊：《论英美财产法中的产权概念及其制度功能》，载《法律科学（西北政法学院学报）》2006年第5期，第35页。

② ［日］我妻荣：《新订物权法》，罗丽译，中国法制出版社2008年版，第10页。

四、数据产权的结构性分置

（一）产权分置的产生过程

产权关系并非单一所有关系，其中各权项之间的统一和分离，取决于一定的社会生产力和生产关系的性质及其发展程度，也取决于与此相适应的经济制度的发展程度。[①] 在商品经济初期，产权形式主要体现为以占有和支配为主导的线性所有权。随着商品经济的繁荣，商品二重性使得实物形态的所有权和价值形态的所有权发生分离，物的使用价值和交换价值得到重视并由此发展出诸如限制物权、所有权保留、信托、工厂管理等制度。在这些制度中，所有权虽然没有发生变动，但在将支配、使用甚至占有等权能分离出去后，所有权就成为一种表征和形式上的名义，[②] 所有权人不再享有对物的支配力，而是代之以诸如担保价金实现的请求权、收益权、报酬权等权利。可见，产权分置是对财产权权能作分割后，分配给不同适合主体以利用、合作等制度安排或权利结构。[③] 由此，一宗财产上的权属通过分割以满足对财产利用的不同目的，[④] 同时基于产权的约束功能，任何产权权能的作用空间存有一定界区，从而不同主体得以在相应的界区和限度内行使权利。

（二）数据产权的结构性分置释义

"数据产权的结构性分置"包括以下几个层面的内容。第一层次的结构性体现在以核心权益为分类标准的确权对象上。"数据二十条"提出建立公共数据、企业数据、个人数据的分类分级确权授权制度。从逻辑上来说，与个人数据相对的是非个人数据，而公共数据和企业数据中都有可能包含个人数据与非个人数据，公共数据、企业数据、个人数据虽然存在一定的交叉，但这种分类

[①] 吉富星：《产权结构化与公共产权改革》，中国社会科学出版社 2016 年版，第 101-105 页。

[②] 梅夏英：《当代财产的发展及财产权利体系的重塑》，载王利明主编《民商法前沿论坛》，人民法院出版社 2004 年版，第 82 页。

[③] 张新宝：《产权结构性分置下的数据权利配置》，载《环球法律评论》2023 年第 4 期，第 7 页。

[④] 熊丙万：《实用主义能走多远？——美国财产法学引领的私法新思维》，载《清华法学》2018 年第 1 期，第 134 页。

体现了不同主体对特定利益的需求，有利于明确数据上各类权益的性质、类型和相互关系。例如，个人数据上同时具有人格利益和财产利益，数据来源者基于人格权保护的需要，享有法定的个人信息权益和人格权益，同时可以在安全的基础上以授权使用的方式，许可他人使用获得收益。个人数据兼具个人性、社会性和公共性，其下交织着人格利益、商业利益和政府管理需求等复合式的利益，不应只受限于个人的控制和决定。为此不仅要保护个人信息权益，也要拓展数据处理者利用个人信息的合理空间，[①] 从而实现数据价值最大化；企业基于投资、处理加工、授权等合法获得的，不涉及个人信息和公共利益的数据是企业数据，企业就该数据以及数据集合、数据产品享有有限排他的产权。市场主体有权依法依规持有、使用、获取收益，保障其投入的劳动和其他要素贡献获得合理回报。公共数据的确权授权目的在于加强汇聚共享和开放开发，强化统筹授权使用和管理，推进互联互通，打破"数据孤岛"，推动公共治理、公益事业、服务产业行业发展。由于数据的高流动性、非排他性和可复制性等特点，数据容易被多方持有，从而引发交易信任问题。因此，"数据二十条"提出，研究数据产权登记新方式、健全数据要素登记及披露机制。

　　第二层次的结构性体现在以数据价值生产流程为基础的确权模式上。"数据二十条"提出，根据数据来源和数据生成特征，分别界定数据生产、流通、使用过程中各参与方享有的合法权利。在主体上区分了"数据来源者"和"数据处理者"；在权利类型上，提出建立数据资源持有权、数据加工使用权、数据产品经营权等分置的产权运行机制。数据来源者与数据处理者是数据内容贡献者与生产者之间的关系，两者形成共生、并存和互动的关系。[②] 数据确权的内容既包括确认数据处理者的权利，又应当包括确认数据来源者的权利，二者存在一定顺位关系，数据处理者的权益以保障数据来源者合法权益为前提。有学者认为，数据来源者权利可以被视为个人信息访问权与携带权的拓展。数据来源者权确立了数据来源者对于其数据的知情同意、获取、复制、转移等权利，意图实现数据公平、数据市场流通和数据的互操作性。[③] 也有学者提出，数据来源者权的权利效力应当根据权利类型分别认定[④]。其中，在先权利如隐

[①]　洪学军：《数据要素权益配置的思维路径与价值考量》，载《互联网法治研究》公众号 2023 年 11 月 13 日发布，2024 年 7 月 30 日访问。https://mp.weixin.qq.com/s/AM4jxlKN3OTSr8vhKAfHVg。

[②]　王利明：《论数据来源者权利》，载《法制与社会发展》2023 年第 6 期，第 39 页。

[③]　丁晓东：《论数据来源者权利》，载《比较法研究》2023 年第 3 期，第 17 页。

[④]　申卫星：《论数据来源者权》，载《比较法研究》2024 年第 4 期，第 104 页。

私权、个人信息权益、著作权等原则上是一种绝对权，任何人都不得非法侵害此类权利；而数据来源者对数据处理者享有的公平访问权、合理利用权等权利在性质上主要是一种相对权。这种权利只能向实际处理数据的数据处理者主张，不能向不特定的第三人主张。还有学者主张数据来源者对其生成的数据享有数据所有权，具体内容包括数据访问权、数据使用权、数据收益权。① 从"数据二十条"的起草思路来看，持有权、使用权和经营权处于并列关系，不存在上下位概念之分。也意味着，它们可以经交易分别由不同主体享有。② "持有权"强调数据持有人对数据进行自主管控的权利，即未经权利人同意亦无法定正当事由，任何人不得随意访问、复制、篡改、破坏或者删除数据。"使用权"则强调权利人本身有权在法定或授权范围内以各种方式使用数据。"经营权"与有体物所有权的处分权能具有一定的功能相通性，强调数据财产权人能够通过"经营"的方式处分数据。更具体地说，即有权以整体转让、许可使用、合作开发和设立担保等方式让渡部分或者全部数据财产权益。不过，为了保护信息来源主体法定在先权益，大量数据处理主体负有数据保存义务，不得随意对数据进行事实上的处分（如删除）。

目前学界就此数据"三权"之间的关系、界限、权利行使的方式和具体实施中可能遇到的困境尚未形成统一的认识，有待继续讨论。

五、数据产权的限制

为了尽量减少财产权的负外部性，除了正面确立数据产权权利人在不同社会关系中的权利，还有必要从反面规定数据产权及其行使应当受到的限制。③

（一）企业数据产权的限制

1. 基于个人数据权益的限制

保护好数据来源主体的个人数据权益是数据利用的前提。虽然数据财产权

---

① 申卫星：《论数据来源者权》，载《比较法研究》2024年第4期，第104页。

② 熊丙万，何娟：《论数据要素市场的基础制度体系》，载《学术月刊》2024年第1期，第104页。

③ Henry E. Smith. *Exclusion versus Governance：Two Strategies for Delineating Property Rights*. 31 (S2) The Journal of Legal Studies，2020 (31)：459-460.

为数据的收集、存储、处理和共享等奠定了基础，但数据人格权对此设下了明确的边界。尽管企业在法律上可能拥有对某些数据的财产权，但它们不能违反数据人格权对数据进行不适当的公开或商业利用。此外，《个人信息保护法》等法律还确认了信息来源主体的一系列权利，都确保了个人在需要时，可以要求其数据被删除或不再被公众检索。这些权利共同为个人数据筑起了一道防护墙，确保其不被滥用或误用。

2. 基于数据的市场经济秩序限制

数据产权设计应当注意保障数据市场经济秩序的公平有序和交易安全，包括致力于有效抑制或消除数据垄断、数据欺诈、数据歧视等破坏竞争和公平交易、损害消费者利益的现象。首先，避免大数据产业垄断。《中华人民共和国反垄断法》（以下简称《反垄断法》）应对数据经营者的数据垄断活动进行界定与限制。其次，避免基于数据的不正当竞争和损害消费者权益。数据产权并不赋予数据权利人得以从事不正当竞争和交易的市场地位，应尽早参照《中华人民共和国反不正当竞争法》（以下简称《反不正当竞争法》）、《消费者权益保护法》等，建立具有针对性的制度，包括数据公平交易规则、算法公开和监管规则等，禁止企业利用数据破坏市场秩序，妨碍公平竞争，损害消费者权益。

3. 基于数据的公共利益和福利限制

数据产权设计应平衡好与数据相关的公共利益包括数据福利的关系，数据财产权不只是要鼓励企业自身的数据经济化，同时更要协同实现数据公共利益和福利，最终推动数据经济的繁荣。这既包括积极的协同，如建立数据共享、促进数据流通等；又包括消极的协同，例如为了维护数据公共利益，在特定的情况下合理限制数据产权的排他性，使其不得对抗公共安全、科技进步等公共利益需要。这一点与知识产权很相似。

企业数据依据其事物本质或者应用领域，不仅具有对于企业自身的经济意义，同时也承载着社会经济、信息社会、公共管理以及信息安全等方面的意义，这些功能属性不会因为企业数据个别财产化而消灭，而是成为企业应当承担的社会义务。企业数据财产权排他性也相应受到限制。

首先，数据强制公开制度。数据经营者基于其数据集合获得了与自然灾害、重大疫情、恐怖袭击、经济危机等危及国家安全、社会稳定的紧急状态相关的预测、结论、观点时，应明确数据经营者具有主动向国家相关机构及时公开其研究结果的义务。这种强制公开不意味着数据经营者就此抛弃其收益的权利，而是基于维护公共利益的考量，强调数据经营者应当主动承担社会责任。

其次，数据强制许可制度。大数据的本质要求数据的流动与开放，大数据增值的方式之一则是根据原有数据集合进行再创造。因此，可以参照专利法中的"为实施从属专利需要的强制许可"制度设计，当利益相关的第三方利用其合法购置的数据集合创造出有价值的新数据集合的时候，应当明确这种全新的数据集合是该第三方的数据资产，原数据集合的权利人在获得合理对价之后，无权向第三方"二次创作"的数据资产主张权利。

最后，为了促进科学进步、技术发展，可以考虑借鉴著作权法下的"合理使用"的制度设计。当以科研为目的使用数据集合时，数据经营人应以合理价格向科研人员公开其持有的数据集合；科研人员则应当以非营利为目的，合理利用数据集合，并不得恶意向第三方公开。

4. 基于数据的信息社会和数据安全限制

数据产权设计还要注意信息社会畅通的需求问题和信息与数据安全的保障问题。对应于数据产权信息社会要求赋予企业数据产权时，必须继续保证数据的可流通以及可共享的渠道无障碍。信息公开不仅适用于公共数据，也适用于私有可社会化数据。当然，信息跨境问题具有特殊性，存在国家之间的博弈，但最终应该通过改进而促进跨境流通。数据安全保障要求实际上限制的是数据经营权，应明确具有数据安全实施能力的企业主体才可以享有数据经营权。

（二）公共数据产权的限制

公共数据，是指国家机关、法律法规规章授权的具有管理公共事务职能的组织以及提供教育、卫生健康、社会福利、供水、供电、供气、环境保护、公共交通和其他公共服务的组织（以下统称公共管理和服务机构），在依法履行职责或者提供公共服务过程中收集、产生的数据。在公共数据的开放利用层面，"数据二十条"部署推进实施公共数据确权授权制度。

1. 来自个人信息权益、公共利益的限制

公共数据中有相当一部分数据属于原始数据，即未经加工脱敏的公共数据，数据中包含或者可能包含个人信息、与公共安全有关的信息，因此公共管

理机构对于原始公共数据的利用，应当严格遵守个人信息保护法律的规定和确保公共安全。具体而言，在公共数据确权授权上，要按照"原始数据不出域、数据可用不可见"的要求，以模型、核验等产品和服务等形式向社会提供服务。

2. 相关行政法律法规对具体行政行为的限制

公共管理机构作为公共数据提供方，不仅可以利用公共数据提升行政效率，还能够依权限决定公共数据的开放限度和授权运用。鉴于公共管理机构的性质以及处理公共数据以履行职责为限的特点，公共管理机构在公共数据开放和授权利用中拥有的是行政法上的管理权限，不是数据财产权的权利主体。多名学者认为公共管理机构对公共数据的授权行为不应当获取收益[1]。公共管理机构公共数据授权行为本质上是具体行政行为，需要明确其授权的权限、方式以及程序，符合《中华人民共和国行政许可法》（以下简称《行政许可法》）等法律的规定。

但同时，公共管理机构的公共数据开放具有公共服务属性，意味着在确权授权制度构建和实践中，不仅需确认公共管理机构对公共数据资源享有管理权，还应当强调公共管理机构在保障多元市场和社会主体在公平合理条件下获取和利用公共数据的义务，通过为公共数据利用主体构建公平、有效的开发利用规则，推动数据利用效益和社会福利整体增长。[2]

3. 为避免"与民争利"对收益权的限制

公共服务机构作为提供公共数据用于共享和开放开发利用的主体，虽然具有公共性，但其本质上仍然是市场主体，具有自己独立的经济利益，其在提供公共服务（如供水、供电、供热）过程中收集和产生的公共数据，既可以用于自身的生产经营活动，又可以提供给其他市场主体，或者公共服务机构也可向其他市场主体提供数据服务。公共服务机构能够在公共数据开放利用流程中获得一定的数据财产权益，但为避免公共服务机构"与民争利"，应当为授权收益设置一定限制。[3]

---

[1] 王伟玲：《政府数据授权运营：实践动态、价值网络与推进路径》，载《电子政务》2022 年第 10 期，第 20-32 页。

[2] 王锡锌，黄智杰：《公平利用权：公共数据开放制度建构的权利基础》，载《华东政法大学学报》2022 年第 2 期，第 63 页。

[3] 张新宝，曹权之：《公共数据确权授权法律机制研究》，载《比较法研究》2023 年第 3 期，第 41-55 页。

思考题

1. 请深入分析数据权利产生的背景，并从概念内涵、适用范围和法律定位等方面比较数据权利与数字权利的异同。

2. 请系统阐述数据权利保护的三大理论来源，分析各理论的核心观点、适用范围及其对现代数据保护法律体系中的影响。

3. 请从法理基础、权利属性和保护范围等角度，全面论述个人信息权的法律性质，并探讨其在数字时代的演变趋势。

4. 结合科技发展的历程，请深入分析数据人格权、隐私权和个人信息权三者之间的演进关系、概念交叉以及在数字社会中各自的定位。

5. 请详细讨论数据资源持有权、数据加工使用权和数据产品经营权这三种权利的内涵及其相互关系，并进一步分析数据产权结构性分置的具体实施路径，以及可能遇到的挑战。

第四章　数据安全

内容提要

· 数据安全：采取必要措施，确保数据处于有效保护和合法利用的状态，数据安全性、可用性、完整性和保密性防护。

· 数据安全风险来源：内部人员风险；外部网络攻击；第三方供应商安全漏洞；技术系统脆弱性；物理设备安全隐患；跨境数据传输风险；管理制度缺陷；新兴技术安全挑战；自然灾害引发的数据损毁；合规性缺失。

· 数据分类与分级制度：数据类型划分；数据敏感性评估；数据重要性等级确定；安全控制措施分配；管理责任划分；分级保护制度；分级管理政策。

· 数据安全审查制度：风险评估机制；合规性检查；安全隐患识别；数据处理合规性；安全风险管控；预防性措施。

· 数据出境管制制度：数据出境安全风险评估；个人信息保护认证；个人信息出境标准合同。

· 数据安全风险防范机制：系统化识别、评估、监测和应对数据安全风险的一系列策略和措施，包括风险评估机制、风险报告机制、风险监测预警机制和风险信息共享机制。

· 关键信息基础设施保护机制：对涉及重要数据和信息系统的关键信息基础设施建立严格的安全管理制度和技术防护措施，定期开展安全评估和风险分析，及时发现和解决潜在的安全隐患。

· 密码管理机制：对数据加密和解密、安全认证、安全隔离等技术、产品和服务进行管理和规定的系统化的政策和制度。

• 数据安全综合治理：美国以市场主导，政府监管辅助；欧盟以权利保护为核心，辅以严格的市场规制；中国将系统治理与审慎监管相结合，体现了国家的顶层设计和长远规划，从单点防护向全生命周期管理转变。

数据安全，这个看似冷冰冰的技术术语，实际上关乎每个人的切身利益和国家的长治久安。在这个数字化浪潮席卷全球的时代，数据已经渗透到我们生活的方方面面。每一次网上购物、每一次刷卡消费、每一次社交媒体互动，都在悄然生成和传递着海量的数据。这些数据不仅记录了我们的行为轨迹，更蕴含着巨大的经济价值和战略价值。

然而，伴随数据价值的飙升，各种安全威胁也如影随形。数据泄露、隐私侵犯、网络攻击等事件频频发生，给个人、企业乃至国家都带来了严重的损失和风险。从震惊世界的"棱镜门"事件，到影响数百万用户的社交平台数据泄露，再到针对关键信息基础设施的网络攻击，数据安全问题已经成为全球关注的焦点。

在这样的背景下，如何构建一个既能充分释放数据价值，又能有效保障数据安全的治理体系，成为各国政府、企业和学术界共同面临的重大挑战。本章将带领读者深入探讨数据安全的核心概念、最新发展趋势和关键治理机制。我们将从技术、法律和管理等多个维度，剖析数据安全面临的复杂问题，并探讨如何通过创新的制度设计和技术应用来应对这些挑战。

第一节　数据安全与发展

数据安全不仅是现代网络环境下维护信任和秩序的基础，也是数据流动的前提。没有安全保障的数据流动，轻则侵犯公民的个人信息权利，重则危害国家安全。因此，数据安全的重要性不言而喻，它是我们在享受数据带来便利的同时，必须认真对待和解决的问题。因此，深入了解和掌握数据安全的知识体系，对于安全合规利用数据至关重要。

一、数据安全的概念

国际标准化组织在1998年发布的《信息技术词汇第8部分：安全》（ISO/IEC 2382-8：1998）中最早提出"数据安全"的概念，其认为数据安全是指应用于数据的计算机安全。我国信息产业部制定的国家标准《信息技术词汇第 8 部分：安全》（GB/T 5271.8-2001）中引用了此概念。国际标准化组织和国际电工委员会联合技术委员会下属的数据管理与交换分技术委员会在制定《信息技术元数据注册互操作性和绑定（MDR—IB）第 1 部分：框架、通用词汇和一致性的通用规定》时也沿用了相同定义。但此类定义偏向于数据与计算机之间安全的关系，并未明确指出数据安全的实质概念。

2001 年，国际标准化组织健康信息技术委员会发布的《健康信息学信息和通信标准的互操作性和兼容性关键特征》（ISO/TR 18307：2001），将数据安全定义为保护数据免受有意或无意的破坏、修改或披露；2013 年，国际标准化组织物联网及相关技术分委会发布的《信息技术传感器网络：传感器网络参考体系结构（SNRA）第 2 部分：词汇和术语》（ISO/IEC 29182-2：2013），将数据安全定义为保护数据以保证可用性、保密性和完整性。《数据安全法》第三条将数据安全定义为"通过采取必要措施，确保数据处于有效保护和合法利用的状态，以及具备保障持续安全状态的能力"，可以看出，数据安全概念逐渐从计算机相关概念演变为数据相关概念。

二、数据安全的要素

数据安全的要素是数据自身的安全因素，包含数据可用性、完整性、保密性三要素。

（一）可用性

数据可用性是指确保数据在需要时可用，不受故障、攻击或其他意外事件的影响。数据可用性是数据安全领域的一个核心概念，它指的是数据的可访问性和可用性，即授权用户能够在需要时及时、可靠地访问和使用数据的能力。数据可用性的要求通常包括以下几个方面：

（1）无论是日常业务需求还是紧急情况下，数据应当在用户需要时始终可用，授权用户应该能够轻松地访问数据，而不会遭遇不必要的延迟或障碍；

（2）系统应具备丰富且稳定的性能，以支持用户的数据处理需求，避免因性能不足导致的不可用问题；

（3）系统应设计得易于维护和升级，以确保数据长期可用；

（4）在发生意外事件（如自然灾害、系统故障或网络攻击）时，应有能力迅速恢复数据访问，减少停机时间；

（5）在不同地理位置或多个系统中存储数据的副本，以提高数据的可用性。

确保数据可用性对于任何依赖数据运营的组织都至关重要，无论是提供服务的企业，还是需要访问信息的个人用户。高数据可用性意味着更少的服务中断、更好的用户体验，以及更强的业务连续性。

（二）完整性

数据完整性是指确保数据在存储和传输过程中不会被意外或恶意篡改、修改或损坏。数据必须准确反映事实，不能存在错误、虚假或误导性的信息。这是确保数据质量的基础，因为不准确的数据会导致错误的决策和结果。数据必须在各个系统和应用程序中保持一致，不同系统和应用程序之间的数据不能发生冲突或矛盾。这保证了在组织内部或跨系统中的数据不会出现矛盾，使数据能够在不同环境中被可靠地使用。数据必须可靠，不能受到破坏、篡改或非法访问。这意味着数据应保持其原初状态，不受外部未授权行为的影响。数据必须完整，不能存在遗漏或缺失的信息。数据的完整性就是确保所有必要的信息都得以保留和保护，防止因信息缺失而导致错误决策。

（三）保密性

数据保密性，也称为机密性，是指确保数据不被未经授权的个体所获得或访问，防止未经授权的访问和泄漏。数据安全直接关系到个人信息、企业商业秘密以及国家安全等敏感信息的保护。一旦这些信息被未授权的个体获取，可能引发诸如身份盗用、商业竞争处于劣势以及国家遭到安全威胁等一系列严重问题。因此，维护数据保密性是信息安全领域的一项基本而关键的任务。维护数据保密性的具体措施包括但不限于以下情形：对数据进行加密，即使数据被截获，未经授权的用户也无法解读其内容，这种技术在保护敏感信息传输和存储过程中尤为重要；设置访问权限，确保只有经过授权的用户才能访问特定的数据，这包括使用强密码策略、启用两步验证等方法来增强安全性；除了网络安全措施外，还需要采取物理安全措施来保护存储数据的设备，比如服务器、电脑等，防止它们被盗取或遭受物理损害。

为了实现数据安全，通常需要综合考虑可用性、完整性、保密性这三个要素，依此采取适当的措施和技术，便可以帮助组织有效地保护重要数据免受威胁。数据安全保护就是采取一切合法、合理的手段维护数据可用性、完整性与保密性。

三、数据安全的危害因素

根据著名国际数据公司 IDC 在其 2019 年发布的《世界的数字化：从边缘到核心》的预测，截至 2025 年，全球数据圈的规模将从 2018 年的 33ZB 增至 175ZB（1ZB 约等于 1 万亿 GB）。数据规模的快速膨胀和技术的日新月异对数据控制者的数据管理工作提出了很高的要求，而未经授权的访问活动和黑客的恶意攻击更是让数据控制者防不胜防。数据的大规模泄漏对国家安全、企业及个人财产安全、数据主体的人身权益以及泄漏方的信誉都有可能造成一定程度的损害。

危害数据安全的因素很多，总体可分为外部原因、内部原因和意外原因。[①]

外部因素包括黑客脱库、数据库后门、挖矿木马、数据库勒索、恶意篡改等技术风险。在大数据时代，数据安全面临的最直接、最频繁的威胁就是来自网络的各种恶意攻击。例如，武汉市应急管理局于 2023 年 7 月 26 日发布声明称，经国家计算机病毒应急处理中心和 360 公司监测发现，武汉市地震监测中心遭受来自境外有政府背景的黑客组织的网络攻击，该组织疑似利用植入木马程序非法窃取我国地震速报前端台站采集的地震烈度数据。地震烈度数据属于重要敏感信息，分析此类数据不仅可以判断地下结构、岩性情况和地震情况，还能结合其他情报信息推测分析出当地的军事活动情况，包括是否有工业爆破，是否有隐藏于地下的军事基地或军事设施等。这些数据具有极大的军事情报价值，一旦被境外国家获取，将对我国国家安全构成严重威胁。根据奇安信行业安全研究中心与奇安信安服团队联合发布的《2023 年中国企业勒索病毒攻击态势分析报告》的数据分析，勒索病毒事件已连续多年位居恶意程序攻击类型的榜首。从危害性来看，勒索软件攻击对我国部分重点行业和重要服务部门的影响广泛，甚至可能是灾难性的。一旦关键机构的关键业务被勒索软件攻击

---

① 兰竹：《企业数据安全刑事合规研究》，青海师范大学研究生论文，2023。

陷入瘫痪，极有可能给国家的经济安全带来严重的负面影响，对医疗、卫生、教育和服务保障等行业也将造成巨大冲击。

内部因素包括内部人员违规操作、盗取、滥用、泄漏数据等。例如：未经授权访问敏感数据；非工作时间、工作场所访问核心业务表、高危指令操作；在多源异质数据融合过程中，权限不严密、泄漏隐私，等等。公安部公布的 2021 年数据泄漏典型案例的第一个案例就是内部员工利用工作便利窃取数十亿用户数据出售牟利。江苏公安网安部门侦查查明，犯罪嫌疑人何某利用为相关单位、企业建设信息系统之机，非法获取医疗、出行、快递等公民个人信息数十亿条，搭建对外提供非法查询服务的数据库，通过非正常途径发布广告招揽客户，以牟取不法利益。[①]

意外事件也会导致数据安全事件，比如硬盘驱动器损坏。一个硬盘驱动器的物理损坏意味着数据丢失。设备的运行损耗、存储介质失效、运行环境以及人为的破坏等，都能给硬盘驱动设备造成影响。使用者的失误操作可能误删除系统的重要文件，或者修改影响系统运行的参数，以及未按规定要求或操作不当导致系统宕机。地震、洪水、火灾、飓风等自然灾害可能损坏数据中心、个人计算机和企业设施，导致数据丢失或系统中断。电源供给系统故障，一个瞬间过载电功率会损坏硬盘或存储设备上的数据。一旦接触到有磁性的物质，计算机数据也会被破坏。

数据安全已成为国家安全、企业繁荣和个人隐私安全的关键。来自外部的网络攻击，如黑客入侵、勒索软件的威胁，还有内部人员的违规操作，以及自然灾害、设备故障等不可控的意外事件，这些因素共同威胁着数据的可用性、完整性和保密性。

四、数据安全保护与流通发展的关系

《数据安全法》第二章规定国家将发展与安全统筹推进，通过数据开发利用和产业发展促进数据安全，同时以数据安全保障数据开发利用。国家实施大数据战略，推进基础设施建设，支持数据在各行业的创新应用，并将数字经济发展纳入国民经济和社会发展规划。《数据安全法》还指出，提供智能化公共服务时要考虑老年人和残疾人的需求，避免造成障碍。国家支持数据开发利用

---

① 攀枝花中院.《数十条信息失窃！公安部公布 2021 年侵犯个人信息十大典型案例》，澎湃新闻网，https：//www.thepaper.cn/newsDetail_forword_16464873。

和安全技术研究，推动技术标准体系建设，鼓励标准制定和专业服务的发展，规范数据交易行为，并促进相关教育和培训以培养专业人才。《数据安全法》用整个第二章来规定数据安全与发展，由此可见国家对数据安全与合理流动和利用之间的平衡的重视。因为数据安全是保护个人隐私的基础。

在大数据时代，个人信息被广泛收集、存储和使用，如果缺乏有效的数据安全措施，个人隐私可能受到侵犯。平衡数据安全和流通，可以确保个人数据被合法使用，避免数据泄露、滥用等风险，维护个人权益和尊严。数据安全又与国家安全密切相关。在信息时代，数据已经成为国家的重要战略资源。政府和企业需要对敏感数据进行有效保护，以防止敌对势力利用数据进行网络攻击、间谍活动等危害国家安全的行为。

数据流通是推动经济发展的关键因素。合理利用和共享数据，可以提高生产效率、降低成本、创新产品和服务，从而推动经济增长。比如，在政府单位，数据能够在其内部不同部门、不同层级之间流动，提高政府工作效率。医疗数据的流通也有利于改进健康医疗服务模式，为医疗服务和百姓生活带来便利。交通管理部门可以共享车辆行驶轨迹、交通流量等数据，以优化交通信号控制策略，减少交通拥堵。同时，交通运输企业可以通过分析交通数据，制定更合理的运输计划和路线规划，提高运输效率和降低成本。政府可以将城市基础设施、环境监测等数据与相关部门共享，以便更好地了解城市的运行状况和管理需求。金融机构之间可以共享客户的信用记录和交易数据，以提高风险评估的准确性和效率。同时，银行可以通过分析客户的消费行为和信用数据，提供更精准的信贷服务和风险管理建议。电力公司可以共享电力供应和消耗的数据，以帮助能源监管机构更好地监测能源供需情况和进行调控。同时，能源公司可以通过分析能源使用数据，优化能源生产和供应链管理，提高能源利用效率。而在商业数据流通中，企业可以更好地了解市场趋势、客户需求和业务机会，从而更好地制定战略和决策，这有助于推动创新，提质增效，并促进经济发展。

数据流通为经济增长、创新和合规性提供了机会，但也带来了隐私和安全风险。需要采取适当的数据安全保护措施，以平衡数据流通的利益和风险，从而确保数据在流通过程中得到充分的保护。在处理数据安全保护与数据流通发展之间的关系时，在保障数据流通的同时需重视数据安全的保护。为了安全阻止数据流动无异于逆潮流的螳臂当车，但是自由流动需要有一定的约束和前提，二者如车之两轮，鸟之双翼，相辅相成，不可偏废。

第二节　数据安全制度及其机制保障

近年来，数据安全的重要性日益突出，国家建立数据分类分级保护制度，以保障数据在不同应用场景中的安全性和隐私性。同时，引入数据安全审查制度，要求对可能影响国家安全的数据处理活动进行安全审查，防止数据被非法获取、滥用或泄漏，从而保护国家的数据资产不受侵害。为了应对数据跨境流动带来的风险，我国还制定了数据出境管理制度。该制度要求涉及数据出境的企业和机构必须遵守国家关于数据处理的规定，确保数据出境活动不会危害国家安全、公共利益和个人隐私。此外，国家通过一系列法律法规，建立了全面的数据安全风险评估、报告、监测预警和信息共享机制，确保数据在全生命周期内的安全管理。同时，国家要求关键信息基础设施的运营者建立严格的安全保护制度和责任制，并设立专门安全管理机构，确保数据安全和网络安全。在数据安全保护工作中，密码管理也起到了重要的作用。国家建立了密码管理机制，要求涉及数据存储、传输和处理的机构必须使用强密码，并采取相应的加密措施来保护数据的机密性和完整性。通过这些措施，数据安全保护工作得以系统化、规范化，为推动数字经济健康发展奠定了坚实基础。

一、数据分类分级制度

数据分类分级制度对于数据安全的防护具有重要的意义。对数据进行分类和分级，可以确定哪些数据是敏感的、关键的，是否需要特别保护。这有助于防止未经授权的人员或组织访问、篡改或泄露敏感数据，从而降低数据安全风险。建立数据分类分级制度，可以帮助组织更好地了解数据的敏感性和重要性。不同级别的数据可能具有不同的保密性和完整性要求，因此需要采取相应的保护措施降低数据安全风险。例如，对于高敏感级别的数据，可能需要实施更严格的访问控制、加密存储和备份策略，以确保数据的安全性。

（一）数据分类分级的概念

数据分类是根据数据的属性、特征、价值、重要性和敏感性等因素，依据相应规则，对数据进行多维度的区分和整理，最终建立一个适当的数据分类体系。数据分类是管理数据资产的基础工作，无论是数据资产的标准化管理、模型管理、质量控制、价值管理，还是提供与数据资产相关的服务，首要任务都是做好数据分类。

数据分级则是在数据分类的基础上，根据数据的敏感性以及在遭受篡改、破坏、泄漏或非法获取和利用后对受害者可能产生的影响，划分出不同的级别，从而实现对数据的差异化保护。

一般而言，数据分类分级应当作为一项整体性的工作进行，数据分类是数据分级的前提和基础，数据分级是在分类基础上的进一步精细化管理。数据分类先于数据分级。组织需要首先对数据进行分类，明确其性质和类别，然后根据每一类别数据的敏感性或重要性进一步进行分级。数据分类和分级的结合使用，可以帮助组织构建全面的数据治理框架，从而实现精细化的管理和保护。

《数据安全法》第二十一条规定："国家建立数据分类分级保护制度，根据数据在经济社会发展中的重要程度，以及一旦遭到篡改、破坏、泄露或者非法获取、非法利用，对国家安全、公共利益或者个人、组织合法权益造成的危害程度，对数据实行分类分级保护。"2024 年 9 月 24 日，国务院发布《网络数据安全管理条例》，再次强调国家建立数据分类分级保护制度。按照数据对国家安全、公共利益或者个人、组织合法权益的影响和重要程度，将数据分为一般数据、重要数据、核心数据，不同级别的数据采取不同的保护措施。

（二）数据分类分级一般规则

2024 年 3 月 15 日发布的 GB/T 43697—2024《数据安全技术 数据分类分级规则》（以下简称《数据分类分级规则》）对数据分类分级的原则、框架、方法和流程作出了规定，同时给出了重要数据识别指南。该文件适用于行业领域主管（监管）部门参考制定本行业本领域的数据分类分级标准规范，也适用于各地区、各部门开展数据分类分级工作，同时为数据处理者进行数据分类分级工作提供参考。

1. 数据分类分级基本原则

《数据分类分级规则》规定，对数据进行分类分级应当遵循以下基本原则。

（1）科学实用原则：从便于数据管理和使用的角度，科学选择常见、稳定的属性或特征作为数据分类的依据，并结合实际需要对数据进行细化分类。

（2）边界清晰原则：数据分级的各级别边界清晰，对不同级别的数据采取相应的保护措施。

（3）就高从严原则：采用就高不就低的原则确定数据级别，当多个因素可能影响数据分级时，按照可能造成的各个影响对象的最高影响程度确定数据级别。

（4）点面结合原则：数据分级既要考虑单项数据分级，又要充分考虑多个领域、群体或区域的数据汇聚融合后的安全影响，综合确定数据级别。

（5）动态更新原则：根据数据的业务属性、重要性和可能造成的危害程度的变化，对数据分类分级重要数据目录等进行定期审核更新。

2. 数据分类规则

数据按照"先行业领域分类再业务属性分类"的思路进行分类。

按照行业领域，将数据分为工业数据、电信数据、金融数据、能源数据、交通运输数据、自然资源数据、卫生健康数据、教育数据、科学数据等。

各行业各领域主管（监管）部门根据本行业本领域业务属性，对本行业领域数据进行细化分类。常见的分类包括但不限于：

（1）业务领域：按照业务范围、业务种类或业务功能进行细化分类；

（2）责任部门：按照数据管理部门或职责分工进行细化分类；

（3）描述对象：按照数据描述的对象进行细化分类；

（4）流程环节：按照业务流程、产业链环节进行细化分类；

（5）数据主体：按照数据主体进行细化分类；

（6）内容主题：按照数据描述的内容主题进行细化分类；

（7）数据用途：按照数据处理的目的、用途进行细化分类；

（8）数据处理：按照数据处理活动或数据加工程度进行细化分类；

（9）数据来源：按照数据来源、收集方式进行细化分类。

3. 数据分级规则

根据数据在经济社会发展中的重要程度，以及一旦遭到泄露、篡改、损毁或者非法获取、非法使用、非法共享，对国家安全、经济运行、社会秩序、公共利益、组织权益、个人权益造成的危害程度，将数据从高到低分为核心数据、重要数据、一般数据三个级别。以下为数据级别确定规则表，见表4-1。

表 4-1　数据级别确定规则表

影响对象	影响程度		
	特别严重危害	严重危害	一般危害
国家安全	核心数据	核心数据	重要数据
经济运行	核心数据	重要数据	一般数据
社会秩序	核心数据	重要数据	一般数据
公共利益	核心数据	重要数据	一般数据
组织权益、个人权益	一般数据	一般数据	一般数据

注：如果影响大规模的个人或组织权益，影响对象可能不只包括个人权益或组织权益，也可能对国家安全、经济运行、社会秩序或公共利益造成影响。

（三）行业数据分类分级规则

《数据安全法》要求国家数据安全工作协调机制统筹协调有关部门制定重要数据目录，加强对重要数据的保护。2020 年 2 月工业和信息化部印发《工业数据分类分级指南（试行）》，将工业数据分为 3 个安全级别。2020 年 9 月中国人民银行发布的《金融数据安全 数据安全分级指南》，制定了金融领域数据安全定级原则，将金融数据划分为 5 级。2020 年 12 月工业和信息化部发布了《基础电信企业数据分类分级方法》，规定了基础电信企业数据分类分级原则以及数据分类工作流程和方法。《网络数据安全管理条例（征求意见稿）》要求各地区、各部门按照国家有关要求和标准，组织本地区、本部门以及相关行业、领域的数据处理者识别重要数据和核心数据，组织制定本地区、本部门以及相关行业、领域重要数据和核心数据目录，并报国家网信部门。目前工业、医疗、金融数据已经有相应的部门规章与国家标准按照对国家安全、公共利益或者个人、组织合法权益的影响和重要程度进行了具体划分，为数据的分类分级保护提供了依据。

1. 工业数据

工信部印发的《工业数据分类分级指南（试行）》中所指工业数据是工业领域产品和服务全生命周期产生和应用的数据，包括但不限于工业企业在研发设计、生产制造、经营管理、运维服务等环节中生成和使用的数据，以及工业互联网平台企业在设备接入、平台运行、工业 APP 应用等过程中生成和使用的数据。

就分类而言，由于工业数据的产生横跨多种业务样态，因此《工业数据分类分级指南（试行）》以划分数据分类维度的方式对工业数据的分类方式进行了示范，见表4-2。

表4-2　工业数据分类表

工业企业工业数据分类维度	研发数据域（研发设计数据、开发测试数据等）
	生产数据域（控制信息、工况状态、工艺参数、系统日志等）
	运维数据域（物流数据、产品售后服务数据等）
	管理数据域（系统设备资产信息、客户与产品信息、产品供应链数据、业务统计数据等）
	外部数据域（与其他主体共享的数据等）
平台企业工业数据分类维度	平台运营数据域（物联采集数据、知识库模型库数据、研发数据等）
	企业管理数据域（客户数据、业务合作数据、人事财务数据等）

在工业数据分级方面，《工业数据分类分级指南（试行）》根据不同类别工业数据遭篡改、破坏、泄露或非法利用后，可能对工业生产、经济效益等带来的潜在影响，将工业数据分为一级、二级、三级3个级别，见表4-3。

表4-3　工业数据分级表

数据级别	潜在影响
三级数据	易引发特别重大生产安全事故或突发环境事件，或造成直接经济损失特别巨大
	对国民经济、行业发展、公众利益、社会秩序乃至国家安全造成严重影响
二级数据	易引发较大或重大生产安全事故或突发环境事件，给企业造成较大负面影响，或直接经济损失较大
	引发的级联效应明显，影响范围涉及多个行业、区域或者行业内多个企业，或影响持续时间长，或可导致大量供应商、客户资源被非法获取或大量个人信息泄露
	恢复工业数据或消除负面影响所需付出的代价较大

续表

数据级别	潜在影响
一级数据	对工业控制系统及设备、工业互联网平台等的正常生产运行影响较小
	给企业造成负面影响较小，或直接经济损失较小
	受影响的用户和企业数量较少、生产生活区域范围较小、持续时间较短
	恢复工业数据或消除负面影响所需付出的代价较小

2. 医疗数据

对于医疗行业来说，数据的整合联通与共享将极大地提高机构的业务水平，但与此同时，更要关注不同数据在此过程中的安全类别。国家标准化委员会发布的《信息安全技术　健康医疗数据安全指南》（GB/T 39725—2020）根据数据内容、重要性、风险等要素将健康医疗数据分成以下六类，见表4-4。

表 4-4　医疗数据分类表

个人属性数据	人口统计信息，包括姓名、出生日期、性别、民族、国籍、职业、住址、工作单位、家庭成员信息、联系人信息、收入、婚姻状态等； 个人身份信息，包括姓名、身份证、工作证、居住证、社保卡、可识别个人的影像图像、健康卡号、住院号、各类检查检验相关单号等； 个人通信信息，包括个人电话号码、邮箱、账号及关联信息等； 个人生物识别信息，包括基因、指纹、声纹、掌纹、耳廓、虹膜、面部特征等； 个人健康监测传感设备 ID 等
健康状况数据	主诉、现病史、既往病史、体格检查（体征）、家族史、症状、检验检查数据、遗传咨询数据、可穿戴设备采集的健康相关数据、生活方式、基因测序、转录产物测序、蛋白质分析测定、代谢小分子检测、人体微生物检测等
医疗应用数据	门（急）诊病历、住院医嘱、检查检验报告、用药信息、病程记录、手术记录、麻醉记录、输血记录、护理记录、入院记录、出院小结、转诊（院）记录、知情告知信息等

续表

医疗支付 数据	医疗交易信息，包括医保支付信息、交易金额、交易记录等； 保险信息，包括保险状态、保险金额等
卫生资源 数据	医院基本数据、医院运营数据等
公共卫生 数据	环境卫生数据、传染病疫情数据、疾病监测数据、疾病预防数据、 出生死亡数据等

根据数据重要程度、风险级别以及对个人健康医疗数据主体可能造成的损害和影响，将健康数据从低到高分为以下 5 级。

第 1 级：可完全公开使用的数据。例如医院名称、地址、电话等，可直接在互联网上面向公众公开。

第 2 级：可在较大范围内供访问使用的数据。例如不能标识个人身份的数据，各科室医生经过申请审批可以用于研究分析。

第 3 级：可在中等范围内供访问使用的数据。例如经过部分去标识化处理，但仍可能重标识的数据，仅限于在获得授权的项目组范围内使用。

第 4 级：在较小范围内供访问使用的数据。例如可以直接标识个人身份的数据，仅限于相关医护人员访问使用。

第 5 级：仅在极小范围内且在严格限制条件下供访问使用的数据。例如特殊病种（例如艾滋病、性病）的详细资料，仅限于主治医护人员访问且需要进行严格管控。

3. 金融数据

《金融数据安全　数据安全分级指南》（JR/T 0197—2020）中对金融数据的保密性、完整性和可用性进行评估，从而确定遭受破坏后的影响对象以及影响程度，由此将数据划分为五级。不同级别的数据对应着不同的影响对象和影响程度，见表 4-5。

表 4-5　金融数据分级表

最低安全等级	影响对象	影响程度
五级	国家安全	严重损害、一般损害、轻微损害
	公众利益	严重损害

最低安全等级	影响对象	影响程度
四级	公众权益	严重损害
	个人隐私	一般损害
	企业合法权益	严重损害
三级	公众权益	轻微损害
	个人隐私	一般损害
	企业合法权益	一般损害
二级	个人隐私	轻微损害
	企业合法权益	轻微损害
一级	国家安全	无损害
	公众权益	无损害
	个人隐私	无损害
	企业合法权益	无损害

金融数据可以从客户、业务、经营管理、监管四个方向所涉及的角度进行细分：从客户角度看，可以细分为个人和单位；从业务角度看，可以分为账户信息、法定数字货币钱包信息、合约协议、金融监管和服务、交易信息等；从经营管理角度看，可以分为营销服务、运营管理、风险管理、技术管理、综合管理等；从监管角度看，可以分为数据报送、数据收取等。

做好数据的分类分级是一个长期工程，因为在不同行业中数据特性不同，数据分类应当根据数据行业中各个数据的不同特性进行划分。分类分级保护制度在保障数据安全过程中至关重要，它既是数据安全保护的基础，又是构建国家网络安全体系的重要抓手。在实际应用中，国家一方面要求推进数据共享，另一方面需要加强数据安全建设。因此，对于企业实际的数据分类分级而言，需要在安全和共享之间进行平衡，利用技术手段和管理制度，确保数据安全共享和利用。

二、数据安全审查制度

（一）数据安全审查制度的概念

数据安全审查制度是我国《数据安全法》中的一项重要数据安全制度。

《数据安全法》第二十四条明确了数据安全审查制度的两个方面：一是明确了数据安全审查的对象和范围。《数据安全法》第二十四条第一款规定："国家建立数据安全审查制度，对影响或者可能影响国家安全的数据处理活动进行国家安全审查"；二是确定了数据安全审查的效力。《数据安全法》第二十四条第二款规定："依法作出的安全审查决定为最终决定。"说明安全审查决定具有终局性和不可变更性，而且将数据安全审查纳入国家安全审查的范畴，也反映出国家对数据处理活动的高度重视。

（二）数据安全审查制度与其他相关概念的区别

1. 数据安全审查与数据安全审计的区别

数据安全审计是指定期对组织的数据安全管理政策、标准和活动进行分析、验证、讨论和改进的过程。数据安全审计的主要目标是提高企业数据安全性和改善企业数据治理状况。数据安全审查和数据安全审计二者都有利于我国数据安全治理，但数据安全审查注重对重大的、涉及国家安全的数据处理活动的事前审查，如对掌握超过 100 万用户个人信息的网络平台运营者赴国外上市进行国家安全审查，旨在防范化解国家安全风险；而数据安全审计更侧重于对企业数据处理活动的过程监督，以提高企业的数据治理能力和完善数据合规建设。

2. 数据安全审查与数据安全风险评估的区别

数据安全风险评估是指对数据和数据处理活动进行信息调研、风险识别、风险分析和风险评价的整个过程，其目的在于发现存在的安全问题和风险隐患，督促数据处理者健全安全制度、改进安全措施、堵塞安全漏洞，进一步提高数据安全和个人信息保护能力。数据安全风险评估是数据安全风险管理机制的组成部分，核心在于如何管控数据全生命周期以及数据的硬件设备和物理环境存在的潜在风险。而数据安全审查上升到国家安全的高度，侧重对数据跨境流通等可能影响国家安全的数据处理活动进行安全管控。

3. 数据安全审查与网络安全审查制度的区别

数据安全和网络安全息息相关，网络安全是数据安全的基石，网络安全可以保障数据安全，数据安全离不开网络安全。2016 年，《网络安全法》为落实网络空间领域国家安全审查的施行，建立了针对关键信息基础设施运营者采购网络产品和服务行为的网络安全审查制度。网络安全审查制度与数据安全审查制度是两项重要的国家安全审查制度。根据《网络安全审查办法》及《网络数据安全管理条例（征求意见稿）》的立法体例，立法正逐步将数据安全、网络安全的监管规则统筹到一部立法中，特意在数据安全与网络安全交叉的领域实现规则统一，便于实践操作。《网络安全审查办法》将数据处理活动纳入网络安全审查范围，其审查目的不再局限于关键信息基础设施安全因素，对网络平台运营者的数据处理活动而产生的数据安全风险也需进行网络安全审查。数据安全审查制度与网络安全审查制度相辅相成，交叉适用，但两者在审查的具体对象上侧重点不同。前者的审查对象主要是影响或者可能影响国家安全的数据处理活动，包括数据的收集、存储、使用、加工、传输、提供、公开等。后者的审查对象主要是关键信息基础设施运营者在采购网络产品和服务时影响或可能影响国家安全的情形，其重点是信息技术产品和服务的安全性和可控性。

（三）数据安全审查制度的具体内容

数据安全审查制度的具体实施细则并未在《数据安全法》中明确，因此，我们将《网络安全审查办法》作为数据安全审查工作开展的直接依据。

1. 审查机构

《数据安全法》中并没有规定数据安全审查的主体，根据《网络安全审查办法》第四条和第七条规定，国家互联网信息办公室下设的网络安全审查办公室负责制定网络安全审查相关制度规范并组织网络安全审查。

2. 审查对象和范围

《数据安全法》第二十四条第一款规定：国家建立数据安全审查制度，对影响或者可能影响国家安全的数据处理活动进行国家安全审查。影响或可能影响国家安全的数据处理活动有两层含义：一是审查对象为数据的收集、存储、使用、加工、传输、提供、公开等数据处理行为；二是审查范围不仅包括在中国境内开展的数据处理活动，还包括在中国境外开展的，损害或可能损害中华人民共和国国家安全、公共利益或者公民、组织合法权益的数据处理活动。这一因素可以从是否存在或疑似存在危害国家安全行为，或者是否存在国家安全风险等方面进行判断，例如掌握超过 100 万用户个人信息的网络平台运营者赴国外上市，在一个领域内掌握具有垄断性的用户信息，汇聚大量关系公共利益的数据资源的互联网平台实施合并、重组、分立等，掌握我国禁止或限制出口技术的运营者赴国外上市等一系列数据处理活动。

3. 审查方式

数据安全审查的方式不仅包括数据安全审查机构的主动审查，而且包括数据安全受害者反馈的被动审查。因此，就审查启动主体而言，数据安全审查机构根据自身职责可以主动提起安全审查，而其他国家机关、企业和公民个人在其数据安全受到侵犯之虞也可以向数据安全审查机构提起安全审查申请。

三、数据出境管制制度

（一）数据出境的概念

数据出境是指数据处理者将在境内运营中收集和产生的数据传输、存储至境外，或者数据处理者收集和产生的数据存储在境内，但境外的机构、组织或者个人可以访问或者调用这些数据。

为明确数据出境的概念，2017 年 4 月 11 日，网信办发布的《个人信息和重要数据出境安全评估办法（征求意见稿）》第十七条首次对数据出境进行明确定义：数据出境是指"网络运营者将在中华人民共和国境内运营中收集和产生的个人信息和重要数据，提供给位于境外的机构、组织、个人"。

同年，全国信息安全标准化技术委员会发布了《关于国家标准〈信息安全技术 数据出境安全评估指南〉征求意见稿征求意见的通知》，其中规定数据出境是指，网络运营者通过网络等方式，将其在中华人民共和国境内运营中收集和产生的个人信息和重要数据，通过直接提供或开展业务、提供服务、产品等方式提供给境外的机构、组织或个人的一次性活动或连续性活动。

《数据出境安全评估申报指南（第一版）》则进一步具体细化了数据出境行为的定义，主要分为三类：（一）数据处理者将在境内运营中收集和产生的数据传输、存储至境外；（二）数据处理者收集和产生的数据存储在境内，境外的机构、组织或者个人可以查询、调取、下载、导出；（三）国家网信办规定的其他数据出境行为。

（二）数据出境管制制度的历史沿革

2017 年 6 月 1 日，《网络安全法》正式施行，该法首次从立法层面对数据出境作出规定，要求关键信息基础设施的运营者在我国境内收集和产生的个人信息和重要数据应当在境内存储。[①] 因业务需要，确需向境外提供的，应当按照国家网信部门和国务院有关部门制定的办法进行安全评估；法律、行政法规另有规定的，依照其规定。其中，国家网信部门会同国务院有关部门制定的办法，即 2022 年出台的《数据出境安全评估办法》，但从该规定可见，《网络安全法》仅对关键信息基础设施运营者处理的个人信息与重要数据出境提出了安全评估的规定。[②]

2017 年，《个人信息和重要数据出境安全评估办法（征求意见稿）》《信息安全技术数据出境安全评估指南（征求意见稿）》先后公布。该评估办法提出了出境安全评估的基本流程（自评估、申请评估、重新评估），以及应当进行安全评估的信息主体人数（50 万人以上）、数据量（超过 1000GB）和场景等要求。该评估指南规定网络运营者的安全自评估报告的上报单位为行业主管监管部门，而只有在行业主管部门不明确的情形下，才需呈报国家网信部门。

2019 年 5 月，国家互联网信息办公室就《数据安全管理办法（征求意见稿）》公开征求意见。《数据安全管理办法（征求意见稿）》规定，网络运营者发布、共享、交易或向境外提供重要数据前，应当评估可能带来的安全风险，并报行业主管监管部门同意；行业主管监管部门不明确的，应经省级网信部门批准。向境外提供个人信息按有关规定执行。同年 6 月，《个人信息和重要数据出境安全评估办法（征求意见稿）》发布，要求个人信息出境前必须申报安全评估，逐步细化了申报安全评估应当提供的材料、个人信息出境记录要求、签订合同要求等相关内容。

2021 年，《数据安全法》《个人信息保护法》相继出台。《数据安全法》规定，关键信息基础设施运营者在我国境内收集和产生的重要数据的出境安全管理，适用《网络安全法》的规定，其他数据处理者在境内收集和产生的重要数据的出境安全管理办法，由国家网信部门会同国务院有关部门制定。这扩大了《网络安全法》确定的数据出境监管的主体范围。《个人信息保护法》第三十八条规定，个人信息处理者因业务等需要，确需向中华人民共和国境外提供个人

---

① 郑帅：《我国数据跨境流动规制路径及其优化》，吉林大学研究生论文，2023。

② 《网络安全法讲义》，https://mp.weixin.qq.com/s/h1GNooQVUitsx3I6Sq9D0g，2023 年 4 月 4 日发布，2023 年 9 月 20 日访问。

信息的，应当具备下列条件之一：申报安全评估；进行个人信息保护认证；签署标准合同；其他条件。

2022 年 7 月 7 日，国家网信办发布《数据出境安全评估办法》。《数据出境安全评估办法》整合了《网络安全法》《数据安全法》及《个人信息保护法》中关于重要数据和个人信息的数据出境安全评估要求，确立了统一的评估实施细则。2022 年 8 月 31 日，国家网信办发布了《数据出境安全评估申报指南（第一版）》，为数据出境安全评估提供了安全评估的申报指引。

2022 年 11 月 4 日，国家市场监督管理总局和国家网信办发布了《个人信息保护认证实施规则》（以下简称《认证实施规则》）作为个人信息保护认证的基本规则，《认证实施规则》中明确《网络安全标准实践指南——个人信息跨境处理活动安全认证规范》（第二版）（以下简称《认证规范 V2.0》）为开展跨境处理活动个人信息处理者适用的认证依据。[①]

2023 年 2 月，国家网信办正式发布了《个人信息出境标准合同办法》及附件《个人信息出境标准合同》，至此，中国法下数据出境的三大合规路径正式有了落地的实施方案。

2023 年 9 月 28 日，国家网信办发布了《规范和促进数据跨境流动规定（征求意见稿）》。《规范和促进数据跨境流动规定（征求意见稿）》延续了促进数据跨境流动的总体趋势，在保持对重要数据以及敏感个人信息的谨慎态度的同时，降低仅由于内部管理需要出境相关信息的数据处理者的合规负担。[②]该规定对我国现行的数据跨境流动多个场景下的安全评估、签署出境标准合同、个人信息保护认证等义务予以豁免，保障个人数据处理活动权利自由，大幅降低数据出境合规成本，有利于促进跨境机构及活动的高效运营。此外，该规定进一步引入自贸区数据出境负面清单制度，为自贸区的数据处理者提供了清晰的指导，促进了企业和个人在数据处理活动中的自我审查和合规意识的提升，帮助他们遵守数据出境的相关法律法规。该制度为国际数据交流与合作提供了法律依据，有助于建立跨国界数据流动的信任机制，推动全球数字经济的发展。

---

① 马其家、李晓楠：《论我国数据跨境流动监管规则的构建》，载《法治研究》2021年第 1 期，第 91-101 页。

② 段志超、胡敏喆、金令、甘雨丰：《〈促进和规范数据跨境流动规定〉解读》，载《中国律师》2024 年第 5 期，第 68-71 页。

（三）数据出境管制制度的主要内容

在保障数据安全和个人隐私的基础上，我国针对不同类型的数据处理者和数据建立了三种数据跨境流通路径，分别是数据出境安全评估、个人信息保护认证、个人信息出境标准合同签署三种模式。关键信息基础设施运营者和处理大量个人信息的主体，在数据出境前必须进行安全评估；处理个人信息的机构，可以通过第三方认证来证明其个人信息处理活动的合规性；其他数据处理者确保境外接收方具备适当的数据保护措施，则可以通过签订标准合同跨境传输一般数据。这三种方式既能保障数据的全球流动，又能有效保护个人信息，防护数据安全，有助于提高国际社会对中国数据处理能力的信任，促进全球数字经济健康发展。

1. 数据出境安全评估

数据出境安全评估是对中国境内组织向境外传输规定的数据之前必须进行的一项审查程序，旨在确保数据跨境转移过程中的国家安全、社会公共利益和个人隐私得到充分保护。数据出境前的安全评估可以减轻数据出境可能带来的风险，如数据泄漏、滥用或未经授权的访问。通过这一过程，数据处理者能够证明其数据处理和传输活动符合中国的法律法规，包括《数据安全法》和相关数据保护标准，从而保障数据的安全传输和合规性。数据出境安全评估不仅反映了中国对数据安全的严格监管态度，也是国际数据交流与合作中维护信任和透明度的重要机制。

《数据出境安全评估办法》第四条规定，数据处理者向境外提供数据，有下列情形之一的，应当通过所在地省级网信部门向国家网信部门申报数据出境安全评估：（一）数据处理者向境外提供重要数据；（二）关键信息基础设施运营者和处理100万人以上个人信息的数据处理者向境外提供个人信息；（三）自上年1月1日起累计向境外提供10万人个人信息或者1万人敏感个人信息的数据处理者向境外提供个人信息；（四）国家网信部门规定的其他需要申报数据出境安全评估的情形。该条规定明确了数据处理者向境外提供数据时应当进行申报，且符合数据出境安全评估的范围。

对于向境外提供数据可能涉及《数据出境安全评估办法》第四条规定的情形的，数据处理者应对自身的数据处理活动进行内部审查，确保符合我国《网络安全法》等相关法律法规的要求。数据处理者应根据自查结果填写数据出境安全评估报告，详细记录数据处理情况、出境方式、目的地等信息，并将评估报告和其他相关材料提交省级互联网信息办公室。省级互联网信息办公室进行形式审查后提交国家互联网信息办公室，国家互联网信息办公室对提交的材料进行实质审核后给出反馈意见。如国家网信办提出整改意见，数据处理者需按要求进行整改，并重新提交材料。审核通过后，数据处理者将获得数据出境的批准或备案证明。数据处理者在数据出境过程中需持续遵守法律法规，并接受监管部门的后续监督。

2. 个人信息保护认证

个人信息保护的认证过程是一个系统而全面的评价机制，旨在确保组织在处理个人信息时遵循透明、合法、最小化和安全的原则。2022 年 11 月 4 日，国家市场监督管理总局、国家互联网信息办公室发布公告，为贯彻落实《个人信息保护法》有关规定，规范个人信息处理活动，促进个人信息合理利用，根据《中华人民共和国认证认可条例》，国家市场监督管理总局、国家互联网信息办公室决定实施个人信息保护认证，鼓励个人信息处理者通过认证方式提升个人信息保护能力。从事个人信息保护认证工作的认证机构应当经批准后开展有关认证活动，并按照《个人信息保护认证实施规则》实施认证。

《个人信息保护认证实施规则》对个人信息处理者开展个人信息收集、存储、使用、加工、传输、提供、公开、删除以及跨境等处理活动进行认证的基本原则和要求进行了规定。认证步骤通常包括申请、文档评审、技术验证、现场审核以及获证后监督等关键阶段。首先，组织需提交正式的认证申请并展示其个人信息处理政策和措施的相关文件。之后，认证机构会对提交的文件进行详尽的评审，以评估组织的政策和程序是否满足标准要求。技术验证阶段涉及对组织采取的技术安全措施进行检测和审查，包括数据加密、访问控制、网络安全防护等方面。现场审核则是对组织的实际操作进行评估，包括员工的行为、信息处理流程以及风险管理措施等。若认证机构认为个人信息处理者符合《信息安全技术 个人信息安全规范》的要求，对于开展跨境处理活动的个人信息处理者，认证机构认为符合《个人信息跨境处理活动安全认证规范》的要求，认证机构将授予相应的认证，并开展定期的后续监督审核，以确保组织持续遵守认证标准，有效管理新出现的风险，从而维护个人信息的安全和隐私权益。认证证书有效期为 3 年。在有效期内，通过认证机构的获证后监督，保持认证证书的有效性。证书到期需延续使用的，认证委托人应当在有效期届满前

6 个月内提出认证委托。认证机构应当采用获证后监督的方式，对符合认证要求的委托换发新证书。

3. 个人信息出境标准合同签署

个人信息出境标准合同是为确保在中国境内收集的个人信息在传输、存储或处理到境外时，能够得到与在境内相同或类似的保护水平，在符合相应条件时国家要求签订的有标准文本的合同。这种标准合同由数据出口方和进口方共同签署，明确双方在个人信息处理方面的权利、义务和责任。

2023 年 2 月 22 日，国家互联网信息办公室发布《个人信息出境标准合同办法》。该办法对个人信息处理者通过订立标准合同的方式向境外提供个人信息的情形作出明确规定，包括非关键信息基础设施运营者；处理个人信息不满 100 万人的；自上年 1 月 1 日起累计向境外提供个人信息不满 10 万人的；自上年 1 月 1 日起累计向境外提供敏感个人信息不满 1 万人的；法律、行政法规或者国家网信部门另有规定的，从其规定。另外，个人信息处理者不得采取数量拆分等手段，将依法应当通过出境安全评估的个人信息通过订立标准合同的方式向境外提供。

《个人信息出境标准合同》范本由国家互联网信息办公室制定，标准合同包括定义、个人信息处理者的义务、境外接收方的义务、境外接收方所在国家或者地区个人信息保护政策和法规对合同履行的影响、个人信息主体的权利、救济、合同解除、违约责任、其他等。标准合同生效之日起 10 个工作日内，个人信息处理者应通过送达书面材料并附带材料电子版的方式，向所在地省级网信办备案。

四、数据安全风险防范机制

数据安全风险是指数据在收集、存储、使用、加工、传输、提供、公开等数据处理活动中，由于自然因素、人为因素、技术漏洞和管理缺陷造成其完整性、保密性、可用性被破坏，导致被泄漏、窃取、篡改、毁损、丢失、非法使用等，进而对国家安全、公共利益或者组织、个人的合法权益造成影响的可能性。因此，建立防范数据安全风险的完整机制体系具有迫切性与必要性。

《数据安全法》第二十二条规定，"国家建立集中统一、高效权威的数据安全风险评估、报告、信息共享、监测预警机制。"

本条规定的核心即为通过自上而下的角度介绍数据安全风险集中开展的治理工作，通过统筹协调四点阐释了国家对收集和获取数据安全信息并合力进行整合分析的能力。① 下文将总结归纳与《数据安全法》第二十二条之数据安全风险机制内容存在关联的不同法律法规中的具体条款。

（一）风险评估机制

《国家安全法》第五十六条规定，"国家建立国家安全风险评估机制，定期开展各领域国家安全风险调查评估。有关部门应当定期向中央国家安全领导机构提交国家安全风险评估报告。"

《密码法》第十七条规定，"密码管理部门根据工作需要会同有关部门建立核心密码、普通密码的安全监测预警、安全风险评估、信息通报、重大事项会商和应急处置等协作机制，确保核心密码、普通密码安全管理的协同联动和有序高效。"

《网络安全法》第五十四条规定，网络安全事件发生的风险增大时，省级以上人民政府有关部门应当组织有关部门、机构和专业人员，对网络安全风险信息进行分析评估，预测事件发生的可能性、影响范围和危害程度；第五十五条要求，若发生网络安全事件，应当立即启动网络安全事件应急预案，对网络安全事件进行调查和评估。

《个人信息保护法》第五十五、第五十六条规定，有下列情形之一的，个人信息处理者应当事前进行个人信息保护影响评估，并对处理情况进行记录：（1）处理敏感个人信息；（2）利用个人信息进行自动化决策；（3）委托处理个人信息、向其他个人信息处理者提供个人信息、公开个人信息；（4）向境外提供个人信息；（5）其他对个人权益有重大影响的个人信息处理活动。

个人信息保护影响评估应当包括下列内容：（1）个人信息的处理目的、处理方式等是否合法、正当、必要；（2）对个人权益的影响及安全风险；（3）所采取的保护措施是否合法、有效并与风险程度相适应；个人信息保护影响评估报告和处理情况记录应当至少保存三年。

《工业和信息化领域数据安全风险评估实施细则（试行）（征求意见稿）》第五条明确了评估对象为数据处理活动中涉及的目的和场景、管理体系、人员

---

① 王泽、袁瑞红：《以〈数据安全法〉第二十二条［数据安全风险机制］要求为基础，探究条款内涵、风险要点及实践路径》，载《网络安全技术与应用》2024 年第 5 期，第 69-72 页。

能力、技术工具、风险来源、安全影响等要素，并按照以上要素细化了具体评估内容。第六条对评估期限进行了规定，要求重要数据和核心数据处理者每年至少开展一次数据安全风险评估，并形成评估报告。数据安全风险评估结果有效期为一年，自评估报告首次出具之日起计算。第七条规定了评估方式既可以自行评估，亦可委托具有工业和信息化数据安全工作能力的第三方评估机构开展评估。第十条规定重要数据和核心数据处理者在评估工作完成后的 10 个工作日内，向本地区行业监管部门报送或更新评估报告。

数据安全风险评估是数据安全领域的基础工程，也是数据治理工作的核心任务，其目的在于及时评估数据安全风险状态，并监测、处置数据安全风险，为数据的保护和充分利用奠定基础。随着大数据技术的广泛应用，有效识别和处理风险将是数字经济发展的必经之路。

（二）风险报告机制

《国家安全法》第五十八条规定，"对可能即将发生或者已经发生的危害国家安全的事件，县级以上地方人民政府及其有关主管部门应当立即按照规定向上一级人民政府及其有关主管部门报告，必要时可以越级上报。"

《密码法》第十七条规定了"密码工作机构发现核心密码、普通密码泄密或者影响核心密码、普通密码安全的重大问题、风险隐患的，应当立即采取应对措施，并及时向保密行政管理部门、密码管理部门报告。"

《网络安全法》第五十四条规定，"网络安全事件发生的风险增大时，省级以上人民政府有关部门应当要求有关部门、机构和人员及时收集、报告有关信息。"

《国家网络安全事件应急预案》第 3.3 条规定了，"各省（区、市）、各部门组织对监测信息进行研判，认为需要立即采取防范措施的，应当及时通知有关部门和单位，对可能发生重大及以上网络安全事件的信息及时向应急办报告。各省（区、市）、各部门可根据监测研判情况，发布本地区、本行业的橙色及以下预警。"

《工业和信息化领域数据安全风险信息报送与共享工作指引（试行）（征求意见稿）》第十二条明确了地方工业和信息化主管部门、地方通信管理局应当组织开展本地区风险信息报送工作，审核研判本地区收到的风险信息，及时向工业和信息化部（网安局）报送涉及重要数据和核心数据的、跨地区的或者可能造成重大事件的相关风险信息，并每半年向工业和信息化部（网安局）报送风险信息报送工作总结。

《工业和信息化领域数据安全管理办法（试行）》，第四章第二十七条规定，"工业和信息化部建立数据安全风险信息上报和共享机制，统一汇集、分析、研判、通报数据安全风险信息，鼓励安全服务机构、行业组织、科研机构等开展数据安全风险信息上报和共享。地方行业监管部门分别汇总分析本地区数据安全风险，及时将可能造成重大及以上安全事件的风险上报工业和信息化部。工业和信息化领域数据处理者应当及时将可能造成较大及以上安全事件的风险向本地区行业监管部门报告。"

《网络数据安全管理条例（征求意见稿）》第十一条第二款对报告时间进行了具体规定，"发生重要数据或者十万人以上个人信息泄漏、毁损、丢失等数据安全事件时，数据处理者应当履行以下义务：（1）在发生安全事件的八小时内向设区的市级网信部门和有关主管部门报告事件基本信息，包括涉及的数据数量、类型、可能的影响、已经或拟采取的处置措施等；（2）在事件处置完毕后五个工作日内向设区的市级网信部门和有关主管部门报告包括事件原因、危害后果、责任处理、改进措施等情况的调查评估报告。"

（三）风险监测预警机制

《国家安全法》第五十七条规定国家健全国家安全风险监测预警制度，根据国家安全风险程度，及时发布相应风险预警。

《密码法》第十七条规定，"密码工作机构发现核心密码、普通密码泄密或者影响核心密码、普通密码安全的重大问题、风险隐患的，应当立即采取应对措施，并及时向保密行政管理部门、密码管理部门报告，由保密行政管理部门、密码管理部门会同有关部门组织开展调查、处置，并指导有关密码工作机构及时消除安全隐患。"

《网络安全法》第五章规定了监测预警与应急处置相关规定。第五十一条强调国家建立网络安全监测预警和信息通报制度，国家网信部门应当统筹协调有关部门加强网络安全信息收集、分析和通报工作，按照规定统一发布网络安全监测预警信息。第五十二条要求负责关键信息基础设施安全保护工作的部门，应当建立健全本行业、本领域的网络安全监测预警和信息通报制度，并按照规定报送网络安全监测预警信息。

《关键信息基础设施安全保护条例》第二十四条规定了保护工作部门应当

建立健全本行业、本领域的关键信息基础设施网络安全监测预警制度，及时掌握本行业、本领域关键信息基础设施运行状况、安全态势，预警通报网络安全威胁和隐患，指导做好安全防范工作。

《国家网络安全事件应急预案》第 3.2 条规定了各单位按照"谁主管谁负责、谁运行谁负责"的要求，组织对本单位建设运行的网络和信息系统开展网络安全监测工作。重点行业主管或监管部门组织指导做好本行业网络安全监测工作。各省（区、市）网信部门结合本地区实际，统筹组织开展对本地区网络和信息系统的安全监测工作。

《工业和信息化领域数据安全管理办法（试行）》，第四章第二十六条规定，工业和信息化部建立数据安全风险监测机制，组织制定数据安全监测预警接口和标准，统筹建设数据安全监测预警技术手段，形成监测、预警、处置、溯源等能力，与相关部门加强信息共享。地方行业监管部门分别建设本地区数据安全风险监测预警机制，组织开展数据安全风险监测，按照有关规定及时发布预警信息，通知本地区工业和信息化领域数据处理者及时采取应对措施。工业和信息化领域数据处理者应当开展数据安全风险监测，及时排查安全隐患，采取必要的措施防范数据安全风险。

《数据安全法》第二十二条和第二十三条从保护阶段角度出发，体现事前、事中、事后全方位结合。（1）事前保护义务：第二十二条提到的数据安全风险评估、报告和信息共享构成了数据安全保护的事前保护义务；（2）事中保护义务：第二十二条提到的监测预警机制构成了数据安全保护的事中保护义务；（3）事后保护义务：第二十三条虽未明确提到事后保护的应急处置机制，但通过本条强调事前的评估、事中的监测预警实际都为建立事后保护的应急处置机制提供了支撑。

同时，从数据风险信息和数据安全监管机制角度出发。《数据安全法》第二十二条可作如下解读：（1）来源分类：自主监测信息和外部情报信息；（2）类型分类：安全事件信息、威胁信息、漏洞信息、态势感知信息等。数据安全监管机制：基于数据安全风险信息的信息源，通过采用各种技术手段持续动态地监测风险与恶意行为，由及时提供警告的机构、制度、网络等共同组成的机制，其作用在于能够促进实现提前反馈，及时布防，防止或者减少风险发生的可能性，最大限度地消除或降低事故发生的概率。[①]

---

① 王泽、袁瑞红：《以〈数据安全法〉第二十二条［数据安全风险机制］要求为基础，探究条款内涵、风险要点及实践路径》，载《网络安全技术与应用》2024 年第 5 期，第 69-72 页。

（四）风险信息共享机制

《网络安全法》第五十五条规定了网络安全事件发生时应及时向社会发布与公众有关的警示信息。

《关键信息基础设施安全保护条例》第二十三条规定了国家网信部门统筹协调有关部门建立网络安全信息共享机制，及时汇总、研判、共享、发布网络安全威胁、漏洞、事件等信息，促进有关部门、保护工作部门、运营者以及网络安全服务机构等之间的网络安全信息共享。

《国家网络安全事件应急预案》第 3.2 条规定了各省（区、市）、各部门将重要监测信息报应急办，应急办组织开展跨省（区、市）、跨部门的网络安全信息共享。

《工业和信息化领域数据安全风险信息报送与共享工作指引（试行）（征求意见稿）》第十四条明确了工业和信息化部（网安局）根据数据安全风险影响范围等情况，分别开展以下风险信息共享和通报工作：（1）对于可能影响社会公众的风险信息，可通过部网站等渠道通报；（2）对于区域性的风险信息，通报至有关地方工业和信息化主管部门或者地方通信管理局；（3）对于能够确定具体通报单位的，同时向该单位主体及其所在地工业和信息化主管部门或者通信管理局通报；（4）工业和信息化部（网安局）加强数据安全态势分析，不定期通报行业数据安全情况。

除上述规定外，目前我国还有《电信网和互联网数据安全风险评估实施方法》《电信网和互联网数据安全评估技术实施指南》《信息安全技术　数据安全风险评估方法（征求意见稿）》等国家标准与行业标准，都规定了数据安全风险评估机制具体内容。

《数据安全法》第六条明确国家各个层级对数据安全监管职责定位进行关联，统筹协调网络数据安全和相关监管工作，为国家数据安全工作协调机制的建立奠定基础；第二十二条规定了国家数据安全工作协调机制，统筹协调有关部门加强数据安全风险信息的获取、分析、研判和预警工作。可以看出，本条规定与《网络安全法》第三十九条第（三）项规定的促进关键信息基础设施网络安全信息共享、第五十一条规定的建立国家网络安全监测预警和信息通报制度，以及《关键信息基础设施安全保护条例》第二十三条规定的建立网络安全信息共享机制形成对应与衔接，并且是对前述机制与制度在数据安全领域的扩展和延伸。但是，《数据安全法》不仅涉及对数据保密性、完整性和可用性的安全保障——包括但不限于防止数据篡改、数据假冒、数据泄漏、数据窃取、数据丢失等安全风险，而且更加关注对数据汇聚、融合、分析之后的数据动态利用的安全保护，以确保数据在使用、加工、传输、提供、公开、交易等环节的依法有序自由流动。数据安全风险评估、报告、信息共享、监测预警机制与已建立的网络安全风险评估、网络安全信息共享、网络安全监测预警和信息通报制度之间存在一定关联，但在数据安全风险及风险信息的界定方面有所扩展。

数据安全风险监测预警是有效发现和防范数据安全风险的重要工作。《工业和信息化领域数据安全管理办法（试行）》明确了部——省——企业三级联动协同的数据安全风险监测预警工作机制：一是工业和信息化部统筹指导行业数据安全监测预警工作，建设行业数据安全风险监测预警技术手段，统一汇集、研判、通报数据安全风险信息；二是地方行业监管部门负责建立本地区本领域数据安全监测预警机制，组织管辖范围内的数据处理者开展数据安全风险监测和信息报送；三是数据处理者做好本单位数据安全风险监测，按照行业监管部门要求开展风险监测排查，及时防范化解风险隐患。

同时，《工业和信息化领域数据安全管理办法（试行）》还明确建立了工业和信息化领域数据安全应急处置工作机制，细化了不同主体的责任与义务：一是工业和信息化部统筹行业数据安全应急处置管理工作，制定数据安全事件应急预案，组织协调行业重要数据和核心数据安全事件应急处置工作；二是地方行业监管部门负责组织开展本地区数据安全事件应急处置工作，及时上报涉及重要数据和核心数据的安全事件；三是数据处理者制定本单位数据安全事件应急预案并定期开展应急演练，在发生数据安全事件后及时进行处置，并按要求及时向行业监管部门报告。

数据安全监管机制的价值在于，基于数据安全风险信息的信息源，通过采用各种技术手段持续动态地监测风险与恶意行为，由机构、制度、网络等共同组成的机制及时提供警告。其作用在于能够实现提前反馈，及时布防，减少甚至防止风险发生的可能，最大限度地消除或降低事故发生的概率。针对重要数据要特别重视，应依照国家相关部门的规定建立高效权威的数据安全风险评估专项机制，通过缩短评估周期，切实开展评估工作，最大限度地降低数据安全风险。

五、关键信息基础设施保护机制

关键信息基础设施作为重要的战略资源，是经济社会运行的神经中枢，其安全稳定运行关系国计民生、公共利益和国家安全，发挥着基础性、全局性、支撑性作用。随着国际战略格局的演变，关键信息基础设施已经成为国家重要的战略资源，各国都在加强立法保护其安全，并在国家网络安全战略中将其作为核心内容。当前，关键信息基础设施面临的网络安全形势日趋严峻，网络攻击威胁上升，事故隐患易发多发，安全保护工作还存在法规制度不完善、工作基础薄弱、资源力量分散、技术产业支撑不足等突出问题。[①] 鉴于关键基础设施对于国计民生、国家安全等重要性的提升和面临的网络安全威胁态势的变化，我国高度重视关键信息基础设施安全保护工作，在战略出台、法规制定、标准完善等方面多举措强化安全保护。

（一）关键信息基础设施保护制度体系

目前，我国建立了以《网络安全法》为基础，以《关键信息基础设施安全保护条例》为主体，以相关国家标准为补充的关键信息基础设施安全保护机制。

首先，《网络安全法》首次确定了"关键设施"的概念，从宏观层面明确了保障关键信息基础设施运行安全的总体目标与基本原则，部分条文规定了保障关键设施安全的技术要求和管理要求，该法律规范为关键信息基础设施保护义务提供了基本法律依据。

其次，2021年4月通过的《关键信息基础设施安全保护条例》作为《网络安全法》的配套性立法，对关键设施的认定、运营者的责任义务、安全保护保障与促进措施以及各方法律责任等内容作出了更为具体细致的规定。就运营者安全保护义务而言，一方面，《关键信息基础设施安全保护条例》在总则中对运营者提出原则性要求，即运营者应当依照本条例和有关法律、行政法规的规定以及国家标准的强制性要求履行相关义务，该条款明确了运营者履行安全保护义务的责任体系框架。另一方面，《关键信息基础设施安全保护条例》在厘清关键设施责任主体的基础上，以专章的形式对运营者安全保护义务进行了细化，为运营者开展安全保护工作提供了规范性依据。[②]

---

① 俞克群：《应对新形势　强化我国关键信息基础设施安全保护》，载《网信军民融合》2021年第9期，第14-17页。

② 闫宇晨：《数字经济关键信息基础设施安全保护义务：治理体系与改革建议》，载《科技管理研究》2023年第3期，第168-175页。

最后，作为国家网络安全保障体系建设的重要组成部分，我国网络安全标准化工作近年来也在持续推进中。目前，我国尚未正式发布关键信息基础设施安全国家标准，全国信息安全标准化技术委员会在研的国家标准共 8 项，涵盖了总体要求、识别认定、安全防护、检测评估、监测预警和事件处置等方面，主要用于指导运营者、网络安全服务机构等相关单位共同构建关键信息基础设施安全保障体系。[①]

这些国家标准结合关键设施安全保护的需要，从边界识别、保护要求、控制措施、保障指标、应急体系、检查评估以及供应链安全、数据安全、信息共享、监测预警等方面系统性地开展标准研制与标准试点工作，努力构建安全标准来保障运营者安全保护义务的落实。持续丰富完善的网络安全标准，也成为支撑《网络安全法》《关键信息基础设施安全保护条例》等法律法规落地实施的重要抓手。具体关键信息基础设施国家标准汇总见表 4-6。

表 4-6　关键信息基础设施安全国家标准汇总表

国家标准名称	相关标准主要内容
《信息安全技术　关键信息基础设施安全保护要求》	规定了关键信息基础设施运营者在识别分析、安全防护、检测评估、监测预警、主动防御、事件处置等方面的安全要求
《信息安全技术　关键信息基础设施安全控制措施》	规定了关键信息基础设施运营者为满足识别分析、安全防护、检测评估、监测预警、主动防御、事件处置等方面安全要求应采取的控制措施。该标准是《信息安全技术　关键信息基础设施安全保护要求》的配套标准
《信息安全技术　关键信息基础设施边界确定方法》	提出了识别关键信息基础设施边界的方法，适用于关键信息基础设施运营者、关键信息基础设施保护部门和网络安全服务机构识别关键信息基础设施边界，作为明确保护对象，确定保护范围的工作指导

---

① 上官晓丽、王惠莅：《关键信息基础设施安全国家标准进展》，载《中国信息安全》2022 年第 9 期，第 31-33 页。

续表

国家标准名称	相关标准主要内容
《信息安全技术 关键信息基础设施信息技术产品供应链安全要求》	规定了关键信息基础设施信息技术产品供应方和需求方的供应链安全要求，适用于关键信息基础设施、政务信息系统加强信息技术产品供应链安全，也可为其他信息系统保障供应链安全提供参考
《信息安全技术 关键信息基础设施安全检查评估指南》（征求意见稿）	给出了关键信息基础设施安全检查工作的方法、流程和内容，适用于各级网信部门和关键信息基础设施保护工作部门开展关键信息基础设施安全检查
《信息安全技术 关键信息基础设施安全保障指标体系》	给出了关键信息基础设施安全保障指标体系、指标释义和测量方法，适用于关键信息基础设施保护工作部门开展关键信息基础设施安全保障评价工作
《信息安全技术 关键信息基础设施安全防护能力评价方法》	描述了关键信息基础设施安全防护能力评价模型，提出了能力评价方法，适用于关键信息基础设施运营者对关键信息基础设施安全防护能力进行评价，也可适用于网络安全服务机构对关键信息基础设施安全防护能力进行评价，并可供关键信息基础设施保护工作部门和关键信息基础设施安全保护的其他参与者参考

（二）密码管理机制

密码是保障网络与信息安全最有效、最可靠、最经济的关键核心技术，也是党和国家的重要战略资源，对于保障国家政治安全、经济安全、国防安全和信息安全具有重大作用。在信息化快速发展的今天，密码的应用已经渗透到国家安全、社会生产生活各个方面。为了规范密码的应用和管理，促进密码事业发展，保障网络与信息安全，维护国家安全和社会公共利益，保护公民、法人和其他组织的合法权益，2019年10月26日，第十三届全国人大常委会第十四次会议审议通过《中华人民共和国密码法》（以下简称《密码法》），自2020年1月1日起施行。制定和实施密码法，就是要把密码应用和管理的基本制度及时上升为法律规范，确保国家安全和社会生产生活的有序进行。

《密码法》第二条规定："本法所称密码，是指采用特定变换的方法对信息等进行加密保护、安全认证的技术、产品和服务。"加密保护是指采用特定变换的方法，将原来可读的信息变成不能直接识别的符号序列。简单地说，加密保护就是将明文变成密文，其主要作用是保护用户的信息不被第三方获取，保证其数据与网络安全。安全认证是指采用特定变换的方法，确认信息是否完整、是否被篡改、是否可靠以及行为是否真实。举例来说，在数据传输过程中，如果数据被篡改或损坏，接收方可以在解密后验证数据的完整性。如果发现数据与预期不符，可以拒绝该数据，从而防止未经授权的修改和篡改，达到安全认证的效果。

密码的这两大特殊功能，决定了密码在网络空间中身份识别、安全隔离、完整性保护、信息加密和抗抵赖性等方面，具有不可替代的重要作用。比如，使用数字证书或其他身份验证机制，可以确保通信双方的身份真实可靠。在加密通信中，只有持有正确密钥的用户才能解密并访问数据，从而防止未经授权的访问和冒充行为。这就是密码的身份识别功能。密码的抗抵赖功能表现在当用户发送加密数据时，只有他们能够解密并访问其中的内容。如果有人试图否认发送过某个消息，他们无法提供解密后的明文内容作为证据。这有助于解决争议和纠纷，并确保通信的真实性和可信度。密码的表现形式为密码技术、密码产品和服务。密码技术的关键部分主要包括密码算法、密钥和密码协议等。常用密码技术包括对称加密、公钥加密、哈希、数字签名等。

为了合规、正确、有效地使用密码，保护数据安全，国家陆续出台了一系列法律法规和标准，逐步建立起成熟规范的密码管理体系与机制。1999 年，国务院颁布并实施了《商用密码管理条例》，开启了我国商用密码事业的发展。2019 年《密码法》颁布，这是我国密码领域第一部综合性、基础性的法律，是国家安全法律体系的重要组成部分。在此背景下，为了贯彻落实《密码法》，国家密码管理部门会同相关部门，对 1999 年《商用密码管理条例》进行了全面修订并自 2023 年 7 月 1 日起施行。新修订的《商用密码管理条例》适应新时代中国特色社会主义建设背景，强化了党管密码根本原则，调整完善了商用密码管理体制，为保障网络与信息安全，特别是关键信息基础设施安全，提供了坚实有力的法律保障。

密码作为保护数据安全的关键技术手段，在数据安全相关法律法规和行业标准规范中多次运用。例如，《个人信息保护法》和《网络数据安全管理条例（征求意见稿）》提出，采取相应的加密、去标识化等安全技术措施，应当有备份、加密、访问控制等明确的密码技术要求；《信息安全技术　数据安全能力成熟度模型》（GB/T 37988—2019）为数据生存周期和通用安全共 30 个安全过程域量化形成了成熟度模型，其中有 10 个过程明确要求使用密码技术，另有 12 个过程选用密码技术作为其技术工具；《信息安全技术　个人信息安全规范》（GB/T 35273—2020）中明确要求传输和存储个人敏感信息时，应采用加密等安全措施；《信息安全技术　网络数据处理安全要求》（GB/T 41479—2022）同样明确要求传输、存储、共享、转让重要数据和个人信息等敏感网络数据时，应采用加密、脱敏等安全措施。

第三节　数据安全综合治理

数据安全综合治理是一个复杂的系统工程，涉及技术、法律、管理等多个维度。随着数字经济的深入发展，数据安全面临的挑战日益复杂，传统的单一治理模式已难以应对。本节将从新的视角探讨数据安全综合治理的新趋势、主要挑战及国际比较，为构建更加有效的数据安全治理体系提供思路。

一、数据安全综合治理的新趋势

（一）全生命周期治理模式的兴起

近年来，数据安全治理正从单点防护向全生命周期管理转变。这种新的治理模式覆盖了数据的产生、传输、存储、使用、共享、归档到销毁的全过程。例如，美国国家标准与技术研究院（NIST）提出的数据生命周期风险管理框架就强调了对数据全生命周期的持续评估和管理。这种方法不仅能更全面地识别和应对风险，还能提高数据利用效率。

在实践中，全生命周期治理模式要求建立更加精细和动态的管理机制。例如，GDPR 要求的数据保护影响评估（DPIA）就是一种典型的全生命周期风险评估工具。我国的一些先进企业也开始探索这种模式。例如，阿里巴巴集团构建了覆盖数据全生命周期的数据安全大脑，通过实时监控和智能分析，实现数据风险的动态管理。

（二）多层次协同治理机制的形成

面对日益复杂的数据安全形势，单一主体的治理模式已不足以应对挑战。

多层次协同治理机制正在形成，这种机制强调政府、企业、行业组织、技术社区和公众等多方主体共同参与。

在国际实践中，美国的国家网络安全战略明确提出了集体防御的理念，强调公私合作在应对网络安全威胁中的重要性。欧盟的《网络安全法案》则建立了一个涵盖政府、企业和研究机构的网络安全认证框架，促进了多方协作。

我国在这方面也有创新实践。例如，《数据安全法》提出的数据分类分级保护制度就是一种多层次协同治理的体现。国家网信办、公安部、工信部等多个部门联合开展的数据安全检查行动，也体现了跨部门协作的趋势。

（三）技术赋能治理的深化

随着人工智能、区块链等新技术的发展，技术赋能治理正成为数据安全领域的重要趋势。这些技术不仅能提高安全防护能力，还能优化治理流程，提升治理效率。在国际上，美国国土安全部正在探索利用 AI 技术增强网络威胁检测能力。欧盟的《人工智能法案草案》也提出了利用 AI 进行风险评估和管理的框架。在我国，一些领先企业正在积极探索技术赋能治理模式。例如，腾讯公司开发的安全大脑系统，利用机器学习技术实现了对海量数据的实时安全分析。华为公司则提出了基于区块链的数据安全共享方案，有效提高了数据流通的安全性和可信度。

二、数据安全综合治理面临的主要挑战

（一）跨境数据流动与数据主权的平衡

在全球化背景下，如何平衡数据的跨境流动与国家数据主权问题，成为数据安全治理面临的重大挑战。一方面，数据的自由流动是数字经济发展的基础；另一方面，各国出于安全考虑，对数据跨境流动施加了各种限制。

美国和欧盟在这个问题上的分歧尤为突出。美国坚持数据自由流动，反对数据本地化要求。欧盟则更强调数据保护，通过 GDPR 等法规对数据出境设置了严格限制。这种分歧导致了《欧美隐私盾牌》协定的失效，给跨大西洋数据流动带来了不确定性。

我国在这个问题上采取了更为平衡的立场。《数据安全法》和《个人信息保护法》一方面确立了数据出境安全评估制度，另一方面也为企业提供了多种数据出境途径，如标准合同等。这种做法既考虑了国家安全，又为数据流动留下了空间。

（二）新兴技术带来的安全挑战

人工智能、量子计算、5G 等新兴技术的发展，在为数据应用带来新机遇的同时，也带来了新的安全挑战。例如，AI 技术可能被用于生成深度伪造内容，威胁信息真实性；量子计算的发展可能破解现有的加密算法，威胁数据安全。

面对这些挑战，各国都在积极探索对策。美国国家科学基金会（NSF）启动了"人工智能安全研究计划"，专门研究 AI 带来的安全风险。欧盟的量子通信基础设施（EuroQCI）项目则旨在建立一个安全的量子加密通信网络。

我国也高度重视新技术带来的安全挑战。《新一代人工智能发展规划》明确提出要加强 AI 安全研究。国家密码管理局也在积极推进抗量子密码算法的研究和应用。

（三）数据权属与利益分配机制的构建

随着数据价值日益凸显，如何界定数据权属，构建公平合理的利益分配机制，成为数据安全治理面临的重要挑战。这个问题涉及个人、企业和国家等多个主体的利益，需要在法律和伦理层面进行深入探讨。

在国际上，这个问题尚未形成共识。美国倾向于将数据视为财产权的客体，强调市场机制在数据利益分配中的作用。欧盟则更强调个人对数据的控制权，GDPR 中的数据可携带权就是这种理念的体现。

我国则在积极探索。《民法典》首次将数据作为一种新型民事权益客体；《数据安全法》和《个人信息保护法》进一步明确了个人对其个人信息的各项权利。一些地方也在进行创新尝试，如深圳市发布的《深圳经济特区数据条例》就提出了数据权益的概念，为构建数据利益分配机制提供了法律依据。

三、数据安全综合治理的国际比较

（一）美国模式：市场主导与政府监管并重

美国的数据安全治理模式强调市场机制的作用，同时辅以必要的政府监管。这种模式的特点如下。

1. 立法分散化

没有统一的数据保护法，而是通过行业特别法规和州法律进行规制。例如，《健康保险可携带性和责任法案》（HIPAA）规范医疗数据，《加利福尼亚州消费者隐私法》（CCPA）保护消费者数据权益。

2. 执法多元化

多个联邦机构参与数据安全监管，如美国联邦贸易委员会（FTC）、国土安全部等。这种模式增加了执法灵活性，但也可能导致监管重叠或空白。

3. 技术创新导向

政府大力支持数据安全技术研发。例如，美国国防高级研究计划局（DARPA）的透明计算项目，旨在开发新一代网络安全技术。

4. 国际规则输出

利用其技术和市场优势，积极参与和影响国际数据治理规则的制定。例如，推动数据自由流动信任倡议（DFFT）。

美国模式的优势在于其灵活性和创新性，但也面临隐私保护不足、监管碎片化等挑战。

（二）欧盟模式：权利保护与市场规制并举

欧盟的数据安全治理模式以权利保护为核心，辅以严格的市场规制。其主要特征如下。

1. 立法统一化

GDPR 为欧盟提供了统一的数据保护法律框架，大大减少了法律适用的不确定性。

2. 权利保护最大化

赋予个人广泛的数据权利，如知情权、访问权、被遗忘权等。这种做法极大地增强了个人对其数据的控制。

3. 域外效力

GDPR 的域外适用效力使其成为事实上的全球数据保护标准，影响深远。

4. 高额处罚

GDPR 规定的高额罚款（最高可达全球年营业额的 4%或 2000 万欧元）对企业形成强大威慑。

欧盟模式在个人权利保护方面表现突出，但也被批评可能抑制创新，增加企业合规成本。

（三）我国模式：系统治理与审慎监管相结合

我国的数据安全治理模式强调系统性和全面性，体现了国家的顶层设计和长远规划。其主要特点如下。

1. 立法体系化

《网络安全法》《数据安全法》《个人信息保护法》构成了我国数据治理的"三驾马车"，形成了全面的法律框架。

2. 分类分级管理

对不同类型、不同重要程度的数据实行分类分级保护，实现了精细化管理。

3. 安全与发展并重

在强调数据安全的同时，也注重促进数据价值的释放。例如，积极推动数据要素市场建设，探索数据交易机制。

4. 重视技术自主

强调核心技术的自主可控，大力支持关键数据安全技术的研发和应用。

我国模式的优势在于其系统性和前瞻性，但在具体执行和国际协调方面还面临一些挑战。

数据安全综合治理是一个复杂、动态的过程，需要在技术创新、制度设计和国际合作等多个维度不断探索和完善。面对新的趋势和挑战，各国都在积极调整和优化其治理模式。我国在这一过程中，应当坚持系统治理、依法治理、源头治理，在吸收国际先进经验的基础上，构建具有中国特色的数据安全治理体系，为数字经济的健康发展提供坚实保障。

思考题

1. 请深入分析数据安全与信息安全的内在联系和区别，并探讨如何在现代法律体系中准确定位和表述这两个概念的关系。

2. 请选取若干具有代表性的数据安全事件或法律案例，系统评估现行法律在保护数据安全方面的有效性和局限性，并提出完善法律框架和优化实施机制的具体建议。

3. 请从数据科学和信息理论的角度，探讨如何构建一个既能反映数据集内在特性和数据间关联性，又能适应动态安全需求的分类分级模型。

4. 请从国际关系和比较法的视角，探讨如何构建一个兼顾国家主权、企业利益和个人权益的跨境数据治理框架。

○●○●

第五章 数据监管

内容提要

· 数据监管概述：数据监管定义与范围；保护个人权益、维护国家安全、促进数据价值；从隐私保护到全面数据治理；数据监管是数字时代治理的核心议题。

· 数据监管的法律基础：《关于隐私保护和个人数据跨境流动指南》、GD-PR、CBPR 系统；综合立法与部门立法并行；地方性法规创新探索；数据监管法律体系呈现多层次、多元化特征。

· 数据监管的主要领域：个人信息保护（知情同意、权利保障）；数据安全（分类分级、风险评估）；数据跨境（安全评估、充分性认定）；重要数据管理（目录清单、特殊保护）；公共数据（信息公开、数据共享）；数据监管需平衡保护与利用的关系。

· 数据监管的主体和机制：政府制定规则执法；行业自律推动合规；企业建立内控机制；公众参与监督；多元共治成趋势。

· 数据监管的主要措施和工具：实施分类分级管理；开展安全评估；严控数据出境；执行合规审计；应用监管科技；创新升级监管手段。

· 数据监管模式比较：我国重视政府主导与安全发展；美国强调市场机制与自律；欧盟注重个人权利保护。

· 数据监管的重点行业实践：金融（系统性风险防范）；医疗（隐私保护与数据共享平衡）；电信互联网（内容监管、平台责任）；智能汽车（数据安全、隐私、伦理）；电子商务（消费者保护、跨境流动）；行业特性决定数据监管的具体策略。

在这个数字化时代，每一次网络浏览、每一笔电子交易、每一次社交互动，都在不知不觉中留下数字痕迹。这些看似微不足道的数据碎片，经过汇聚、分析和处理，却能揭示个人行为模式，预测社会发展趋势，甚至影响国家决策走向。

数据的力量如同一把双刃剑。它既能推动创新、提升效率、改善生活，又可能侵犯隐私、加剧不平等、威胁安全。在享受大数据红利的同时，个人信息泄露、算法歧视、数据垄断等问题也日益凸显。面对这些挑战，如何在数据利用与权益保护之间寻找平衡点，成为各国政府、企业和公民共同面临的重大课题。

数据监管应运而生，成为数字时代治理的核心议题。它不仅涉及技术创新和法律规制，更关乎伦理价值和社会公平。从欧盟的 GDPR 到我国的《数据安全法》，从美国的行业自律到全球性的数据治理探索，世界各国正在积极寻求适合本国国情的数据监管之道。

这一领域的发展瞬息万变，充满挑战与机遇。大型科技公司掌握海量用户数据，如何防止其滥用市场优势？新兴技术不断突破边界，监管如何跟上创新步伐？在数据全球化流动的背景下，如何协调不同国家的监管标准差异？这些问题不仅考验着决策者的智慧，也影响着每个人的日常生活。

数据监管不仅是一个复杂的技术和法律问题，更是一面映射社会价值观和发展方向的棱镜。审视各国的数据监管实践，可以洞察不同文化背景下对个人权利、市场效率和国家安全的理解与权衡。在这个由数据驱动的新世界里，监管的成败将在很大程度上决定人类社会的未来图景。

第一节　数据监管概述

数据重要性的日益凸显，使数据监管成为全球各国政府、企业和学术界关注的焦点。数据监管是一个复杂而多元的概念，它涉及法律、技术、经济和伦理等多个维度。本节将从数据监管的定义和目标、重要性和必要性以及历史发展三个方面，阐述数据监管的基本概念和理论框架。

一、数据监管的定义和目标

理解数据监管的定义和目标是理解这一领域的起点。广义上，数据监管指的是通过法律、政策、技术等手段，对数据的收集、处理、存储、传输和使用等全生命周期进行规范和管理的过程。这一定义强调了数据监管的全面性和系统性。然而，不同学者对数据监管的具体内涵有着不同的理解。

例如，有学者认为，数据监管主要关注个人数据保护和隐私权维护，强调了数据监管的人权保护维度。[①] 也有学者则更多地从数据价值实现的角度定义数据监管，认为监管的目的是在保护个人权益的同时，最大化数据的社会经济价值。[②]

人们通常认为数据监管具有多重目标。首先是保护个人权益，包括隐私权、个人信息自主权等。其次是维护国家安全和社会公共利益，防范数据滥用带来的风险。再次是促进数据的有序流动和价值实现，推动数字经济发展。最后是构建公平、透明的数据生态系统，平衡各方利益。这些目标之间可能存在冲突，如何在保护和利用之间找到平衡点，是数据监管面临的核心挑战之一。

二、数据监管的重要性和必要性

数据监管的重要性和必要性源于数据在现代社会中的核心地位。首先，从个人权益保护的角度来看，随着数据收集和分析技术的进步，个人隐私面临前所未有的挑战。2018 年曝光的剑桥分析丑闻就是一个典型案例，该公司未经授权获取并分析了近 8700 万 Facebook 用户的个人数据，并将这些数据用于政治营销。[③] 这一事件不仅引发了公众对个人数据保护的担忧，也推动了全球范围内数据保护立法的加强。大数据时代，传统的隐私保护模式已经难以应对新的挑战，需要建立更加全面和动态的数据监管体系。[④]

其次，从国家安全和公共利益的角度看，数据已成为国家战略资源。大规模数据泄露、关键信息基础设施遭受网络攻击等事件可能对国家安全构成严重

---

① Bygrave L A. *Data Privacy Law：An International Perspective*. Oxford University Press，2014.

② Mayer-Schönberger V，Cukier K. *Big Data：A Revolution That Will Transform How We Live，Work，and Think*. Houghton Mifflin Harcourt，2013.

③ Cadwalladr C，Graham-Harrison E. *Revealed：50 Million Facebook Profiles Harvested for Cambridge Analytica in Major Data Breach*. The Guardian，2018，17（3）：22.

④ Solove D J. *The Myth of the Privacy Paradox*. George Washington Law Review，2021，89（1）：1-51.

威胁。例如，2015 年美国人事管理局遭遇的数据泄露事件，导致超过 2100 万政府雇员和承包商的个人信息被窃取，这不仅造成了巨大的经济损失，也对国家安全产生了深远影响。因此，建立有效的数据监管机制，保护关键数据和核心基础设施的安全，已成为各国政府的重要任务。

再次，从经济发展的角度看，数据作为新型生产要素，其价值的实现离不开有序的市场环境和公平的竞争秩序。数据垄断、数据壁垒等问题可能阻碍数据的自由流通和价值创造。例如，欧盟委员会近年来对谷歌、Facebook 等知名企业发起的反垄断调查，就涉及这些公司如何利用数据优势排挤竞争对手的问题。建立公平、透明的数据治理机制，促进数据要素市场健康发展，已成为数字经济时代的必然要求。

最后，从技术发展和创新的角度看，人工智能、大数据等新兴技术的应用带来了新的伦理和法律挑战。例如，算法歧视、自动化决策的公平性等问题，都需要通过适当的监管来规范和引导。正如弗兰克·帕斯奎尔（Pasquale，2015）在其著作《黑箱社会》中所警示的，如果缺乏有效的监管，算法可能成为新的黑箱，加剧社会不平等问题。[1] 因此，建立包容性的数据监管框架，在促进创新的同时防范技术风险，成为各国政策制定者面临的重要课题。

三、数据监管的历史发展

数据监管的历史发展反映了社会对数据问题认知的不断深化。早期的数据监管主要聚焦于个人隐私保护。1970 年，德国黑森州通过了世界上第一部数据保护法，标志着现代数据保护法律的诞生。[2] 1980 年，经济合作与发展组织（OECD）发布了《隐私保护和个人数据跨境流动准则》，首次提出了"公平信息实践原则"（FIPPs），为后续各国的数据保护立法奠定了基础。[3]

进入 21 世纪，随着互联网的普及和大数据技术的发展，数据监管的范围和深度都在不断扩展。2016 年欧盟通过的 GDPR 被认为是数据保护领域的里程碑式立法，它不仅强化了个人对其数据的控制权，还引入了数据可携带权、

---

①　Pasquale F. *The Black Box Society*：*The Secret Algorithms That Control Money and Information*. Harvard University Press，2015.

②　Flaherty D H. *Protecting Privacy in Surveillance Societies*：*The Federal Republic of Germany*，*Sweden*，*France*，*Canada*，*and the United States*. UNC Press Books，1989.

③　OECD. *OECD Guidelines on the Protection of Privacy and Transborder Flows of Personal Data*. OECD Publishing，1980.

被遗忘权等新型权利。① GDPR 的影响远远超出了欧盟的地域范围，推动了全球范围内数据保护立法的升级。

近年来，数据监管的重点开始从单纯的个人数据保护转向更加全面的数据治理。例如，我国于 2021 年相继出台《数据安全法》和《个人信息保护法》，构建了以数据分类分级、重要数据保护、数据安全审查等为核心的数据治理体系。这一转变反映了数据在国家战略中地位的提升，也体现了对数据全生命周期管理的重视。同时，数据监管的国际化趋势日益明显。跨境数据流动、数据本地化等问题成为国际贸易谈判和数字治理的焦点。例如，美国提出的安全港协议和后续的隐私盾框架，以及亚太经合组织（APEC）的跨境隐私规则（CBPR）系统，都是为了协调不同法域间数据保护标准差异的尝试。这些实践表明，构建全球数据治理体系已成为国际社会的共同任务。

总的来说，数据监管的发展历程反映了从单一领域到综合治理、从国内法到国际规则的演进过程。随着数字技术的不断进步和数据应用场景的持续拓展，数据监管的内涵和外延都在不断丰富。未来，如何在保护个人权益、维护国家安全、促进创新发展之间找到平衡点，将是数据监管领域面临的长期挑战。

第二节　数据监管的法律基础

数据监管的法律基础是一个复杂多元的体系，涵盖了国际法律框架、国内法律体系以及地方性法规和部门规章。这一多层次的法律体系反映出数据问题的全球性和地方性并存的特点，也体现了数据监管在不同层面面临的挑战和应对策略。以下将从这三个层面介绍数据监管的法律基础，分析其内在逻辑和发展趋势。

一、国际法律框架

在国际法律框架方面，数据监管的国际规则主要包括国际公约、区域性

---

① European Union. Regulation （EU） 2016/679 of the European Parliament and of the Council of 27 April 2016 on the protection of natural persons with regard to the processing of personal data and on the free movement of such data，and repealing Directive 95/46/EC （General Data Protection Regulation），2016.

协定以及各种软法规范。这些国际法律文件共同构成了全球数据治理的基本框架，为各国（地区）制定国内法律提供了重要参考。其中，最具影响力的当属 1980 年经济合作与发展组织（OECD）发布的《关于隐私保护和个人数据跨境流动准则》。该指南提出了"公平信息实践原则"，包括收集限制、数据质量、目的明确、使用限制、安全保障、公开、个人参与和责任原则。这些原则后来成为许多国家（地区）个人数据保护法的基础，对全球数据保护立法产生了深远影响。在区域性协定方面，欧盟的 GDPR 无疑是最具代表性和影响力的法律文件。GDPR 不仅适用于欧盟成员国，其域外效力还使得它成为全球数据保护的实际标准。GDPR 引入了数据可携带权、被遗忘权等新型权利，强化了数据控制者的责任，并设立了高额的违规处罚机制。这些创新性规定为其他国家和地区的数据保护立法提供了重要借鉴。例如，巴西的《通用数据保护法》（LGPD）和印度的《个人数据保护法案》在制定过程中都明显借鉴了 GDPR 的框架和原则。[①] 除了正式的国际条约和区域协定，各种国际组织制定的软法规范也在全球数据治理中发挥着重要作用。例如，亚太经合组织（APEC）的跨境隐私规则（CBPR）系统旨在促进成员经济体之间的数据自由流通，同时确保个人信息得到适当保护。[②] 虽然 CBPR 是一个自愿参与的认证机制，但它为解决不同法域间数据保护标准差异提供了一种实践模式。另一个例子是全球隐私执法网络（GPEN）发布的各种最佳实践指南，这些指南虽然不具有法律约束力，但为各国（地区）数据保护机构的执法实践提供了重要参考。

国际法律框架的发展反映了全球数据治理面临的挑战和机遇。一方面，数据的跨境流动要求建立统一的国际规则，以降低合规成本，促进数据价值的实现。另一方面，各国在数据主权、隐私保护标准等问题上存在分歧，这使得全球性数据治理规则的制定面临困难。正如库纳尔（Kuner，2013）所指出的，在数据保护领域实现全球性的硬法规则可能是一个长期目标，在可预见的未来，软法机制和区域性协定可能仍将是全球数据治理的主要形式。[③]

---

① Belli L，Zingales N. *Data Protection in the BRICS Countries：Legal Approaches and Challenges*. Springer，2019.

② Greenleaf G. *APEC's Cross-Border Privacy Rules System：A House of Cards*? Privacy Laws & Business International Report，2017，146，1-6.

③ Kuner C. *Transborder Data Flows and Data Privacy Law*. Oxford University Press，2013.

二、国内法律体系

在国内法律体系方面，各国根据自身的法律传统和国情，形成了不同的数据监管模式。总体来看，可以将这些模式分为综合立法模式和部门立法模式两大类。综合立法模式以欧盟为代表，通过制定统一的数据保护法来规范各个领域的数据处理活动。例如，除了 GDPR，欧盟还制定了《执法指令》（LED）和《针对欧盟机构、团体、办事处和代理机构的数据保护条例》（EUDPR），构建了全面的数据保护法律体系。这种模式的优点是法律适用明确，有利于形成统一的执法标准，但可能缺乏对特定领域的针对性规定。

部门立法模式以美国为代表，通过在不同领域制定专门的数据保护法来应对特定行业的数据问题。例如，美国的《健康保险可携带性和责任法案》（HIPAA）规范医疗健康数据的处理，《金融服务现代化法案》（GLBA）规范金融机构的数据处理活动。[①] 这种模式的优点是能够针对不同行业的特点制定更加精细化的规则，但可能导致法律适用的碎片化和监管套利问题。

近年来，一些国家开始采取综合立法与部门立法相结合的混合模式。我国就是一个典型例子。2021 年，我国先后颁布了《数据安全法》和《个人信息保护法》，构建了以这两部法律为核心的数据治理基本法律框架。同时，我国还在金融、医疗、交通等领域制定了针对性的数据管理规定，形成了多层次的数据监管体系。这种混合模式试图兼顾统一性和针对性，但如何协调不同法律之间的关系，避免规则冲突，是其面临的主要挑战。

值得注意的是，数据监管的国内法律体系并不局限于专门的数据保护法。传统的民法、刑法、行政法等也在适应数据时代的需求而不断发展。例如，我国的《民法典》将数据和网络虚拟财产纳入民事权利客体的范畴，为数据权益的民事保护奠定了法律基础。《刑法修正案（十一）》则增设了数据安全犯罪的相关条款，强化了对数据犯罪的刑事打击力度。这些立法实践表明，数据监管正在从单一的专门法律向整个法律体系全面渗透发展。

---

① Schwartz P M，Solove D J. *Information Privacy Law*. Wolters Kluwer Law & Business，2014.

三、地方性法规和部门规章

地方性法规和部门规章层面往往在细化和落实上位法、应对新兴问题方面发挥着重要作用。由于数据技术和应用的快速发展，国家层面的立法可能难以及时回应所有新出现的问题。在这种情况下，地方性法规和部门规章的灵活性和针对性就显得尤为重要。

以我国为例，在《数据安全法》和《个人信息保护法》出台之前，一些地方就已经开始了数据立法的探索。例如，2021年深圳市通过的《深圳经济特区数据条例》被认为是我国首部地方性数据综合立法。该条例不仅对个人数据保护、数据安全管理等问题作出了规定，还创新性地提出了数据权益和数据交易的相关规则，为国家立法提供了有益的实践经验。

在部门规章方面，各个监管部门根据自身职责和行业特点，制定了大量与数据相关的规范性文件。例如，我国网信办发布的《数据出境安全评估办法》细化了跨境数据传输的审查程序；工信部发布的《工业和信息化领域数据安全管理办法（试行）》针对工业数据的特点提出了具体的管理要求。这些部门规章不仅填补了法律空白，还为企业的数据合规实践提供了更加具体的指引。

地方性法规和部门规章的制定也反映了数据监管的一些新趋势。首先，数据监管的精细化和差异化。不同地区、不同行业面临的数据问题可能有所不同，地方立法和部门规章可以更好地处理这种差异性。其次，数据监管的创新性。由于制定程序相对简单，地方性法规和部门规章往往能够更快地响应新技术带来的挑战，成为监管创新的试验田。最后，数据监管的协同性。随着数据应用的跨地域、跨行业发展，如何协调不同地方、不同部门的数据监管规则，避免监管套利和重复监管，成为一个重要课题。

总的来说，数据监管的法律基础是一个动态发展的体系。国际法律框架为全球数据治理提供了基本原则和行为准则；国内法律体系构建了数据监管的基本框架和制度设计；地方性法规和部门规章则在细化规则、回应新问题方面发挥着重要作用。这三个层面的法律规范相互影响、相互补充，共同构成了数据监管的整体法律框架。随着数据技术和应用的不断发展，数据监管的法律基础也将继续演进，以应对新的挑战和需求。

第三节　数据监管的主要领域

数据监管涵盖了广泛的领域，反映了数据在现代社会中的多元价值和复杂性。本节将重点探讨数据监管的五个主要领域：个人信息保护、数据安全、数据跨境流动、重要数据和核心数据管理、公共数据开放与共享。这些领域既相互独立又密切关联，共同构成了当前数据监管的核心内容。

一、个人信息保护

个人信息保护是数据监管最为核心和成熟的领域。随着数字技术的发展，个人数据的收集和使用日益普遍，如何在促进数据利用的同时保护个人隐私权，成为各国立法和执法的重点。

在我国，个人信息保护的法律框架以 2021 年颁布的《个人信息保护法》为核心，辅以《网络安全法》《数据安全法》等法律的相关规定。《个人信息保护法》确立了个人信息处理的基本原则，包括合法、正当、必要和诚信原则，明确规定了个人信息处理者的义务和个人信息主体的权利。该法的一个重要特点是采用了分类分级保护的思路，对敏感个人信息的处理提出了更高要求，体现了根据不同类型数据特点进行差异化保护的立法理念。在具体制度设计上，《个人信息保护法》借鉴了国际先进经验，同时也有自己的创新。例如，该法规定了单独同意和书面同意两种同意形式，针对不同情况提出了差异化的要求。这种设计既体现了对个人自主权的尊重，又考虑到了现实中不同场景的需求。另一个创新点是引入个人信息跨境提供的安全评估制度，这一制度既保障了数据的自由流通，又维护了国家安全和公共利益。在执法实践中，我国各监管部门积极推动《个人信息保护法》的落实。例如，2022 年，国家网信办等四部门联合开展 APP 违法违规收集使用个人信息专项治理，重点整治了一批侵犯用户权益的应用程序。这种跨部门联合执法的模式，反映了个人数据保护监管的综合性和系统性。

与我国相比，欧盟的个人数据保护制度更为成熟和系统。GDPR 作为全球最严格的数据保护法律，对个人数据的收集、处理、存储等各个环节都作出了详细规定。GDPR 的一个重要创新是引入数据可携带权和被遗忘权等新型权利，这些权利的设置旨在增强个人对其数据的控制力，平衡个人与数据控制者之间的权力关系。GDPR 的实施对全球数据保护实践产生了深远影响。一方面，许多国家在制定本国数据保护法时都参考了 GDPR 的框架和原则。另一方面，GDPR 的域外效力使得它成为事实上的全球数据保护标准，迫使跨国企业调整其全球数据处理策略。例如，Facebook 在 GDPR 实施后，就调整了其全球隐私政策，以符合 GDPR 的要求。

美国采取了不同于欧盟的部门立法模式，在不同领域制定专门的数据保护法律。例如，《健康保险可携带性和责任法案》规范医疗健康数据的处理，《金融服务现代化法案》规范金融机构的数据处理活动。这种模式的优点是能够针对不同行业的特点制定更加精细化的规则，但也可能导致法律适用的碎片化。近年来，美国也开始考虑制定全面的联邦数据保护法，以应对日益复杂的数据保护挑战。

个人数据信息领域的一个重要趋势是从静态保护向动态保护转变。传统的数据保护主要关注数据的收集和存储环节，而现在越来越多地关注数据的使用和流转过程。例如，针对大数据分析可能带来的隐私风险，学界提出了算法公平的概念，要求在数据分析过程中避免产生歧视性结果。这种思路已经开始在立法中得到体现，如美国《加利福尼亚州消费者隐私法》就明确禁止基于个人数据的歧视性做法。

二、数据安全

数据安全是数据监管的另一个核心领域，它关注的是如何保护数据的完整性、保密性和可用性，防范数据泄露、篡改、滥用等风险。随着数据在国家战略和经济发展中地位的提升，数据安全已经成为国家安全的重要组成部分。

在我国，数据安全监管的法律基础是 2021 年实施的《数据安全法》。该法确立了数据分类分级保护制度，这一制度设计反映了对不同类型、不同重要程度数据采取差异化保护策略的思路。《数据安全法》还规定了数据安全风险评估、监测预警和应急处置等机制，构建了全面的数据安全保障体系。在具体实践中，我国各行业主管部门根据《数据安全法》的要求，制定了针对性的数据安全管理规定。例如，工业和信息化部发布的《工业和信息化领域数据安全管理办法（试行）》，针对工业数据的特点，提出了具体的安全管理要求。这种"总体法律＋行业规定"的模式，既确保了数据安全管理的统一性，又兼顾了不同行业的特殊需求。

在执法层面，我国采取了多部门协同的监管模式。例如，2022年中央网信办、工业和信息化部、公安部、国家市场监督管理总局联合开展数据安全专项检查，重点检查重要行业和领域的数据处理活动。这种跨部门联合执法的方式，有利于形成监管合力，提高执法效率。

与我国相比，欧盟和美国在数据安全监管方面采取了不同的策略。欧盟将数据安全要求融入GDPR中，要求数据控制者和处理者采取适当的技术和组织措施确保数据安全。这种做法将数据安全与个人数据保护紧密结合，强调了两者的内在联系。美国则主要通过行业法规和自愿性标准来规范数据安全。例如，《联邦贸易委员会法》赋予联邦贸易委员会监管企业数据安全实践的权力。联邦贸易委员会通过发布指南、执法行动等方式，推动企业加强数据安全保护。同时，美国国家标准与技术研究院（NIST）制定的网络安全框架，虽然是自愿性标准，但在实践中被广泛采用，成为事实上的行业标准。①

数据安全领域的一个重要趋势是从被动防御向主动防御转变。传统的数据安全主要依赖于防火墙、加密等技术手段，而现在越来越多地强调风险评估、威胁情报共享等主动防御策略。例如我国《数据安全法》要求建立数据安全风险评估、报告、信息共享、监测预警机制，体现了这种主动防御的思路。另一个趋势是数据安全与国家安全紧密结合。许多国家都将数据安全上升到国家战略层面。例如，美国2018年通过的《澄清合法使用境外数据法》就赋予了执法机构获取境外存储数据的权力，体现了数据主权的理念。这种趋势反映了数据在国家安全中的战略价值，也为数据安全监管带来了新的挑战。

三、数据跨境流动

数据跨境流动是数据全球化背景下的必然趋势，也是数据监管面临的重要挑战。如何在促进数据自由流通的同时保护国家安全和个人隐私，成为各国数据监管的重要课题。

---

① 美国国家标准与技术研究院制定的网络安全框架（CSF）是一个用于帮助组织管理网络安全风险的框架。CSF 2.0版本提供了一个分类，用于高层级的网络安全成果，这些成果可以被任何组织使用，无论其规模、行业或成熟度如何，以更好地理解、评估、优先排序和交流其网络安全工作。

我国对数据跨境流动采取了较为审慎的态度。《网络安全法》《数据安全法》和《个人信息保护法》共同构建了数据出境管理的基本框架。其中，《个人信息保护法》规定了个人信息出境的条件和程序，包括通过国家网信部门组织的安全评估、经专业机构认证、签订标准合同等方式。这种多元化的数据出境路径设计，体现了对不同类型数据和不同规模主体的差异化管理思路。在具体实施层面，国家网信办发布的《数据出境安全评估办法》细化了数据出境安全评估的具体要求和程序。该办法明确了需要进行安全评估的情形，规定了评估的内容和标准，为数据出境管理提供了可操作的指引。这种"法律＋行政法规＋部门规章"的多层次规制模式，既确保了法律的稳定性，又保持了监管的灵活性。

欧盟的数据跨境流动规则主要体现在 GDPR 中。GDPR 采用了充分性决定和适当保障措施两种主要机制来规范数据出境。充分性决定是欧盟委员会认定某个第三国或地区的数据保护水平与欧盟相当，允许数据自由传输到该国或地区。适当保障措施则包括标准合同条款、有约束力的公司规则等，为未获得充分性决定的国家或地区提供了数据传输的途径。GDPR 的数据出境规则对全球数据流动产生了深远影响。一方面，它推动了许多国家提升数据保护水平，以获得欧盟的充分性认定。例如，日本在 2019 年获得了欧盟的充分性认定，成为亚洲第一个获此认定的国家。另一方面，GDPR 的严格要求也给跨国企业的数据处理活动带来了挑战。例如，2020 年欧洲法院作出的 Schrems Ⅱ 判决无效了美欧隐私盾协议，给欧美之间的数据传输带来了不确定性。[①] 美国在数据跨境流动方面采取了相对开放的态度。美国没有统一的数据出境管理法律，主要通过行业法规和国际协议来规范数据跨境流动。例如，美国与欧盟之间曾经有安全港协议和隐私盾框架，旨在为跨大西洋数据传输奠定法律基础。虽然这些协议先后被欧洲法院判决无效，但它们反映了美国在数据跨境流动问题上的基本立场。

数据跨境流动领域的一个重要趋势是区域性数据流动规则的出现。例如，亚太经合组织的跨境隐私规则（CBPR）系统就是一种区域性数据流动机制，

---

① 根据此判决，数据控制者或处理者在基于 SCCs 传输数据时，必须确保数据主体获得与《通用数据保护条例》（GDPR）和《欧盟基本权利宪章》（CFR）所保障的基本等同的保护水平——必要时需通过额外措施来补偿第三国法律体系在保护方面的不足。如果做不到这一点，运营商必须暂停向欧盟以外的个人传输数据。

旨在促进成员经济体之间的数据自由流通。① 这种区域性机制可能成为全球数据流动规则的有益补充。另一个趋势是数据本地化要求的兴起。越来越多的国家（地区）开始要求某些类型的数据必须存储在境内。例如，俄罗斯的数据本地化法要求俄罗斯公民的个人数据必须存储在俄罗斯境内的服务器上。这种趋势反映了数据主权理念的兴起，但也可能对全球数据流动和数字经济发展造成影响。

四、重要数据和核心数据管理

重要数据和核心数据管理是数据监管中的一个新兴领域，它反映了数据在国家安全和经济发展中的战略价值。不同国家对重要数据和核心数据的定义和管理策略可能有所不同，但总体上都体现了对关键数据资源的特殊保护。

在我国，《数据安全法》首次在法律层面提出了"重要数据"的概念，并要求对重要数据实行重点保护。该法规定，各地区、各部门应当确定本地区、本部门以及相关行业、领域的重要数据具体目录，对列入目录的重要数据进行重点保护。这种"目录＋清单"的管理方式，体现了因地制宜、分类施策的监管思路。在具体实践中，我国各行业主管部门正在积极推进重要数据识别工作。例如，工业和信息化部发布的《工业和信息化领域数据安全管理办法（试行）》就对工业和信息化领域的重要数据作出了界定，并提出了具体的保护要求。这种由行业主管部门主导的识别方式，有利于结合行业特点，准确识别和保护重要数据。对于核心数据，《数据安全法》将其定义为关系国家安全、国民经济命脉、重要民生、重大公共利益等的数据，并要求实行更加严格的管理制度。这一规定体现了我国数据安全保护的层次化思路，即普通数据、重要数据、核心数据分别适用不同强度的保护措施。在执法层面，我国采取了多部门协同的监管模式。例如，2022 年，中央网信办等四部门联合开展数据安全专项检查，重点检查关键信息基础设施运营者、重要数据处理者的数据处

---

① 亚太经合组织（APEC）的跨境隐私规则（CBPR）系统是一个旨在促进成员经济体之间个人信息自由流通并提供充分保护的框架。CBPR 系统基于 APEC 隐私框架的九项原则，根据自愿性、综合性、基于共识的决策、灵活性、透明度、开放区域主义和差异化实施时间表等核心 APEC 原则进行运作。

理活动。^① 这种跨部门联合执法的方式，有利于形成监管合力，提高执法效率。

与我国相比，欧盟和美国在重要数据和核心数据管理方面采取了不同的策略。欧盟没有专门的重要数据或核心数据概念，但在特定领域对某些类型的数据提出了特殊要求。例如，《非个人数据自由流通条例》规定了某些公共部门数据的本地化存储要求。这种做法体现了欧盟在促进数据自由流动和保护关键数据之间寻求平衡的努力。美国主要通过行业法规和国家安全审查来管理重要数据。例如，《外国投资风险审查现代化法案》扩大了美国外国投资委员会（CFIUS）的审查范围，将涉及敏感个人数据的交易纳入审查范围。这种做法体现了美国将数据安全与国家安全紧密结合的思路。

重要数据和核心数据管理领域的一个重要趋势是管理范围不断扩大。随着数据在国家治理和经济发展中作用的增强，越来越多的数据类型被纳入重要数据或核心数据的范畴。例如，我国《汽车数据安全管理若干规定（试行）》将车辆行驶轨迹、音视频等数据纳入重要数据范围，反映了对新兴领域数据安全的重视。另一个趋势是管理手段的多元化。除了传统的法律规制，技术手段在重要数据和核心数据保护中发挥着越来越重要的作用。例如，区块链技术被认为是保护重要数据完整性和可追溯性的有效工具。我国一些地方政府已经开始探索利用区块链技术构建数据安全保护体系。^②

五、公共数据开放与共享

公共数据开放与共享是数据监管中的一个重要领域，它反映了数据作为公共资源的属性，也体现了政府推动数据价值实现的努力。近年来随着开放政府理念的推广和数字政府建设的推进，公共数据开放与共享成为各国政府的重要议程。

在我国，公共数据开放与共享的法律基础主要是《政府信息公开条例》和国务院办公厅《关于全面推进政务公开工作的意见》等文件。这些规定确立了政府信息公开的基本原则，为公共数据开放奠定了制度基础。《数据安全法》进一步明确了公共数据的概念，并要求国家建立健全公共数据开放制度。在具体实践中，我国各地方政府积极推进公共数据开放工作。例如，上海市于2019

---

① 国家互联网信息办公室：《关于开展数据安全专项检查的通知》，2022年。
② 我国信息通信研究院：《区块链赋能数据安全白皮书》，2022年版。

年发布了《上海市公共数据开放暂行办法》，建立了统一的公共数据开放平台，推动政府数据有序开放。这种"顶层设计＋地方实践"的模式，既确保了公共数据开放的整体性，又保留了地方创新的空间。在公共数据共享方面，我国强调打破"数据孤岛"，推动跨部门、跨层级的数据共享。2024 年 9 月 21 日发布的《中共中央办公厅国务院办公厅关于加快公共数据资源开发利用的意见》提出要有序推动公共数据开放，鼓励探索公共数据授权运营，更好发挥市场机制作用，这一政策导向反映了我国政府对数据要素市场化配置的重视。

欧盟和美国在公共数据开放与共享方面有较为成熟的实践。欧盟 2019 年通过的《开放数据指令》为公共部门信息的再利用提供了法律框架，旨在通过开放公共数据促进创新和经济增长。该指令不仅规定了公共数据开放的基本原则，还引入高价值数据集的概念，要求成员国优先开放对经济社会发展具有重要价值的数据集。美国是全球政府数据开放的先行者。2009 年启动的"Data. gov"项目是世界上最早的政府数据开放平台之一。[①] 2019 年通过的《开放政府数据法案》进一步将数据开放要求写入法律，要求联邦政府机构以机器可读的格式公开非敏感数据。这些举措大大促进了公共数据的开放和利用，推动了数据驱动的创新和决策。

公共数据开放与共享领域的一个重要趋势是从数量驱动向质量驱动转变。早期的公共数据开放主要关注数据开放的数量，而现在越来越多地强调数据的质量、可用性和价值。例如，欧盟的"高价值数据集"概念就体现了这种质量导向的思路。[②] 另一个趋势是公共数据开放与数据安全、隐私保护的平衡。随着数据开放实践的深入，如何在促进数据价值实现的同时保护个人隐私和国家安全，成为各国面临的共同挑战。例如，我国《上海市公共数据开放暂行办法》就明确规定了不得开放的数据类型，包括涉及国家秘密、商业秘密、个人隐私等。这种平衡思路反映了公共数据开放的复杂性和系统性。

总的来说，数据监管的这五个主要领域构成了当前数据监管的核心内容。这些领域既相互独立又密切关联，共同反映了数据在现代社会中的多元价值和复杂性。随着数据技术和应用的不断发展，这些领域的边界可能进一步模糊，监管的内容和方式也将不断演进。未来的数据监管将更加强调系统性思维，在保护与利用、安全与发展之间寻求平衡，以应对数字时代的复杂挑战。

---

① U. S. General Services Administration. Data. gov. https：//www. data. gov/，2009.
② European Commission. Implementing act on high-value datasets，2020.

第四节　数据监管的主体和机制

数据监管是一个复杂的系统工程，涉及多元主体和多层次机制。本节将深入探讨数据监管的主要主体，包括政府监管机构、行业自律组织、企业内部合规机制以及公众参与和社会监督，分析它们在数据治理中的角色、职责和相互关系，以及各国在构建数据监管体系方面的实践和经验。

一、政府监管机构

在数据监管体系中，政府监管机构无疑扮演着最为核心和关键的角色。它们不仅负责制定和执行数据相关法律法规，还承担着监督、指导和协调各方数据活动的重要职责。不同国家因其政治体制、法律传统和监管理念的差异，在数据监管机构的设置和职责划分上呈现出不同的特点。

我国的数据监管体系呈现出多部门协同治理的特点。根据《网络安全法》《数据安全法》和《个人信息保护法》等法律的规定，我国形成了国家网信部门牵头，各有关部门分工负责的数据监管格局。其中，网信办作为中央网络安全和信息化委员会的办事机构，在数据监管中发挥着统筹协调的作用。它负责制定数据安全和个人信息保护的重要政策文件，组织开展数据安全审查，并牵头重大数据安全事件的应急处置工作。除网信办外，其他部门在各自职责范围内也承担着重要的数据监管职责。例如，工业和信息化部负责电信和互联网行业的数据监管，公安部负责打击数据犯罪，国家保密局负责国家秘密的保护，国家统计局负责统计数据的管理等。[①] 这种多部门协同的监管模式有利于充分发挥各部门的专业优势，但也对部门间的协调和信息共享提出了更高要求。为了加强协调，我国还建立了跨部门的工作机制。例如，2022 年构建的数据基础制度建设部际协调机制，就是为了统筹推进数据基础制度建设工作，协调解决重大问题。[②] 这种机制的建立，体现了我国政府对数据治理系统性和复杂性的

---

① 中央网络安全和信息化委员会：《关于印发〈"十四五"国家信息化规划〉的通知》，2021 年版。

② 中共中央国务院：《中共中央　国务院关于构建数据基础制度更好发挥数据要素作用的意见》，2022 年 12 月 2 日。

认识，也反映了构建协同高效的数据监管体系的努力。

在执法层面，我国采取了双随机、一公开的监管方式，即随机抽取检查对象，随机选派执法检查人员，抽查情况及查处结果及时向社会公开。[①] 这种方式旨在提高监管效率，减少对市场主体的干扰，同时增强监管的透明度和公信力。例如，2022 年网信办等四部门联合开展的数据安全专项检查就采用了这种方式。

与我国多部门协同治理模式不同，欧盟采取了相对集中的监管模式。根据 GDPR 的规定，每个成员国都设立了独立的数据保护监管机构。这些机构拥有广泛的调查权、纠正权和制裁权，负责监督和执行 GDPR 的实施。为了协调各国监管机构的行动，欧盟还设立了欧洲数据保护委员会（EDPB），负责确保 GDPR 的一致性适用。欧盟的数据保护监管机构通常是独立于政府行政体系的专门机构，这种设置旨在确保监管的独立性和专业性。例如，法国的国家信息与自由委员会（CNIL）就是一个独立的行政机构，不受政府指令的约束。这种独立性使得监管机构能够更加客观公正地履行职责，避免受到政治或商业利益的干扰。

美国的数据监管体系则呈现出分散化的特点。美国没有专门的数据保护监管机构，而是由多个联邦机构在各自职权范围内行使数据监管职能。其中，联邦贸易委员会在消费者隐私保护方面发挥着重要作用，它通过执行《联邦贸易委员会法》第 5 条关于禁止不公平或欺骗性行为的规定，对企业的数据处理行为进行监管。此外，卫生与公众服务部负责医疗健康数据的监管，联邦通信委员会负责电信领域的数据监管等。美国这种分散化的监管模式有其历史和制度原因，它允许各监管机构根据行业特点制定更具针对性的规则。然而，这种模式也可能导致监管重叠或监管空白的问题。为了加强协调，美国政府也在探索建立跨部门的合作机制。例如，2012 年发布的《消费者隐私权利法案》就提出了建立多方利益相关者流程，以制定行业特定的行为准则。

比较这三种不同的监管模式，可以看到每种模式都有其优势和局限性。我国的多部门协同治理模式有利于整合各方资源，实现全面监管，但也面临协调成本高的挑战。欧盟的集中监管模式有利于形成统一的监管标准，提高执法效率，但可能缺乏对行业特点的深入了解。美国的分散化监管模式能够针对不同行业制定更加精细化的规则，但可能导致监管碎片化。无论采取何种监管模

[①] 国务院：《关于在市场监管领域全面推行部门联合"双随机、一公开"监管的意见》，2019 年版。

式，政府监管机构在数据治理中的核心地位是毋庸置疑的。它们不仅是法律法规的制定者和执行者，还承担着引导行业发展、平衡各方利益的重要职责。随着数据技术和应用的不断发展，政府监管机构也面临持续的挑战。如何在保护个人权益和促进创新之间找到平衡，如何应对跨境数据流动带来的管辖权挑战，如何利用新技术提升监管能力，都是各国政府监管机构需要深入思考和探索的问题。

二、行业自律组织

在数据监管体系中，行业自律组织作为政府监管和企业自治之间的桥梁，发挥着不可或缺的作用。它们不仅能够弥补政府监管的不足，还能够更好地反映行业诉求，推动形成更加贴合实际的监管规则。随着数据治理的复杂性日益增加，行业自律组织的重要性也在不断提升。

在我国，行业自律组织在数据治理中的作用得到了法律的明确认可。《数据安全法》第十条规定："相关行业组织按照章程，依法制定数据安全行为规范和团体标准，加强行业自律，指导会员加强数据安全保护，提高数据安全保护水平，促进行业健康发展。"这一规定为行业自律组织参与数据治理提供了法律依据，也体现了政府对多元共治模式的支持。我国互联网协会是国内最具代表性的行业自律组织之一。该协会设立了数据与隐私保护工作委员会，致力于推动行业数据合规和个人信息保护工作。例如，2019年，该协会发布了《互联网个人信息安全保护指引》，为互联网企业处理个人信息提供了具体指导。这类行业标准虽然不具有法律强制力，但由于更贴近行业实践，往往能够得到企业的广泛认可和采纳。除了制定行业标准，我国的行业自律组织还积极参与政策制定和法律咨询工作。例如，在《个人信息保护法》的立法过程中，我国互联网协会就组织会员单位提出了多项建议，为立法的科学性和可操作性作出了贡献[①]。这种参与不仅有助于提高立法质量，也增强了行业的主动性和责任感。

与我国相比，欧盟和美国的行业自律组织在数据治理中发挥着更加正式和系统的作用。在欧盟，GDPR 明确规定了行为准则和认证机制的制度。行业协会可以制定行为准则，经数据保护监管机构批准后，成为判断企业是否合规的重要依据。这种机制既发挥了行业自律的作用，又保证了自律规则与法律要求

[①]　互联网协会：《关于〈个人信息保护法〉立法建议的报告》，2021年。

的一致性。美国的行业自律组织在数据治理中扮演着更加重要的角色，这与美国的分散化监管模式有关。许多行业协会不仅制定了详细的数据处理标准，还建立了自我认证和争议解决机制。例如，数字广告联盟（DAA）制定的自我监管原则就得到了广告行业的广泛采纳。美国联邦贸易委员会也经常将行业自律规则作为判断企业行为是否合法的重要参考。

行业自律组织的作用不仅限于制定标准和规则，它们还在技术创新、人才培养和国际合作等方面发挥着重要作用。例如，我国信息通信研究院作为行业智库，通过发布白皮书、组织研讨会等方式，推动了区块链、人工智能等新技术在数据治理中的应用研究。在国际合作方面，行业组织常常能够比政府机构更灵活地开展交流，促进不同国家和地区间的经验分享和标准互认。

然而，行业自律组织也面临一些挑战。首先，代表性和公信力问题。行业自律组织往往由大企业主导，可能无法充分代表中小企业的利益。其次，执行力问题。自律规则通常缺乏法律强制力，如何确保企业严格遵守是一个挑战。最后，与政府监管的关系问题。如何在发挥自律作用的同时，又不影响政府的监管职能，需要审慎地平衡。面对这些挑战，各国都在探索完善行业自律机制。例如，我国正在推动建立行业自律组织的评估和退出机制，以提高自律组织的公信力。欧盟则通过引入行为准则监督机构的制度，加强对自律规则执行情况的监督。美国联邦贸易委员会也在不断完善对行业自律项目的评估标准，以确保能够有效保护消费者权益。

总的来说，行业自律组织在数据治理中的作用正在不断增强。它们不仅是政府监管的有益补充，更是推动行业良性发展的重要力量。未来，随着数据治理复杂性的增加，行业自律组织可能承担更多的职责，在标准制定、争议解决、国际合作等方面发挥更大作用。同时，如何更好地协调行业自律与政府监管的关系，提高自律的有效性和公信力，将是需要持续探索的重要课题。

三、企业内部合规机制

在数据监管体系中，企业作为数据处理的主要实施者，其内部合规机制对于实现有效的数据治理至关重要。随着数据保护法律的不断完善和执法力度的加大，企业纷纷建立和完善自身的数据合规体系，以应对日益复杂的监管环境和潜在的法律风险。

在我国，《个人信息保护法》《数据安全法》等法律对企业的数据合规提出了明确要求。例如，《个人信息保护法》第五十二条规定，"处理个人信息达到国家网信部门规定数量的个人信息处理者应当指定个人信息保护负责人，负责对个人信息处理活动以及采取的保护措施等进行监督。"这一规定为企业建立数据合规管理体系提供了法律依据。具体而言，我国企业的数据合规机制通常包括以下几个方面。首先是组织架构的建立。许多大型企业设立了专门的数据合规部门或委员会，负责制定和执行数据合规政策。例如，阿里巴巴集团设立了安全委员会，统筹负责集团的数据安全和隐私保护工作。[①] 其次是制度建设。企业需要制定一系列内部规章制度，如数据分类分级管理办法、个人信息保护政策、数据安全事件应急预案等。再次是技术措施的落实。企业通常会采用加密、访问控制、数据脱敏等技术手段来保护数据安全。最后是培训和审计。定期开展员工数据合规培训，并进行内部或外部审计，是确保合规机制有效运行的重要手段。我国一些先进企业的实践为我们提供了有益的参考。例如，腾讯公司建立了覆盖全集团的隐私保护管理体系，包括设立首席隐私官、制定隐私保护政策、开展隐私内嵌设计等措施。[②] 这种自上而下的合规体系不仅有助于降低法律风险，还能提升企业的品牌形象和用户信任度。

欧盟 GDPR 的实施对企业内部合规机制提出了更高要求。GDPR 要求企业采取数据保护影响评估（DPIA）、数据保护官（DPO）等具体措施。[③] 这些要求不仅适用于欧盟企业，还通过域外效力影响了全球范围内的数据处理者。我国许多企业，特别是跨国经营的企业，也开始参照 GDPR 的标准构建自身的合规体系。美国虽然没有统一的数据保护法，但在特定行业有严格的合规要求。例如，《健康保险可携带性和责任法案》对医疗机构的数据处理提出了详细的合规要求。在实践中，美国企业普遍采用隐私内嵌设计的理念，将隐私保护嵌入产品和服务的整个生命周期中。

企业内部合规机制的建立和完善面临诸多挑战。首先是成本问题。对许多中小企业来说，建立全面的数据合规体系可能意味着巨大的投入。其次是技术挑战。随着大数据、人工智能等技术的广泛应用，如何在利用这些技术的同时确保合规，成为一个复杂的问题。最后是跨境合规的挑战。对跨国企业而言，

---

① 肖红军、张丽丽：《中国企业数字科技伦理发展：演变历程、最新进展与未来进路》，载《产业经济评论》2024 年第 2 期，第 153-171 页。

② 腾讯公司：《腾讯隐私保护白皮书》，2021 年版。

③ European Data Protection Board. Guidelines 1/2018 on certification and identifying certification criteria in accordance with Articles 42 and 43 of the Regulation，2019.

如何在不同的法律环境下构建统一的合规体系，是一个难题。面对这些挑战，企业和监管机构都在积极探索解决方案。例如，一些大型科技公司开始向中小企业提供合规解决方案，帮助它们降低合规成本。[①] 监管机构也在努力提供更明确的指引。如我国网信办发布的《网络安全标准实践指南》，为企业落实网络安全标准提供了具体指导。

展望未来，企业内部合规机制在数据治理中的重要性将进一步提升。一方面，随着数据保护法律的不断完善和执法力度的加大，企业将面临更大的合规压力。另一方面，良好的数据合规实践也将成为企业的核心竞争力之一。因此，如何构建更加有效、灵活的内部合规机制，将是企业需要持续探索的重要课题。

四、公众参与和社会监督

在数据监管体系中，公众参与和社会监督是不可或缺的重要组成部分。它们不仅是对政府监管和企业自律的有效补充，还能够反映公众诉求，推动数据治理更加民主化和透明化。随着数据在社会生活中的重要性日益凸显，公众对数据治理的参与意识和能力也在不断提升。在我国，公众参与数据治理的途径正在不断拓宽。

第一，是立法参与。近年来，我国在制定数据相关法律时，普遍采取公开征求意见的方式。例如，在《个人信息保护法》立法过程中就多次向社会公开征求意见，收到了大量公众反馈。这种做法不仅有助于提高立法质量，也增强了公众对法律的认同感。

第二，监督举报机制。《网络安全法》《数据安全法》等法律都明确规定了公众的举报权。例如，《个人信息保护法》第六十五条规定，任何组织、个人有权对违法个人信息处理活动向有关部门投诉、举报。为了方便公众举报，多个部门都设立了专门的举报平台。如国家网信办的网络举报中心就接受关于个人信息泄露等问题的举报。

第三，公益诉讼制度。2021年修订的《民事诉讼法》扩大了公益诉讼的范围，将个人信息保护纳入其中。这意味着检察机关和法律规定的组织可以对侵害众多个人信息权益的行为提起公益诉讼，为社会监督提供了有力的法律工具。

---

① 阿里云：《数据安全中心产品介绍》，2022年版。

　　在实践中，我国公众参与数据治理的案例不断涌现。例如，2020年一些网民发现某视频应用存在过度收集个人信息的问题，通过社交媒体发声，引起了广泛关注，最终促使该应用进行了整改。① 这种"自媒体＋舆论"的监督模式，在我国的互联网环境中发挥着越来越重要的作用。

　　与我国相比，欧盟在公众参与数据治理方面有更加成熟的机制。GDPR不仅赋予个人广泛的数据权利，还允许非营利组织代表个人提起诉讼。② 这种集体诉讼机制大大增强了个人维权的能力。此外，欧盟还鼓励公众参与数据保护影响评估（DPIA）的过程，使公众意见能够在数据处理活动开始前就得到充分考虑。

　　美国的公众参与机制则更多地体现在市场机制和公民社会的作用上。美国有大量致力于隐私保护的非政府组织，它们通过研究报告、政策倡导、公众教育等方式影响数据治理政策。例如，电子前沿基金会（EFF）就是一个在数字权利保护方面非常活跃的组织。③

　　公众参与和社会监督在推动数据治理进步方面发挥了重要作用，但也面临一些挑战。首先是信息不对称问题。数据处理活动的技术复杂性使得普通公众难以全面了解和评估其影响。其次是参与能力的问题。如何提升公众的数据素养，使其能够更有效地参与数据治理，是一个重要课题。最后是如何平衡公众参与与效率、安全等其他目标，也需要仔细考虑。面对这些挑战，各国都在探索完善公众参与机制。例如，我国正在推动数据素养教育，将其纳入国民教育体系。欧盟则在探索如何利用技术手段增强个人对其数据的控制，如个人数据存储（PDS）等概念。④ 美国一些州开始尝试赋予公众更多的数据权利，如《加利福尼亚州消费者隐私法》（CCPA）就赋予了消费者查阅、删除个人信息的权利。

　　总的来说，公众参与和社会监督在数据治理中的作用正在不断增强。它们不仅是对正式监管机制的重要补充，也是推动数据治理民主化、透明化的重要

---

　　① 赵思维、段景文：《657款App曾被工信部通报违规，有多少在"偷听"》，载中国政务网站，http：//zw.china.com.cn/2021-02/08/content_77199400.html.

　　② European Union. Regulation（EU）2016/679 of the European Parliament and of the Council（General Data Protection Regulation），2016.

　　③ Electronic Frontier Foundation. About EFF. EFF官网，2022.

　　④ European Data Protection Supervisor. A Preliminary Opinion on data protection and scientific research，2020.

力量。未来，如何更好地发挥公众的作用，平衡各方利益，将是数据治理领域需要持续探索的重要课题。

第五节　数据监管的主要措施和工具

数据监管是一个复杂而系统的工程，涉及多种措施和工具的综合运用。本节将深入探讨数据分类分级管理、数据安全评估、数据出境审查、数据合规审计以及监管科技的应用等主要措施和工具，分析它们在数据治理中的作用、实施方式以及面临的挑战，并结合我国和国际实践进行比较研究。

一、数据分类分级管理

数据分类分级管理是数据治理的基础性工作，也是实现精准监管、差异化保护的关键措施。它根据数据的敏感程度、重要性和潜在影响，将数据划分为不同的类别和等级，并针对不同类别和等级的数据制定相应的保护措施。

在我国，数据分类分级管理已经上升为国家战略。《数据安全法》第二十一条明确规定："国家建立数据分类分级保护制度，根据数据在经济社会发展中的重要程度，以及一旦遭到篡改、破坏、泄露或者非法获取、非法利用，对国家安全、公共利益或者个人、组织合法权益造成的危害程度，对数据实行分类分级保护"。这一规定为我国的数据分类分级管理奠定了法律基础。在具体实践中，我国各行业主管部门正在积极推进数据分类分级工作。例如，国家互联网信息办公室等部门联合发布的《网络安全审查办法》明确了重要数据的概念，并要求对处理重要数据的网络平台运营者进行网络安全审查。工业和信息化部发布的《工业和信息化领域数据安全管理办法（试行）》则详细规定了工业和信息化领域数据的分类分级方法，将数据分为一般数据、重要数据和核心数据三个级别。我国的数据分类分级管理体现了总体国家安全观的理念，强调数据安全与国家安全的紧密联系。例如《数据安全法》将涉及国家安全、国民经济命脉、重要民生、重大公共利益等的数据列为国家核心数据，实行更加严格的管理制度。这种做法体现了我国对关键数据资源的高度重视。

与我国相比，欧盟和美国在数据分类分级管理方面采取了不同的策略。欧盟的 GDPR 主要关注个人数据的保护，将个人数据分为一般个人数据和特殊类别个人数据，对后者实施更严格的保护措施。这种分类方法主要基于数据的敏感程度，而非对国家安全或经济发展的重要性。美国则主要通过行业法规来实现数据的分类分级管理。例如，在医疗健康领域，《健康保险可携带性和责任法案》对受保护的健康信息制定了详细的安全规则。在国家安全领域，美国政府采用了一套复杂的信息分类系统，将信息分为绝密、机密、保密等不同级别。

数据分类分级管理的实施面临诸多挑战。首先是标准的统一问题。不同行业、不同地区对数据的分类分级标准可能存在差异，如何建立统一的标准体系是一个复杂的问题。其次是动态调整的问题。随着技术发展和社会变化，数据的价值和敏感度可能发生变化，如何及时调整数据的分类分级是一个挑战。再次是执行的问题。对于拥有海量数据的大型组织而言，全面实施数据分类分级管理可能需要投入大量资源。面对这些挑战，各国都在积极探索解决方案。例如，我国正在推动建立国家数据分类分级标准体系，以统一不同行业和地区的标准。欧盟则通过发布指南和最佳实践，帮助组织更好地理解和执行 GDPR 的要求。美国国家标准与技术研究院也发布了数据分类指南，为联邦机构提供实施建议。

展望未来，数据分类分级管理将继续作为数据治理的基础性工作发挥重要作用。随着人工智能、大数据等技术的发展，自动化的数据分类分级工具可能得到更广泛的应用，有助于提高分类分级的效率和准确性。同时，如何在全球化背景下协调不同国家和地区的数据分类分级标准也将成为重要的国际合作议题。

二、数据安全评估

数据安全评估是数据监管的重要工具之一，它通过系统性地评估数据处理活动的风险，帮助组织识别潜在的安全隐患，并采取相应的防护措施。随着数据安全问题日益复杂化，数据安全评估在数据治理中的重要性不断提升。

在我国，数据安全评估已经成为法律要求的重要内容。《数据安全法》第二十九条规定："开展数据处理活动应当加强风险监测，发现数据安全缺陷、漏洞等风险时，应当立即采取补救措施；发生数据安全事件时，应当立即采取处置措施，按照规定及时告知用户并向有关主管部门报告"。这一规定为数据安全评估提供了法律依据。具体而言，我国的数据安全评估主要包括以下几个方面：首先是数据分类分级评估，即根据数据的重要程度和敏感性进行分类分级；其次是风险评估，包括识别潜在的安全威胁、评估风险发生的可能性和潜在影响；再次是安全措施评估，即评估现有安全措施的有效性，并提出改进建议；最后是应急响应评估，即评估组织应对数据安全事件的能力。我国一些重点行业已经开始实施更加严格的数据安全评估要求。例如，中国银行监督管理委员会发布的《银行业金融机构数据治理指引》要求银行业金融机构定期开展数据质量评估、数据安全评估等。这种行业特定的评估要求有助于针对行业特点制定更加精细化的评估标准。

与我国相比，欧盟在数据安全评估方面有更加系统化的要求。GDPR 引入数据保护影响评估（DPIA）的概念，要求在数据处理可能对个人权利和自由造成高风险时进行 DPIA。① DPIA 不仅包括风险评估，还要求评估处理的必要性和相称性，以及采取的保护措施。这种全面的评估方法有助于确保数据处理活动的合法性和合理性。美国虽然没有统一的数据安全评估要求，但在某些特定领域有详细的规定。例如，美国卫生与公众服务部要求受 HIPAA 监管的实体定期进行安全风险评估。② 此外，美国国家标准与技术研究院发布的网络安全框架也为组织提供了全面的风险评估指南。③

数据安全评估的实施面临诸多挑战。首先是评估标准的问题。不同类型的数据和不同的处理活动可能需要不同的评估标准，如何建立统一而又灵活的评估体系是一个挑战。其次是评估能力的问题。随着数据处理技术的不断迭代，评估人员需要具备更加专业的技术知识和分析能力。最后是评估结果的应用问题。如何将评估结果有效地转化为实际的安全措施，是确保评估价值的关键。

面对这些挑战，各国都在积极探索解决方案。例如，我国正在推动建立国家数据安全标准体系，为数据安全评估提供统一的参考。④ 欧盟数据保护委员

---

① European Data Protection Board. Guidelines on Data Protection Impact Assessment (DPIA) and determining whether processing is "likely to result in a high risk" for the purposes of Regulation 2016/679. Adopted on 4 April 2017，As last Revised and Adopted on 13 October 2017.

② U. S. Department of Health and Human Services. HIPAA Security Rule Crosswalk to NIST Cybersecurity Framework. Office for Civil Rights，2013.

③ National Institute of Standards and Technology. （2018）. Framework for Improving Critical Infrastructure Cybersecurity，Version 1. 1. NIST Cybersecurity Framework.

④ 国家市场监督管理总局：《关于印发〈国家标准化发展纲要〉的通知》，2021 年第 24 号。

会则发布了 DPIA 指南，帮助组织更好地理解和执行 DPIA。[①] 美国国家标准和技术研究院也在不断更新其网络安全框架，以适应新的技术环境和安全挑战。[②]

展望未来，数据安全评估将继续作为数据治理的重要工具发挥作用。随着人工智能、大数据等技术的发展，自动化的安全评估工具可能得到更广泛的应用，有助于提高评估的效率和准确性。同时，如何在全球化背景下协调处理不同国家和地区的数据安全评估标准的差异，也将成为一个重要的国际合作议题。

三、数据出境审查

数据出境审查是数据主权时代的重要监管工具，旨在平衡数据的跨境流动与国家安全、公共利益的保护。随着数据的战略价值日益凸显，越来越多的国家开始实施数据出境审查制度，我国在这方面的实践尤为引人注目。

在我国，数据出境审查的法律基础主要来自《网络安全法》《数据安全法》和《个人信息保护法》。《个人信息保护法》第四十条规定，"关键信息基础设施运营者和处理个人信息达到国家网信部门规定数量的个人信息处理者，应当将在中华人民共和国境内收集和产生的个人信息存储在境内。确需向境外提供的，应当通过国家网信部门组织的安全评估"。这一规定明确了数据出境审查的范围和程序。为了细化数据出境审查的要求，国家网信办于 2022 年 7 月发布了《数据出境安全评估办法》，该办法自 2022 年 9 月 1 日起施行。根据这一办法，数据出境安全评估主要考虑以下因素：数据出境的目的、范围、方式等的合法性、正当性、必要性；数据接收方所在国家或者地区的数据安全保护政策法规和网络安全环境对出境数据安全的影响；出境数据的数量、范围、类型、敏感程度等；数据出境及出境数据被滥用可能带来的风险等。我国的数据出境审查制度体现了总体国家安全观的理念，强调数据安全与国家安全的紧密联系。例如，《数据安全法》规定，国家对与国家安全、国民经济命脉、重要民生、重大公共利益等相关的数据，以及对其开展数据处理活动，实行更加严格的管理制度。这种做法体现了我国对关键数据资源的高度重视。

[①]　European Data Protection Board. Guidelines 4/2019 on Article 25 Data Protection by Design and by Default. Adopted on 13 November 2019.

[②]　National Institute of Standards and Technology. NIST Cybersecurity Framework 2.0 Concept Paper. NIST，2022.

与我国相比，欧盟和美国在数据出境管理方面采取了不同的策略。欧盟GDPR采用了充分性认定和适当保障措施两种主要机制来规范数据出境。充分性认定是欧盟委员会认定某个第三国或地区的数据保护水平与欧盟相当，允许数据自由传输到该国或地区。适当保障措施则包括标准合同条款、有约束力的公司规则等，为未获得充分性认定的国家或地区提供了数据传输的途径。美国虽然没有统一的数据出境审查制度，但在某些特定领域有严格的要求。例如，美国国防部对涉及国防和军事的数据有严格的出境管理规定。此外，美国还通过《澄清合法使用境外数据法案》等法律，扩大了执法机构获取境外存储数据的权力。

数据出境审查的实施面临诸多挑战。首先是效率问题。严格的出境审查可能影响数据的跨境流动，给企业的国际业务带来不便。其次是技术挑战。随着云计算、边缘计算等技术的发展，数据的物理位置变得越来越模糊，这给数据出境的界定和管理带来了挑战。最后是国际协调问题。不同国家的数据出境政策可能存在冲突，如何协调这些差异是一个复杂的问题。面对这些挑战，各国都在积极探索解决方案。例如，我国正在推动建立数据出境白名单制度，为符合条件的企业提供便利。欧盟则在不断完善标准合同条款等工具，以适应新的法律和技术环境。美国也在探索建立新的数据共享机制，如隐私盾协议的替代方案。

展望未来，数据出境审查将继续作为数据主权的重要体现，在数据治理中发挥关键作用。随着数据在国家安全和经济发展中的战略地位不断提升，各国可能进一步完善和强化数据出境审查制度。如何在保护国家利益的同时促进数据的全球流动，将成为国际社会需要共同面对的重要课题。

四、数据合规审计

数据合规审计是确保组织遵守数据保护法律法规的重要工具，它通过系统性地检查组织的数据处理活动，评估其是否符合相关法律要求和内部政策。随着数据保护法律的不断完善和执法力度的加大，数据合规审计在数据治理中的地位日益突出。

在我国，数据合规审计的法律基础主要来自《网络安全法》《数据安全法》和《个人信息保护法》。《个人信息保护法》第五十四条规定，"个人信息处理者应当定期对其处理个人信息遵守法律、行政法规的情况进行合规审计"。这一规定明确了数据合规审计的法律要求，为组织开展合规工作提供了依据。具体而言，我国的数据合规审计通常包括以下几个方面：首先是合规性评估，即评估组织的数据处理活动是否符合法律法规的要求；其次是风险评估，包括识别潜在的合规风险，评估风险发生的可能性和潜在影响；再次是内部控制评估，即评估组织的内部控制措施是否有效；最后是改进建议，即基于审计结果提出具体的改进措施。我国一些重点行业已经开始实施更加严格的数据合规审计措施。例如，我国人民银行发布的《金融数据安全 数据生命周期安全规范》要求金融机构定期开展数据安全审计。[①] 这种行业特定的审计要求有助于针对行业特点制定更加精细化的审计标准。

与我国相比，欧盟在数据合规审计方面有更加系统化的要求。GDPR 引入了数据保护影响评估和数据保护官等机制，要求组织定期评估其数据处理活动的合规性。[②] 此外，GDPR 还鼓励建立认证机制和行为准则，这些都为数据合规审计提供了重要参考。美国虽然没有统一的数据合规审计要求，但在某些特定领域有详细的规定。例如，美国卫生与公众服务部要求受 HIPAA 监管的实体定期进行安全评估。[③] 此外，美国证券交易委员会（SEC）也要求上市公司披露其网络安全风险和事件，这间接推动了企业加强数据合规审计。[④]

数据合规审计的实施面临诸多挑战。首先是审计标准的问题。随着数据保护法律的不断发展演进，审计标准也需要及时更新。其次是审计能力的问题。数据合规审计需要审计人员同时具备法律、技术和业务知识，这对人才培养提出了较高要求。最后是审计独立性的问题。如何确保内部审计的客观性和公正性，是保证审计有效性的关键。面对这些挑战，各国都在积极探索解决方案。例如，我国正在推动建立第三方数据合规审计制度，以增强审计的独立性和专业性。欧盟数据保护委员会则发布了多项指南，帮助组织更好地理解和执行 GDPR 的要求。[⑤] 美国国家标准和技术研究院也在不断更新其隐私框架，为组

① 人民银行：《金融数据安全 数据生命周期安全规范》，2020 年。

② European Union. Regulation（EU）2016/679 of the European Parliament and of the Council（General Data Protection Regulation），2016.

③ U. S. Department of Health & Human Services. Summary of the HIPAA Security Rule，2013.

④ U. S. Securities and Exchange Commission. Commission Statement and Guidance on Public Company Cybersecurity Disclosures，2018.

⑤ European Data Protection Board. Guidelines 01/2021 on Examples regarding Data Breach Notification，2021.

织开展数据合规工作提供指导。①

展望未来，数据合规审计将继续作为数据治理的重要工具发挥作用。随着人工智能、大数据等技术的发展，自动化的合规审计工具可能得到更广泛的应用，有助于提高审计的效率和准确性。同时，如何在全球化背景下协调不同国家和地区的数据合规标准，也将成为一个重要的国际合作议题。

五、监管科技的应用

监管科技是指利用新兴技术来提高监管效率和效果的创新方法。在数据治理领域，监管科技的应用正在革新传统的监管模式，为应对日益复杂的数据监管挑战提供了新的解决方案。

在我国，监管科技的应用正在快速发展。例如，我国人民银行推出的"监管沙盒计划"就是监管科技应用的典型案例。该计划允许金融科技企业在受控环境中测试创新产品和服务，同时也为监管机构提供了观察和评估新技术风险的机会。此外，我国银保监会也在积极探索利用大数据、人工智能等技术进行金融风险监测和预警。具体而言，我国在数据监管领域的监管科技应用主要包括以下几个方面。首先是数据采集和分析。利用大数据技术实时采集和分析市场数据，及时发现潜在风险。其次是智能风控。利用机器学习算法构建风险评估模型，提高风险识别的准确性。再次是自动化合规。利用智能合约等技术实现合规要求的自动执行。最后是监管报告自动化。利用数据标准化和自动化技术简化监管报告的生成和提交过程。与我国相比，欧盟和美国在监管科技的应用上有更长的历史和更成熟的实践。欧洲银行管理局（EBA）早在 2017 年就发布了监管科技报告，探讨了监管科技在金融监管中的应用前景。② 美国金融业监管局（FINRA）也积极推动监管科技的应用，例如利用机器学习技术检测市场操纵行为。③

监管科技的应用虽然带来了巨大机遇，但也面临诸多挑战。首先是技术挑

---

① National Institute of Standards and Technology. Privacy Framework：A Tool for Improving Privacy through Enterprise Risk Management，Version 1.0，2020.

② European Banking Authority. Discussion Paper on the EBA′s Approach to Financial Technology（FinTech），2017.

③ Financial Industry Regulatory Authority. 2023 Report on FINRA′s Examination and Risk Monitoring Program，2022.

战。监管科技涉及复杂的技术，如何确保这些技术的可靠性和安全性是一个重要问题。其次是数据质量问题。监管科技的有效性很大程度上依赖于高质量的数据输入，如何确保数据的准确性和完整性是一个关键挑战。最后是隐私保护问题。监管科技的应用可能涉及大量敏感数据的处理，如何在提高监管效率的同时保护个人隐私权，需要谨慎平衡。面对这些挑战，各国都在积极探索解决方案。例如，我国正在推动建立数据要素市场，为监管科技的应用提供高质量的数据支持。欧盟则通过制定严格的数据保护法规，为监管科技的应用创造了良好的法律环境。[①] 美国证券交易委员会也在积极探索如何利用监管科技提高市场监管的效率和有效性。[②]

展望未来，监管科技在数据监管中的应用前景广阔。随着人工智能、区块链等技术的不断发展，监管科技可能革新传统的监管模式，实现更加精准、实时、主动的监管。同时，如何平衡技术创新与风险防控，如何协调不同国家和地区的监管科技标准，也将成为未来数据治理领域需要深入探讨的重要课题。

六、隐私增强技术

隐私增强技术（PETs）是一系列旨在保护个人隐私和数据安全的创新技术方法。这些技术的核心目标是在充分利用数据价值的同时，最大限度地减少个人隐私信息的泄露风险。PETs的发展反映了社会对隐私保护的日益重视，也体现了技术创新在解决法律和伦理挑战方面的潜力。隐私增强技术包含以下几类。

1. 同态加密

同态加密是一种革命性的加密技术，它允许在加密数据上直接进行计算，而无需事先解密。这一特性使得数据可以在加密状态下被处理和分析，从而大大降低了数据泄露的风险。同态加密的工作原理是通过特殊的数学算法，使得对密文进行的操作等同于对明文进行相同操作后再加密的结果。例如，如果我们有两个加密后的数字 A 和 B，同态加密允许我们计算 A＋B 的加密结果，而

---

① European Union. Regulation（EU）2016/679 of the European Parliament and of the Council（General Data Protection Regulation），2016.

② U. S. Securities and Exchange Commission. SEC Announces Creation of New Office，the Office of Data Science and Innovation，2021.

无需知道 A 和 B 的实际值。在数据监管领域，同态加密为敏感数据的处理提供了一种安全的方法。例如，在金融行业，银行可以使用同态加密技术对客户的财务数据进行分析，而不会暴露客户的具体信息。这不仅保护了客户隐私，也符合了诸如欧盟 GDPR 等严格的数据保护法规的要求。

然而，同态加密也面临一些挑战。首先，同态加密的计算开销较大，可能影响系统的性能和效率。其次，目前的同态加密技术还不能支持所有类型的计算操作。因此，在实际应用中，往往需要在安全性和效率之间作出权衡。从法律角度来看，同态加密的应用可能影响现有的数据保护法规的解释和执行。例如，如果数据始终处于加密状态，那么对数据访问和数据处理的定义可能需要重新考虑，立法者和监管机构需要与技术专家密切合作，以确保法律框架能够适应这种新的技术现实。

2. 差分隐私

差分隐私是一种数学上严格定义的隐私保护模型，它通过在数据集中添加精确控制的随机噪声来保护个人隐私。这种方法的核心思想是，即使知道了整个数据集的统计特征，也无法推断出任何特定个体的信息。差分隐私的工作原理可以简单理解为，在查询数据集时，系统不会直接返回真实结果，而是返回加入了随机噪声的结果。这个噪声的大小是经过精心计算的，以确保在保护个体隐私的同时，不会显著影响整体统计结果的准确性。在实际应用中，差分隐私被广泛用于各种场景，如人口普查、位置服务、推荐系统等。例如，美国人口普查局在 2020 年的人口普查中就采用了差分隐私技术，以更好地保护公民的隐私信息。[①] 差分隐私的一个重要概念是隐私预算。[②] 每次查询数据集都会消耗一部分隐私预算，当预算用尽时，系统将不再响应查询请求。这种机制有效地限制了对数据集的过度查询，从而防止通过多次查询来推断个体信息。

从法律和政策制定的角度来看，差分隐私为数据保护提供了一个可量化和可控制的框架。这使得监管机构可以制定更加精确的数据保护标准，例如规定特定类型的数据处理必须达到一定的差分隐私水平。然而，如何在实践中定义

---

① 中国企业评价协会：《企业合规师资讯：当隐私计算用于三亿人的信息》，https://www.ceea500.org.cn/kaoshi/detail/186/2448.html.

② 隐私预算是一个在差分隐私领域中使用的概念，它指的是在设计一个差分隐私系统时，为个人参与所设置的隐私影响上限。

和执行这些标准仍然是一个挑战，需要法律专家、技术专家和政策制定者共同努力。

此外，差分隐私的应用也可能影响数据主体的权利行使。例如，在采用差分隐私的系统中，个人可能无法准确获知关于自己的具体数据，这可能会与GDPR 等法规中规定的数据访问权产生冲突。[①] 因此，在法律框架中如何平衡差分隐私的技术要求与个人数据权利，是一个需要深入研究的问题。

3. 安全多方计算

安全多方计算（MPC）是一种允许多个参与方在不泄露各自原始数据的情况下进行联合计算的密码学技术。这项技术的核心思想是，参与方可以共同计算一个函数的结果，而每个参与方只能看到自己的输入和最终的计算结果，无法获知其他参与方的输入。安全多方计算的实现通常基于复杂的密码学协议。这些协议确保了计算过程的安全性，即使部分参与方试图作弊或合谋，也无法获取其他参与方的私密信息。常见的 MPC 协议包括 Yao 的混淆电路协议、基于秘密共享的协议[②]等。在实际应用中，安全多方计算为跨组织的数据协作提供了一种安全可靠的方式。例如，在医疗研究领域，多家医院可以使用 MPC 技术共同分析患者数据，而无需实际共享原始的患者记录。这不仅保护了患者隐私，也促进了医学研究的发展。在金融领域，银行可以使用 MPC 进行联合风险评估，而不必交换客户的敏感信息。

从法律和监管的角度来看，安全多方计算为数据共享和协作提供了新的可能性。它可能改变我们对数据控制者和数据处理者的传统定义，因为在 MPC 中，每个参与方既不完全控制数据，又不完全处理数据。这可能需要对现有的数据保护法规进行重新解释或修订。

此外，安全多方计算也为跨境数据流动提供了一种新的解决方案。在当前各国对数据主权日益重视的背景下，MPC 可能成为一种既能保护国家利益，

---

① 根据 GDPR，数据访问权是数据主体的基本权利之一。这项权利允许个人了解其个人数据是否正在被处理，并获取该数据的副本。数据主体可以提交请求，要求数据控制者提供关于其个人数据的详细信息和副本，包括处理目的、数据接收方以及数据的具体内容。数据控制者有责任在合理的时间内响应这些请求，并提供请求的数据副本以及有关数据处理的相关信息。

② 秘密共享协议是一种重要的密码学工具，用于构建安全多方计算，其在诸多 MPC 协议中被使用，例如拜占庭协议、多方隐私集合求交协议、阈值密码学等。秘密共享的核心思想是将秘密拆分为 n 份，分别分发给参与方。

又能促进国际合作的技术手段。例如，多个国家可以使用 MPC 技术进行联合的经济分析或犯罪调查，而无需实际交换原始数据。

然而，安全多方计算的实施也面临一些挑战。首先，MPC 协议通常需要大量的计算资源和通信带宽，这可能限制其在某些实时性要求高的场景中的应用。其次，MPC 的安全性依赖于参与方不合谋的假设，如何在法律和制度上确保这一点是一个值得研究的问题。最后，如何在 MPC 环境中实现数据主体的权利（如访问权、更正权等）也是一个需要解决的挑战。

七、去中心化身份管理

去中心化身份管理是一种新兴的身份验证和管理方法，它旨在让个人对自己的身份信息有更多的控制权。这种方法通常借助区块链等分布式账本技术来实现，其核心理念是创建自主身份（SSI）。自主身份的概念建立在这样一个前提之上：个人应该拥有并控制自己的身份信息，而不是依赖于中心化的身份提供者（如政府机构或大型科技公司）。在 SSI 模型中，个人可以选择何时、向谁，以及分享多少身份信息。

去中心化身份管理的工作原理通常包括以下几个关键组件：其一是分布式标识符（DIDs），这是一种新型的全球唯一标识符，可以由个人创建和控制，不依赖于任何中心化的注册机构；其二是可验证凭证，这些是由可信的实体（如政府、教育机构、雇主等）签发的数字凭证，证明持有者的某些属性或资格；其三是数字钱包，用户可以在其中存储和管理自己的分布式标识符和可验证凭证；其四是区块链或其他分布式账本，用于记录分布式标识符和可验证凭证的公开信息，如公钥和签发者信息，但不存储实际的身份数据。在实际应用中，去中心化身份管理可以大大简化身份验证过程，减少身份欺诈情形，并增强用户隐私。例如，在金融服务领域，用户可以使用自主身份来快速完成 KYC 程序①，而无需多次向不同机构提供相同的身份证明。在教育领域，学生可以轻松地向潜在雇主证明自己的学历，而雇主可以快速验证这些凭证的真实性。

从法律和监管的角度来看，去中心化身份管理带来了一系列新的挑战和机遇。一是数据主权。SSI 模型与 GDPR 等强调个人数据控制权的法规高度契

---

① KYC（Know Your Customer，了解你的客户）是一套企业确认客户身份的程序或过程，包括客户识别计划（CIP）、客户身份尽职调查（CDD）和加强尽职调查（EDD）等环节。

合。然而，如何在法律框架中定义和保护这种新型的数据主权，仍需要进一步的探讨。二是责任认定。在传统的中心化身份系统中，身份提供者通常承担着相当的法律责任。在去中心化系统中，责任的分配变得更加复杂。例如，如果出现身份欺诈，应该由谁承担责任？是凭证的签发者，验证者，还是用户自己？三是跨境互操作性。去中心化身份有潜力成为全球通用的身份系统，但这需要不同国家和地区在法律和技术标准上达成一致。如何在保护国家主权的同时促进全球身份互操作性，是一个重要的政策挑战。四是隐私保护。虽然 SSI 模型理论上可以增强隐私保护，但也带来了新的风险。例如，如何防止通过关联不同的可验证凭证来重新识别个人？这可能需要在技术和法律层面同时采取措施。五是监管和执法。去中心化系统可能会给传统的监管和执法方式带来挑战。例如，在反洗钱和反恐融资方面，如何在保护个人隐私的同时，确保执法机构能够在必要时获取所需信息？六是数字遗产。在 SSI 模型中，个人对自己的数字身份有更多控制权，但这也带来了数字遗产管理的问题。例如，在用户去世后，如何处理其数字身份和相关的数字资产？七是普惠性。尽管去中心化身份管理有潜力提高身份服务的可及性，但也可能因技术门槛而排斥某些群体。如何确保这种新技术不会加剧数字鸿沟，这是政策制定者需要考虑的重要问题。

总的来说，去中心化身份管理代表了身份验证和隐私保护的一个重要发展方向。它有潜力解决许多传统身份系统面临的问题，但也带来了新的法律和政策挑战。未来，法律工作者、技术专家和政策制定者需要密切合作，建立一个既能充分发挥去中心化身份优势，又能有效管控风险的监管手段。

八、可信执行环境

可信执行环境（TEE）是一种硬件级别的安全技术，旨在为敏感数据处理提供一个隔离的、受保护的执行环境。TEE 的核心思想是在处理器中创建一个独立、安全的区域，这个区域与主操作系统和其他应用程序完全隔离，从而保护其中运行的代码和数据免受外部干扰和攻击。[①] TEE 通常由特殊的硬件和软件组件共同实现。在硬件层面，现代处理器（如 ARM 的 TrustZone）提供了

---

① Sabt M，Achemlal M，Bouabdallah A. *Trusted Execution Environment：What it is，and What it is not*. In 2015 IEEE Trustcom/BigDataSE/ISPA（Vol. 1，pp. 57-64）. IEEE. 2015（1）：57-64.

专门的安全区域；在软件层面，特殊的操作系统和运行时环境确保了代码执行的完整性和隔离性。在数据监管领域，TEE 提供了一种强有力的技术手段来保护敏感数据的处理过程。例如在金融领域，TEE 可以用于保护交易处理和风险分析过程；在医疗领域，TEE 可以用于保护患者数据隐私，同时允许研究人员进行必要的数据挖掘。

然而，TEE 的应用也面临一些挑战。第一，TEE 的安全性在很大程度上依赖于硬件制造商，这可能引发供应链安全和国家安全方面的担忧。第二，虽然 TEE 提供了强大的隔离性，但它并不能完全防止所有类型的攻击，特别是侧信道攻击。从法律和政策的角度来看，TEE 的应用引发了一系列新的问题：首先是数据所有权和控制权问题。当数据在 TEE 中处理时，谁拥有对这些数据的最终控制权？是数据提供者、TEE 提供者，还是执行计算的实体？这个问题在跨境数据流动的情况下尤为复杂。其次是监管和审计问题。虽然 TEE 提供了强大的数据保护能力，但也可能给监管机构的监管工作带来挑战。如何在不破坏 TEE 安全性的前提下，允许必要的监管审查，这是一个需要解决的问题。再次是责任认定问题。如果在 TEE 中处理的数据发生泄露或被滥用，责任如何认定？这可能需要在法律层面明确 TEE 提供者、使用者和数据所有者各自的责任。最后是隐私与安全的平衡问题。虽然 TEE 可以提高数据处理的安全性，但过度依赖 TEE 可能导致黑箱效应，影响数据处理的透明度。如何在安全性和透明度之间取得平衡，是立法者需要考虑的问题。

九、数据沙盒

数据沙盒是一种创建受控环境的技术，允许在保护隐私和安全的前提下进行数据创新和测试。这种技术为数据科学家和开发者提供了一个安全的游乐场，他们可以在其中使用真实或类真实的数据进行实验和开发，而不会影响生产环境或违反数据保护规定。[①]

数据沙盒的工作原理通常包括这几个方面。一是数据隔离：沙盒环境与生产环境完全隔离，确保实验不会影响实际业务数据。二是访问控制：严格控制谁可以访问沙盒环境，以及他们可以执行哪些操作。三是数据脱敏：在将数据引入沙盒之前，通常会进行脱敏处理，删除或替换敏感信息。四是行为监控：

---

① Rosner G, Kenneally E. *Clearly Opaque：Privacy Risks of the Internet of Things*. IoT Privacy Forum，2018.

记录和分析沙盒中的所有活动，以检测潜在的滥用行为。五是结果审查：在将沙盒中开发的模型或算法应用到生产环境之前，需要进行严格的审查和测试。在实践中，数据沙盒已被广泛应用于金融科技、医疗健康、智慧城市等领域。例如，英国金融行为监管局（FCA）推出的"监管沙盒项目"，允许金融科技公司在受控环境中测试创新产品，同时确保消费者权益得到保护。[①]

从法律和政策的角度来看，数据沙盒的应用带来了一些新的思考。一是监管豁免。为了促进创新，监管机构可能需要为沙盒项目提供某些监管豁免。如何在鼓励创新和保护公众利益之间取得平衡，是一个关键问题。二是数据保护。虽然沙盒环境使用的是脱敏数据，但如何确保这种脱敏足够安全，不会导致个人信息被重新识别，仍然是一个挑战。三是知情同意。当使用真实用户数据进行沙盒测试时，如何获得用户的知情同意？传统的同意模式是否仍然适用？这些问题可能需要在法律层面进行明确。四是跨境数据流动。在跨国公司或跨境合作的情况下，数据沙盒可能涉及跨境数据传输。如何在不同的法律管辖区之间协调数据保护要求，是一个复杂的问题。五是责任认定。如果在沙盒测试中发生数据泄露或其他问题，责任如何认定？这可能需要在法律框架中明确规定。六是公平竞争。监管沙盒可能给予参与者某些竞争优势。如何确保这种机制不会扭曲市场竞争，是政策制定者需要考虑的问题。

总的来说，数据沙盒作为一种平衡创新与风控的工具，正在得到越来越多的关注和应用。然而，要充分发挥其潜力，还需要在法律和政策层面作出相应的调整和创新。未来，可以预见会有更多针对数据沙盒的专门立法和政策指南出台，以规范和促进这一技术的健康发展。

第六节　数据监管模式：中国、美国和欧盟的比较分析

在当今数字化时代，数据已成为驱动经济发展和社会进步的关键要素。随着数据规模的急剧扩大和应用场景的日益复杂，各国政府都在积极探索适合本国国情的数据监管模式。本节将重点分析和比较中国、美国和欧盟三个主要数字经济体的数据监管模式，探讨它们的特点、优势以及面临的挑战。

[①]　Arner D W, Barberis J, Buckley R P. *FinTech, RegTech, and the Reconceptualization of Financial Regulation*. Northwestern Journal of International Law & Business, 2017, 37（3）.

一、中国的数据监管模式

中国的数据监管模式体现了一种独特的政府驱动路径，这种方法深深植根于我国特色社会主义制度和国家发展战略。与西方国家普遍采用的市场驱动或权利驱动模式不同，我国的数据监管模式强调政府在数据治理中的核心作用，同时也注重利用技术推动经济发展和社会进步。这种模式的形成是我国在数字时代探索适合本国国情的治理路径的结果，反映了我国对数据价值的深刻认识以及对国家发展需求的战略考量。我国数据监管模式的理论基础可以追溯到几个关键概念。

首先是将数据视为国家战略资源的理念。早在 2015 年发布的《促进大数据发展行动纲要》中，我国政府就明确提出，数据已成为国家基础性战略资源。这一定位反映了我国对数据在国家发展中的关键作用的深刻认识，同时也为后续的政策制定和法律建设奠定了基础。将数据上升到国家战略资源的高度，意味着我国政府认识到数据不仅是经济发展的驱动力，而且是国家竞争力的重要组成部分。这种认识直接影响了我国数据监管的方向，推动了全面、系统的数据治理框架的建立。

其次，我国的数据监管模式深受总体国家安全观的影响。这一理念强调在发展中注重安全，在安全中谋求发展，体现了发展和安全的辩证统一。在数据治理领域，这表现为在推动数据开发利用的同时，高度重视数据安全和国家安全。《数据安全法》的出台就是这一理念的具体体现，该法旨在规范数据处理活动，保障数据安全，促进数据开发利用，保护个人、组织的合法权益，同时维护国家主权、安全和发展利益。这种路径反映了我国在面对复杂的国际环境和日益增长的网络安全威胁时，试图在数据开放与安全之间寻找平衡点的努力。

再次，我国的数据监管模式与数字经济发展战略密切相关。我国将发展数字经济作为推动经济转型升级的重要手段，政府驱动的监管模式旨在为数字经济的发展创造有利的政策环境和制度保障。这体现在诸如促进数据要素市场化、支持数据交易所建设等政策中。我国政府认识到，数据作为新型生产要素，其价值的充分发挥需要相应的制度环境和市场机制。因此，我国的数据监管不仅关注风险防控，还积极推动大数据产业发展，体现了监管与产业政策的有机结合。

　　最后，我国的数据监管模式也体现了对社会治理创新的追求。我国政府认识到大数据在提升政府服务和监管能力方面的潜力，将数据应用作为推动社会治理现代化的重要工具。这种思路反映在诸如智慧城市建设、政务数据开放共享等举措中。通过数据驱动的治理创新，我国政府希望提高公共服务的精准性和效率，同时增强社会治理的预见性和主动性。

　　基于这些理论基础，我国的数据监管模式在实践中呈现出鲜明的特点。

　　第一，政府的主导作用。政府在制定政策、推动立法、协调各方利益等方面发挥核心作用，体现了自上而下的治理思路。这种路径使得我国能够快速建立起全面的数据治理框架，为数字经济的快速发展提供了制度保障。例如，从《网络安全法》到《数据安全法》再到《个人信息保护法》，我国在短短几年内就建立了相对完善的数据治理法律体系，这种立法效率在很大程度上得益于政府的强力推动。

　　第二，我国的数据监管模式体现了统筹规划的特点。我国采取了全面、系统的方法来推进数据治理，如制定国家大数据战略①，建设数字中国等。这种统筹路径能够有效协调不同部门和利益主体，推动大规模的数据共享和开放。例如，国家大数据战略的实施就体现了这种统筹协调的优势，通过顶层设计和统一部署，促进了各地区、各部门在数据开发利用方面的协同。

　　第三，我国数据监管模式的另一个显著特点是安全与发展并重。在推动数据开发利用的同时，我国高度重视数据安全和个人信息保护，体现了发展和安全的辩证统一。这种平衡体现在法律法规的制定中，如《数据安全法》既强调了数据安全，又明确提出要促进数据开发利用。同样，《个人信息保护法》在保护个人隐私权的同时，也为个人信息的合理利用留下了空间。这种平衡路径反映了我国在数据时代试图协调个人权益、企业发展和国家安全等多重目标的努力。

　　第四，我国的数据监管模式不仅体现了政府的主导作用，也反映了我国特色社会主义市场经济的内在逻辑。这种模式试图在政府调控和市场机制之间寻找平衡点，既发挥政府在战略规划、制度设计和风险防控方面的优势，又利用市场在资源配置中的决定性作用。这种思路在数据治理领域的具体体现是，一方面通过法律法规和政策措施为数据的收集、处理、流通设定基本规则和底

---

　　①　国家大数据战略是指一个国家将大数据作为提升国家竞争力、推动经济社会发展、完善国家治理体系的重要战略资源和工具，它涉及数据的收集、存储、分析、应用和共享等多个方面。

线，另一方面也在积极探索数据要素市场化的路径，推动数据资源的有效配置和价值释放。

第五，我国数据监管模式还有整体性和系统性的特点。这种进路不仅关注单一领域的数据管理，而且试图构建一个涵盖数据全生命周期、跨越多个行业和部门的综合治理体系。例如，在个人信息保护方面，我国不仅制定了专门的《个人信息保护法》，而且在《民法典》《网络安全法》等多部法律中都有相关规定，形成了多层次、立体化的保护体系。同时，政府还推动建立了个人信息保护认证、数据安全管理认证等机制，通过市场化手段促进企业提升数据治理水平。这种整体性思路有助于解决数据治理中的跨领域、跨部门协调问题，提高治理效率。

第六，我国的数据监管模式还体现了强烈的发展导向。不同于某些国家将数据监管视为风险管理的工具，我国更多地将其视为推动创新、促进发展的重要手段。这种思路体现在诸如数据开放共享、促进数据流通、支持数据创新应用等政策中。例如，国务院印发的《促进大数据发展行动纲要》就明确提出要以数据流通促进业务流程优化，以业务流程优化带动数据质量提升，形成科学决策、精准治理、高效服务的良性循环。这种发展导向的监管理念，旨在通过制度创新释放数据红利，推动经济社会高质量发展。

第七，在具体实践中，我国的数据监管模式还呈现出鲜明的实验性和渐进性特征。面对快速变化的技术环境和复杂的现实挑战，我国采取了试点先行、以点带面的策略。例如，在推动数据要素市场化方面，我国先后在北京、上海、深圳等地设立了数据交易所①，探索数据定价、交易、流通的机制。这种实验性路径允许在实践中不断调整和完善政策，为全国性制度的制定积累经验。同时，这也体现了我国特色的摸着石头过河的改革思路，即在不确定性较高的领域，通过小范围试点逐步积累经验，然后再推广到更大范围。

第八，我国数据监管模式的显著特点还体现在其对技术的重视和运用。在构建监管体系的过程中，我国积极探索将大数据、人工智能等新技术应用于监管实践，推动监管科技的发展。例如，一些地方政府开始使用大数据分析来识别潜在的数据安全风险，或者利用区块链技术提高数据的可信度和可追溯性。

---

① 数据交易所是专门用于数据交易的场所，它提供了一个平台，使得数据供应商和需求方能够进行数据商品的买卖。数据交易所的核心功能通常包括数据产品的登记、评估、交易、披露和处置。

这种技术导向的监管路径不仅提高了监管效率，而且促进了监管能力的现代化。

我国数据监管模式的发展是一个渐进的过程，反映了我国对数据价值认识的深化和治理能力的提升。这个过程大致可以分为几个阶段：从初步认识阶段，到战略规划阶段，再到法律框架构建阶段，最后进入全面推进阶段。在这个过程中，我们可以观察到监管范围不断扩大，从最初主要关注网络安全，到逐步涵盖数据安全、个人信息保护、数据跨境流动等多个方面。同时，监管手段也在不断多元化，除了传统的行政监管，我国还积极探索运用技术手段提升监管效能，如推动监管科技的应用。我国的数据监管实践也体现了开阔的国际视野。随着我国数字经济的全球化，数据监管也越来越注重与国际规则的协调。例如，《个人信息保护法》在某些方面借鉴了欧盟GDPR的经验，体现了我国参与全球数据治理的意愿。这种国际化趋势反映了我国试图在坚持自身监管特色的同时，积极融入全球数据治理体系的努力。

然而，我国的数据监管模式也面临一些深层次的挑战。首先，如何处理好政府主导与市场机制之间的关系。虽然政府主导的模式能够快速形成统一的监管框架，但也可能因过度干预而抑制市场创新活力。如何在强化监管的同时保持足够的市场空间，是我国数据治理面临的重要课题。其次，如何平衡数据开发利用与个人隐私保护之间的矛盾。随着大数据、人工智能等技术的发展，数据的价值愈发凸显，但同时也带来了更大的隐私风险。如何在促进数据价值释放的同时，切实保护个人隐私权，需要更精细的制度设计和技术支持。再次，我国的数据监管还面临与国际规则协调的挑战。在全球化的背景下，我国的数据监管政策不可避免地会与其他国家或地区的规则产生交互。如何在坚持自身监管主权的同时，与国际通行规则保持协调，促进数据的跨境流动，是需要慎重考虑的问题。

展望未来，我国的数据监管模式可能朝着更加精细化、协同化的方向发展。随着实践经验的积累和技术能力的提升，监管将更加精细化，能够针对不同类型的数据、不同行业特点制定差异化的监管策略。同时，政府、企业、社会组织等多方主体的协同治理机制可能进一步完善，形成更加多元的治理格局。技术赋能也将成为未来监管的重要趋势，人工智能、区块链等新兴技术可能被更广泛地应用于监管领域，提高监管的效率和精准度。

总的来说，我国政府驱动的数据监管模式是我国特色社会主义制度在数字时代的延伸和创新。它反映了我国面对数字化转型的独特回应，体现了我国在数据时代平衡发展、安全、权利等多重目标的努力。这种模式虽然面临着诸多挑战，但也展现出强大的适应性和创新潜力。随着数字经济的不断发展和全球数据治理格局的演变，我国的数据监管模式也将继续发展，不断适应新的形势和挑战。这个过程不仅关乎我国自身的数字未来，也将对全球数据治理产生重要影响，值得持续关注和深入研究。

二、美国的数据监管模式

美国市场驱动的监管模式深深植根于其独特的历史、文化和政治传统之中。这种模式不仅塑造了美国数字经济的发展轨迹，也为全球数字经济奠定了基础。要理解美国的监管模式，需要追溯其理论源头，这包括技术自由主义、新自由主义经济思想，以及美国特有的言论自由传统。

技术自由主义是美国市场驱动监管模式的核心理念之一。这种思想可以追溯到 20 世纪 90 年代初期互联网商业化的早期阶段。当时，许多互联网先驱者和思想家，如约翰·佩里·巴洛提出了网络空间独立宣言，主张互联网应该是一个不受政府干预的自由空间。这种观点认为，互联网的特性使得传统的地理边界和政府管辖权变得无关紧要，因此应该由互联网社区自己制定规则和解决问题。与技术自由主义密切相关的是新自由主义经济思想。这种思想强调市场的自我调节能力，主张政府干预越少越好。在数字经济领域，这种思想转化为对科技公司创新能力的信任，以及对政府监管可能阻碍创新的担忧。新自由主义经济学家认为，即使在出现市场失灵的情况下，市场机制也比政府监管更能有效解决问题。这种思想为美国长期以来对科技行业采取轻触式监管提供了理论支持。美国的言论自由传统是塑造其数字监管模式的另一个重要因素。美国宪法第一修正案①对言论自由的强烈保护，在数字时代被延伸到了互联网言论领域。这导致美国在处理网络内容监管时，比其他国家更加谨慎。美国最高法院多次裁定，互联网是一个受宪法保护的言论平台，政府对其的干预应该受到严格限制。这种法律传统为美国科技公司提供了广阔的自由空间，使它们能够在最小的内容审查压力下运营。

这些理论基础共同塑造了美国独特的市场驱动监管模式。这种模式的核心信念是，自由市场不仅能够促进经济繁荣和技术创新，还能推进民主和个人自

---

① 美国宪法第一修正案是美国宪法的十个最初修正案之一，通常被称为"权利法案"（the Bill of Rights）的一部分。第一修正案于 1791 年批准生效，它保障了美国人民的一系列基本自由，特别是言论自由、新闻自由、宗教信仰自由和集会自由。

由。根据这种观点，互联网和数字技术被视为解放和赋权的工具，能够打破传统的权力结构，创造一个更加开放、平等的社会。因此，政府的角色应该限制在提供基本框架和保护国家安全的范围内，而将创新和问题解决的主要责任留给市场和私营部门。然而，这种理论基础也面临挑战。随着数字经济的发展，市场失灵的问题变得越来越明显，特别是在隐私保护、市场垄断和信息操纵等方面。这些问题引发了人们对纯粹市场驱动模式的质疑，并推动了对更平衡监管方式的探索。

美国市场驱动的监管模式不仅仅是一种理论构想，它通过立法、行政决策和司法解释深深嵌入美国的法律和政策框架中。这种模式的发展历程反映了美国政府各部门如何在实践中贯彻和强化市场驱动的理念。

在立法层面，1996 年通过的《通信品位法》（CDA）第 230 条①是美国市场驱动监管模式的标志性法律。该条款为互联网平台提供了广泛的法律豁免权，使它们不必为用户生成的内容承担责任。这一法律的初衷是鼓励平台自我监管，同时保护它们免受过度诉讼的威胁。第 230 条实际上为美国互联网公司创造了一个安全港，使它们能够快速发展而不必担心法律责任。这种立法方式反映了美国国会对科技行业的信任，以及对市场自我调节能力的信心。

在行政层面，历届美国政府都在不同程度上支持和推进了市场驱动的监管理念。1997 年克林顿政府发布的《全球电子商务框架》是一个典型例子。这份政策文件明确提出了私营部门主导的原则，强调政府应该避免对互联网施加不必要的限制。这种政策取向在后续的布什政府和奥巴马政府中得到了延续。例如，2003 年布什政府颁布的《网络空间安全国家战略》，强调了私营部门在网络安全中的主导作用。奥巴马政府则继续推动网络中立性等支持开放互联网的政策。

在司法层面，美国法院通过一系列判决，进一步巩固了市场驱动模式的法律基础。例如，在 Reno v. ACLU（1997）案中，最高法院否决了《通信品位法》中限制网上不雅内容的条款，认为这违反了宪法第一修正案。这一判决为互联网言论自由提供了强有力的宪法保护②。在 Zeran v. America Online（1997）案中，上诉法院对 CDA 230 条款作出了宽泛解释，大大扩展了互联网

---

① 又称"避风港"原则，允许互联网平台在不违反法律的前提下，不必为用户发布的内容承担法律责任，这促进了互联网平台的创新和发展。

② Reno v. ACLU, 521 U. S. 844（1997）。

平台的法律豁免范围。① 这些司法判决共同构建了一个有利于科技公司自由发展的法律环境。

美国市场驱动监管模式的实践发展也体现在其对特定领域的监管态度上。在数据隐私方面，美国长期以来采取部门化的监管方式，没有制定统一的联邦隐私法。相反，它依赖于针对特定行业（如医疗、金融）的法律，以及由联邦贸易委员会（FTC）执行的一般性消费者保护法。这种方法给予企业在处理个人数据方面较大的自由度，反映了政府对市场自我调节能力的信任。

在竞争政策方面，美国反垄断执法长期以来倾向于采取相对宽松的态度，特别是对科技行业。这种方法基于消费者福利标准，认为只要企业的行为没有直接导致消费者价格上涨，就不应被视为反竞争。这种解释为科技巨头的快速扩张和并购提供了空间，导致了当前高度集中的数字市场格局。

然而，随着时间的推移，美国市场驱动模式的一些弊端开始显现。数据隐私泄露事件、假新闻传播、市场垄断等问题引发了公众对这种模式的质疑。这些挑战促使政策制定者开始重新思考监管的必要性和方式。例如近年来，一些州开始制定更严格的数据保护法律，如《加利福尼亚州消费者隐私法》。在联邦层面，也出现了加强对大型科技公司监管的呼声，包括修改 CDA 230 条款和加强反垄断执法。

美国市场驱动的监管模式在推动技术创新和经济增长方面取得了显著成就。它为科技公司创造了一个自由、开放的环境，使得像谷歌、苹果、亚马逊、Facebook 等公司能够快速成长为全球科技巨头。这种模式的支持者认为，正是由于政府的克制和对市场的信任，美国才能在数字经济中保持全球领先地位。

然而，这种模式也面临越来越多的挑战和批评。第一，在隐私保护方面，美国的监管被认为过于宽松。不像欧盟的 GDPR，美国缺乏全面的数据保护法律，导致用户数据频繁遭到滥用和泄露。剑桥分析公司丑闻就是一个典型例子，它暴露了社交媒体平台如何被用来收集和滥用大量用户数据。第二，在内容监管方面，美国的宽松态度导致了假新闻、仇恨言论和极端内容的泛滥。尽管社交媒体平台已经采取了一些措施来应对这些问题，但批评者认为这些努力远远不够。2021 年 1 月 6 日美国国会大厦遭到冲击的事件，就被视为社交媒体平台未能有效控制虚假信息和极端言论的严重后果。第三，在市场竞争方面，美国的监管模式被指责纵容了科技巨头的垄断行为。这些公司通过收购潜在竞争对手、利用网络效应和数据优势，构建了难以撼动的市场地位。这不仅限制

---

① Zeran V. America Online，Inc.，958 F. Supp. 1124（E. D. Va. 1997）。

了市场竞争，也可能阻碍了创新。第四，美国模式还面临国家安全方面的挑战。科技公司掌握的大量用户数据可能被外国政府或恶意行为者利用，构成安全威胁。例如，TikTok 因其我国背景而引发的争议，反映了数据安全和国家安全之间的复杂关系。[①]

面对这些挑战，美国的市场驱动监管模式正在经历一个反思和调整的过程。越来越多的声音呼吁加强对科技行业的监管，包括制定全面的联邦隐私法、修改 CDA 230 条款、加强反垄断执法等。然而，如何在保护创新和促进竞争之间找到平衡，仍然是一个充满争议的问题。

展望未来，美国的数据监管模式可能经历一些重要的变化。首先，在隐私保护方面，美国可能朝着制定全面联邦隐私法的方向发展。这种法律可能借鉴欧盟 GDPR 的一些元素，但同时也会保留美国特有的灵活性和行业特殊性。其次，在内容监管方面，CDA 230 条款可能面临修改。未来的法律可能要求平台承担更多责任，同时也要在保护言论自由和防止有害内容之间寻找平衡。再次，在反垄断执法方面，人们可能看到其更积极的态度。这可能包括对大型科技公司的业务进行更严格的审查，甚至考虑拆分等激进措施。最后，美国可能更加重视数据安全和技术主权问题。这可能导致对某些敏感技术领域的外国投资进行更严格的审查，以及加强对关键技术和基础设施的保护。

总的来说，美国的市场驱动监管模式很可能向一种更加平衡的方向发展，在保持创新活力的同时，也更加注重保护消费者权益、维护市场公平竞争和保障国家安全。这种演变将不仅影响美国国内的数字经济发展，也将对全球数字治理格局产生深远影响。在这个转变过程中，美国面临的关键挑战是如何在维护其技术领先地位和经济利益的同时，有效应对数字时代带来的新问题。这需要政策制定者、科技公司、学术界和公民社会之间的广泛对话和合作。同时，美国还需要在国际舞台上重新定位自己的角色，在与欧盟、中国等其他数字强国的互动中，既坚持自身价值观，又能够在全球数字治理问题上寻求共识和合作。

美国市场驱动的监管模式，尽管面临挑战，但其核心理念——相信创新的力量、重视个人自由、信任市场机制——仍然深深植根于美国的政治和文化土壤中。未来的监管调整很可能在这些基本理念的框架内进行，在自由和规制、创新和保护之间找到新的平衡点。这个过程无疑将是复杂和充满争议的，但也

---

① TikTok，作为字节跳动拥有的全球流行短视频平台，在美国引发了一系列的争议。这些争议主要集中在数据安全、隐私保护以及对其中国背景的担忧上。

为重塑数字时代的社会契约提供了机会。美国市场驱动模式的演变还将深刻影响全球数字经济的格局。作为科技创新的领导者和全球最大的数字经济体之一，美国的政策变化将不可避免地对其他国家产生溢出效应。例如，如果美国加强对大型科技公司的监管，这可能鼓励其他国家采取类似措施。同时，美国如何处理跨境数据流动、数字税收等问题，也将影响全球数字贸易规则的制定。在这个转型过程中，美国可能需要重新考虑其互联网自由议程。过去，美国将开放的互联网视为推进民主和自由的工具，并将这一理念推广到全球。然而，随着数字技术被用于操纵选举、传播虚假信息等违法活动，这种单纯的技术乐观主义受到了挑战。未来，美国可能需要在促进互联网自由和应对数字风险之间寻找新的平衡。另一个值得关注的趋势是，美国可能更加重视数字主权的概念。虽然这个词更常见于欧洲和我国的政策讨论中，但随着科技在国家安全和经济竞争力中的作用日益突出，美国也可能采取更多措施来保护其关键数字基础设施和技术优势。这可能包括加强对外国技术投资的审查、推动关键技术的本土化生产等。

三、欧盟的数据监管模式

欧盟的数据监管模式植根于深厚的理论传统，融合了法学、政治学、经济学和社会学等多个学科的思想。这种被称为权利驱动或以人为中心的监管方式，体现了欧盟在数字时代保护公民权利、维护民主价值观和促进公平竞争的决心。其理论基础可以追溯到欧洲宪政主义传统、社会市场经济理论、公共领域理论以及信息自决理论等多个源头。

欧洲宪政主义传统为欧盟的数据监管提供了最基本的理论支撑。德国哲学家尤尔根·哈贝马斯提出，宪法应该被理解为一个动态的项目，其目标是实现公民的自主权。在数字时代，这种自主权必然延伸到个人数据和在线活动领域。《欧盟基本权利宪章》[①] 将数据保护明确纳入基本权利范畴，为监管提供了宪法层面的依据。这一做法反映了欧盟对个人尊严和自主权的深刻理解，认为在数字化浪潮中，保护个人对其数据的控制权是维护人的尊严和自由的关键。社会市场经济理论对欧盟监管模式的影响同样深远。这一理论最早由德国经济学家瓦尔特·欧根提出，强调市场经济需要一个强大的法律和制度框架来确保

---

① 《欧盟基本权利宪章》是一份旨在保护欧盟公民基本权利和自由的文件。其不仅涵盖了民事和政治权利，还包括了工作、社会权利、数据保护、生物伦理等领域的权利。

其社会公平性。① 在数字经济语境下，这一理念转化为通过监管来平衡经济效率与社会公平，防止数字巨头滥用市场支配地位。欧盟的反垄断法规，特别是针对数字市场的《数字市场法》②，就是这一思想的具体体现。这些法规旨在创造一个公平竞争的环境，使得小型企业和新进入者能够在数字经济中获得发展机会，从而实现更广泛的社会福利分配。

　　哈贝马斯的公共领域理论为欧盟的数字内容监管提供了重要的理论视角。在数字时代，互联网被视为新的公共领域，需要通过适当的监管来确保其开放性、包容性和民主性。欧盟的《数字服务法》③就体现了这一理念，它试图在保护言论自由和防止有害内容传播之间寻找平衡。这一法规要求大型在线平台采取措施打击非法内容，同时也强调了程序公正和透明度，以维护数字公共领域的健康发展。信息自决理论④是欧盟数据保护监管的另一个重要理论基石。这一理论源于德国联邦宪法法院 1983 年的人口普查判决，认为个人应该有权决定何时、以何种方式向他人披露个人信息。这一理念直接影响了 GDPR 的设计，体现在 GDPR 赋予个人的一系列权利中，如知情权、访问权、更正权和被遗忘权等。通过这些权利的设置，欧盟试图在数字时代重塑个人对其信息的控制力，从而实现真正的信息自决。

　　这些理论基础共同塑造了欧盟独特的数据监管模式。与美国的市场驱动模式和我国的国家驱动模式不同，欧盟模式试图在个人权利保护、市场公平竞争和社会公共利益之间寻找平衡。它反映了欧盟对数字时代人权保护的深刻思考，以及对数字经济可能带来的社会不平等的警惕。这种权利驱动的监管模式不仅仅是一种技术性的管理手段，更是欧盟价值观在数字时代的延续和重塑。

---

　　① Vanberg, Viktor J. *The Freiburg School：Walter Eucken and Ordoliberalism*, Freiburger Diskussionspapiere Zur Ordnungsökonomik, No. 04/11, available at: https://www. econstor. eu/bitstream/10419/4343/1/04 _ 11bw. pdf.

　　② 《数字市场法》是欧盟为了规范数字市场，特别是为了限制大型在线平台（被称为"看门人"）的不公平竞争行为而制定的一部法律。

　　③ 《数字服务法》的核心目标是确保数字服务提供商的责任和透明度，以保护消费者和他们的在线基本权利。它涵盖了一系列在线中介和平台，如市场、社交网络、内容共享平台、应用商店以及在线旅游和住宿平台。

　　④ 信息自决理论的核心在于保障个人对于自己的信息拥有决定权，即个人可以自主决定何时以及在何种范围内公开自己的生活事实，尤其是向政府披露个人信息的权利。这一概念是对现代信息技术发展背景下，国家对个人生活监控能力增强的一种法律回应。

欧盟的数据监管模式展现出几个鲜明的特征，这些特征深刻反映了其理论基础和价值取向。首先是其全面性，体现在对数据保护、人工智能监管和在线内容治理等多个领域的系统性规制。其次是预防性原则的应用，强调在问题发生前就采取措施预防风险。最后是其监管的域外效力，反映了欧盟试图通过规则输出来塑造全球数字治理标准的雄心。在数据保护领域，GDPR 是欧盟全面监管理念的集中体现。它不仅规定了数据处理的基本原则，还赋予了数据主体一系列具体权利。这种做法旨在从多个层面保护个人对其数据的控制权，体现了对信息自决理论的深入实践。GDPR 要求企业在收集和处理个人数据时必须获得明确同意，并且个人有权随时撤回这种同意。这一规定直接挑战了长期以来由企业主导的数据收集模式，将控制权从企业手中转移到了个人手中。同时，GDPR 还引入了数据可携带权的创新概念，允许个人将其数据从一个服务提供商转移到另一个，这不仅增强了个人对数据的控制，也在一定程度上促进了数字市场的竞争。

在人工智能领域，欧盟提出的《人工智能法草案》同样体现了其全面和预防性的监管理念。该法案提出了基于风险的分级监管模式，对高风险 AI 系统[①]提出了严格的要求，包括数据治理、透明度和人类监督等。这种做法反映了欧盟试图在促进技术创新和保护公民权益之间寻找平衡的努力。欧盟要求高风险 AI 系统在投入使用前进行合规性评估，实际上是将预防性原则引入 AI 监管领域。这种做法虽然可能在短期内增加企业的合规成本，但从长远来看，它有助于建立公众对 AI 技术的信任，为 AI 的健康发展创造有利环境。

欧盟监管模式的另一个显著特征是其域外效力。GDPR 的适用范围不限于欧盟境内，任何处理欧盟居民个人数据的组织，无论其位于何处，都需要遵守 GDPR 的规定。这种做法反映了欧盟试图通过监管输出来塑造全球数字治理标准的战略意图。设置高标准的数据保护要求，并利用其市场规模和影响力，欧盟实际上正在推动全球范围内的数据保护标准提升。这种被称为"布鲁塞尔效应"[②] 的现象，使得许多跨国公司选择将 GDPR 的标准作为其全球运营的基准，从而在事实上将欧盟的标准推广到了全球范围。

然而，欧盟这种全面、预防性和具有域外效力的监管模式也面临挑战。首要问题是如何在严格监管和鼓励创新之间找到平衡。批评者认为，过于严格的

---

① 高风险 AI 系统是指那些在操作、使用或故障时可能对人类健康、安全、隐私或环境造成重大负面影响的人工智能（AI）应用或系统。

② 布鲁塞尔效应是指欧盟通过市场力量对全球市场进行单边监管的能力。

监管可能抑制创新，使欧盟在全球科技竞争中处于不利地位。例如，有研究显示，GDPR 的实施导致了风险投资在欧洲科技初创公司投资的减少。另一个挑战是执法的困难。尽管 GDPR 规定了高额罚款，但在实际执行中仍面临诸多障碍，特别是在跨境执法方面。此外，欧盟成员国之间在监管实践上的差异也给统一执法带来了挑战。尽管如此，欧盟的监管模式已经在全球范围内产生了深远影响。许多国家和地区在制定自己的数据保护法规时，都在不同程度上借鉴了 GDPR 的原则和做法。例如，《加利福尼亚州消费者隐私保护法》在很大程度上受到了 GDPR 的启发。这种示范效应表明，尽管面临挑战，欧盟的权利驱动监管模式仍然具有强大的吸引力和影响力。

欧盟的权利驱动监管模式在实践中既取得了显著成效，又面临诸多挑战。这为我们理解数字时代的监管困境提供了宝贵的经验，同时也为未来监管的发展方向提供了借鉴。（1）积极方面。欧盟的监管模式显著提高了公众和企业的数据保护意识。根据欧盟委员会的报告，到 2020 年，69％的欧盟公民听说过 GDPR，而 2015 年这一比例仅为 37％。这种意识的提升不仅改变了企业的数据处理实践，也促使个人更加重视自己的数据权利。同时，欧盟的监管模式也推动了全球范围内数据保护标准的提升。许多非欧盟国家在制定本国数据保护法规时，都不同程度地参考了 GDPR 的原则和做法。这种溢出效应体现了欧盟在全球数字治理中的规则制定者角色。然而，欧盟的监管模式也面临执行效果与创新平衡的双重挑战。（2）执行方面，尽管 GDPR 规定了高额罚款，但实际执行中仍存在诸多困难。例如，爱尔兰作为许多大型科技公司欧洲总部所在地，其数据保护委员会因处理涉及这些公司案件的速度慢而受到批评。这反映出，即使有强有力的法律工具，执法能力的不足仍可能削弱监管的效果。（3）创新方面，有研究显示 GDPR 的实施导致了风险投资在欧洲科技初创公司投资的减少。这引发了人们对严格监管是否会抑制创新的担忧。

面对这些挑战，欧盟正在不断调整和完善其监管策略。一个重要的发展方向是采用更加技术中立的监管方式。随着技术的快速发展，具体到某项技术的监管很容易过时。因此，欧盟正在探索制定更具适应性的监管框架，以应对未来可能出现的新技术和新挑战。例如，在人工智能监管方面，欧盟提出的风险基础监管方法就体现了这种思路。另一个重要趋势是加强国际协调。在全球化的数字经济中，单一国家或地区的监管往往难以有效应对跨境数据流动等挑战。因此，欧盟正在积极寻求与其他国家和地区建立更紧密的监管合作。例如，在数据跨境流动问题上，欧盟正与美国等国家就新的数据传输框架进行谈判。这种努力反映了欧盟试图维护自身监管标准的同时，也为全球数字经济的健康发展作出贡献。此外,随着人工智能技术的广泛应用,算法的透明度和问责性正成为欧盟未来监管的重点。欧盟正在探索如何在不阻碍技术创新的前提下,确保 AI 系统的决策过程是可解释和可问责的。这涉及复杂的技术和伦理问题,需要监管者、技术专家和伦理学家的共同努力。在地缘政治紧张加剧的背景下,数据主权也正成为欧盟数字政策的一个重要议题。欧盟正在寻求加强其在关键数字基础设施和技术方面的能力,以减少对外国技术的依赖。这种数字主权的追求可能影响未来欧盟的数据政策,包括对数据本地化要求的态度等。

总的来说,欧盟的权利驱动监管模式代表了一种独特的数字治理方式,它试图在保护个人权利、维护市场公平和促进创新之间寻找平衡。① 这种模式虽然面临执行和协调等挑战,但其对基本权利的强调和对公平竞争的追求,为全球数字治理提供了重要的参考和借鉴。欧盟的监管模式反映了其深刻的历史和文化背景。经历了两次世界大战和极权主义的欧洲,对个人权利和尊严有着特殊的敏感性。同时,欧洲社会民主传统也使其更倾向于通过政府干预来平衡市场力量。这些因素共同塑造了欧盟独特的监管哲学。在数字时代,这种哲学转化为对个人数据权利的强调和对大型科技公司权力的制衡。欧盟的监管模式也体现了其在全球数字经济中的战略定位。面对美国和我国在技术领域的领先地位,欧盟选择将制定规则作为其影响力的来源。通过设立高标准的数据保护和市场竞争规则,欧盟试图塑造一个更符合其价值观的全球数字秩序。这种做法虽然在短期内可能影响欧洲企业的竞争力,但从长远来看,可能为欧洲在数字经济中赢得更有利的地位。

然而,欧盟的监管模式还存在更进一步的问题。在内部,成员国之间在隐私文化和安全需求上的差异导致了执行上的不一致。例如,在数据留存问题上,一些成员国的做法曾被欧洲法院认定为违反欧盟法律。这种分歧反映了在统一的法律框架下,如何适应各国国情的难题。在外部,欧盟的监管模式面临来自其他大国的压力,如美国批评欧盟的监管措施具有保护主义倾向。面对这些挑战,欧盟正在不断调整和完善其监管策略。一个重要的方向是加强监管的灵活性和适应性。例如,在人工智能领域,欧盟提出的分级监管方法就体现了这种思路。通过对不同风险级别的 AI 系统采取差异化的监管措施,欧盟试图在保护公民权益和促进技术创新之间找到平衡点。另一个值得关注的趋势是欧盟正在加强其在数字基础设施和关键技术方面的投资。这反映了欧盟意识到仅

---

① 欧盟针对中介服务提供者采取"阶梯式"层层递进的监管模式。

靠监管无法确保其在数字时代的竞争力和安全。通过推动数字主权战略，欧盟希望在保护公民权益的同时，也能培育出具有全球竞争力的欧洲科技企业。[①]此外，欧盟也在积极推动国际合作，试图建立全球数字治理的共识。例如，在数据跨境流动问题上，欧盟正与多个国家和地区进行对话，寻求建立互信机制。这种做法反映了欧盟认识到，在高度互联的数字世界中，单一地区的监管努力是不够的，需要更广泛的国际协调。

欧盟的权利驱动监管模式很可能会继续演进。一个可能的方向是更加注重监管的实际效果，而不仅仅是规则的制定。这可能意味着加强执法能力，提高监管的精准性和效率。另一个方向可能是更多地利用技术手段来实现监管目标，例如利用区块链技术来增强数据的可追溯性和透明度。同时，随着数字技术进一步渗透到社会的各个领域，欧盟的监管范围可能进一步扩大。例如，在数字身份、智能城市、自动驾驶等新兴领域，可能看到更多的欧盟监管举措。这些新的监管措施很可能延续权利驱动的基本理念，但也会针对新技术的特点作出调整。值得注意的是，欧盟的监管模式也在影响其他地区的政策制定。许多国家在制定本国的数字政策时，都在不同程度上借鉴了欧盟的做法。这种示范效应可能推动全球范围内数据保护和数字权利标准的提升。

总的来说，欧盟的权利驱动监管模式代表了一种独特的数字治理方式，它将个人权利保护、市场公平竞争和社会公共利益的考量融入监管框架中。这种模式虽然面临执行效果、创新平衡等诸多挑战，但其核心理念和实践经验无疑为全球数字治理提供了重要的参考。随着数字技术的不断发展和全球地缘政治格局的变化，欧盟的监管模式也将继续演进。它的成败不仅关系到欧洲自身的数字未来，也将对全球数字经济的发展方向产生更深远的影响。

第七节　数据监管的重点行业实践

在数字经济时代，数据已成为驱动各行业创新和发展的关键要素。然而，不同行业因其特性和风险程度的差异，在数据监管方面呈现出独特的挑战和需求。金融、医疗健康、电信互联网以及智能汽车与交通等领域，由于其涉及的

---

① 欧洲在数字世界中自主行动的能力，应该被理解为一种保护性机制和防御性工具，用来促进数字创新（包括与非欧盟企业的合作）。

数据敏感性高、影响范围广、创新速度快，成为数据监管的重点关注对象。这些行业的数据监管实践不仅反映了通用数据保护原则的具体应用，也体现了针对行业特性的创新监管思路。深入分析这些重点行业的数据监管实践可以更好地理解数据监管的复杂性和多维度特征，为构建更加完善的数据治理体系提供有益启示。

一、金融行业的数据监管

金融行业的数据监管处于整个数据治理体系的最前沿，这源于金融数据的高度敏感性和系统性风险[①]。金融数据不仅涉及个人隐私，还直接关系到金融稳定和国家经济安全。因此，金融领域的数据监管呈现出全面性、严格性和创新性的特点。金融数据监管的理论基础主要包括信息不对称理论、系统性风险理论和金融科技监管理论。信息不对称理论强调在金融交易中，信息的获取和使用对交易双方的重要性，这直接关系到金融市场的效率和公平。在大数据时代，如何平衡数据的充分利用与保护消费者隐私，成为监管的核心问题之一。系统性风险理论则指出，金融体系的高度关联性使得数据安全问题可能引发连锁反应，危及整个金融体系的稳定。这要求监管机构不仅要关注单个机构的数据安全，还要从整体角度防范系统性风险。金融科技监管理论则强调了技术创新对传统金融监管模式的挑战，要求监管机构在鼓励创新和防范风险之间寻找平衡。

在实践中，金融数据监管主要体现在以下几个方面。首先是建立健全的法律法规体系。以我国为例，除了《网络安全法》《数据安全法》《个人信息保护法》等基本法律外，还专门制定了《金融数据安全 安全分级指南》等行业规范，形成了多层次的监管框架。其次是强化机构的数据治理责任。监管机构要求金融机构建立完善的数据治理架构，明确数据管理的责任主体，并将数据治理纳入机构的整体风险管理体系。再次是加强对关键数据的保护。例如，对客户身份信息、交易数据等核心数据实施特别保护措施，包括数据加密、访问控制、跨境传输限制等。金融数据监管还特别注重科技赋能。例如，利用区块链技术提高数据的可信度和可追溯性，运用人工智能技术实现实时风险监测。在跨境数据流动方面，金融监管机构通常采取更为谨慎的态度，要求重要数据本

---

① 金融数据的高度敏感性和系统性风险主要是宏观经济冲击、金融体系内生风险、外溢效应。

地存储，跨境传输需经过严格审批。这反映了金融数据对国家金融安全的重要性。

　　然而，金融数据监管也面临诸多挑战。首先是如何平衡数据保护与数据价值的挖掘问题。过于严格的数据保护可能阻碍金融创新，特别是在普惠金融、精准营销等领域。其次是跨境数据流动的监管。随着金融全球化的深入，如何在确保数据安全的同时促进跨境金融服务的发展，成为一个棘手的问题。再次是新兴金融业态的监管。例如，对于去中心化金融等新模式，传统的数据监管框架可能难以完全适用。面对这些挑战，金融数据监管正在向更加精细化、智能化的方向发展。例如，开发监管沙盒模式，允许在控制风险的前提下进行金融科技创新；发展可信数据流通机制，在保护隐私的同时实现数据的有效利用；强化国际合作，推动建立全球金融数据治理的共同标准。这些努力旨在构建一个既能有效防范风险，又能促进创新的金融数据监管体系。

二、医疗健康领域的数据监管

　　医疗健康领域的数据监管具有特殊的重要性和复杂性。医疗数据不仅涉及个人隐私，还直接关系到公共卫生安全和医疗服务质量。因此，医疗数据监管需要在保护个人隐私、促进医疗创新和维护公共利益之间寻找平衡点。

　　医疗数据监管的理论基础主要包括生命伦理学、公共卫生理论和医疗信息学理论。生命伦理学强调对个人医疗信息的尊重和保护，这直接影响医疗数据保护的基本原则。公共卫生理论则指出，在某些情况下，为了更大的公共利益，个人医疗数据的使用可能需要超出个人同意的范围，例如在疫情防控中。医疗信息学理论则关注如何有效管理和利用医疗数据，以提高医疗服务质量和效率。

　　在实践中，医疗数据监管面临独特的挑战。首先是数据的高度敏感性。医疗数据包含了个人最私密的健康信息，一旦泄露可能造成严重的个人权益损害。因此，医疗机构和相关企业需要采取最高级别的数据保护措施。其次是数据共享的需求。医疗研究、公共卫生政策制定、跨机构诊疗等都需要数据共享，但这又与严格的数据保护要求产生矛盾。最后是新技术应用带来的挑战。例如，基因测序技术①的发展使得个人遗传信息的保护变得尤为重要。

---

　　① 全基因组测序是对未知基因组序列的物种进行个体的基因组测序，这里未知物种可以是我们人类，也可以是我们肉眼无法看见的微生物，其实如果要往更大的范围来讲，未知物种是我们现在所处星球上所生存的每一个生物。

　　各国在医疗数据监管方面采取了不同的路径。以美国为例，《健康保险可携性和责任法案》为医疗数据保护提供了基本框架，规定了严格的数据安全和隐私保护标准。欧盟的 GDPR 则将健康数据列为特殊类别的个人数据，要求更高级别的保护。我国在《个人信息保护法》中也对医疗健康信息作出了特别规定，并在各地推行了电子健康码等创新实践。医疗数据监管的一个关键领域是医疗大数据的应用。一方面，医疗大数据为精准医疗、疾病预防、药物研发等领域带来了巨大机遇；另一方面，如何在大规模数据分析中保护个人隐私，成为一个棘手的问题。为此，各国正在探索隐私计算、联邦学习等技术解决方案，试图在数据利用和隐私保护之间找到平衡点。此外，随着远程医疗、国际医疗合作的发展，跨境医疗数据传输变得日益普遍。

　　然而，各国对医疗数据的保护标准不一，如何确保数据在跨境流动中得到充分保护，成为一个国际性的挑战。一些国家和地区正在探索建立跨境医疗数据流动的专门机制，例如欧盟的"健康数据空间计划"[①]。面对这些挑战，医疗数据监管正在向更加精细化和情境化的方向发展。例如，开发分类分级的数据保护模式，对不同类型、不同用途的医疗数据采取差异化的保护措施；采用动态同意机制，允许个人对其医疗数据的使用进行更灵活的控制；强化行业自律，鼓励医疗机构和相关企业建立更高标准的数据治理体系。未来，医疗数据监管可能更多地关注如何在保护个人隐私的同时，最大化数据的社会价值。这可能涉及更复杂的伦理和法律问题，需要监管机构、医疗机构、技术公司和公众之间的广泛对话和协商。同时，随着人工智能、物联网等技术在医疗领域的深入应用，医疗数据监管也将面临新的挑战，需要不断创新监管理念和手段。

三、电信和互联网行业的数据监管

　　电信和互联网行业是数字经济的基础设施和核心驱动力，其数据监管直接关系到数字社会的健康发展。这个领域的数据具有数量巨大、类型多样、流动频繁的特点，同时也面临隐私泄露、数据垄断、算法歧视等多重风险。因此，电信和互联网行业的数据监管不仅要关注数据安全和个人隐私保护，还要考虑市场公平竞争、言论自由、社会稳定等更广泛的问题。

---

　　① 欧洲健康数据空间计划（EHDS），是一个特定于医疗健康的数据共享框架，为患者使用电子健康数据以及为研究、创新、政策制定、患者安全、统计或监管等用途建立明确的规则、通用标准和实践、基础设施和治理框架。

电信和互联网数据监管的理论基础主要包括网络空间主权理论、平台治理理论和数字人权理论[①]。网络空间主权理论强调了国家在管理本国网络空间和数据资源方面的权力，这直接影响了跨境数据流动的监管政策。平台治理理论关注如何规范和引导大型互联网平台的数据行为，防止数据垄断和滥用。数字人权理论则强调在数字时代保护个人权利的重要性，包括隐私权、知情权、被遗忘权等。

在实践中，电信和互联网行业的数据监管呈现出全面性、动态性和创新性的特点。首先是监管范围的全面性。从基础电信服务提供商到互联网内容平台，从硬件设备到软件应用，都被纳入监管范畴。其次是监管手段的动态性。随着技术和商业模式的快速变化，监管政策也在不断调整和更新。最后是监管路径的创新性。面对复杂的数据生态系统，传统的监管方式常常力不从心，需要探索新的监管理念和工具。

各国在电信和互联网数据监管方面采取了不同的策略。美国长期以来倾向于采取相对宽松的监管态度，强调行业自律和市场机制的作用。但近年来，随着对大型科技公司影响力的担忧加深，美国也开始考虑加强监管。欧盟则采取了更为积极的监管路径，GDPR 的实施对全球互联网企业的数据处理行为产生了深远影响。我国在这一领域的监管力度也在不断加大，《网络安全法》《数据安全法》等法律的出台，为构建全面的数据治理体系奠定了基础。

电信和互联网数据监管面临的一个核心挑战是如何平衡创新与管控。过度严格的监管可能抑制创新活力，而监管不足则可能导致数据滥用和市场失序。为此，一些国家开始探索监管沙盒[②]等创新监管模式，在控制风险的同时为新技术、新业态预留发展空间。另一个重要问题是大型平台的数据垄断。随着数据在经济活动中的重要性日益凸显，掌握海量用户数据的大型平台获得了巨大的市场优势。如何防止这种数据优势演变为市场垄断，成为监管的一个焦点。欧盟的《数字市场法案》就是为了应对这一挑战而制定的，旨在限制守门人平台的数据使用行为。跨境数据流动的监管也是一个复杂的问题。一方面，数据的自由流通是全球数字经济发展的基础；另一方面，各国出于数据主权和安全

[①]　数字人权理论强调数字科技重塑了人权，人的信息存在方式赋予人权数字属性，并且数据信息法益推动了人权的数字化演进。上网权、个人数据权、数字身份权、数字完整权等构成了数字人权的实在内容。

[②]　监管沙盒提供一个让企业试验创新技术或产品的封闭安全的法律政策空间，让监管机关可以直接了解创新技术或产品的设计及其发展，从而更好地调整现有法律法规和引入新的法律，以避免监管抑制 AI 技术的创新，减少法律对产业发展的负外部性。

考虑，对跨境数据流动施加了各种限制。如何在促进数据流动和保护国家利益之间找到平衡，成为一个国际性的挑战。目前，各国正在探索不同的解决方案，如数据本地化要求、充分性认定机制、标准合同条款等，但仍未形成全球共识。内容监管是电信和互联网行业数据监管的另一个重要方面。在社交媒体平台上，如何平衡言论自由与打击有害信息，如何界定平台的责任边界，成为棘手的问题。各国在这方面的做法差异很大，反映了不同的价值观和治理理念。例如，美国更强调言论自由，而欧洲和我国则对平台的内容审核责任提出了更高要求。

面对这些挑战，电信和互联网行业的数据监管正在向更加精细化、智能化的方向发展。例如，开发基于风险的分级监管模式，对不同类型的数据和服务采取差异化的监管措施；发展可解释人工智能，提高算法决策的透明度和公平性；强化多方协同治理，鼓励政府、企业、用户和社会组织共同参与数据治理。

未来，随着 5G、物联网、人工智能等新技术的广泛应用，电信和互联网行业的数据监管将面临更多挑战。例如，如何监管海量物联网设备产生的数据，如何规范 AI 系统的数据使用，如何在元宇宙①等新型数字空间中保护用户权益等。这些问题都需要监管机构不断创新监管理念和手段，与时俱进地完善监管体系。

四、智能汽车和交通领域的数据监管

智能汽车和智能交通领域的高速发展为数据监管带来了新的挑战和机遇。这个领域的数据具有实时性强、涉及安全关键、跨域融合的特点，同时也涉及个人隐私、公共安全、产业发展等多个层面的问题。因此，智能汽车和交通领域的数据监管需要在技术创新、安全保障和个人权益保护之间寻找平衡点。

智能汽车和交通数据监管的理论基础主要包括信息物理系统安全理论、隐私保护理论和智能交通系统理论。信息物理系统安全理论关注如何保护涉及物理世界和信息世界交互的复杂系统，这对于确保智能汽车和交通系统的

---

① 元宇宙，不是特指某一款应用或产品，而是通过虚拟增强的物理现实，呈现收敛性和物理持久性特征的，基于未来互联网，具有链接感知和共享特征的 3D 虚拟空间，它的本质是平行宇宙。

安全至关重要。隐私保护理论在这个领域面临新的挑战，因为智能汽车不仅收集驾驶员的行为数据，还可能涉及收集乘客和路人的信息。智能交通系统理论则探讨如何通过数据的收集、分析和应用来优化交通管理，提高效率和安全性。

在实践中，智能汽车和交通领域的数据监管呈现出多元化和跨领域的特点。首先是监管主体的多元化。除了传统的交通管理部门，信息技术、网络安全、个人信息保护等领域的监管机构也都参与其中。其次是监管内容的跨领域性。从车载系统的数据安全，到车联网的信息交互，再到自动驾驶的伦理问题，监管涉及技术、法律、伦理等多个维度[①]。

各国在智能汽车和交通领域数据监管方面都在积极探索。美国国家公路交通安全管理局发布了《自动驾驶系统安全指南》，其中包含了数据记录和共享的相关规定。欧盟正在制定针对联网和自动驾驶汽车的专门法规，强调数据保护和网络安全。我国也出台了《智能网联汽车道路测试管理规范（试行）》等政策文件，为智能汽车的发展和管理提供指导。

智能汽车和交通领域数据监管面临的一个核心挑战是如何平衡数据共享和隐私保护。智能汽车产生的数据对于提高道路安全、优化交通管理、改进车辆设计等都具有重要价值，但这些数据也可能包含敏感的个人信息。如何在充分利用数据价值的同时保护个人隐私，成为一个棘手的问题。一些国家坚持数据最小化原则，要求只收集必要的数据，并采用匿名化、去识别化等技术来保护隐私。[②] 另一个重要问题是数据安全。智能汽车和交通领域的数据安全直接关系生命财产安全。如何防范黑客攻击、数据篡改等安全威胁，确保系统的可靠性和稳定性，是监管的重点之一。这要求建立从硬件到软件、从单车到系统的全方位安全保障机制。

跨境数据流动领域也是一个复杂的问题[③]。随着汽车产业的全球化和智能化，车辆数据的跨境传输变得逐渐频繁。如何在确保数据安全的同时，支持全球供应链和售后服务，需要国际社会的共同努力。

面对这些挑战，智能汽车和交通领域的数据监管正在向更加精细化和前瞻性的方向发展。例如，发展隐私内嵌设计的理念，要求在产品设计阶段就考虑

---

①　主要可以分为责任归属问题、隐私问题、社会公平问题、自动驾驶汽车的道德规范问题。

②　最明确的"用户同意"、最少化的信息要素采集、最安全的存储和传输。

③　数据跨境是指任何正在转移数据到其他司法管辖区或是转移到其他司法管辖区之后意图再转移的行为。

隐私保护；发展动态风险评估机制，根据不同场景调整数据保护级别；强化行业标准化，推动制定智能汽车数据安全和隐私保护的国际标准。

未来，随着自动驾驶技术的进步和智慧城市的发展，智能汽车和交通领域的数据监管将面临更多新的挑战。例如，如何规范高度和全自动驾驶系统的数据使用，如何在车路协同系统中保护个人隐私，如何处理跨城市、跨国的交通数据共享等。这些问题都需要监管机构、企业、研究机构和公众的共同参与和探讨。

五、电子商务领域的数据监管

电子商务作为数字经济的核心组成部分，其数据监管既体现了通用的数据保护原则，又具有独特的行业特征。在这个领域，数据不仅是商业运营的基础，也直接关系到消费者权益保护、市场公平竞争和国家经济安全。因此，电子商务的数据监管已成为各国数字治理战略的重要组成部分，反映了数据在现代商业和社会生活中的核心地位。电子商务数据监管的理论基础主要包括消费者权益保护理论、数字市场理论和信息经济学理论。消费者权益保护理论在电子商务环境下获得了新的内涵，强调在虚拟交易空间保护消费者的知情权、选择权和数据权。数字市场理论关注如何通过数据监管维护公平竞争，防止数据垄断和滥用市场支配地位。信息经济学理论则为理解数据在电子商务中的价值和流动提供了框架，帮助制定更精准的监管政策。

在电子商务领域，数据监管面临独特而复杂的挑战。首先是数据类型的多样性和敏感性。电子商务平台收集的数据涵盖了消费者的身份信息、支付信息、购物历史、浏览行为等多个方面，其中许多属于高度敏感的个人信息。如何在充分利用这些数据提升服务质量的同时，确保消费者隐私得到充足的保护，是监管的首要挑战。其次是数据使用的复杂性。电子商务企业利用数据进行精准营销、需求预测、价格优化等，这些做法在提高经营效率的同时，也可能引发诸如算法歧视、价格操纵等伦理和法律问题。监管机构需要在鼓励创新和防范风险之间寻找平衡点。最后是跨境数据流动的管理。随着跨境电子商务的蓬勃发展，数据的跨境传输越来越频繁。如何在促进国际贸易的同时，确保数据安全和国家利益，成为一个棘手的问题。不同国家和地区在数据本地化、跨境传输等方面的规定差异很大，这给跨国电商企业的合规工作带来了挑战。面对这些挑战，各国采取了不同的监管策略。欧盟的 GDPR 对电子商务领域产生了深远影响，它要求企业必须获得用户明确同意才能收集和使用个人数据，并赋予用户被遗忘权等一系列权利。美国虽然没有统一的联邦电商数据保护法，但通过行业特别法规和联邦贸易委员会（FTC）的执法行动来规范电商企业的数据行为。我国的《电子商务法》和《个人信息保护法》共同构建了电子商务数据监管的法律框架，强调了平台的主体责任和消费者的各项权利。

在具体实践中，电子商务数据监管呈现出几个明显的趋势。首先是对消费者数据权利的强化。越来越多的国家（地区）要求电商平台提供更透明的数据收集和使用说明，并赋予消费者更多的控制权。例如，许多地方开始推行数据可携带权，允许消费者将自己的数据从一个平台转移到另一个平台，以增强用户选择权和促进市场竞争。其次是对大数据杀熟、算法歧视等问题的关注。监管机构开始要求电商企业提高算法的透明度和可解释性，禁止基于用户画像进行不合理的差别定价。例如，我国多个部门联合发布的《关于规范电子商务平台经营者使用大数据等手段进行价格歧视的指导意见》就明确禁止了这类做法。最后是加强对关键数据和核心技术的保护。许多国家（地区）开始将电子商务中的某些数据类别，如大量用户的支付信息、消费行为数据等，视为关系国家安全和经济命脉的战略资源，对其收集、存储和跨境流动制定了特别规定。例如，印度要求支付系统数据必须存储在本地服务器上。在跨境电子商务方面，数据监管正在向着更加复杂和精细化的方向发展。一些国家（地区）开始探索可信数据跨境流动机制，试图在保护数据安全的同时，为国际贸易提供便利。例如，亚太经合组织的跨境隐私规则（CBPR）系统就是一种促进数据安全跨境流动的尝试。

未来，随着新技术的发展和新业态的出现，电子商务的数据监管将面临更多挑战。例如，随着虚拟现实（VR）和增强现实（AR）技术在电商中的应用，如何保护用户在这些沉浸式环境中产生的更为丰富和敏感的数据？随着物联网设备的普及，如何监管通过智能家居产品收集的消费者行为数据？这些问题都需要监管者保持开放和前瞻的态度，不断更新监管理念和工具。

总的来说，电子商务领域的数据监管反映了数字经济时代数据治理的核心问题和趋势。它不仅关系到消费者权益保护和市场公平竞争，还涉及数字主权、国际贸易规则等宏观议题。未来的监管趋势可能更加注重平衡创新与保护、效率与公平、开放与安全等多重目标，以构建一个既能激发商业活力，又能保障各方权益的数据生态系统。这需要监管者、企业、消费者和学术界的共同努力和持续对话，以应对数字商业时代带来的新机遇和新挑战。

思考题

1. 比较分析我国、美国和欧盟的数据监管模式，讨论它们各自的特点、优势和面临的挑战。

2. 结合我国《数据安全法》和《个人信息保护法》的主要内容，探讨我国数据监管法律体系的特点和发展趋势。

3. 智能汽车和智能交通领域的发展为数据监管带来了哪些新的挑战？应该如何应对这些挑战？

4. 跨境数据流动是数据监管的一个重要议题。请比较不同国家和地区在跨境数据流动管理方面的政策，并分析其对全球数字经济发展的影响。

5. 未来数据监管的发展趋势是什么？请结合技术发展和社会变革，探讨数据监管可能面临的新挑战和机遇。

○●○●

第六章　数据责任

内容提要

• 数据责任的基础理论：数据责任属于一种开展数据活动的组织或个人违反数据法律法规的法定义务、约定义务或法律特别规定而产生的对自己不利的法律后果；数据责任的特殊性体现为价值的多重性、法律渊源的多样性、主体的多元性、范围的开放性及承担方式的依附性与独立性兼具；数据民事责任、数据行政责任、数据刑事责任构成了数据责任体系。

• 数据责任涉及的主体：数据主体的认定贯穿数据生命全周期；主体身份涉及数据收集者、使用者、加工者、传输者、提供者、公开者；具体可划分为政府主体、企业主体、行业组织、个人四类主要角色。

• 数据责任的内容：重视政务数据监管、加强数据权益保障、强调个人信息保护、保障跨境数据安全构成了数据责任的主要内容。

• 数据责任的承担：现有法律规定中归纳出数据民事责任、数据行政责任、数据刑事责任；数据民事责任重在补救损失，数据行政责任重在事先预防，数据刑事责任以最严厉制裁的形式打击数据犯罪；责任承担方式强调协同治理与激励相容。

想象一下，你正漫步在一座未来的智慧城市中。街道两旁的智能路灯不仅照亮你的脚步，还在默默收集着你的行动轨迹。你的智能手表实时监测着你的心率、血压，甚至情绪波动，这些数据被即时传输到云端。城市的交通系统根据实时路况自动调节信号灯，确保车流如水般顺畅。空气质量监测站将数据传输到每个市民的手机 APP，让你随时了解周围环境。

这个场景看似美好，但你是否想过，谁在掌控这些源源不断产生的海量数据？这些数据将如何被使用？我们的隐私和安全又该如何保障？

欢迎来到数据责任的世界——这是一个正在快速演变的法律和伦理新领域，它正以前所未有的方式挑战着我们的传统观念。在这个数字化浪潮中，数据已然成为驱动社会进步的核心力量，其影响力渗透到经济、政治、文化的方方面面。然而，随着数据的无处不在，我们正面临一个前所未有的挑战：如何在数据驱动创新与保护个人权益之间寻求平衡？这一问题催生了"数据责任"这一新兴概念，它不仅是法律规制的焦点，更是伦理道德的新疆域。

我国《民法典》第一百二十七条首次将数据与其他财产并列，标志着我国正式从法律层面承认了数据的财产权客体地位。这一突破性进展不仅体现了立法者对数据价值的深刻认知，更揭示了数据确权与数据责任并存的法律原则。然而，数据的特殊性质——其作为信息的载体和表达方式——使得传统的权责划分模式难以直接应用。想象数据是一条奔流不息的河流，从采集的源头，经过存储的峡谷，流经加工的平原，最后汇入应用的大海。在这条数据河流的每一段，都有不同的"守河人"：政府、企业、行业协会和个人，各自肩负着不同的责任，共同维护这条数据河流的清澈与安全。

但是，这条数据河流也面临诸多挑战：如何确保数据的质量和真实性？谁有权决定数据的流向和使用方式？当数据泄露或被滥用时，该如何追责？在跨境数据流动中，如何平衡国家安全与全球化需求？这些问题不仅关乎每个个体的权益，更涉及整个社会的长远发展。它们挑战着我们的法律体系，考验着我们的伦理底线，也激发着我们的创新思维。

在这一章中，我们将深入探讨这些复杂而迫切的问题。从数据责任的理论基础出发，我们将剖析其在现实中的多元主体和多样内容，并探讨如何在法律框架下有效承担这些责任。无论是未来的政策制定者、企业管理者，还是普通的数据使用者，理解和把握数据责任都将成为在这个数字时代立足的必备技能。

第一节　数据责任概述

数据责任作为法律责任在数据领域的延伸，既具有法律责任的一般特征，又呈现出独特的属性。要全面理解和把握数据责任，应当遵循"责任—法律责任—数据责任"的逻辑思路，深入剖析数据责任的本质，从而提炼出最基本的概念。在此基础上，我们需要从共性出发，分析数据责任在责任来源、表现形式、责任主体、承担方式等方面的特殊性。最后，借鉴传统法律责任的分类标准，从民事、行政、刑事三个层面构建数据责任体系，并以此为基础，展开关于数据责任主体、内容，尤其是责任承担等具体问题的深入讨论。

一、数据责任的本质认识

美国法学家埃德加·博登海默曾指出，概念乃是解决法律问题所必须的和必不可少的工具。随着《个人信息保护法》《网络安全法》《数据安全法》等法律相继出台，我国数据权益保护日益受到社会各界的高度关注。值得注意的是，作为数据权益实现的重要保障，数据责任目前尚无统一的定义。因此，对数据责任概念的界定成为数据法学习与研究无法回避的一个基础性问题。追根溯源，数据责任首先是一种责任，其次是一种法律责任，最后是一种发生在数字领域的法律责任。因此，对数据责任概念的界定应立足于责任本身的内涵，综合法律责任的共性，挖掘数据领域的特性。对数据责任各个要素进行拆分和重组，我们才能得出一个较为妥当的定义。

（一）责任的含义

"责任"一词在不同的语境中具有多层含义，而且这些含义随着社会的发展不断演变。在古代汉语中，责任一般等同于责，其意义大致可分为五种：求，索取；诘斥，非难；义务；处罚；债，所欠之财。由此可见，古代汉语中责任的含义既包含积极争取的因素（如求、索取），又包含被动负担的因素（如义务、处罚），还包含负面评价的因素（如诘斥、非难）。这种理解虽然立体而多维，但总体基调仍然偏向负面或消极。

在现代汉语中，责任一词通常包含四个相互关联的含义[①]：

（1）分内应做的事，如岗位责任尽职尽责。这种责任与个体的社会角色密切相关，会随着社会关系、社会场景的变化而发生转变。

（2）特定人对特定事项的发生、发展、变化及其结果负有积极的促进义务，如担保责任、举证责任。

[①] 胡平仁主编：《法理学》，中南大学出版社 2016 年版，第 209 页。

（3）过错、谴责，如责怪责难。

（4）因未能履行分内之事或未能尽到促进义务而应承担的不利后果或强制性义务，包括违反政治义务的政治责任、违背道德准则的道德责任、不遵守或破坏纪律的违纪责任，以及违反法律要求的法律责任。

值得注意的是，分内之事通常是社会普遍认同的义务；特定义务则往往伴随着法律行为而产生；不利后果是违反一定义务所导致的合理负担。现代汉语对责任概念的界定虽然来源于不同角度，但它们均体现了一定的被动性特征。

在英语中，"liability"和"responsibility"都可以译为中文的"责任"。根据《牛津法律大辞典》的解释，"liability"是指受他人权利、法律规则支配，要求做或者不做某事，否则受某些法律义务或者法律后果的支配。①

而"responsibility"则在三个层面上使用：

（1）如果一个人做到了审慎注意与事前考虑，并考虑到其行为的可能后果，则可以说他是负责任的。

（2）如果某人的行为是导致某些事件发生的重要因素，则可以认为他应对这些事件负责。

（3）当一个人达到一定年龄，根据其智力与生理状况，可认为他有能力理智地控制自己的行为，而且可以公平地认为他应对自己的行为后果承担法律上的责任，则可以认为他应负法律上的责任。②

值得注意的是，英语中对责任的定义比中文多了一个主观要素，即"responsibility"的第三层含义。

综上所述，不论是在古代汉语、现代汉语还是在英语中，责任的共有含义大体可归为两类：一是指分内应做之事，即分内应尽之义务；二是指未做好分内应做之事而必须承担的不利后果，即不利后果。就责任而言，分内应尽义务和不利后果是相通的，它们通过特定的社会角色而相关联。当某个社会角色未尽分内之义务时，该社会角色就需承担不利后果。从这个角度来看，不利后果可以被视为一种特殊的分内应尽义务。正是在这个意义上，法学理论将分内应尽之义务归入第一性的法律义务范畴，将不利后果归入第二性的法律义务范畴，第二性的法律义务随第一性的法律义务而产生。③

因此，对于数据责任而言，义务和不利后果构成了其核心内涵。义务体现

① ［英］沃克：《牛津法律大辞典》，李双元译，法律出版社2003年版，第697页。
② ［英］沃克：《牛津法律大辞典》，李双元译，法律出版社2003年版，第965页。
③ 张文显：《法律责任论纲》，载《吉林大学社会科学学报》1991年第1期，第2页。

了行为意义上的数据责任内涵，而不利后果则反映了结果意义上的数据责任内涵。在对数据责任进行界定时，有必要将这两个方面的内涵都包括在内。

（二）数据责任的含义

基于对责任一词的多维理解，数据责任在不同语境中也呈现出多样化的含义。本书所讨论的数据责任属于法律责任的范畴，是发生在数字领域的特殊法律责任。因此，在对数据责任进行定义之前，有必要首先厘清法律责任的内涵。

一般而言，法律责任被定义为有责主体因法律义务违反之事实而应当承受的由专门国家机关依法确认并强制或承受的合理的负担。[①] 进一步说，法律责任在本质上是因违反第一性义务而招致的第二性义务，[②] 它体现为不法行为与其所引起的规范效果之间的充分且必要条件关系。随着部门法领域责任理论的发展，近年来有学者提出了基于责任根据的法律责任概念，认为法律责任是因特定的法律事实使某主体承担不利后果的法律依据。[③]

在保留责任本身内涵的基础上，法律责任又赋予数据责任以法律意义。数据责任是指在数字化环境下，数据处理者（包括收集、存储、使用、传输等环节的参与者）因违反数据相关法律法规、侵犯数据权益，或未尽数据安全保护义务，而依法应承担的法律后果。这种责任考虑了数据的流动性、可复制性和价值多样性，涵盖个人、组织和国家层面，并在跨境数据流动中具有特殊意义。数据责任的实现依赖于国家强制力，旨在保护数据权益、维护数据安全、促进数据价值的合理开发利用，并应对人工智能、大数据等新兴技术带来的挑战。

借助法律责任定义的框架和内核，结合数据领域的特殊场景，我们可以从以下几个方面来定义数据责任。

1. 数据责任以违反数据法律义务或侵犯数据法益为前提

数据责任以数据行为侵犯了数据利益为前提。需要强调的是，数据利益并

---

① 刘作翔、龚向和：《法律责任的概念分析》，载《法学》1997年第10期，第9页。
② 余军、朱新力：《法律责任概念的形式构造》，载《法学研究》2010年第4期，第159页。
③ 李拥军：《法律责任概念的反思与重构》，载《中国法学》2022年第3期，第226页。

非单一的利益，而是表达、实现与数据相关的新型利益的集合体。从内部结构来看，数据利益包括数据安全利益、数据人格利益和数据财产利益。从外部形态来看，可以将数据利益分为个人数据利益、企业数据利益和公共数据利益。承担数据责任的前提是侵犯了这些数据利益。

相应地，侵犯数据利益的另一面便是违反数据义务。数据责任的基础来源是数据主体所承担的数据法律义务，例如在数据价值挖掘过程中应当履行个人信息保护义务、数据安全义务和知识产权保护义务等，又如不得泄露与滥用个人信息数据、不得利用他人数据信息进行不正当竞争。

值得注意的是，数据责任包含了违反第一性义务以及随之产生的第二性义务，但这两种义务的性质是不同的。第一性义务解决的是特定主体在一般情况下应当为什么或不为什么行为的问题；第二性义务要解决的问题是已经作出特定行为的主体在什么条件下应承受不利后果。以违反数据义务或侵犯数据权益作为承担数据责任的前提，克服了单纯"结果说"的局限性，更为周延地阐明了数据责任的发生原因。

2. 数据责任表明数据侵害行为的应受谴责性

数据侵害行为既包括侵害数据利益的行为，又包括违反数据义务的行为。行为的应受谴责性是数据责任的核心概念，它是连接数据侵害行为和不利负担的中介。正是因为数据侵害行为具有可归责性，所以应受法律上的谴责，而谴责的方式便是使其承担不利后果。

应受谴责性是确定不利后果的依据，也是衡量行为人过错性质及程度的基本范畴。应受谴责性的性质和程度不同，数据侵害行为侵犯的数据利益或违反义务的性质就不同。数据侵害行为、应受谴责性、不利后果三者之间存在前后相继的连贯性，只有三者相适应，才能达到数据责任应有的功能。这些功能包括谴责或惩罚已发生的数据侵害行为、补偿已发生的损害，以及预防新的损害发生。应受谴责性继承了"处罚说"中对侵害行为的否定性评价，这为数据责任的承担提供了正当性依据。

3. 数据责任的国家强制性

数据责任是一种具有法律拘束力的责任，具有不可逃避性。这说明数据责任是一种特殊的法律义务，也表明追究违反数据法律规范的违法行为是国家必须恪守的法律义务。这种强制性体现在应受责的数据违法行为必须接受相应不利负担，数据违法行为必须受法律谴责。这种不利负担或法律谴责依靠国家强制力保障实施，离开国家强制力的保障，数据责任将失去威慑力。

需要指出的是，国家强制力在许多情况下仅仅发挥潜在的保障作用。只有当责任主体不主动履行其责任，相关程序启动时，国家强制力才会正式出场，以恢复相应的权利、自由、秩序，满足社会公正的客观要求。国家强制性要求继承了"义务说"中强制性义务的内涵，体现了数据责任与其他社会责任的区别。国家强制性凸显了数据责任的法律属性。

4. 数据责任是一种不利负担

数据责任对于担责主体而言是一种不利负担，也即数据责任会使得担责主体遭受一定的损害或损失。承担这种不利负担也表明了国家和法律对该种行为的立场，即该种行为是被否定和谴责的。这种负担有时表现为要求责任主体必须限期改正，如政务工作人员未履行安全保护义务所要承担的行政责任；有时表现为要对造成的损害予以赔偿或补偿，如成立个人信息侵权所应承担的民事责任；有时则表现为接受由国家所施加的人身惩罚，如构成破坏计算机信息系统罪所应承担的刑事责任。对责任主体而言，不论是行为上、财产上还是人身上，都可能遭受一定损失。不利负担是对责任一次本质内涵的继承，它表明了数据责任是一种后果，一种使人遭受损失的不利后果。

综上，在对各要素拆解分析再重组后，数据责任可以定义为开展数据活动的组织或个人违反数据法律法规的法定义务、约定义务或法律特别规定而产生的对自己不利的法律后果。

二、数据责任的特征归纳

数据责任是指在数据处理、使用和管理过程中所应承担的法律义务和后果。相较于传统法律责任，数据责任呈现出独特的特征，这些特征源于数据的本质属性以及其在网络环境中的流动性。本节将从多个维度对数据责任的特征进行系统性归纳和深入分析。

（一）数据责任蕴含多元价值理念

数据责任不仅包含着一般法律责任所共有的价值追求，还蕴含着基于数据领域本体性特征的多元价值取向。数据责任分配是正义、自由、安全和效率等价值的均衡体现。

1. 数据正义价值

数据正义价值强调公平地分配基于数据而产生的利益，其中既包括可量化的经济利益，又包含不可量化的其他利益，例如个人隐私、公共利益和国家安全等。除此之外，数据法学体系的正义价值还体现在对其他价值的约束上，例如对形式平等的修正、对自由和效率的部分限制。

2. 数据自由价值

数据自由价值具体体现在合法获取数据的所有者对数据享有数据处理、处分和收益的自由。数据所有者对自己控制的数据享有处理、处分和收益的自由应受到对载体行为的限制，同时还要受到数据内容层的相应法律规定的限制。数据自由价值体现在个人自由同个人利益、个人自由同集体利益以及公共利益的价值权衡之中。

3. 数据安全价值

数据安全价值可以分为数据财产安全、数据流通安全和国家安全与公共利益安全。首先，要保障数据不被泄露、篡改或丢失等。其次，数据对于社会安全的影响更多地体现在防止利用数据进行违法犯罪，例如利用大数据进行精准诈骗。

4. 数据效率价值

数据效率价值体现在数据控制、数据处理和数据处分之中，是在保障数据安全的前提下提高数据流通、数据处理和数据处分的效率。

在上述价值体系中，安全风险的预防和控制是数据责任价值追求中最重要的内容。数字社会是以网络空间为基础的社会，数据的流动和网络空间的互联互通使得数字社会的风险往往呈现系统性、整体性、规模化、不可复原等特点，从个人信息安全风险到算法安全风险，再到网络安全风险，这些现代化社会风险可能导致的安全事件难以通过恢复原状、赔偿金钱等方式实现真正意义上的救济。[①] 因此，要转换视角，将关注重点由事后的风险责任承担转移到事前的风险防范与控制，重新审视数据主体的责任性质、责任的承担方式。例如

---

① 赵精武、周瑞珏：《论数字法学研究范式的转向：风险体系化治理》，载《求是学刊》2024 年第 4 期，第 140 页。

在数据安全、网络安全制度中，网络服务提供者、数据处理者等主体的安全保障责任。

（二）数据责任的法律渊源具有多样性

与一般的民事、行政、刑事责任仅在相应的部门法中有规定不同，数据责任的法律渊源纵横交错，呈网状结构贯穿各法律部门和法律层级。

1. 横向多样性

从横向看，数据责任跨越各法律部门，不仅在《数据安全法》《网络安全法》《个人信息保护法》等数据合规的法律规范中有规定，还分布在刑事法律、民事法律、行政法律、经济法律等诸多规范文本中。在司法实践中，由于商事领域复杂的竞争，还日渐形成了以著作权法、反不正当竞争法为核心的审判规则，通过扩张旧制度的适用范围来确保数据权益。

2. 纵向多样性

从纵向看，数据责任的相关规则密布在宪法、法律、行政法规、地方性法规、规章之中。一些部门规章如《信息安全技术　个人信息安全规范》，以及地方条例如《上海市数据条例》《深圳经济特区数据条例》等都规定了数据责任的内容。

3. 多样性原因分析

产生这种差异的原因在于部门法以调整对象和调整方法为标准来划分法律部门，民法、刑法、行政法调整的是所有法律领域，而数据法调整的是数据这个具体领域。具体领域属于法律领域调整范围之内，故而数据责任分布在各个法律部门。数据法是相对于部门法的一种法律规范的集合形态，所有与数据责任相关的法律规范都是数据责任的法律渊源。但数据责任自身并不单纯是法律责任的集合，法律责任是抽象的，而数据责任是具体的，数据责任指向的是具体的类型化的侵害数据利益的行为。这个层面上，数据责任是其他部门责任的交叉部分，其建构在传统法律责任的基础之上并进一步拓展，吸收和整合了传统的法律责任。

（三）数据责任的主体具有多元性

随着数字技术的发展，数据侵害行为打破了时间、地域、对象的限制。任何人在任何地方的任何时间都有可能实施数据侵害行为，进而承担相应的数据责任。

1. 主体的多样性

数据责任的主体可能是个人或行业组织，也可能是企业平台或政府机构。数据处理包括数据的收集、储存、使用、加工、传输、提供、公开等。在这一过程中，数据收集者、使用者、加工者、传输者、提供者、公开者都有可能成为数据责任的承担者，数据责任的主体可能贯穿数据权益的生命全周期。

2. 主体划分的复杂性

数据的多主体性导致数据责任主体不易划清，数据权益在其生命周期中会被不同主体侵害。比如，在数据收集过程中，原始收集平台可能侵犯个人信息进而成为数据责任的承担者；其他企业平台可能会侵犯原始数据收集者的权益而成为数据责任的承担者，其同时也是个人信息的间接侵害者。在数据储存过程中，当将某张图片发送给第三方时，相关的数据也可能被储存在第三方的设备中，这种裂变式的数据储存会导致数据主体增加，每个存储主体都可能主张其对相关数据的权益。[①]

3. 责任主体的连锁效应

当个人数据被收集后，数据控制者会处理个人数据，产生数据产品和服务。数据产品的交易会使数据使用主体扩张。原始数据的收集本就是违法的，基于原始数据之后产生的储存、加工、传输、提供、公开等行为，都属于毒树之果，这种牵连式的数据侵害行为会导致数据责任主体无限裂变。最后，对同一个数据的侵害，会产生多个数据责任主体。

（四）数据责任的范围具有开放性

数据责任的范围并不是一成不变的，随着新兴数字技术的发展赋能，数据内涵不断扩张，越来越多的法律责任将被纳入数据责任的范畴。

---

① 商建刚、马忠法：《数据权益的实现：从保护到运用》，载《社会科学辑刊》2023年第3期，第54页。

1. 数据犯罪的刑事责任范围扩展

以数据犯罪的刑事责任为例，《刑法》中诸多罪名的法益都呈现出了虚拟化和数据化的表现样态，从而能够被数据犯罪所涵盖，如个人信息法益、财产法益和知识产权法益。与此同时，数据侵害对象也在不断增多，已经拓展到国家秘密、公司、企业重要信息、信用卡信息等特定领域的数据犯罪。此时，行为人多通过数据篡改、数据伪造、数据滥用等非法技术手段，达到获取个人信息、电子知识产权等人身财产权益的目的，较易出现想象竞合、数罪并罚的情形。

2. 数据犯罪的主要类型

司法实务中，数据犯罪主要包括以下四类：其一，计算机犯罪，针对作为数据、信息载体的计算机信息系统的犯罪；其二，财产犯罪，针对虚拟财产、电子货币等数据财产权利的犯罪；其三，人身犯罪，典型的如侵犯公民个人信息罪；其四，知识产权犯罪，比如侵犯著作权罪、侵犯商业秘密罪等罪名。[①]

需要注意的是，第二、三、四类属于表征个人信息权、财产权、知识产权等传统法益的数据刑事责任，与第一类表征数据安全法益的数据刑事责任在法律属性和受侵害方式上有较大区别。第二、三、四类数据犯罪是将数据僭权行为作为手段，目的在于侵犯其他传统法益，而第一类数据犯罪只是对数据安全本身的侵害就足以构成犯罪。

3. 数据责任范围的动态性

数据犯罪案件定性依赖于不法侵害行为侵犯法益的准确辨识，以数据安全侵害为主要内容时，应当以计算机罪名加以规制，而以数据承载特定权益为侵害对象时，应依其表征的法益所指涉罪名加以定罪量刑。当然，随着数字技术的进一步发展，越来越多的实体权利会数据化，也就是说，只要数据技术在发展，数据责任范围也会随之发展，其处于一个发展的、不断变化的、开放的状态之中。

---

① 曹化、蒋昊：《数据犯罪的刑事治理》，载《上海法学研究》2023 年第 6 卷，第 305 页。

4. 数据责任认定的复杂性

数据责任范围的动态性也直接导致了数据责任认定的复杂性。此处的数据责任是指在数据处理各环节中，因侵害数据主体权益所应当承担的责任。数据责任认定的复杂性来源于多方面，有学者认为，数据信息损害无法被传统损害规则涵摄阻碍了数据责任的认定和民事救济的发生。[①] 由于数据信息损害具有非物质性，往往不被认为是实质性损害，赔偿数额也难以计算，在法律上难以界定损害成立，更勿论救济。从因果关系上来看，数据信息损害因果关系具有概率性与复杂性，在数据损害中难以确定责任归属，而从个体维权角度看，数据信息损害往往影响大量个体，但个体受到损害的显著程度不足，阻碍个体寻求救济。

（五）数据责任的承担兼具依附性与独立性

数据责任是发生在数据领域的法律责任。何为数据？根据《数据安全法》[②]《深圳经济特区数据条例》[③]《上海市数据条例》[④]《重庆市数据条例》[⑤] 的规定，数据是任何以电子或者其他方式对信息的记录。从狭义来说，数据责任的发生源于侵害数据本身的行为；而从广义而言，数据责任的发生，或源于侵害数据本身，或源于侵害数据载体，抑或以数据作为侵害工具。这一系列与数据侵害行为相关的行为均有可能被归入数据责任的行列。不同于一般的民事责任、刑事责任和行政责任，这些都是较为独立的法律责任形态。

1. 数据责任承担的独立性

数据责任承担的独立性主要体现在，既包括对一般法律责任规范的处理，又包括对实现功能所需要的新的数据责任规范的创制。因而，数据责任的承担

---

① 张凌寒：《论数据信息损害的承认与救济》，载《中国法学》2024 年第 3 期，第 63 页。

② 《数据安全法》第三条第一款："本法所称数据，是指任何电子或其他方式对信息的记录。"

③ 《深圳经济特区数据条例》第二条第（一）项："数据，是指任何以电子或者其他方式对信息的记录。"

④ 《上海市数据条例》第二条第（一）项："数据，是指任何以电子或者其他方式对信息的记录。"

⑤ 《重庆市数据条例》第三条第一款第（一）项："数据，是指以电子或者其他方式对信息的记录。"

方式不同于传统的法律责任。以数据民事责任为例，由于数据权利的属性并不清晰，无法直接适用民法既有的物权、知识产权、人格权规范体系，从而导致诸多法律责任在数据领域无法适用。数据权利的无形性使得权利行使具有同时性、非排他性等新特点，传统的占有理论不能圆满解释数据之占有问题。在发生数据侵权时，持有人不可能要求返还财产，数据泄露情形中财产返还也全然失去意义。因此，侵权责任承担的方式也具有特殊性，例如恢复数据、删除和断开链接等，既不属于传统侵权救济措施，又不能被《民法典》责任承担方式中停止侵害、恢复原状、消除影响所容纳。在侵害形态方面，由于经常发生涉及不特定群体的大规模数据侵权行为，责任承担请求还可诉诸公益诉讼制度。

2. 协同治理和激励相容的责任承担方式

协同治理和激励相容的责任承担方式同样体现了数据责任承担的独特性。数据安全与发展、保护与利用之间存在着巨大张力，若外部监管过于严格，则容易抑制数据的流动与技术的创新；若缺乏监管或监管执法不力，则可能以牺牲数据安全、侵害主体权益为代价；若监管游移不定，忽左忽右，又恐怕会陷入保护与利用的双输格局。[①] 此外，技术的动态发展还对政府的监管能力提出了重大挑战，数据的去中心化存储与处理、跨场景应用等流通特性提高了数据安全监管的技术难度，由于技术与信息不对称，传统的命令控制式执法可能与市场和技术发展规律脱节，扼制创新，通过单独增设强制性义务的方式已经无法有效控制风险。[②]

3. 新型责任承担方式的发展

由此，数据责任的执法和责任承担方式发展出了合作治理和激励相容的特质。例如，在《个人信息保护法》中，规定了个人信息保护主管部门可以约谈信息控制者的高级管理人员，要求就个人信息保护重大事项作出说明，提示个人信息保护面临的风险，要求及时进行相应整改。除了对已发生或即将发生的风险进行评估控制之外，在数据保护实践中还通过发布数据合规指引、实施数据安全认证、建立数据合规容错机制等方式促进行业数据流通规范建立、激励企业自主开展合规治理，促成市场、技术、社群等治理工具的协同，强化过程指导和协商治理。

---

① 周汉华：《探索激励相容的个人数据治理之道——中国个人信息保护法的立法方向》，载《法学研究》2018 年第 2 期，第 21 页。

② 梅夏英：《〈民法典〉对信息数据的保护及其解读》，载《山西大学学报（哲学社会科学版）》2020 年第 6 期，第 31 页。

综上所述，数据责任作为一种新兴的法律责任形态，在其特征上呈现出多元性、复杂性和动态性的特点。其多元价值理念、多样化的法律渊源、多元化的责任主体、开放性的责任范围以及兼具依附性与独立性的责任承担方式，共同构成了数据责任的独特性质。这些特征不仅反映了数据在当代社会的重要地位，也凸显了数据法律制度建设的复杂性和紧迫性。

在未来的法律实践和理论研究中，需要继续深入探讨数据责任的内涵和外延，完善相关法律制度，以更好地应对数字时代带来的挑战。同时，我们也应当认识到，数据责任制度的建设不仅是法律问题，还涉及技术、伦理、社会治理等多个层面，需要多学科、多领域的协同努力。只有这样，我们才能构建一个既能促进数据价值充分实现，又能有效保护个人权益和社会公共利益的数据治理体系。

三、数据责任的体系构成

数据责任存在多种法律责任形态，数据责任体系是与数据价值挖掘活动有关的各种法律责任构成的一个整体。按照不同的分类标准，数据责任可以分为不同的类型：以责任性质为角度，法律责任体系由私法上的民事责任和公法上的行政责任与刑事责任构成，这也是我国现行立法采用的法律责任体系划分标准。我国数据责任体系具有综合性特点，包括民事责任、行政责任和刑事责任三种基本责任形式。数据民事责任重在补救损失，数据行政责任重在事先预防，而数据刑事责任则以最严厉制裁的形式沉重打击各类非法侵害数据权益的行为，遏制数据违法犯罪案件日益蔓延之势。

（一）数据民事责任

数据民事责任是指民事主体因违反法定或约定义务，致使数据权利主体遭受损失而承担的不利法律后果。数据民事责任可能因多种原因产生。

1. 侵权行为

如《个人信息保护法》第六十九条规定的数据侵权所产生的损害赔偿责任。[①]

---

① 《个人信息保护法》第六十九条第一款规定："处理个人信息侵害个人信息权益造成损害，个人信息处理者不能证明自己没有过错的，应当承担损害赔偿等侵权责任"。

2. 违约行为

如违反使用 App 时勾选的协议而产生的违约责任。

3. 侵权与违约的竞合

如平台对用户的杀熟行为，既是对用户个人信息权利的侵犯，又是对用户使用软件时所勾选协议的违反。

从民法角度，数据民事责任还体现为一种数据之债，是以数据为给付标的的债权债务关系之统称，主要分为数据合同关系、数据侵权关系。[①] 数据合同不同于表现为电子数据形式的合同。对于电子数据合同，《民法典》已经明确其给付标的物可以是数据也可以不是数据。[②]《民法典》中与数据合同最为接近的是许可使用合同。只不过，数据合同关系还涉及个人信息权、隐私权的保护，并非单纯的财产法问题，受让人对数据财产的利用还应当符合人格权主体的意愿，否则将承担相应的数据违约甚至侵权责任。在数据侵权关系中，在满足一般侵权责任四个构成要件的基础上，数据侵权责任的承担方式具有特殊性，例如恢复数据、删除和断开链接等，既不属于传统侵权救济措施，又不能被《民法典》责任承担方式中的停止侵害、恢复原状、消除影响所容纳。[③] 在侵害形态方面，经常发生大规模侵权，责任承担请求便可诉诸公益诉讼制度。

---

① 张平华、董媛媛：《数据法与民法的制度基础比勘》，载《新文科理论与实践》2023年第 1 期，第 72 页。

② 《中华人民共和国民法典》第四百九十二条第二款规定："采用数据电文形式订立合同的，收件人的主营业地为合同成立的地点；没有主营业地的，其住所地为合同成立的地点。当事人另有约定的，按照其约定。"第五百一十二条规定："通过互联网等信息网络订立的电子合同的标的为交付商品并采用快递物流方式交付的，收货人的签收时间为交付时间。电子合同的标的为提供服务的，生成的电子凭证或者实物凭证中载明的时间为提供服务时间；前述凭证没有载明时间或者载明时间与实际提供服务时间不一致的，以实际提供服务的时间为准。电子合同的标的物为采用在线传输方式交付的，合同标的物进入对方当事人指定的特定系统且能够检索识别的时间为交付时间。电子合同当事人对交付商品或者提供服务的方式、时间另有约定的，按照其约定。"

③ 梅夏英：《〈民法典〉对信息数据的保护及其解读》，载《山西大学学报（哲学社会科学版）》2020 年第 6 期，第 31 页。

（二）数据行政责任

数据行政责任是指有关主体违反行政法相关规定，不履行行政法规定义务，侵害公民、法人和其他组织数据权益而应当承担的行政法上的不利后果。需要注意的是，数据行政责任，并非针对行政数据实施侵害行为而承担的法律责任，针对行政数据实施侵害既可能承担行政责任，又可能承担民事责任或刑事责任。

我国效力位阶最高的法律对数据行政责任的规定主要在以下几个条款中：

（1）《网络安全法》第五十九条规定了网络运营者不履行安全保护义务承担的数据行政责任；

（2）《个人信息保护法》第六十六条规定了企业违法处理用户信息的数据行政责任；

（3）《数据安全法》第四十九条规定了国家机关不履行数据安全保护义务，负责人和直接责任人员承担的数据行政责任。

在责任承担方式上，上述法律还依据数据侵害行为违法的严重程度，依梯次设置了力度不一的行政处罚，利用行政执法优势，增大了对违法行为的惩戒和威慑。对于轻微或一般违法行为，主管部门通常责令改正、警告、没收违法所得及暂停或者终止应用程序服务；对于情节严重的违法行为，行政处罚的力度非常大，包括直接吊销业务许可或营业执照，以及对企业相关责任人员处以罚款、职业限制。

（三）数据刑事责任

数据刑事责任是指犯罪人因实施数据犯罪行为而应承担的刑法所规定的不利后果。数据犯罪存在广义与狭义之分。[1]

1. 狭义数据犯罪

指以数据为犯罪对象的计算机罪名，即刑法第二百八十五条第二款规定的非法获取计算机信息系统数据罪与第二百八十六条规定的破坏计算机信息系统罪。

---

[1] 张勇：《数据安全法益的参照系与刑法保护模式》，载《河南社会科学》2021年第5期，第47页。

2. 广义数据犯罪

指以数据为犯罪对象、以数据为犯罪载体、以数据为犯罪工具的与数据相关的犯罪。

我国《刑法》中与数据犯罪相关的条款主要如下：[1]

（1）与计算机信息系统数据相关的犯罪：第二百八十五条、第二百八十六条以及《刑法修正案（七）》增设的第二百八十五条第二款、第三款。

（2）与信息网络相关的犯罪：《刑法修正案（九）》增设的第二百八十七条之一、第二百八十七条之二。

（3）与公民个人信息直接相关的犯罪：第二百五十三条之一第一款规定的侵犯公民个人信息罪。

（4）其他网络关联犯罪：第二百八十七条（提示性条款）、第二百八十八条等。

数据作为虚拟网络的基础性载体，其具体内涵较为丰富多元，能够涵盖我国《刑法》第十三条规定的诸如人身权、财产权、个人信息、商业秘密等权利标的的内容。

在适用刑事法律时，必须预先考虑《数据安全法》《网络安全法》等前置法是否在刑事法律适用前得到充分适用，避免出现不符合法秩序统一性的问题。《数据安全法》第二十一条明确了我国数据的分类分级保护模式，进而在发生数据违法甚至犯罪行为时，可根据行为不法程度采用罪责刑相适的追究制度。

然而，由于我国刑事立法存在滞后性，尚未与数据安全法协调一致，无法在司法实践中充分贯彻分类分级保护模式的理念，而是直接依据非法获取计算机信息系统数据罪和破坏计算机信息系统罪进行惩治。对重要领域的国家数据保护力度小于对其他领域数据的保护，直接违反了罪刑均衡的刑法基本原则。[2]有必要在刑行法律交叉的视野下，充分考虑刑事法律与行政法律适用的位阶顺序，形成数据类违法犯罪的梯度化追责制度，促进罪责刑相统一。[3]

---

[1]　孙道萃：《我国数据犯罪立法的反思和重整》，载《上海政法学院学报（法治论丛）》2024 年第 3 期，第 88 页。

[2]　刘宪权、石雄：《网络数据犯罪刑法规制体系的构建》，载《法治研究》2021 第 6 期，第 50 页。

[3]　王魏：《数字社会背景下数据犯罪与可持续理念的协调性研究》，载《上海法学研究》2023 年第 6 卷，第 288 页。

第二节 数据责任的主体

确定责任主体是责任承担的前提条件，数据活动的广泛性与多样性决定了数据责任的主体必然是复杂多元的。从数据活动本身出发，可以概括出政府、企业、行业协会及个人这四类数据责任主体，并相应地阐释各主体的责任来源。

一、政府主体

政府作为数据活动中的关键主体之一，具有法定的政府数据开放、数据安全保障、数据监督等职责，若未依法履行数据职责则应当承担相应的法律责任，我国《个人信息保护法》和《数据安全法》等法律均作出了单独规定。由于政府主体的特殊性，其法律责任主要涉及行政机关的行政法律责任和行政机关工作人员的刑事法律责任，排除了民事法律责任的规制。政府应承担的数据领域的行政责任，主要包括政府侵权责任和行政机关工作人员失职的责任等；关于刑事责任，《刑法》以及《最高人民法院、最高人民检察院关于办理侵犯公民个人信息刑事案件适用法律若干问题的解释》已明确规定侵犯公民个人信息罪、破坏计算机信息系统罪等涉及数据方面的相关罪名。

（一）政府数据开放的法律责任

政府数据，也称政务数据、公共数据或公共信息资源，狭义上指政府部门在履职过程中依法直接采集、产生和获取的内部数据；广义上指必要情况下政府部门通过第三方采集、产生和获取的外部数据（包括内部数据在公共服务领域的应用实践），并以一定电子形式记录、保存。政府数据最主要产生于政府部门的履职过程中。政府数据的第一责任人政府，具有开放政府数据的职责。2013 年八国集团（G8）签署的《开放数据宪章》和 2018 年美国的《开放政府数据法》提出的政府数据免费开放基本原则在国际上产生了重大的影响，并已成为国际共识。在国内，政府信息公开、政务公开、公共信息资源公开、大数据、政务数据等有关法律、法规和部门规章都将各级政府部门确定为政府数据开放的职责主体。我国《数据安全法》第三十九条、第四十一条针对政务数据规定了国家机关具有及时、准确地公开的职责，同时明确了政务数据开放的基本原则，即公正、公平、便民。

　　政府数据开放不能等同于政府信息公开。政府信息公开以公民知情权保障为制度构建的基础，同时起到促进政府透明、强化政治问责的作用，主要是依申请而公开，需要行政相对人向相应的行政机关申请获取；政府数据开放是为了促进数据开发与利用，促进公共服务和社会运行方式的创新，将政府掌握的数据资源转化为社会生产力，带动数据要素市场发展，强调政府数据以主动公开为原则，以不公开为例外，以供公众重复使用。政府数据的开放通常被视为政府免费向社会提供公共服务，赋予社会利用政府数据的权利，侧重于经济与社会价值。《"十四五"数字经济发展规划》提出，要充分发挥数据要素作用，强化高质量数据要素供给，建立健全国家公共数据资源体系，统筹公共数据资源开发利用，推动基础公共数据安全有序开放，构建统一的国家公共数据开放平台和开发利用端口，提升公共数据开放水平，释放数据红利。在地方层面，很多地方政府设立了政务服务数据管理局和公共数据开放平台作为政府数据开放的渠道；从国家层面，2023 年 10 月，国家数据局挂牌成立，主要职责是负责协调推进数据基础制度建设，统筹数据资源整合共享和开发利用，统筹推进数字中国、数字经济、数字社会规划和建设等，促进构建数据基础制度。

　　基于公共服务的制度性质定位，政府数据的公开与共享并不会直接影响特定相对人的权利义务，政府不予开放数据导致的损害没有特定性，故不能认定为行政法范畴内的具体行政行为，不属于行政复议和行政诉讼的受案范围。若相关政府部门不履行政府数据开放的职责，公众可以通过政府平台提出数据开放的请求，政府部门有义务答复是否开放，这种互动机制可投诉，但不能通过行政复议或者行政诉讼的方式追究其行政法律责任。在政府数据开放过程中，尽管政府不断提高数据质量，但也不能保证数据的完整性、准确性和内容适用性，必然会出现格式问题、质量问题、更新缓慢等情况，从而引发纠纷。如果政府按照法律、法规的规定开放、共享了政府数据，并履行了合理注意义务，对使用人因使用瑕疵的政府数据遭受的损失不承担责任。我国很多地方政府数据开放平台明确表示对此类情况不承担责任，如上海市公共数据开放平台的《使用条款》和深圳市人民政府数据开放平台的《服务条款》均明确声明了相应的免责条款。免除数据瑕疵等问题的责任，能够使政府更有动力公开相关政府数据，有利于促进政府履行数据开放的职责。

（二）政府数据侵权的法律责任

在大数据时代背景下，数据安全已成为事关国家安全与经济社会发展的热点问题。政府作为行使公权力收集、使用数据的主体，理应肩负保障数据安全的重要责任，明确其职责定位和法律责任所在。我国《数据安全法》《个人信息保护法》和《网络安全法》等法律都明确政府部门具有数据安全保障的职责，保护数据免受泄露、窃取、篡改、毁损与非法使用。

行政机关是执行国家行政职能的机关，而各项行政措施的执行均由相应工作人员负责完成。法律规定的政府部门不履行数据安全保障职责的责任承担方式体现了双罚制的特征：一是由其上级机关或者履行数据保护职责的部门责令改正；二是对直接负责的主管人员和其他直接责任人员依法给予处分，包括警告、记过、记大过、降级、撤职、开除六种。此外，对履行数据安全保障职责的部门工作人员玩忽职守、滥用职权、徇私舞弊的失职行为，尚不构成犯罪的，依法给予处分；情节严重的，可能触犯侵犯公民个人信息罪、渎职犯罪等刑法罪名，应当依法追究刑事责任。

政府是最大的数据收集、处理、储存和利用者，其公权力所及之处必然涉及各主体数据的收集、处理和利用。政府部门在进行数据处理活动过程中未保障数据安全，侵犯公民、法人或者其他组织合法权益，造成商业秘密、个人信息和个人隐私泄露等后果的，属于行政复议和行政诉讼的受案范围。因此，行政相对人可以通过先申请行政复议后提起行政诉讼的方式，或者直接向法院提起行政诉讼，请求撤销该数据侵权行为或确认其违法。若造成行政相对人损失的，可以通过国家赔偿程序请求政府承担行政赔偿责任，赔偿方式为支付赔偿金、恢复名誉、赔礼道歉、消除影响等。

作为数据要素、技术要素和思维要素的多元融合，数据治理能够为公共管理提供有效工具，对推动政府服务精准化、智慧化具有重要意义。政府数据治理指的是以政府为主导，多个主体共同参与，利用互联网、大数据、区块链等信息技术所具有的工具性价值，将技术以及其中所包含的思想方法，融入政府的治理体系之中，从而对一些复杂的公共政策和管理问题进行有效的处理，完成对治理过程和体制的改革，使公众的利益能够得到充分的保障。

当前，我国政府数据治理尚处于初步探索阶段，仍存在一些明显的短板。譬如，数据权属关系不清晰，数据安全保障不到位，数据开放与共享不充分，数据采集、存储、传输、使用、交易规则不明确等，致使政府数据现状不容乐观，如"数据孤岛"丛生、"数据烟囱"林立、数据过度采集与滥用、个人隐私数据泄露、数据质量参差不齐以及数据价值难以释放等问题日益凸显，引发社会对数据的巨大应用需求与现实可以提供的数据服务能力之间存在较大的鸿沟，使得我们面临严重的政府数据危机。这要求政府在数据治理过程中发挥主导作用，以大数据技术为基础对政府管理、服务和决策流程进行挖掘、分析和应用，并用有效的决策来保证管理活动的规范有序，承担新公共管理职责。

二、企业主体

企业主体是最主要、最普遍的数据处理者，其在开展数据活动的过程中，应当在享受相关数据权利与效益的同时，依法履行数据安全保障、数据处理合规、自我监督、配合监管等各方面的义务，这是行为意义上的企业数据责任的主要体现。

（一）数据安全保障义务

作为数据安全保障的第一责任人，进行数据活动的企业负有对其数据处理行为负责，并采取必要措施保障数据安全的义务。数据安全保障义务是企业主体数据责任的核心与基础，是企业参与数据活动的必备要素并贯穿数据活动全过程。企业的数据安全保障义务包括数据保密义务、数据交易保障义务、数据泄露时的补救及通知义务、危险消除的义务及指定数据安全负责人等。

1. 数据保密义务

数据保密是指企业对收集的用户数据严格保密并建立健全用户数据保密制度，避免发生数据泄露的风险。用户数据包括自然人的个人信息、隐私以及法人和其他组织的商业秘密等数据。我国《民法典》《刑法》《反不正当竞争法》等法律均已对个人数据隐私和商业秘密的保护作出明确规定，《网络安全法》也重点强调网络运营者对用户数据的严格保密义务。若发生用户数据泄露问题，造成数据安全事故，企业应当承担相应的法律责任。

2. 数据交易保障义务

数据交易过程中，企业一般作为数据交易平台，在数据交易主体之间承担中介的角色，负责数据交易的整个流程的数据安全保障工作。（1）保障数据的合法性，要求数据提供方说明数据来源，不能交易违禁或违法的数据。（2）对交易数据进行脱敏化、加密化处理，将数据区分为敏感数据和一般数据。敏感数据必须取得数据主体的明示同意方可交易，一般数据适用默示同意原则。（3）审核数据交易双方身份，对数据提供方的资质和数据需求方获取和使用数据的目的、方式等方面进行审查。（4）留存审核、交易记录，以明晰各方责任，减少纠纷处理时的举证困难问题。

3. 数据泄露时的补救及通知义务

数据泄露时的补救及通知义务是指当发生或可能发生数据泄露、篡改、丢失等数据安全风险时，数据处理者应当立即作出补救措施，避免或减轻损害，并及时通知用户和有关主管部门。数据处理者履行通知义务时，通知内容应当包含以下事项：（1）发生或者可能发生信息泄露、篡改、丢失的信息种类、原因和可能造成的危害；（2）信息处理者采取的补救措施和个人可以采取的减轻危害的措施；（3）信息处理者的联系方式。《个人信息保护法》对通知义务规定了例外情形，即个人信息处理者采取措施能够有效避免对个人的损害，在此情况下可以不向个人履行通知义务。同时也对该例外情形的使用进行限制，如果履行个人数据保护职责的部门认为个人数据泄露可能对个人造成损害的，有权要求数据处理者通知个人。

4. 危险消除的义务

危险消除的义务是指企业知道或应当知道的利用其平台开展危害国家安全、公共利益和他人权益的数据活动，应当及时采取措施予以制止。企业负有数据侵害行为的危险消除义务源于美国 1998 年制定的《数字千年版权法》（DMCA 法）中的避风港原则与红旗原则。我国吸收和借鉴这两个原则，在多部法律及相关条款之中都有所呈现，明确发生网络侵权时各方主体承担的责任，要求数据平台及时消除在其平台发生数据侵害行为的危险，否则要为此承担法律责任。

5. 指定数据安全负责人

指定数据安全负责人是指开展数据处理活动的企业应当指定、明确工作人员负责数据保护工作，监督数据处理活动与保护措施。数据安全负责人负有保护个人数据安全，进行制度制定、内部培训、审计监督等活动的职责。《网络安全法》和《数据安全法》均要求数据处理者在网络安全等级保护制度的基础上，明确数据安全负责人落实数据安全保障责任。《个人信息保护法》还针对境外机构设立了额外的数据安全保障义务，即符合条件的境外机构有义务在我国境内设立专门机构或者指定代表，代表其负责在我国境内的个人信息保护事务。

（二）数据处理合规义务

数据处理合规义务是指数据处理者必须在合乎相关法律法规标准的前提下进行收集、管理和使用数据等数据处理活动。企业的数据处理活动在处理目的、处理方式等方面需要遵守一定的原则与规则。我国现行法律中，《民法典》第一千零三十五条、《数据安全法》第三十二条，《网络安全法》第四十一条、《消费者权益保护法》第二十九条、《全国人民代表大会常务委员会关于加强网络信息保护的决定》第二条等，确立了处理数据应当遵循合法、正当、必要之原则。欧盟的《通用数据保护条例》（GDPR）第 5 条规定了个人数据处理原则：对涉及数据主体的个人数据，应当以合法的、合理的和透明的方式来进行处理；个人数据的收集应当具有具体的、清晰的和正当的目的，对个人数据的处理不应当违反初始目的，即合法性、合理性和透明性以及目的限制。我国《个人信息保护法》第六条规定了处理个人信息的目的明确原则和最小化处理原则：目的明确原则要求数据处理者在处理个人信息时应当具备明确、合理的目的，在处理过程中不能随意变更、超出该目的；最小化处理原则是在目的明确原则基础上强调处理个人信息应当采取对个人权益影响最小的方式，并限于实现处理目的的最小范围，不得过度收集个人信息。

数据删除义务是指在法定或约定的事由出现时，数据处理者主动或根据请求删除数据，使数据不能被辨认、恢复或不被继续使用的义务。企业主体的数据删除义务与个人主体的数据删除权相对应，保障了数据删除权的实现以及数据处理的合规。欧盟《通用数据保护条例》、俄罗斯《联邦个人数据法》、我国台湾地区关于个人资料保护的相关规定、新加坡《个人数据保护法》、韩国《个人信息保护法》，均规定数据主体有权要求数据控制者及时删除个人数据，数据控制者有义务及时删除数据主体的个人数据。删除义务存在例外。根据《个人信息保护法》第四十七条第二款的规定，数据处理者履行删除义务有两种例外情形：一是法律、行政法规规定的保存期限未届满，例如《电子商务法》第三十一条对商品和服务信息、交易信息保存时间的要求是自交易完成之日起不少于三年；二是删除个人信息从技术上难以实现。除存储数据和采取必要的安全保护措施之外，数据处理者应当停止对相关数据的处理，并依法或依约定删除相关数据。

（三）自我监督义务

企业主体负有监督其内部的数据处理活动的义务，是自我约束、自我治理的途径，能够有效减少数据处理行为违法违规的数量。数据评估和合规审查是企业实现自我监督的主要方式。

1. 合规审计

审计作为一种风险控制和监督手段，广泛运用于各领域，因此法律规定数据处理者负有合规审计的义务。数据的合规审计是指数据处理者对数据处理活动遵守法律、法规的情况进行合规审计。履行合规审计的义务属于企业对数据保护的监督预防措施，有利于发现数据处理活动过程中存在的问题和合规风险，具有维护数据安全的作用。

2. 数据评估

进行数据评估是企业监督自身数据处理活动是否合法、合规的有效途径之一。《网络安全法》《数据安全法》从防范网络安全、数据安全风险的角度明确了重要数据的处理者开展风险评估的责任。两部法律均要求重要数据的处理者应当按照规定自行或委托专业机构对其数据处理活动定期开展风险评估，并向有关主管部门报送风险评估报告。风险评估报告应当包括处理的重要数据的种类、数量，开展数据处理活动的情况，面临的数据安全风险及其应对措施等。《个人信息保护法》的数据评估则侧重于事前防范的个人信息保护措施，要求事前进行个人信息保护影响评估，并对评估情况进行记录。

（四）配合监管义务

国家机关作为行使国家公权力的主体，享有监管企业的数据活动的权力，并要求企业承担配合监管义务，通过外部监督来保障数据活动合法、合规。配合监管义务中包含配合国家机关开展保护国家安全或者侦查犯罪的活动。《网络安全法》第二十八条规定，"网络运营者应当为公安机关、国家安全机关依法维护国家安全和侦查犯罪的活动提供技术支持和协助。"《数据安全法》第三十五条也规定，在公安机关、国家安全机关因依法维护国家安全或者侦查犯罪的需要调取数据时，数据平台应当予以配合。

向政府报送数据是企业配合监管义务的应有之义。数据报送，也称数据协助或数据提供，是指为了协助政府更好地履行公共职能，或者出于社会公共利益的需要，数据处理者依据法定的条件与程序，向政府部门提供相关数据的行为。数据报送并不等于数据公开，数据报送只是企业把数据提供给有关政府部门，而不是向全社会公开。企业和政府部门都应当按照法定的程序参与数据报送。企业应当依据法律、法规严格履行数据报送的义务，报送的数据必须全面、完整、真实。如果企业违反前述配合监管义务的，由监管机关进行相应的处罚，形式包括责令改正、给予警告、处以罚款、没收违法所得、责令停产停业、吊销许可证件或吊销营业执照等。

（五）特殊主体的特别义务

特殊主体的附加义务是法律在数据处理者的一般义务之外，为特殊的数据处理者设定额外的义务。大型数据平台企业是数据处理者的关键构成要素，在数据处理活动中发挥着中介作用，在平台内经营者和个人用户之间承担着"守门人"的角色。鉴于大型数据平台凭借技术和管理优势对数据使用具有强大控制力，能够对数据的安全与风险产生重大影响，各国普遍认同必须配置与其控制力和影响力相适应的数据保护特别义务，提高数据保护力度，与大型数据平台的数据风险程度、数据重要程度相匹配。2022年生效的欧盟《数字服务法》和《数字市场法》，要求大型互联网平台作为"守门人"，在平台经营、数据处理、数据服务等方面承担更大责任。我国《个人信息保护法》借鉴了上述欧盟的两部法，设专条对提供重要互联网平台服务、用户数量巨大、业务类型复杂的"守门人"进行了附加的规范，从个人信息保护方面对大型互联网平台提出了更多要求。

三、行业协会

一般认为，行业协会是指同行业的企业、个体商业者及相关的企事业单位基于共同利益依法自愿组织的非营利性社团法人。行业协会具有非政府性、自治性、非营利性、公益性和中介性等本质特性。在数据行业领域，在充分肯定行业协会自治基础上，行业协会应当在一定范围内承担数据责任。根据行业协会的性质与特性，其主要负有行业自律、行业沟通与协调的义务。

（一）行业自律义务

行业协会作为自治性民间社会组织，通过制定行业规则来进行自律管理，引导整个行业规范有序发展。行业协会在对行业内各个企业的权利和利益进行协调、平衡的过程中，通过谈判、协商、妥协等方式达成共识并由协会成员共同遵守，以达到行业自律的目的。相对于政府基于法律授权的外部监管，行业协会基于成员共同利益和意愿形成的内部自律机制，往往更具有专业性、及时性、针对性和主动性。数据领域的行业协会的行业自律义务主要包括以下内容：（1）制定本行业的规章制度；（2）参与制定、修订本行业各类标准；（3）建立行业内部惩罚机制，对违反和破坏行业规则的成员予以惩罚。

（二）行业沟通与协调义务

行业协会作为社会中介组织在政府与企业之间起到一种桥梁和纽带作用，与政府和其他公共治理主体之间具有多种沟通渠道和快速反应机制。基于中介性这一特性，行业协会应当负担起政府与企业之间的沟通与协调的义务。一方面，行业协会把协会成员对政府的要求、愿望、意见和建议集中转达给政府，为政府政策的制定和修订提供依据；另一方面，行业协会将政府的政策规定和对相关问题的处理意见及时转达给其成员，以便本行业对政策规定和要求作出积极呼应。

四、个人主体

个人是最重要的数据提供者，各国（地区）法律均赋予个人众多且全面的权利以保障其合法权益，但对个人主体应承担的数据责任并未设立过多的义务。然而，配合、协助国家机关的义务是我国法律明确规定的个人主体应承担的数据责任。

对数据活动进行监督检查，并对涉嫌违法的数据处理活动进行调查处理，是数据安全保障部门的法定职责，而配合、协助相关部门依法履职是有关当事人的法定义务。相关当事人应当如实提供所知悉的证据和材料，为国家机关履行职责提供便利条件和协助，配合调查和数据调取，不得拒绝、阻挠。

数据责任的主体多元化反映了数据活动的复杂性和广泛性。政府、企业、行业协会和个人作为主要的数据责任主体，各自承担着不同的责任和义务。政府在数据开放、安全保障和监管方面扮演着关键角色，企业作为主要的数据处理者，需要履行多方面的义务以确保数据安全和合规处理，行业协会通过自律和协调发挥着重要的中介作用，而个人作为数据提供者，也有义务配合国家机关的相关活动。

这种多元化的责任体系不仅有助于保护数据安全和个人权益，也促进了数据的有效利用和数字经济的发展。然而，随着技术的不断进步和数据应用场景的扩展，数据责任体系也需要不断完善和调整，以应对新的挑战和需求。

第三节　数据责任的内容

数据责任的内容总体是从数据责任主体应承担的数据责任中归纳总结得出的，但又不与主体的划分完全对应。例如，政务数据监管主要针对的是政府主体，数据权益保障侧重的是企业主体的数据处理行为，而个人信息保护则是面向个人主体的、加诸全体数据责任主体的综合责任，跨境数据安全更是从数据跨境行为出发而设定的不特定主体的数据责任。

一、政务数据监管

政务数据，也称公共数据或公共信息资源，狭义上指政务部门在履职过程中依法直接采集、产生和获取的内部数据；广义上指必要情况下政务部门通过第三方采集、产生和获取的外部数据（包括内部数据在公共服务领域的应用实践），上述各类数据资源以电子形式记录、保存。政务数据的管理主体包括政府部门、事业单位以及其他可提供政务数据的非营利组织等社会性组织团体，政务数据的利用主体包括政府部门、企业、社会公众等。

（一）政务数据违法违规行为

违反关于政务数据资源规定的法律法规行为具体包括以下几个方面：

（1）违反开放平台管理制度；

（2）采用非法手段获取公共数据；

（3）侵犯商业秘密、个人隐私等他人合法权益；

（4）超出数据利用协议限制的应用场景使用公共数据；

（5）违反法律、法规、规章和数据利用协议的其他行为。

（二）政务数据侵权责任构成要件

1. 主体要件

政务数据监管的责任主体一般分为两类。

（1）政务主体及其工作人员，包括政府、政务数据行政主管部门或政务服务实施机构、数据管理机构、公共管理和服务机构等。

（2）数据利用主体，即政务主体及其工作人员以外的其他人员。

2. 行为要件

行政数据侵权行为必须为包括行政机关或者行政机关工作人员的主体在行使职权中的职务行为，也包括数据利用主体不当利用政务数据的行为。

3. 违法要件

在行政法领域，行政机关对实施的政务数据侵害行为承担无过错责任，即行政机关的具体行政行为要求具备客观违法性，如收集、使用数据过程中未依照法律、行政法规规定的条件和程序进行；对在履行职责中知悉的个人隐私、个人信息、商业秘密、保密商务信息等数据未依法予以保密，导致泄露或者非法向他人提供的行为。合法的职权行为不会引发侵权责任，但有可能导致补偿责任。数据利用主体违反法律、行政法规非法获取、利用政务数据也构成违法。

4. 后果要件

损害后果的实际发生是指数据遭到篡改、破坏、泄露或者非法获取、非法利用的现实情况，损害后果的发生是行为人承担侵权责任的前提。

5. 因果关系要件

即数据权损害与违法行为之间存在直接的因果关系。

（三）免责事由

数据开放主体按照法律、法规和规章的规定开放公共数据，并履行了监督管理职责和合理注意义务的，对因开放数据质量等问题导致数据利用主体或者其他第三方的损失，依法不承担或者免予承担相应责任。

二、数据权益保障

（一）数据权益侵权行为

1. 流量劫持、恶意干扰行为

流量是用户浏览网站时产生的数据信息，本质为数据标准信息的集合，法律属性是网络空间的虚拟财产。[①] 流量劫持即通过一定的技术手段改变消费者的浏览目标地址，将原本的流量获得者抢夺走，并以此引导消费者接受、购买其提供的商品或服务。互联网中的流量劫持主要通过客户端劫持、域名劫持、运营商劫持等方式来实现。流量劫持、恶意干扰行为都属于数据污染行为，会对原始数据的完整性和真实性造成破坏，扭曲信息的内容。

2. 第三方直接收集、获取网络平台商业数据

第三方平台合法取得其他平台商业数据的条件要坚持三重授权原则，即"用户授权＋平台方/公司授权＋用户授权"，第三方不具有权限擅自收集或者存储网络平台上的用户数据，使用或者向公众公开就构成侵权行为。主要表现为在短视频平台或者其他社交平台获取用户所发布的视频、音频、评论；未经过用户的授权同意擅自获取平台上用户的个人信息；未经平台权利人的许可大量使用平台数据、信息并面向第三方平台公开，对被收集信息的平台造成实质性替代的效果。

3. 以撞库方式获取同行业竞争者的商业数据

撞库方式可以解释为黑客通过收集互联网上已被泄露的账号和密码信息，

---

① 刘佳欣：《反不正当竞争法视角下的流量劫持——以流量劫持典型案例为分析样本》，载《法律适用》2019 年第 18 期。

通过技术查找对应生成字典表,尝试使用所获得的账户信息在其他网站上登录。[①] 用户登录相关的平台,其账户信息与个人身份信息密切相关,由个人账户信息集合成的数据能够为相关平台带来财产性利益,具备计算机信息系统数据的法律属性,因而相关权益应当属于平台。

4. 利用爬虫技术窃取用户信息

爬虫技术是指通过跟踪用户在各个平台、软件上的浏览踪迹收集用户信息,爬虫能够针对用户精准地抓取数据,收集基于 HTTP 协议传输的所有信息。即使采取了某些技术措施防止个人信息泄露,如密码设置、指纹解锁、面部解锁等,软件的运营者依旧能够使用技术手段规避数据保护措施。

5. 人工智能算法侵权

算法是人工智能技术的核心,人工智能算法也称为模型,本质上是一种用以解决问题的技术。人工智能算法具有复杂性,算法内部将世界的复杂性转变为代码组合的活动模式。特伦斯·谢诺夫斯基将算法在现代的发展现状形容为算法模型有数百万个人造神经元,深度达到了几十层。[②] 但是由于算法运行过程和结果缺乏法律规制而易导致偏差,例如算法所使用的数据是通过长期广泛地侵害人类隐私权而获得的,算法结果可能存在歧视或侵犯算法用户的知情权情形。

(二)数据权益侵权构成要件

1. 主观要件

认定侵害经营者数据权益的损害赔偿责任适用过错责任原则,也即经营者故意实施数据破坏或抓取等行为扰乱其他经营者的经营活动,损害其合法利益的应当承担侵权责任。例如,在经营者对数据采取技术加密的情形下,加害人故意利用相关技术破解或绕开加密技术进行数据窃取,此时就可以通过行为认定其存在过错。

---

① 与之相关的概念是"撞库攻击",是指很多用户在不同网站使用的是相同的账号密码,因此黑客可以通过获取用户在 A 网站的账号密码从而尝试登录 B 网址,这就可以理解为撞库攻击。

② [美]特伦斯·谢诺夫斯基:《深度学习》,姜悦兵译,中信出版社 2019 年版,第 15 页。

2. 行为要件

加害行为是认定数据权益侵权损害赔偿责任的必备构成要件之一。无加害行为，即使有损害事实，行为人一般也无需承担损害赔偿责任。侵害数据权益的行为一般具有以下特征。

（1）技术性：侵害数据权益的行为相较于传统的侵权行为，具有较强的技术性特征，经营者通常也会采取一定的加密技术对数据进行保护，侵权人要掌握一定的数据技术获取数据、破解保护技术，否则无法完成侵害数据权益的行为。

（2）隐蔽性：一般情况下，除权利人对数据系统进行破坏的行为外，一般侵害数据权益的行为具有隐蔽性，如数据复制行为等并未对原数据进行破坏，因此很难被经营者察觉。

（3）过程性：侵权人通常情况下并不是简单地获取数据，而是通过数据处理牟利。因此，这种侵权行为相较于传统侵害财产权的行为具有一定的过程性，侵权人需要投入一定的时间和技术成本。

3. 后果要件

互联网经营者恶意地抓取其他经营者经过收集、整理的数据，提供相类似的产品服务，进而取代原有产品服务或混淆消费者，造成损害其他经营者竞争优势、预期利益减损、未经用户同意抓取数据导致用户的数据泄露以及侵害竞争秩序的后果。评价数据权益损害后果时，适用综合利益衡量的裁判规则，应当对互联网经营者的数据财产性权益、用户的数据权益、公共利益进行全面综合的考量。

4. 因果关系要件

被侵权人的权益损害后果是由行为人侵害数据权益的行为导致的，可认定数据权益损害行为与损害后果之间具有因果关系。在判断数据权益加害行为与数据权益损害的因果关系时，应当结合一般人标准，按照社会的一般知识和经验进行判断。具体而言，只要原告有证据证明加害行为与损害结果具有相当程度的因果联系的可能性即达到了证明标准，然后由被告提出反证，如反证不成立，则认为存在因果关系。

（三）免责事由

数据权益损害中，并非所有的损害都会得到赔偿，在一些情形下，即使侵害了数据权益，加害人也可以依据法律规定免除赔偿或者减轻责任。

1. 执行公务

公权力的责任豁免是指为了维护社会公共利益和他人的合法权益，法律允许依法执行公务的人在维护社会公共利益和他人合法权益的情形下，对他人的合法权益造成必要的损害。但是，在执行公务时，也必须严格遵守法律规定，严格按照比例原则，尽可能采取合乎目的、对数据权益造成最小损害的手段，注意数据安全与保护，在实现目的后删除相关数据。

2. 爬虫协议与被侵权人允诺

被侵权人允诺指的是被侵权人对将来可能发生的他人对自己民事权益造成损害的特定行为作出同意自担后果的意思表示。作为数据权益的主体可以提前作出意思表示，自己承担因对方的数据收集、使用等行为造成的风险，放弃向对方追责的权利。意思表示可以以多种形式作出，一般要求以明示的方式作出，并明确免责的范围。网站经营者通过爬虫协议设置允许数据爬取者爬取的范围，数据爬取者在爬虫协议允许的范围内的数据爬取行为不应当承担责任。这种允诺仅限于对数据爬取范围的允诺，数据爬取的手段对网站造成瘫痪等其他不利影响，应当被认为是超出允诺的行为。

三、个人信息保护

（一）个人信息处理活动的侵权行为

大数据时代的个人信息以互联网为传播媒介，个人信息的收集、存储、使用、加工、传输、提供等处理行为呈现隐蔽性、迅速性、虚拟性、技术性、持续性、规模性等特征，从而给信息主体的人身安全、财产安全、人格尊严和自由等带来巨大风险。

1. 数据泄露

即个人数据被破坏、窃取或擅自访问，导致数据的保密性或完整性遭到破

坏，数据泄露还会使数据主体增加后续损害发生的风险。如美国知名信用机构
Equifax 信息泄露事件、美团个人数据泄露事件等。

2. 非法收集、买卖、使用个人信息

我国《民法典》和《个人信息保护法》均采用"知情同意原则"对个人信息进行保护，个人信息利用人需要得到个人信息权利人的同意和许可才可以收集个人信息，并要向权利人明确收集方式和目的，还要向权利人确认收集信息的正确性和个人信息的安全性。鉴于合规收集个人信息成本较高，且要获得权利人的同意和认可，难度明显过大，因此大多数利用人为了满足低成本使用权利人个人信息的目的，倾向于选择隐蔽、非法的收集手段，该手段可以在权利人完全不知情或不完全知情的情况下，利用数据技术优势违法收集个人信息，如利用大数据挖掘技术对权利人上网使用情况和习惯进行收集、分析，得出权利人的生活轨迹等，也有部分利用人利用权利人遗失丢弃的车票单据、快递单、发票联等进行非法买卖，进行汇总和分析后实施电信诈骗等非法行为，进而侵害信息主体的隐私权、名誉权等人身权，以及物权、债权等财产权，威胁信息主体的人身和财产安全。

3. 社会分选和歧视

所谓社会分选是指收集个人数据，再依据多种标准（年龄、经济实力等）将人群分类，并决定谁应当有何种待遇，例如同一平台的商品针对不同用户定制不同价格。这与算法歧视相类似，属于经营者滥用市场支配地位中规定的差别待遇。

4. 消费操纵和关系控制

消费操纵是指数据控制者利用数据画像使得定向广告无比精准地在特定时间和场景到达目标用户，诱发冲动消费；关系控制是指数据控制者利用秘密获取的他人信息对特定人在其社会生活或职业中施加影响。这两种行为都会让信息获取者在了解信息主体后通过伪装而影响个人决策，从而导致潜在的无法认知的损害发生。[1]

---

[1] 叶名怡：《个人信息的侵权法保护》，载《法学研究》2018 年第 4 期，第 83-102 页。

（二）个人信息侵权责任的构成要件

个人信息侵权责任是指侵权行为人违法实施收集、利用自然人个人信息等侵害信息主体个人信息权益的行为，给信息主体的合法权益造成损害，依法应当承担的侵权损害赔偿责任。而侵权责任构成要件是认定侵权责任成立所需具备的法定条件。依据《民法典》第一千一百六十五条、第一千一百六十六条的规定，我国侵权责任只规定了过错侵权责任。因此，个人信息侵权责任构成需符合过错侵权责任的一般构成要件，即侵权行为人实施了加害行为、过错、损害后果、加害行为与损害后果存在因果关系。

1. 主观要件：侵权行为人存在过错

《民法典》规定了个人信息侵权责任适用一般侵权责任的过错责任原则，即侵权行为人对违反法律规定的作为义务或不作为义务侵害信息主体的个人信息权益存在故意或过失。在《个人信息保护法》颁布前，对个人数据侵权的证明责任分配并没有明确规定，数据主体得知自身信息权益遭受侵害后，虽然可以通过法律途径寻求救济，但限于自身证明能力的弱势，很难提供证据证明信息处理行为对自身信息权益的侵害。《个人信息保护法》明确了个人信息侵权行为适用过错推定责任原则，若个人信息处理者不能证实其在处理个人信息过程中不存在非法处理个人信息行为或者未尽到法律所规定的个人信息保护义务，则就足以认定个人信息处理者具有过错，需要对侵害信息主体个人信息权益的损害后果承担侵权责任。

2. 行为要件：侵权行为人实施了加害行为

加害行为也被称为侵权行为，是指侵害他人合法民事权益的行为，属于侵权责任构成的要件之一。具体到个人信息侵权而言，加害行为具体指的是侵害自然人信息主体的个人信息权益的行为。按照加害行为的行为方式可将其分为作为的加害行为和不作为的加害行为两种类型，作为的加害行为是指通过积极的行为来侵害自然人的个人信息权益，违反法律禁止性规定的加害行为一般都具有违法性，法律、行政法规有特殊规定的除外，例如《个人信息保护法》第十三条第二款所规定的特殊情况下处理个人信息不需要取得信息主体的同意，包括履行法定职责、维护公共利益、进行新闻报道、应对突发公共卫生事件等。不作为的加害行为则是指以消极的态度怠于履行或不履行《民法典》《个人信息保护法》等相关法律所规定的保护个人信息的义务，其本质是对法律规定的作为义务的违反。

3. 后果要件：被侵权人的信息权益遭受损害

侵害个人信息权益所产生的客观损害不仅包括给信息主体造成的财产损失、为调查个人信息侵权行为所花费的合理费用等，还包括侵害个人信息权益给信息主体造成精神上的损害，例如泄露或违法公开信息主体的私密信息，导致被侵权人因人格尊严、隐私权等被侵害而遭受严重的精神痛苦。

4. 因果关系要件：损害与加害行为之间存在因果关系

因果关系是指行为人实施的加害行为与受害人所遭受的权益损害之间存在的关联关系，只有当这种关联关系存在时，行为人的侵权责任才能够成立。由于个人信息侵权行为可能发生在个人信息收集、加工、存储以及利用等多个环节，实施个人信息侵权行为的主体多样性以及侵权手段的复杂性，导致个人信息侵权中的因果关系也存在多种形态，包括一因一果、一因多果、多因一果、多因多果等。

（三）复数侵权人的责任形态

复数侵权责任人的责任形态可分为三种：连带责任、补充责任和按份责任。

1. 连带责任

承担连带责任的侵权行为包括共同侵权行为和共同危险行为。共同侵权行为又可分为狭义的共同侵权和广义的共同侵权。狭义的共同侵权是指复数数据处理者构成所谓的联合控制者时，数据主体可以针对每个数据控制者行使权利，当复数数据处理者造成同一损害时，每一个控制者或处理者都应当对整个损害承担连带责任，以确保对数据主体的有效赔偿。我国《民法典》第一千一百九十七条规定的正是网络服务提供者与信息发布者共同侵权的连带责任。广义的共同侵权行为是指明知他人利用个人信息实施犯罪或侵权，仍向其出售或提供个人信息的，非法出售者或提供者应与直接侵权人承担连带责任，包括帮助侵权和共同过失侵权。共同危险行为是指复数数据处理者实施危及他人人身、财产安全的行为，其中一人或者数人的行为造成他人损害，能够确定具体侵权人的，由侵权人承担责任；不能确定具体侵权人的，行为人承担连带责任。

2. 未尽到安保义务的补充责任

数据控制者对用户个人数据负有安全保障义务，若其因未尽安全保障义务（过失）导致个人数据被第三人窃取或破坏或是遭泄露的数据被第三人用来从事犯罪或侵权活动，并给信息主体带来损害，作为直接加害人的第三人承担侵权责任，数据控制者应在其过错范围内承担相应的补充责任。在数据泄露的场合，直接侵害人与安全保障义务人处于不同的责任层次或级别，完全符合补充责任是因第三人介入时违反安全保障义务的侵权责任的本质。

3. 分别侵权场合下的按份责任

非法出售或提供非敏感的个人信息，该信息被他人用于针对信息主体的侵害行为（如歧视），但出售者或提供者对此不知情且无重大过错。这种情况下，出售信息和歧视这两种过错相互结合后造成同一损害，各行为人应根据《民法典》第一千一百七十二条承担按份责任。

（四）个人信息侵权免责事由

个人信息具有双重法律属性，在社会公共领域中流通的个人信息蕴含着巨大的经济价值和社会价值。对个人信息的保护过于严苛，会导致信息流通性较低。因此，个人信息保护应当在遵循自愿诚信、合理合法的范围内，明确规定侵权人可通过主张免责事由以减轻或免除侵权责任。由于《个人信息保护法》中并未明确指出个人信息侵权人可以主张免责事由以及免责事由的内容，因此司法实践中适用《民法典》中的相关规定。二者免责事由均适用于以下规定：

1.《民法典》总则编中的一般规定

第一百八十条规定的"不可抗力"，具有不能预见、不能避免以及不能克服的属性，因此而不能履行民事义务的，不承担民事责任，除非法律另有规定。

第一百八十一条规定的"正当防卫"，具有正当性、合法性，因实施正当防卫造成损害的不承担民事责任；防卫造成超过必要限度的损害即构成防卫过当的承担适当的民事责任。

第一百八十二条规定的"紧急避险"，也具有正当性、合法性，因紧急避险造成损害的，一般由引起险情发生的人承担民事责任，紧急避险人不承担责任；危险是由自然原因引起的，紧急避险人不承担民事责任，可以给予适当补偿；避险过当、不当造成不应有的损害的，紧急避险人承担适当的民事责任。

因自愿实施紧急救助行为造成受助人损害的，救助人不承担民事责任。[①]

2. 《民法典》侵权责任编中的一般规定

第一千一百七十四条规定的"受害人故意"，即损害是因受害人故意造成的，行为人不承担责任。

第一千一百七十五条规定的"第三人原因"，即损害是因第三人造成的，第三人应当承担侵权责任。

第一千一百七十六条规定的"自甘风险"，即自愿参加具有一定风险的文体活动，因其他参加者的行为受到损害的，受害人不得请求其他参加者承担侵权责任；其他参加者对损害的发生有故意或重大过失的除外。

3. 《民法典》侵权责任编中的特殊规定

《民法典》第一千一百九十四条至第一千一百九十七条规定的是网络侵权责任，基本规则是网络侵权一般责任规则和避风港规则、红旗规则。第一千一百九十五条规定的避风港原则中，网络服务提供者在网络用户利用其网络实施侵权行为时，对侵权信息及时采取必要措施，免除其侵权责任。在第一千一百九十七条规定的红旗原则中，网络服务提供者虽然知道或者应当知道网络用户利用其网络服务实施侵权行为，但只要采取了必要措施，也不承担侵权责任。

四、跨境数据安全

随着数字经济的蓬勃发展，数据跨境活动日益频繁，数据处理者的数据出境需求快速增长，世界主要国家和地区纷纷加强数据跨境安全管理。作为数字经济大国，我国也在持续推动数据跨境流动制度体系建设，数据责任是其中必不可少的内容之一。

[①] 杨立新：《民法典侵权责任免责事由体系的构造与适用》，载《求是学刊》2022年第5期，第107-121页。

（一）典型国家跨境数据的安全治理模式

全球数字生态系统是指通过数字技术可使信息、数据实现全球范围内自由流动的系统，数字生态系统这一概念辐射衍生出了数字思维，即越来越多的国家注意到数据资源集政治、国土、军事、经济、文化、社会、科技、信息于一体，数据跨国界去国家化的特征极易产生数据的负外部性效应和数据陷阱，数据已经成为关系国家战略的重要资源。因此，各国基于自身优先的原则采取不同的策略对数据资源展开激烈争夺。[①]

1. 欧盟的事前防御逻辑

欧盟采取的是保守的事前防御逻辑，域内建立了一套以地理区域为基准、充分保护为前提的内外有别的数据流动策略，鼓励区域内数据自由流动而严格限制域外数据的流动。在数据的跨境流动问题上，欧盟的保护堪称之最。其域内规范数据的法律主要包括《通用数据保护条例》《非个人数据自由流动条例》《数据法案草案》等。其中，《通用数据保护条例》所构建的充分性评估机制是事前防御逻辑的重要组成部分，即由欧盟数据保护委员会和各成员国的数据保护机构对数据保护的契合度和效用能否达到欧盟数据自由流动白名单的高度进行评估，只有被认定为具有"足够的数据保护水平"的国家、地区或国际组织[②]才允许进行自由流动。未经充分性认定的国家或地区应要求数据实际控制者和处理者基于具有约束力的公司准则和官方制定的标准数据保护条款等保护措施向欧盟成员国的监管机构进行特定的单独授权申请才能进行个人数据的跨境流动。《通用数据保护条例》已经影响了阿尔巴尼亚甚至俄罗斯联邦等国相关法律的制定。[③]

---

① 王亚茹：《数据跨境流动安全的国际规制及其应对策略》，载《北方论丛》2023 年第 2 期，第 8 页。

② 《欧盟通用数据条例》第 46 条规定，允许个人数据在满足特定条件下向未被欧盟认定为具有"足够的数据保护水平"的国家、地区或国际组织转移：（1）基于政府等公共机构之间具有约束力和可执行力的协议进行跨境转移；（2）企业制定有约束力的规则，且该规则获得了数据保护机关的批准；（3）数据出口方与数据进口方签署标准合同条款，进口方通过合同义务对流动的个人数据实行与欧盟同等水平的保护；（4）基于行业协会或经济组织所制定且经过批准的行为守则进行转移；（5）基于经批准的认证机制进行转移。

③ 卫承霏、蒋洁：《全球跨境数据安全治理的多维逻辑与中国应对》，载《图书与情报》2022 年第 6 期，第 26-33 页。

2. 美国的事后救济逻辑

美国采取的是积极的事后救济逻辑，奉行网络自由主义的美国宣称互联网是区别于现实世界的全球公域，主张在互联网领域没有国家主权，互联网的治理要采取技术治理主义，并以"长臂管辖"为基准、事后问责制为前提采用模糊的评价体系与泛化解释方式，积极鼓励跨境数据流动。其国内也颁布了一系列法律法规细化分类分级各种数据并严格控制数据跨境的范围与种类，加大违规传输的事后惩罚力度。如严格限制特定技术数据出境的《出口管制条例》和《出口管制改革法案》；严格审查外国人在美投资关键性基础设施和关联敏感个人信息的生物基因行业的《外国投资风险评估现代化法案》；要求所有在美上市的外国公司接受美国公众公司会计监督委员会对会计底稿数据的全面审查的《外国公司问责法案》。

3. 我国的跨境数据治理模式

中国采取的是谨慎的全球治理逻辑，近年来随着国内数据产业的快速增长，数据价值持续上升，数据总量预计在 2025 年将达全球数据的 27.8%，秉持着以数据本地化为基准、以安全评估为前提的治理策略。国内规制跨境数据安全风险和追究数据侵权责任的法律法规也相继出台，如《网络安全法》《数据安全法》《个人信息保护法》《数据出境安全评估办法》《个人信息和重要数据出境安全评估办法（征求意见稿）》《个人信息出境标准合同规定（征求意见稿）》等。其中，《网络安全法》第三十七条首次在法律层面上从国家安全角度对数据出境安全提出具体要求，强调境内个人信息和重要数据的本地存储、出境评估；《数据安全法》第二条扩展了我国有关数据安全法律保护的域外适用效力，规定了数据安全法的适用范围，不仅适用于在中国境内开展的数据处理活动及监管，也赋予了境外适用效力，数据出境、国外黑客非法窃取数据同样可以依法追究法律责任，这也是苹果、特斯拉等公司在中国境内建设数据中心的原因，在中国产生的数据都存储在境内。同时，我国在其他条款中明确了数据分类分级保护制度，进一步完善了重要数据出境的安全评估和管理规定。

（二）跨境数据流动风险

1. 政策风险

跨境数据流动的政策风险主要是国际规则缺失导致的，由于当前不存在国际通行的跨境数据流动相关法律规则，各国分别基于其数据保护政策制定了相关网络和数据管理规定，呈现出各自为政的状态。各国从法律层面以数据收集、存储的主体和地域作为划分主权的依据，因此，数据跨境流动不仅需要符合国内监管要求，也必须关注国外的监管政策和动态。

2. 安全风险

跨境数据的安全风险兼具个体和国家双重维度，在个体信息安全层面，数据跨境传输具有体量大、速度快的特征，不可控制性更强的数据跨境流动可能加大数据的不当使用及数据泄露风险，从而对个人数据权利和个人隐私造成侵害。在国家安全及国家数据主权层面，单独的数据本身因与个体高度关联而具有隐私权的保护需求，而海量数据经整合、分析可产生具有战略意义的信息，其跨境传输成为事关国家安全的重要因素。

3. 经济风险

通过广泛收集、处理和分析所形成的数据集合具有重要的商业价值，在此背景下，部分国家担忧自由的跨境数据流动可能妨害本土企业的发展，带来数字产业竞争压力。特别是对于数字产业较为发达的国家而言，这些国家依赖本国市场已经形成了较为庞大的数据，积累起一定的数据资源优势，若开放全球范围内的数据跨境流动，无疑将减弱国家竞争力，从而影响本国数字产业的发展机会。

（三）跨境数据侵权管辖实施原则

1. 属地管辖原则

属地管辖原则的原理是当网络活动发生在国家领土内、涉及有形物体并且是由个人或实体实施的，国家可以对此行使主权权利。属地管辖原则是国际法中立法、司法、执法权有效分配的原则性规则。我国《网络安全法》第二条对在中国境内建设、运营、维护和使用网络，以及网络安全的监督管理适用该法的规定，也是属地原则在我国行使网络立法管辖权的体现。[①]

---

① 李佳伦：《属地管理：作为一种网络内容治理制度的逻辑》，载《法律适用》2020第 21 期，第 158-168 页。

2. 国籍管辖原则

国籍管辖原则是指一国基于数据主体、数据控制者、数据处理者的国籍或注册地等连结点对数据跨境活动所实施数据管辖权行为的基本准则。欧盟《通用数据保护条例》明确规定，该条例适用于设立在欧盟境内的控制者或处理者对个人数据的处理，无论其处理行为是否发生在欧盟境内。这是典型的国籍管辖原则的具体体现，也是目前在跨国数据控制者所实施的数据跨境活动中适用最为广泛的原则。国籍管辖原则除了适用于具有法律人格的主体外，在国际法上，还体现在航空与航海行为的管辖之中。

3. 保护管辖原则

保护管辖原则是指允许一国在国家、社会利益受到网络活动侵害时适当扩大其管辖范围。《网络安全法》作为我国互联网安全领域的特别专门立法，其内容涵盖网络安全支持与促进、网络安全运行、网络信息安全等关乎网络建设、运营、使用和维护等各个领域，明确加强了对信息安全的保护，《网络安全法》中明确了针对发生在我国境内外的数据犯罪，我国有权行使管辖权。

我国的《网络安全法》第五条规定："国家采取措施，监测、防御、处置来源于中华人民共和国境内外的网络安全风险和威胁，保护关键信息基础设施免受攻击、侵入、干扰和破坏，依法惩治网络违法犯罪活动，维护网络空间安全和秩序。"此条规定了国家应承担的主要任务，解决了行业、部门自身力量不足的问题。军队、公安机关和国家其他有关部门，应充分发挥职能作用，利用自身强大力量、技术手段，开展实时监测、态势感知、通报预警、应急处置、追踪溯源、侦查打击、情报侦察、等级保护、指挥调度等重要工作，建设网络安全综合防控平台，研发先进技术，提高"打防管控一体化"的网络安全综合防御能力，处置来自境内外的网络安全威胁和风险，依法打击网络恐怖、网络入侵攻击、网络窃密、网络贩枪贩毒、网络淫秽色情等网络违法犯罪，维护网络空间秩序，保护网络空间安全和关键信息基础设施安全。[①]

4. 效果原则

效果原则是指一国或地区有权对其境内具有实质性影响的网络活动行使管

---

① 俞胜杰：《〈通用数据保护条例〉第 3 条（地域范围）评注——以域外管辖为中心》，载《时代法学》2020 年第 2 期，第 94-106 页。

辖权。本质上，效果原则是基于属地原则而产生的管辖权确定规则。如数据活动并非在一国发起、完成或实质发生，却在该国产生了具体效果，虽然数据活动并未在该国实际进行，但基于效果原则，该国有权对其进行跨境管辖。

（四）跨境数据企业的信义义务

信义义务是指作为数据控制人的企业除了需要履行审慎保管、使用数据的义务外，还需对境外接收人进行尽职调查，调查内容包含境外接收人的财务状况、为数据提供保护的水平等。同时，在境外数据接收方存在侵权行为的情况下，数据主体有权要求数据控制人在一定期限内采取适当的措施阻止侵权行为，对数据进行保护。

这种信义义务的设立，体现了跨境数据流动中对数据控制人的更高要求。它不仅要求企业在本国境内妥善处理数据，还要求其对数据的跨境流动全程负责。这种责任的延伸，有助于在全球化的数据流动中更好地保护数据主体的权益。

具体而言，跨境数据企业的信义义务可以包括以下几个方面。

1. 尽职调查义务

对境外数据接收方的背景、资质、技术能力和数据保护水平进行全面调查。

2. 合同保障义务

与境外接收方签订详细的数据保护协议，明确双方的权利义务和数据保护措施。

3. 持续监督义务

对境外接收方的数据处理活动进行持续监督，确保其遵守相关协议和法律规定。

4. 及时干预义务

在发现境外接收方有违规或侵权行为时，及时采取措施制止并防止损害扩大。

5. 信息披露义务

向数据主体及相关监管机构及时、准确地披露数据跨境流动的相关信息。

6. 应急处置义务

制定并完善数据跨境流动的应急预案，在出现数据安全事件时能够迅速响应和处置。

通过落实上述信义义务，跨境数据企业可以更好地履行其数据保护责任，减少数据跨境流动中的风险，同时也能增强数据主体和监管机构对其的信任。这不仅有利于企业自身的长远发展，也有助于构建更加安全、可信的全球数据流动生态系统。

政务数据监管强调了政府在数据管理中的责任，数据权益保障关注了企业和个人在数据利用中的权益保护，个人信息保护则聚焦于对个人隐私和权益的保护，而跨境数据安全则体现了数据在全球化背景下的安全管理需求。这些责任内容的设定和实施，不仅需要法律法规的支持，还需要技术手段的配合，以及社会各界的共同努力。随着数字经济的不断发展，数据责任的内容也将不断丰富和完善，以应对新的挑战和需求。未来，我们需要在保护个人权益、促进数据价值实现、维护国家安全之间寻求平衡，构建一个既能充分利用数据价值，又能有效保护个人权益和社会公共利益的数据治理体系。这需要立法、执法、司法、企业和公众等多方面的共同努力，以实现数据的安全、有序和高效流动。

第四节　数据责任的承担

数据责任主体在违反了行为意义上的数据责任即第一性数据义务的情况下，面临的就是结果意义上的数据责任即第二性数据义务的承担，如此方构成完整意义上的数据责任。既然数据责任体系包含民事、行政、刑事三个层面，那么责任的承担理应与之相对应设置。

一、民事责任

根据《民法典》第一百七十九条的规定，承担民事责任的方式主要如下：（1）停止侵害；（2）排除妨碍；（3）消除危险；（4）返还财产；（5）恢复原状；（6）修理、重作、更换；（7）继续履行；（8）赔偿损失；（9）支付违约金；（10）消除影响、恢复名誉；（11）赔礼道歉。数据责任的承担方式主要有停止侵害、排除妨害、恢复原状、赔偿损失、赔礼道歉、消除影响、恢复名誉。此条是关于承担民事责任方式的规定，立法目的在于确定民事主体应当依照法律规定或者当事人约定履行民事义务。民事主体不履行或者不完全履行民事义务的，就要承担民事责任。承担民事责任的方式是民事责任的具体体现，没有承担民事责任的方式，民事责任就难以落实。而本条规定了十一种承担民事责任的方式，各有特点，可以单独采用一种方式，也可以采用多种方式。例如，对单纯的财产损失，可以单独采用赔偿损失的方式；对侵害名誉权、隐私权等人格权的，既可以单独采用消除影响、恢复名誉的责任方式，又可以并用消除影响、恢复名誉和损害赔偿的责任方式。具体适用民事责任的方式应掌握的原则是，如果一种方式不足以救济权利人的，就应当同时适用其他方式。据此，本条第三款规定以上承担民事责任的方式，可以单独适用，也可以合并适用。

（一）停止侵害

停止侵害是指对于数据的侵害处于持续状态，数据权利人可以基于此请求权要求侵害人停止侵害，保全数据后续的商业价值。

在跨境数据侵权中表现为被侵权的一方有权请求实施跨境数据侵权行为的个人、企业、组织或是国家无条件立即停止实施的数据侵权行为，在必要的情况下，提供不重复该行为的适当承诺和保证。在企业数据权益受侵害时表现为被侵权人有权向侵权的网络服务提供者发出通知，要求网络服务提供者采取必要措施处理侵权的网络信息，如删除、屏蔽或者断开链接等。在个人信息权益受损时个人信息主体或其监护人、利害关系人有权请求行为人停止侵害其数据权利的行为，消除其先行行为带来的现实危险，具体指要求信息控制者及时更正其不正确、不准确或不完整的信息；当数据错误或保护不足，或数据处理系非法但不宜删除时，信息主体有权要求信息控制人暂时或永久停止数据处理；当数据处理系非法或原初目的已实现或无法实现时，数据主体有权要求数据控制者及时删除其个人信息。

（二）排除妨害

当侵权人恶意入侵他人的数据存储介质并掠夺数据财产时，权利人可以限制侵权人访问系统并要求其消除潜在的危险。排除妨害不仅要求侵权人以不作为的消极方式处理，在特定情况下侵权人还需要通过积极的作为方式排除对权利的阻碍。如侵权人通过技术手段使数据外泄时，侵权人不但应当立即停止数据的恶意披露，同时也应当采取技术手段补全自己所攻破的系统漏洞，并通过撤回删除等方式防止数据进一步泄露。

（三）恢复原状

恢复原状是指使被侵害的个人信息权益恢复到如同损害未曾发生状态的补救措施，被破坏的数据系统或者是数据能够恢复原状，并且恢复原状的成本和进行赔偿所付出的成本比例相当，侵权的一方对造成的破坏负有恢复原状的义务。广义上的恢复原状包括消除影响、恢复名誉、赔礼道歉等责任方式，但行为人采取的手段和方式应与其侵害个人信息的行为类型以及由此产生的损害后果相适应，不得在更大范围内暴露个人信息。狭义上的恢复原状并不限于修理、治疗等有形损害的恢复，更正、删除、匿名化处理等消除无形损害的技术措施也可以作为损害发生后恢复原状的具体方法。如在企业数据权益受侵害时表现为数据的外来侵害造成数据存储系统的失灵和数据内容的缺失，直接影响数据权利人对数据中信息内容的读取行为，若有恢复可能的，权利人可要求侵权人恢复原储存设备中的数据，或者对已经毁损的系统进行技术还原。

（四）赔偿损失

损害赔偿是指被侵权的一方有权向侵权方提出赔偿损失的要求，因数据侵权行为导致的经营者权益损害无法恢复原状的，侵权人承担责任的方式应当以损害赔偿为主。赔偿损失的范围以侵权方侵权行为造成的损害为限，包括物质损害和精神损害，并且赔偿损害不能替代其他法律后果的承担。侵权人对经营者数据权益的损害赔偿包含两个部分：其一是对经营者的数据利益的损害赔偿；其二是对数据权益中相关权利人的商业秘密、著作权、其他知识产权等权利、权益的损害赔偿。

损害赔偿额的计算方法具有多样性，包括价格交易法、市场估值法、专业机构评估法等。在个人信息侵权中，赔偿损失的计算方法主要包括以下三种：一是根据受害人遭受的实际损失进行赔偿，其赔偿范围，既包括因信息泄露而导致的经济损失、信誉损失等直接利益损失，又包括为维权所支出的数据分析和调查费用等间接利益损失；二是按照信息处理者侵害个人信息而获得的不当利益进行赔偿，如出售个人信息而获得的利益、利用个人信息取得的商业运营收益等，但应扣除与侵权行为无关的收益以及获得利润的必要成本；三是当受害人遭受的实际损失和信息处理者的获益范围难以确定时，法院可以综合个案中的各项评价要素酌定损害赔偿金额。而精神损害赔偿必须满足单独侵害个人信息足以导致自然人遭受心理或感情上的痛苦与受害人的精神损害程度具有严重性这两个条件。

（五）赔礼道歉

侵权行为给被侵权方造成数据利益和名誉双重损失的，被侵权方可要求其赔礼道歉，恢复名誉。典型方式是侵权方以书面形式在公开场合向受害人进行道歉，如通过报纸发表公开道歉声明等。但是公开不是赔礼道歉的必要条件。当个人信息侵权行为只涉及信息主体的琐碎信息时，一般要求责任人采用公开方式进行赔礼道歉；当个人信息侵权行为涉及信息主体的敏感信息时，要求责任人采用非公开方式进行赔礼道歉为宜，因为此时采取公开方式会导致对敏感个人信息的进一步传播和披露，给个人信息主体造成额外的伤害。

（六）消除影响、恢复名誉

侵权人对企业数据进行不实更改、窜用或公开等，导致经营者名誉、形象遭受影响，被侵权人就可请求侵权人消除其非法处理数据行为带来的不良影响，通过在网站平台发表声明等方式，说明真实情况。在个人信息侵权案例中，个人信息主体要求责任人采用消除影响、恢复名誉的方式承担民事责任的较多。

二、行政责任

我国中央层面，《数据安全法》第五条建立了由中央国家安全领导机构负责数据安全工作决策和统筹协调的监管体系。地方层面普遍设立了专门的数据主管部门，负责本行政区域内的数据管理工作和指导、协调、督促工作，其他行政机关负责本部门、本系统、本领域的数据处理和安全工作。且各地方条例、管理办法均规定了数据责任的追责条款，涵盖政务主体及其工作人员，主要承担行政责任，行政责任的承担方式主要包括责令限期改正、处分、记入信用档案、没收违法所得、撤回、中止开放。

（一）责令限期改正

政务部门及其工作人员未按照规定编制、更新本单位开放目录的，未落实公共数据资源开放、安全保护责任的，由市互联网信息主管部门责令限期改正；逾期未改正的，对直接负责的主管人员和其他直接责任人员依照有关规定追究责任。[①]

（二）处分

数据开放主体有下列行为之一，情节严重的，依法对直接负责的主管人员和其他直接责任人员给予处分：（1）未按照要求编制或者发布本部门政府数据共享目录或者开放目录、不及时发布或者更新政府数据的；（2）重复采集可以从政府数据共享平台获取的政府数据的；（3）拒不答复政府数据共享、开放申请或者未按照要求提供数据的；（4）对已经发现不完整或者有错误的数据，拒不进行补充、校核和更正的；（5）未落实政府数据安全管理职责的；（6）擅自改变政府数据用途和使用范围的。[②]

（三）记入信用档案

自然人、法人或者非法人组织违反公共数据开放利用协议，第三方服务机构违反服务安全保护协议或者保密协议，授权运营单位违反授权运营协议，属于违反网络安全、数据安全、个人信息保护有关法律、法规规定的，由网信、公安等部门按照职责依法予以查处，相关不良信息依法记入其信用档案。[③]

（四）没收违法所得

公民、法人或者其他组织违反规定，擅自转让获取的有条件开放的政府数据、改变用途或者使用范围的，有违法所得的，由县级以上人民政府大数据主管部门没收违法所得，并可处以违法所得 1 倍以上 10 倍以下罚款；没有违法所得的，处以 1 万元以上 5 万元以下罚款。[④]

[①] 《天津市公共数据资源开放管理暂行办法》第三十三条。

[②] 《贵州省政府数据共享开放条例》第三十九条。

[③] 《浙江省公共数据条例》第五十条。

[④] 《贵州省政府数据共享开放条例》第四十一条。

（五）撤回、中止开放

公民、法人和其他组织可以通过公共数据平台查阅开放的公共数据、提出异议申请，认为开放的公共数据侵害其隐私、个人信息、商业秘密或者其他应当保密的信息等合法权益的，有权要求提供公共数据的公共管理和服务机构撤回数据、中止开放。提供公共数据的公共管理和服务机构收到相关事实材料后，应当立即核实，根据核实的不同情况分别采取撤回数据、依法处理后开放数据、继续开放数据等措施；发现数据泄露的，应当立即采取补救措施。[①]

三、刑事责任

根据《刑法》第十三条规定，在数据领域一切侵害数据主权、个人信息权、数据财产权、知情权等数据权利的，依照法律应当受刑罚处罚的行为都构成数据犯罪，应当承担刑事责任。数据犯罪的刑罚作为法院对犯罪分子适用并由专门机构执行的最为严厉的国家强制措施，由我国《刑法》所规定。

（一）刑罚处罚措施

就目前《刑法》规定来看，数据犯罪行为人主要涉及的罪名为侵犯公民个人信息罪，非法侵入计算机信息系统罪，非法获取计算机信息系统数据罪，非法控制计算机信息系统罪，提供侵入、非法控制计算机信息系统程序、工具罪，帮助信息网络犯罪活动罪，拒不履行网络安全管理义务罪，非法利用信息网络罪等。主刑设置为管制、拘役、有期徒刑、无期徒刑和死刑。主刑是对行为人适用的主要刑罚，只能独立适用，不能附加适用，对犯罪分子只能判一种主刑。

（二）非刑罚处罚措施

非刑罚处罚措施是刑事司法体系中的一种重要补充机制，适用于那些虽触犯刑法但情节轻微，不需要适用刑事处罚的行为人。《刑法》第三十七条为这种处罚方式提供了法律依据，规定了包括训诫、具结悔过、赔礼道歉、赔偿损失以及行政处罚或行政处分在内的多种处置方式。这种多元化的处罚体系反映了刑事司法的人性化趋势，也体现了刑罚的谦抑性原则。

---

① 《江苏省公共数据管理办法》第三十二条。

1. 训诫

在数据犯罪领域，训诫作为一种非刑罚处罚措施具有独特的意义。它可以分为两类：维护法庭秩序的程序性训诫和对轻微犯罪行为人的实体性训诫。对数据犯罪行为人适用的是后者，其核心在于通过司法权威，明确指出犯罪事实、法律依据及危害后果，从而达到警示和教育的目的。这种方式在处理轻微数据犯罪案件时尤为适用，既能维护法律权威，又避免了过度刑罚化的负面效果。

2. 具结悔过

具结悔过相较于训诫，更强调行为人的主动性和内省。它要求行为人向国家机关陈述悔改之意，并承诺不再犯罪。这种方式在数据犯罪案件中的应用，可以促使行为人深刻认识到其行为的违法性质，有助于预防再犯。从社会效果来看，具结悔过更能体现行为人的悔改诚意，有利于其重新融入社会。

3. 赔礼道歉与赔偿损失

赔礼道歉和赔偿损失这两种民事救济方式在刑事司法中的应用，体现了刑事司法与民事救济的融合趋势。在数据犯罪案件中，这种处理方式尤其重要，因为数据犯罪往往涉及无形财产损失或名誉损害。赔偿损失的数额确定应当以实际损失为基准，在损失难以确定时，可参考犯罪所得并结合行为人的赔偿能力综合确定。值得注意的是，《刑法》第三十六条规定的赔偿经济损失和民事优先原则，凸显了对受害人权益保护的重视。

4. 行政处罚或行政处分

由主管部门实施的行政处罚或行政处分，体现了刑事司法与行政管理的协作。在数据犯罪案件中，法院可以向行为人的主管部门提出处罚建议，但最终决定权在主管部门。这种方式充分利用了行政机关在特定领域的专业性，有助于实现更精准、有效的惩戒和管理。

（三）保安处分的适用

保安处分作为一种以预防为目的的刑事措施，其适用基于行为人的再犯可能性，旨在保护社会秩序与安全。虽然我国《刑法》未明确规定保安处分这一概念，但实际上已经存在多种具有保安处分性质的措施。

1. 对人的保安处分

在数据犯罪领域，职业禁止和禁止令是两种主要的对人保安处分措施。职业禁止旨在防止行为人利用职业便利再次实施犯罪，而禁止令则限制行为人进入特定区域或接触特定对象。《全国人民代表大会常务委员会关于加强网络信息保护的决定》第十条为数据犯罪领域的职业禁止提供了法律依据。值得注意的是，职业禁止仅适用于自然人，这一限制在数据犯罪领域可能需要进一步探讨，因为许多数据犯罪是以单位名义实施的。

2. 对物的保安处分

对物的保安处分主要表现为没收措施，包括没收违法所得、违禁品以及犯罪工具。在数据犯罪中，这可能涉及没收用于实施犯罪的计算机设备、存储设备等。然而，鉴于数据犯罪的特殊性，如何界定和执行这些没收措施仍存在挑战，需要在实践中进一步明确。

3. 国际视角

从国际比较来看，欧盟、澳大利亚、美国、俄罗斯等国家和地区在数据犯罪的保安处分方面有更为细致的规定。例如，屏蔽网站禁令作为一种特殊的保安处分措施，在这些国家得到了广泛应用。[①] 这些国际经验为我国完善数据犯罪保安处分制度提供了有益参考。

思考题

1. 请深入分析责任、法律责任与数据责任三者的概念内涵、适用范围及其在法律体系中的地位，并探讨它们之间的交叉与区别。

2. 从技术、法律和社会三个维度，探讨数据责任所具有的独特性及其产生的根源。

---

① 胡开忠：《屏蔽网站禁令的制度分析及其对我国的启示》，载《法学》2017年第3期，第117-129页。

3. 请系统阐述数据责任体系的构成要素，并分析其内在运行逻辑和外部影响因素。

4. 结合具体的数据活动场景（如大数据分析、人工智能应用、物联网等），预测和分析数据责任主体可能出现的新型态及其带来的法律挑战。

5. 请结合现有法律规定，批判性评估数据责任承担机制的现状，并提出完善建议。探讨如何在保护个人权益、促进技术创新和维护社会公共利益之间取得平衡。

第七章　数据驱动法律自动运行

内容提要

　　·法律自动化的概念与趋势：将法律规则、推理和决策过程转化为计算机可处理形式的实践。

　　·法律自动化的基础：法律可计算性理论，法律的规范化、符号化和形式化，将法律概念、规则和推理过程转化为计算机程序和算法。

　　·自动化行政：数据驱动的自动化决策系统与政府运作方式的改变；合法性审查、程序正义的保障、自动化行政行为的可诉性与法律风险和规制措施。

　　·司法领域的自动化：机器学习驱动的司法决策系统的合法性；透明度、可解释性、算法偏见和公平性的问题；人类判断的决定性与自动化效率的平衡；人工智能辅助司法的法律和伦理框架。

　　·智能合约：合同的自动执行成为可能，对传统合同法理论提出挑战；法律效力与认可，合约部署、错误纠正与隐私保护；在金融、供应链管理、财产权转让等领域的应用前景；不可撤销性和自动执行特性的风险与监管特性。

　　·法律职业的未来：计算思维和技术素养；法学院课程的调整，编程和法律建模教育的融入；法律职业的服务模式和律师的工作内容的展望。

法律的自动运行是一个古老的梦想，即所谓"莱布尼茨之梦"。[①] 数字时代的到来使其成为一个不可忽视的趋势，它正在深刻改变法律实践、法律教育和整个法律体系的运作方式。从行政决策到司法裁判，从合同订立到法律服务提供，无不受到自动化技术的影响。这一趋势不仅提高了法律运作的效率，也引发了对法律本质和法律职业未来的深刻思考。法律自动化的核心在于将法律规则、法律推理和法律决策过程转化为计算机可以处理的形式。这种转化建立在法律可计算性的理论基础之上，涉及法律的规范化、符号化和形式化。法律的复杂性和开放性导致了这种转换的难度甚高，法律语言的模糊性、法律推理的不确定性，以及法律适用中的价值判断，都给法律的完全形式化、自动化带来了挑战。尽管如此，自动化技术在法律领域的应用仍在不断扩展。在行政领域，数据驱动的自动化决策系统正在改变政府部门的运作方式。这些系统利用大数据和人工智能技术，提高了行政效率。与此同时，在合同法领域，智能合约的出现使得合同的自动执行成为可能，这不仅提高了交易效率，也引起对传统合同法理论的范式革命。在司法领域，机器学习驱动的辅助决策系统正在成为法官的得力助手，唯需注意如何平衡算法的效率和人类判断的价值。

这些变革也正在重塑法律职业的未来。传统的法律工作正在被逐步自动化，而新的岗位和技能需求也随之产生。未来的法律专业人士不仅需要扎实的法学知识，还需要具备计算思维和技术素养。这种变化也对法学教育提出了新的要求，如何培养既懂法律又懂技术的复合型人才，成为法学院面临的重要课题。在拥抱自动化的同时，我们也需要保持清醒，必须认识到法律自动化带来的不仅是效率的提升，还有一系列伦理和法律风险。例如，算法决策的不透明性可能威胁程序正义，自动化系统中的偏见可能导致新的不公平。因此，我们有必要追问，如何在提高效率的同时保障公平和正义？如何在技术创新中坚守法治精神？在理论层面，法律自动化的发展也引发了对法律本质的深刻反思。法律是否可以被简化为一系列算法？人工智能是否能完全替代人类法官的判断？这些问题不仅关乎技术的发展，更涉及法律的根本价值和人性的核心。

---

① ［美］马丁·戴维斯：《逻辑的引擎》，张卜天译，湖南科学技术出版社 2018 年版。

第一节　法律自动化的基础：法律的可计算性

法律自动化的基础深深植根于法律的可计算性这一核心概念。法律从抽象的规范到可由计算机处理的形式，经历了一个复杂的转化过程。这一思想可以追溯到早期的法律哲学家，如霍布斯和莱布尼茨，他们致力于将法律系统化和形式化。[1] 随着计算机科学的发展，特别是图灵可计算性理论的提出，法律可计算性的概念得到了进一步的深化和扩展。[2] 这一理论基础为现代法律自动化技术的发展提供了重要支撑，使得法律规则能够被转化为算法和程序。[3]

要实现法律自动化，必须解决法律的复杂性和模糊性问题，法律语言的歧义性、法律推理的开放性，以及法律适用中的价值判断，都使得法律的完全形式化和自动化面临困难。尽管如此，随着人工智能和机器学习技术的进步，法律自动化的范围和深度正在不断扩大。法律自动化的概念、法律可计算性的理论基础，以及这一思想的历史演变，构成了理解当代法律自动化实践的基石。通过深入分析这些基础性问题，我们可以更好地理解法律自动化在现代法律实践中的应用和影响。从文档自动化到预测性分析，从智能合约到法律推理系统，法律自动化正在重塑法律服务的方方面面。它不仅提高了法律服务的效率和可及性，也对法律职业的未来发展提出了新的要求。

法律自动化的发展促使我们重新思考法律的本质、法律推理的方式，以及法律与技术的关系。在这个快速变化的领域中，法律人需要不断更新知识和技能，以适应数字化时代的需求。

一、法律自动化的概念和内涵

法律自动化是指利用计算机技术和算法来执行或辅助法律相关任务的过程。这一概念涵盖了从简单的文档自动生成到复杂的法律推理和决策支持系统

---

① Bench-Capon T，Sartor G. *A Model of Legal Reasoning with Cases Incorporating Theories and Values*. Artificial Intelligence，2003，11（2）：97-143.

② ［美］凯文·D. 阿什利：《人工智能与法律解析——数字时代法律实践的新工具》，邱昭继译，商务印书馆 2020 年版。

③ 申卫星、刘云：《探索可计算的法律发展道路》，载《浙江社会科学》2022 年第 6 期，第 34 页。

的广泛应用。随着人工智能和机器学习技术的迅猛发展，法律自动化正在经历一场革命性的变革，重塑着法律实践的诸多领域。

法律自动化的核心在于将法律知识和法律推理过程转化为计算机可以理解和处理的形式，包括法律规则的形式化、法律推理的算法化，以及法律文本的结构化和标准化。[①] 通过这种转化，计算机系统能够模拟法律专业人士的某些工作，如案例检索、合同分析、风险评估等。法律自动化的范围十分广泛，包括但不限于以下几个方面。

1. 法律文件处理自动化

利用模板和智能填充系统自动生成法律文件，如合同、诉讼文书等。

2. 法律检索

使用自然语言处理和机器学习技术，提高法律信息检索的效率和准确性。

3. 预测性分析

基于历史数据和案例分析，预测诉讼结果或法律风险。

4. 合规自动化

自动监控和报告企业的法律合规状况。

5. 智能合约

使用区块链技术实现合同条款的自动执行。

6. 法律推理和决策支持

利用专家系统和机器学习算法辅助法律推理和决策过程。

法律自动化的发展带来了诸多优势。首先，它大大提高了法律服务的效率。例如，文档自动化可以将原本需要数小时完成的合同起草工作缩短到几分钟。[②] 其次，法律自动化提高了法律服务的准确性和一致性。计算机系统不会

---

① Surden H. *Artificial Intelligence and Law: An Overview.* Georgia State University Law Review, 2019, 35 (4): 1305-1337.

② ［英］理查德・萨斯坎德：《法律人的明天会怎样？——法律职业的未来》，何广越译，北京大学出版社 2015 年版。

因疲劳或疏忽而出错，可以确保法律分析的一致性。最后，法律自动化降低了法律服务的成本，使得更多人能够获得法律服务，从而改善了法律的可及性。[①]

在当前技术与社会发展的条件下，法律自动化也具有一些有待克服的局限性。第一是技术限制，如上所述，作为领域知识的法律结构的自身特点与通用技术方面的诸多困难尚待解决。第二是伦理和法律问题。法律自动化系统的决策过程往往缺乏透明度，这可能导致公平性和问责制问题。例如，如果一个自动化系统在刑事案件中提供量刑建议，那么如何确保这个系统不会抱守成见或加剧现有的社会偏见？此外，法律自动化还涉及数据隐私、算法偏见等敏感问题。[②] 第三是对法律职业的影响。法律自动化可能改变法律职业的结构和内容。一些传统的法律工作可能被自动化系统取代，这可能导致就业市场的变化，因此对法律人提出了掌握新技能的要求，如法律技术、数据分析等。[③] 第四是法律自动化还面临监管和标准化的挑战。如何为法律自动化系统制定适当的监管框架，如何确保不同系统之间的互操作性，应当被纳入法律自动化研究者的考量范围。

其作始也简，其将毕也巨，法律自动化虽然方兴未艾，但它代表着法律领域的未来发展方向。随着技术的不断进步和法律界对这些技术的深入理解，我们有理由相信，法律自动化将在未来发挥越来越重要的作用，推动法律服务向更高效、更公平、更普惠的方向发展。在理解法律自动化的概念时，我们应当认识到它与传统法律实践之间的关系。法律自动化并不是要完全取代人类法律专业人士，而是要成为他们的有力助手。在可预见的未来，法律实践仍将是人机协作的过程，其中人类的判断、创造力和情感智能将继续发挥关键作用。[④]

二、法律可计算性的理论基础

法律可计算性的理论基础是法律自动化的核心支柱，它为法律概念、规则

---

① McGinnis J O, Pearce R G. *The Great Disruption: How Machine Intelligence Will Transform the Role of Lawyers in The Delivery of Legal Services.* Fordham Law Review, 2014, 82 (6): 3041-3066.

② Mittelstadt B D, Allo P, Taddeo M, Wachter S, Floridi L. *The Ethics of Algorithms: Mapping the Debate.* Big Data & Society, 2016, 3 (2).

③ Katz D M. *Quantitative Legal Prediction or How I Learned to Stop Worrying and Start Preparing for the Data-driven Future of the Legal Services Industry.* Emory Law Journal, 2013, 62 (4): 909-966.

④ 郑戈：《人工智能与法律的未来》，载《探索与争鸣》2017 年第 10 期，第 11-15 页。

和推理过程转化为计算机可处理的形式提供了理论依据。这一理论基础不仅仅是技术层面的突破，更是法律思维与计算思维的深度融合。它涉及多个学科领域，包括法学、计算机科学、逻辑学和数学等，是一个典型的跨学科研究领域。传统上，法律被视为一种高度复杂、依赖人类判断的领域。然而，随着计算机科学的进步，特别是人工智能技术的发展，学者们开始探索将法律规则和推理过程形式化的可能性。这种尝试挑战了我们对法律的传统理解，也为法律实践带来了革命性的变革可能。

法律可计算性理论促使我们重新审视法律规则的结构和法律推理的本质。它要求我们以更加精确和系统化的方式表达法律概念和规则，这种努力不仅有助于法律自动化，也能促进法律本身的明晰化和系统化。例如，通过形式化法律规则，我们可能发现现有法律体系中的矛盾或漏洞，从而推动法律的完善。

逻辑学在法律可计算性理论中扮演着关键角色。传统的形式逻辑为法律规则的形式化提供了基本工具，而近年来发展起来的非经典逻辑，如模态逻辑、义务逻辑等，则为处理法律中的特殊概念（如权利、义务、许可等）提供了更加适合的形式化工具。数学，特别是集合论和图论，为法律概念的形式化表示奠定了基础。例如，霍菲尔德的法律关系理论就可以用集合论和关系代数来形式化表示。此外，概率论和统计学为处理法律中的不确定性和风险评估奠定了理论基础。

法律可计算性理论的发展不仅推动了法律自动化技术的进步，也深刻影响了我们对法律的理解和法律教育的方式。它促使法律从业者开始学习和运用计算思维，同时也要求计算机科学家更深入地理解法律思维。这种跨学科的交流和融合正在塑造一种新的法律范式，即计算法学。[①]

（一）法律的规范化和数据化

法律的规范化和符号化是实现法律可计算性的第一步，也是最基础的步骤。这个过程旨在将自然语言表述的法律规则转化为形式化、标准化的符号系统，以便于计算机处理和分析。法律规范化的核心目标是减少法律语言的歧义性和不确定性。传统的法律文本往往包含大量的模糊表述和开放性概念，这些特性虽然在某些情况下是必要的，但也给法律的自动化处理带来了困难。通过

---

① 季卫东：《计算法学的疆域》，载《社会科学辑刊》2021年第3期，第114页。

规范化，我们可以将法律概念和规则转化为更加精确和一致的形式。法律规范化的方法包括但不限于以下几个方面：

（1）术语标准化：建立统一的法律术语词典，确保同一概念在不同法律文本中有一致的表述。

（2）结构化文本：将法律文本组织成结构化的形式，如将法律条文分解为清晰的逻辑单元。

（3）语义标记：为法律文本添加语义标记，标识出关键概念、条件、结果等元素。

（4）逻辑关系明确化：明确表述法律规则中的逻辑关系，如条件、例外、优先级等。

法律符号化则是在规范化的基础上，将法律概念和规则转化为形式化的符号系统。这一过程借鉴了数理逻辑和形式语言理论的方法，旨在建立一种可以精确表达法律含义的形式语言。①

法律符号化的方法主要如下。

（1）谓词逻辑：使用谓词逻辑来表示法律规则，如将"如果 A，则 B"转化为"A→B"。

（2）形式化语言：设计专门的形式化语言来表达法律规则和概念，如霍菲尔德的法律关系符号系统②。

（3）本体论：构建法律领域的本体论，明确概念之间的关系和层级结构。

（4）规则表示语言：开发专门的规则表示语言，如 Prolog 等逻辑编程语言在法律领域的应用③。

法律的规范化和符号化为法律推理的自动化奠定了基础，但同时也面临诸多挑战。首先，法律语言的开放性和模糊性使得完全的形式化难以实现。其次，法律概念的动态性和上下文依赖性也增加了符号化的难度。此外，不同法律体系和文化背景下的法律概念可能存在差异，这无疑要增添建立通用的符号

---

① Sergot M J，Sadri F，Kowalski R A，Kriwaczek F，Hammond P，Cory H T. *The British Nationality Act as a Logic Program.* Communications of the ACM，1986，29（5）：370-386.

② Hohfeld W N. *Some Fundamental Legal Conceptions as Applied in Judicial Reasoning.* Yale Law Journal，1913，23（1）：16-59.

③ Sergot M J，Sadri F，Kowalski R A，Kriwaczek F，Hammond P，Cory H T. *The British Nationality Act as a Logic Program.* Communications of the ACM，1986，29（5）：370-386.

系统所需的知识①体系。

随着技术的进步，特别是自然语言处理和知识表示技术的发展，例如大型语言模型（LLM）等生成式人工智能技术的发展，我们有望克服这些挑战，实现更加精确和全面的法律符号化。

（二）公理系统和法律推理

公理系统是数学和逻辑学中的重要概念，它为形式化的推理奠定了理论基础。在法律领域，公理系统的思想被用来构建形式化的法律推理模型，为法律自动化提供了重要的理论支撑。② 公理系统的核心思想是从一组基本陈述（公理）出发，通过逻辑推理得出其他真实陈述（定理）。在法律语境中，这意味着我们可以将基本的法律原则和规则视为公理，然后通过形式化的推理过程得出具体的法律结论。③ 法律公理系统的构建通常包括以下几个步骤：

（1）确定基本法律概念和原则，将其作为公理；

（2）定义推理规则，如演绎推理、类比推理等；

（3）建立形式化的推理机制，如自动定理证明系统；

（4）验证系统的一致性和完备性。

公理化方法在法律推理中的应用有几个重要优势：第一，它可以提高推理的严谨性，通过形式化的推理过程，减少人为错误和主观判断的影响；第二，公理化方法可以增强法律适用的一致性，只要基于相同的公理和推理规则，就可以在类似案件中得出一致的结论；第三，便于自动化处理。形式化的推理过程更易于转化为计算机算法。

相应地，将公理系统应用于法律推理也面临一些需要克服的难关。首先是法律的开放性问题。法律系统并非封闭的形式系统，新的法律和解释不断出现，难以构建一个完全封闭的公理系统。④ 其次是价值判断的复杂性难题，法律推理常常涉及复杂的价值权衡，这些问题难以完全形式化。再次是法律语言的模糊性问题，许多法律概念存在内在的模糊性，导致其难以精确定义为公理。

---

① Prakken H，Sartor G. *Law and Logic*：*A Review From an Argumentation Perspective*. Artificial Intelligence，2015（227）：214-245.

② Alchourrón C E，Bulygin E. *Normative Systems*. Springer-Verlag，1971.

③ Bench-Capon T J. *The Missing Link Revisited*：*The Role of Teleology in Representing Legal Argument*. Artificial Intelligence and Law，2002，10（1-3）：79-94.

④ ［英］哈特：《法律的概念》，许家馨、李冠宜译，法律出版社 2018 年版。

公理系统的思想为法律推理的形式化和自动化奠定了重要的理论基础，在此基础上，研究者们提出了多种基于公理系统的法律推理模型，如基于情境逻辑的法律推理系统[1]、基于非单调逻辑的法律推理模型[2]等。这些模型在一定程度上克服了传统公理系统的局限性，能够更好地处理法律推理中的不确定性和开放性问题。此外，公理系统的思想也为法律本体论的构建奠定了理论基础。法律本体论是对法律领域概念和关系的形式化表示，它为法律知识的组织和共享提供了框架。将法律概念和关系形式化为本体论，可以更好地支持法律推理的自动化。

（三）图灵可计算性理论与法律可计算性

图灵可计算性理论是计算机科学的基石，它为我们理解什么是"可计算性"奠定了理论基础。在法律自动化的语境中，图灵可计算性理论为我们思考法律问题的可计算性提供了重要的理论视角。[3] 图灵可计算性理论的核心是图灵机模型和可计算函数的概念。根据这一理论，如果一个问题可以被图灵机在有限步骤内解决，那么这个问题就是可计算的。将这一思想应用到法律领域，我们可以探讨哪些法律问题是可计算的，哪些是不可计算的。[4]

在法律可计算性的语境中，图灵可计算性理论的应用主要体现在以下几个方面。第一，法律问题的可计算性分析：评估不同类型的法律问题是否可以被转化为可计算的形式。例如，某些简单的法律判断（如是否超速）可能是完全可计算的，而涉及复杂价值判断的问题（如是否构成过失杀人）可能难以完全计算化。[5] 第二，法律推理的算法设计：基于图灵机模型，设计能够模拟法律推理过程的算法。这包括案例检索、规则应用、法律论证生成等方面的算法。第三，法律自动化系统的理论边界：探讨法律自动化系统在理论上的能力边

---

① McCarty L T. *Reflections on TAXMAN：An Experiment in Artificial Intelligence and Legal Reasoning*. Harvard Law Review，1977，90（5）：837-893.

② Prakken H，Sartor G. *Argument-based Extended Logic Programming with Defeasible Priorities*. Journal of Applied Non-Classical Logics，1997，7（1-2）：25-75.

③ ［美］凯文·D. 阿什利：《人工智能与法律解析——数字时代法律实践的新工具》，邱昭继译，商务印书馆 2020 年版。

④ Rissland E L. *Artificial Intelligence and Law：Stepping Stones to a Model of Legal Reasoning*. Yale Law Journal，1990，99（8）：1957-1981.

⑤ Surden H. *Machine Learning and Law*. Washington Law Review，2014（89）：87-115.

界，即哪些法律任务原则上可以被完全自动化，哪些任务永远需要人类参与。第四，法律复杂性分析：借鉴计算复杂性理论，分析不同法律问题的复杂度，为法律自动化系统的设计提供指导。[①]

要实现这些将图灵可计算性理论应用于法律领域的目标，尚存在一些理论上的基本问题需要廓清，然后方能以恰当技术手段实现。第一，法律问题的开放性问题，许多法律问题不是封闭的形式系统，难以完全形式化为图灵机可处理的形式。第二，价值判断的不可计算性，法律决策常常涉及复杂的价值权衡，这些可能超出了图灵可计算性的范畴，第三，法律语言的模糊性，法律语言中的模糊概念和开放性术语给形式化和计算化带来了挑战。第四，某些法律推理的过程并不具备算法表达的可行性，有一些法律推理过程，如类比推理和价值权衡，可能无法完全算法化。

尽管存在这些挑战，图灵可计算性理论仍为我们思考法律自动化的可能性和限度提供了重要的理论框架。它促使我们深入思考法律推理的本质，以及计算机在多大程度上可以模拟或辅助人类的法律思维过程。

近年来，随着人工智能技术，特别是机器学习和自然语言处理技术的发展，我们对法律可计算性的认识也在不断深化。例如，神经网络模型在处理自然语言和复杂模式识别方面的成功，为处理法律语言的模糊性和开放性提供了新的可能性。同时，符号主义人工智能和连接主义人工智能的结合，也为克服传统图灵机模型在处理法律推理中的局限性提供了新的思路。此外，值得一提的是，从前瞻视角看，量子计算的发展也为法律可计算性理论带来了新的可能。量子计算机有可能在某些复杂问题的求解上比经典计算机更有效率，这可能改变我们对某些法律问题可计算性的认识。

图灵可计算性理论为法律可计算性研究提供了基础的理论框架。它不仅帮助我们理解法律自动化的可能性和局限性，也为法律自动化系统的设计和实现提供了理论指导。随着计算性理论和人工智能技术的不断发展，我们对法律可计算性的理解也将不断深化，这将为法律自动化的未来发展开辟新的可能性。

三、法律可计算性思想的演变

法律可计算性的思想植根于深厚的哲学和法学传统，远远早于现代计算机

---

① Katz D M, Bommarito II M J, Blackman J. *A General Approach for Predicting the Behavior of the Supreme Court of the United States*. PloS one, 2017, 12 (4).

科学的诞生。这一概念的演进贯穿了几个世纪，从 17 世纪的启蒙思想家到 20 世纪初的社会学大师，一系列杰出的思想家为其发展作出了重要贡献。这条思想发展的脉络不仅反映了法律理论的演变，也体现了人类对理性、秩序和可预测性的持续追求。17 世纪，正值科学革命和理性主义思潮兴起之际，一些先驱者开始尝试将数学和逻辑的严谨性引入法律领域。他们设想，如果能够将法律规则形式化，并建立一套类似于数学公理系统的法律体系，那么法律的适用就可以像数学运算一样精确和客观。① 虽然这种思想看似乌托邦，但它为后来的法律实证主义和形式主义奠定了重要基础。

18 世纪和 19 世纪，随着启蒙运动的深入和工业革命的到来，法律理性化的呼声日益高涨。思想家们开始探讨如何使法律更加系统化、成文化，以适应日益复杂的社会关系。这一时期的法典编纂运动可以看作法律可计算性思想在实践层面的一种体现。通过将散乱的习惯法和判例法整理成系统的成文法，立法者们希望提高法律的可预测性和一致性。

进入 20 世纪后，法社会学的兴起为法律可计算性思想注入了新的活力。法社会学家们开始用科学的方法研究法律，试图揭示法律运作的内在规律。他们将法律视为一个复杂的社会系统，并尝试用定量方法来分析法律现象。这种方法虽然未能完全实现法律的"科学化"，但为后来的法律经济学和实证法律研究铺平了道路。

追溯法律可计算性思想的演变，不仅能帮助我们理解当代法律自动化的理论基础，也能让我们更深入地思考法律的本质。这一思想脉络揭示了法律与科学、技术之间复杂而微妙的关系。它提醒我们，法律自动化不仅仅是一个技术问题，更是一个涉及法律本质、司法公正和人类价值的深刻哲学问题。当我们站在人工智能和大数据时代的门槛上，重新审视这些先驱者的思想，会发现他们提出的许多问题至今仍然具有重要的现实意义。例如，如何在追求法律确定性的同时保持法律的灵活性？如何平衡效率与公平？机器能在多大程度上替代人类的法律判断？这些问题不仅关乎法律技术的发展，更触及法治的根本。因此，了解法律可计算性思想的历史演变，对于我们正确认识和应对当前法律自动化的挑战具有重要的启发意义。它提醒我们，在拥抱新技术的同时，不应忘记法律的人文底蕴和价值取向。只有将技术创新与法律传统有机结合，我们才能真正实现法律的现代化和智能化。

---

① 熊明辉：《从法律计量学到法律信息学——法律人工智能 70 年（1949—2019）》，载《自然辩证法通讯》2020 第 6 期，第 8 页。

（一）霍布斯的"自动机"

托马斯·霍布斯是 17 世纪英国著名的政治哲学家，他的思想对法律可计算性理论的发展产生了深远影响。霍布斯在其代表作《利维坦》中提出了一种机械论的社会和政治理论，这种理论为后来的法律可计算性思想奠定了基础。① 霍布斯的"自动机"概念源于他对自然和社会的机械论理解。他认为，就像自然界可以通过机械原理来解释一样，社会和政治也可以通过类似的方式来理解和组织。在霍布斯看来，国家就像一个巨大的机器，而法律则是这台机器的运行规则。②

这种机械论的思维方式对法律可计算性理论的发展产生了几个关键影响。首先，霍布斯强调法律应该是一个融贯的系统，而不是零散的规则集合。这种系统化的思想为后来的法律编纂和形式化奠定了基础。③ 其次，霍布斯主张法律应该建立在理性之上，而不是传统或习惯。这种理性化的倾向为法律的形式化和计算化提供了哲学支持。霍布斯认为，如果法律像机器一样运作，那么法律的结果应该是可预测的。这种预测性的追求与现代法律自动化系统的目标不谋而合。④ 霍布斯的著名隐喻，将主权者制定法律的过程类比为程序员编写程序的过程，这种类比预示了后来的"代码即法律"（Code is Law）理念⑤。不过，他过于强调法律的确定性和机械性，忽视了法律的灵活性和对具体情况的适应性。这种局限性在后来的法律理论中得到了修正和补充。尽管如此，霍布斯的"自动机"概念仍然是法律可计算性思想发展的起点。它促使人们开始思考法律系统的形式化和系统化的可能性，为后来的法律自动化理论铺平了道路。

（二）莱布尼茨之梦："让我们计算"

在霍布斯之后，另一位对法律可计算性理论产生深远影响的思想家是莱布

---

①　［英］霍布斯：《利维坦》，黎思复、黎廷弼译，商务印书馆 1985 年版。

②　［意］诺伯特·博比奥：《霍布斯与自然法传统》，何俊毅、琚轶亚译，华东师范大学出版社 2021 年版。

③　Zagorin P. *Hobbes and the Law of Nature*. Princeton University Press，2009.

④　Dyzenhaus D，Poole T.（Eds.）. *Hobbes and the Law*. Cambridge University Press，2012.

⑤　Lessig L. *Code and Other Laws of Cyberspace*. Basic Books，1999.

尼茨。这位 17 世纪德国的哲学家、数学家和法学家提出的"普遍语言"和"普遍演算"的概念，进一步推动了法律可计算性思想的发展。①

莱布尼茨的梦想可以用他的名言"让我们计算"来概括。他相信，创造一种普遍的符号语言和相应的计算规则，可以将所有的推理，包括法律推理，转化为一种计算过程。这个宏大的设想为后来的形式逻辑和计算机科学奠定了基础，同时也为法律可计算性理论提供了重要的理论支撑。

莱布尼茨对法律可计算性理论的贡献主要体现在几个方面。首先，他提出了创造一种普遍语言的设想，这种语言能够精确地表达所有的概念和关系。这个理念为后来的形式化法律语言和法律本体论的发展提供了灵感。其次，莱布尼茨强调使用符号来表达复杂的概念和关系。这种符号化的思想为法律概念的形式化表示提供了方法论基础。莱布尼茨相信，形式化的演绎推理，可以从基本原理推导出所有的真理。这种思想影响了后来的形式化法律推理系统的设计。同时，莱布尼茨主张对法律进行系统化的编纂，这一思想对后来的法律编纂运动产生了重要影响，也为法律的形式化和自动化奠定了基础。② 莱布尼茨在概率理论方面的工作为处理法律中的不确定性问题提供了工具，这对后来的法律风险分析和预测性法律分析影响深远。③

莱布尼茨的思想虽然在当时难以实现，但它为后来的形式逻辑、计算机科学和人工智能的发展提供了重要的理论基础。在法律领域，莱布尼茨的思想影响了后来的法律实证主义和法律形式主义，这些思潮都强调法律的系统性和逻辑性。莱布尼茨的批评者们则认为，他过于强调形式化和演绎推理，忽视了法律的开放性和价值判断的重要性。此外，将所有法律问题归结为计算问题的做法也被认为过于简化了法律的复杂性。④

尽管如此，莱布尼茨的"让我们计算"的梦想仍然对当代法律自动化和法律人工智能研究产生深远影响。从某种意义上说，当代的法律专家系统和自动

① ［美］马丁·戴维斯：《逻辑的引擎》，张卜天译，湖南科学技术出版社 2006 年版。

② Berkowitz R. *The Gift of Science*：*Leibniz and the Modern Legal Tradition*. Harvard University Press，2005.

③ Hacking I. *The Emergence of Probability*：*A Philosophical Study of Early Ideas about Probability*，Induction and Statistical Inference. Cambridge University Press，2006.

④ Priel D. *Jurisprudence Between Science and the Humanities*. Washington University Jurisprudence Review，2008（1）：1-59.

推理系统在某种程度上可以看作莱布尼茨梦想的现代实现。① 此外，莱布尼茨强调的符号化和形式化方法也在当代法律信息检索和法律文本分析中得到了广泛应用。②

（三）马克斯·韦伯的"法律自动售货机"隐喻

在莱布尼茨之后的两个世纪中，法律可计算性思想又有了新的发展。19 世纪末 20 世纪初著名的德国社会学家和法学家马克斯·韦伯提出的"法律自动售货机"隐喻，对法律可计算性思想的发展产生了深远影响。③

"法律自动售货机"隐喻是在马克斯·韦伯关于法律理性化的广阔理论背景下提出的。韦伯认为，现代社会的一个重要特征就是各个领域的理性化，包括法律领域。在这一过程中，法律逐渐从基于传统和个人权威的系统转变为一个基于普遍规则的理性系统。④ "法律自动售货机"隐喻的核心思想是，在理想情况下，法律系统应该像自动售货机一样运作。你投入事实（就像投入硬币），机器就会自动输出法律结果（就像自动售货机吐出商品）。这个隐喻包含了几个重要观点。首先，韦伯强调法律应该具有高度的确定性和可预测性。这种确定性是法律自动化的重要前提。其次，现代法律应该是非人格化的，不受个人情感和价值判断的影响。这种非人格化的特征与计算机的客观性相呼应。⑤ 在韦伯看来，法律应该基于形式理性，而不是实质理性。这种形式理性的强调为法律的形式化和算法化奠定了理论基础。⑥ 最后，法律是一个完整的、内部一致的系统。这种系统观点与计算机系统的设计理念相契合。

"法律自动售货机"隐喻对后来的法律思想和实践产生了深远影响。韦伯的这种思想与法律实证主义的某些核心主张相呼应，如强调法律的确定性和可

---

① ［美］凯文.D. 阿什利：《人工智能与法律解析——数字时代法律实践的新工具》，邱昭继译，商务印书馆 2020 年版。

② Bench-Capon T，Sartor G. *A Model of Legal Reasoning with Cases Incorporating Theories and Values*. Artificial Intelligence and Law，2003，11 (2-3)：97-143.

③ 马克斯·韦伯：《经济与社会》第 2 卷，阎克文译，上海人民出版社 2010 年版。

④ Trubek D M. *Max Weber on Law and the Rise of Capitalism*. Wisconsin Law Review，1972，720.

⑤ Rheinstein M. *Max Weber on Law in Economy and Society*. Harvard University Press，1954.

⑥ Ewing S. *Formal Justice and the Spirit of Capitalism：Max Weber's Sociology of Law*. Law & Society Review，1987，21 (3)：487-512.

预测性。不唯如此，韦伯的理论还暗示了法官角色的转变，从传统的"智者"角色转变为规则的"适用者"。[①] 近代法律教育的方向也受到韦伯思想的影响而发生微妙的转型，在教学中更加注重逻辑推理和规则应用。[②] 韦伯的隐喻为后来的法律自动化提供了重要的理论支持，影响了人们对法律自动化可能性的认知。[③]

对"法律自动售货机"隐喻的评价主要有四个方面。首先，有学者批评韦伯过于简化了法律的复杂性，忽视了法律解释和适用中的创造性元素。[④] 其次，有学者认为韦伯对形式理性的强调可能导致对法律中价值判断和道德考量的忽视。再次，完全理性化和自动化的法律系统在现实中难以实现，法律总是需要人的判断和解释。[⑤] 最后，韦伯的理论被批评忽视了法律的社会背景和文化差异。这些批评不无见地，但"法律自动售货机"隐喻仍然对当代法律自动化理论和实践产生了重要影响。它提醒我们思考法律自动化的可能性和局限性，同时也促使我们反思法律的本质和法律推理的性质。例如，在设计法律专家系统时，如何平衡规则的严格适用和具体情况的考量？在开发预测性法律分析工具时，如何处理法律的不确定性和开放性？这些问题都可以追溯到韦伯提出的一些基本问题。

第二节　数据驱动的自动化行政

数据驱动的自动化行政正在深刻改变政府治理的方式和效能。这一趋势源远流长，可以追溯到 17 世纪政治算术思想的诞生，经历了 20 世纪中叶控

---

① Posner R A. *The Decline of Law as an Autonomous Discipline*：*1962-1987*. Harvard Law Review，1987，100（4）：761-780.

② ［美］布赖恩·Z. 塔玛纳哈：《法律工具主义：对法治的危害》，陈虎、杨洁译，北京大学出版社 2016 年版。

③ ［英］理查德·萨斯坎德：《线上法院与未来司法》，何广越译，北京大学出版社 2021 年版。

④ Unger R M. *The Critical Legal Studies Movement*：*Another Time*，*A Greater Task*. Harvard University Press，1986.

⑤ Leiter B. *Naturalizing Jurisprudence*：*Essays on American Legal Realism and Naturalism in Legal Philosophy*. Oxford University Press，2007.

制论的影响后，如今在大数据和人工智能技术的推动下达到了新的高度。[1]
自动化行政利用数据分析和算法决策，提高了行政效率，增强了政策制定的科
学性。

在自动化行政的发展过程中，行政决策的性质正在发生根本性变化。传统
上由人类官员作出的判断，日益被算法和数据模型所取代。这种转变提高了决
策的速度和一致性，但也引发了对行政自由裁量权本质的重新思考。自动化系
统能否真正捕捉复杂的社会现实？它们是否会过度简化行政决策过程中的价值
权衡？这些问题正在成为行政法学界热议的话题[2]。与此同时，自动化行政的
兴起也对现有的行政法体系提出了挑战。如何对自动化决策进行合法性审查？
如何在算法决策中保障程序正义？公民如何对自动化行政行为提起诉讼？这些
问题都需要行政法理论和实践的创新。一些国家已经开始探索建立自动化决策
的透明度和问责制机制，例如要求公开算法的核心逻辑，或者建立人机协作的
决策模式。

在众多收益之外，自动化行政也面临着若干风险和争议，因此在自动化
行政政策的制定与技术的部署时，应该尽量在兴利与防弊之间实现平衡。算
法偏见可能导致系统性的歧视，数据安全和隐私保护问题日益突出，自动化
系统的"黑箱"特性可能损害行政的公开性和可解释性。这些挑战不仅是技
术问题，更是深刻的法律和伦理问题。如何在提高效率的同时保障公民权
益，如何在利用技术的同时维护法治原则，成为自动化行政面临的核心
难题。[3]

一、自动化行政的兴起和发展

（一）政治算术和自动化行政的萌芽

自动化行政的思想可以追溯到 17 世纪的政治算术。这一概念由英国经济
学家和统计学家威廉·配第首次提出，旨在将数学方法应用于社会和政治问题

---

[1]　Yeung K. *Algorithmic Regulation*：*A Critical Interrogation*. Regulation & Govern-
ance，2018，12（4）：505-523.

[2]　陈悦：《论自动化行政中算法决策风险的"人在回路"治理模式》，载《行政法学研
究》2024 第 4 期，第 36 页。

[3]　Citron D K，Pasquale F. *The Scored Society*：*Due Process for Automated Predic-
tions*. Washington Law Review，2014（89）：1-33.

的分析。① 政治算术标志着现代数据驱动决策的开端，为后来的自动化行政奠定了理论基础。政治算术的核心理念是通过数据收集和分析来指导政策制定。配第认为，国家治理应该建立在精确的数字和计算基础之上，而不是仅仅依赖于传统的经验和直觉。② 这种思想在当时是革命性的，它挑战了传统的统治方式，提倡用科学的方法来解决社会问题。

政治算术的应用最初主要集中在人口统计和税收领域，例如，配第尝试通过数学计算来估算爱尔兰的人口和财富，以此为基础制定税收政策。③ 这种方法虽然在精确性上存在局限，但它开创了用数据支持政策制定的先河。政治算术为政府提供了一种新的治理工具，使得决策过程更加系统化和理性化。但是在当时的治理条件下，数据收集的困难和不准确性制约了其实际应用效果。在17世纪，大规模的数据收集还是一项艰巨的任务，数据的可靠性和全面性都存在问题。④ 此外，过度依赖数据可能导致忽视那些难以量化的社会因素，如文化传统、道德价值等。这种批评直到今天仍然存在，反映了数据驱动决策的固有局限。

尽管如此，政治算术的思想在随后的几个世纪里不断发展和完善。18世纪和19世纪，随着统计学的发展，政治算术逐渐演变为更加系统的社会统计学。例如，比利时统计学家阿道夫·凯特莱提出了"社会物理学"的概念，试图通过统计方法发现社会现象的规律。⑤ 这种思想进一步推动了数据在公共政策制定中的应用。

19世纪末20世纪初，随着官僚体系的扩大和复杂化，政府开始更加系统地收集和使用数据。例如，美国在1890年首次使用打孔卡片制表机进行人口普查，大大提高了数据处理的效率。⑥ 这标志着政府数据处理能力质的飞跃，为后来的自动化行政奠定了技术基础。

---

① McCormick T. *William Petty and the Ambitions of Political Arithmetic*. Oxford University Press，2009.

② 威廉·配第：《政治算术》，陈冬野译，商务印书馆1978年版。

③ Buck P. *People Who Counted*：*Political Arithmetic in the Eighteenth Century*. Isis，1982，73（1）：28-45.

④ Porter T M. *The Rise of Statistical Thinking*，*1820-1900*. Princeton University Press，1986.

⑤ Quetelet A. *Sur l'homme et le développement de ses facultés*，*ou Essai de Physique Sociale*. Bachelier，1835.

⑥ Anderson M. *The American Census*：*A Social History*. Yale University Press，1988.

政治算术思想对现代行政法和公共管理理论也产生了深远影响。它促进了"科学管理"理念的形成，强调在公共管理中使用定量方法和客观标准。在美国，这种思想在20世纪初得到了广泛应用，推动了美国行政改革运动。

政治算术思想的另一个重要贡献是促进了行政决策的标准化和程序化。引入客观的数据和计算方法，为行政自由裁量权的行使提供了一个更加可控和可问责的框架。这种思想在现代行政法中得到了体现，例如在制定行政规则时要求进行成本效益分析等。但是政治算术的这种标准化和程序化思维也并非完美，其缺陷在于过度依赖数据和固定程序可能导致行政僵化，无法灵活应对复杂多变的社会现实。

政治算术思想对现代自动化行政的影响是深远的。它不仅为数据驱动决策提供了理论基础，也塑造了我们对"良好治理"的理解。在当今大数据和人工智能时代，政治算术的基本理念——通过数据和计算来优化决策仍然是自动化行政的核心。尽管技术手段不断进步，但政治算术时代就已经显现的一些基本问题和矛盾，诸如如何平衡效率和公平、客观性和灵活性、科学决策和民主参与问题，仍然未得到最终的解决，仍旧是贯穿自动化行政研究中的重要议题。

（二）控制论与现代自动化行政

控制论作为一门研究控制和通信的科学，对现代自动化行政的发展产生了深远影响。这一学科由美国数学家诺伯特·维纳在20世纪40年代创立，其核心思想是通过反馈机制和信息处理来实现系统的自我调节和优化。[1] 控制论的兴起为自动化行政提供了新的理论框架和技术工具，推动了行政管理从机械化向智能化的转变。在中国，亦有长期的控制论传统，钱学森的控制论与系统工程思想深远影响中国科技与管理领域。控制论是钱学森在20世纪50年代创建的重要理论，强调研究系统内部各组成部分间的相互关系及其控制机制。他的《工程控制论》一书，为控制科学的发展奠定了坚实基础，至今仍被广泛引用。[2] 后来，钱学森等人将工程控制论的理论与方法扩展到整个社会领域，包括法律领域。在法制系统工程方面，钱学森将系统工程原理应用于法治建设，提出了一套科学的法制管理方法和体系。他强调法制建设需要综合考虑社会、经济、文化等多方面因素，通过系统规划、设计、实施和评估，实现法制的科

---

① ［美］诺伯特·维纳：《人有人的用处：控制论与社会》，陈步译，北京大学出版社2010年版。

② 钱学森：《工程控制论》，科学出版社1958年版。

学化、规范化和高效化。[①]

控制论在行政管理中的应用首先体现在决策过程的系统化和信息化。维纳提出的反馈循环概念为行政决策提供了一个动态的模型，强调通过持续收集和分析信息来调整政策。[②] 这种思想改变了传统的线性决策模式，使行政管理更加灵活，适应性更强。然而，这种方法也面临信息过载和决策延迟的风险。过多的反馈信息可能导致决策者无所适从，而频繁的政策调整又可能引起社会的不稳定。

在组织结构方面，控制论促进了扁平化和网络化管理的发展。传统的科层制组织被认为缺乏灵活性和效率，而控制论提供的信息处理模型支持了更加分散和自主的组织形式。[③] 这种变革提高了行政效率，但同时也带来了权责划分不清、协调困难等新问题。如何在分权与集中之间找到平衡，成为自动化行政面临的一个持续挑战。

控制论对行政监管也产生了重要影响。它提供了一种基于数据和模型的监管方法，使得监管机构可以更精确地识别和预防风险。[④] 例如，美国证券交易委员会采用的市场监控系统就借鉴了控制论的原理，通过实时数据分析来检测异常交易行为。在公共服务提供方面，控制论推动了"智慧城市"概念的发展。通过传感器网络和数据分析，城市管理者可以实时监控和优化各种公共服务，如交通、能源和环境管理。这种方法提高了资源利用效率和服务质量，但也面临技术依赖和系统脆弱性的风险。一旦系统出现故障或遭受攻击，可能对城市运转造成严重影响。因此，如何确保智慧系统的安全性和可靠性，成为自动化行政的一个关键挑战。

在行政问责制方面，控制论提供了新的工具和方法。通过建立复杂的指标体系和评估模型，更客观地衡量行政绩效。这种方法有助于提高行政的责任感和效率，但也可能导致"为指标而工作"的问题，忽视那些难以量化的行政目标。如何设计全面而合理的评估体系，成为自动化行政面临的一个持续挑战。

在自动化系统中，决策权日益从人类转移到算法，这引发了关于责任归属

---

① 钱学森、许国志、王寿云：《论系统工程》，上海交通大学出版社 2007 年版。

② Beer S. *Cybernetics and Management*. English Universities Press，1959.

③ ［英］W. R. 艾什比著：《控制论导论》，张理京译，科学出版社 1965 年版。

④ Hood C，Rothstein H，Baldwin R. *The Government of Risk*：*Understanding Risk Regulation Regimes*. Oxford University Press，2001.

和道德判断的复杂问题。[①] 例如，如果一个自动化系统作出了错误决定，应该由谁来承担责任？如何确保算法决策符合伦理标准？这些问题不仅涉及技术层面，也涉及更深层的法律和哲学问题。在个人数据保护方面，控制论的应用带来了新的隐私风险。大规模的数据收集和分析虽然提高了行政效率，但也增加了数据滥用和隐私泄露的风险。控制论还推动了跨部门和跨领域的协作。通过建立信息共享和协调机制，不同的行政部门可以更有效地合作。[②] 这种协作虽然提高了行政效率，但也带来了数据安全和权力制衡的新问题。

（三）大数据时代数据驱动的自动化行政

大数据时代的到来为自动化行政带来了前所未有的变局与革命性发展。数据驱动的自动化行政利用海量数据和先进的分析技术，旨在提高决策的科学性和行政效率。在政策制定领域，大数据分析为决策者提供了更全面、更及时的信息支持。例如，通过分析社交媒体数据，政府可以更快速地了解公众舆论和需求。[③] 这种方法有助于提高政策的针对性和响应速度，但同时也面临数据代表性和隐私保护的问题。社交媒体用户群体可能并不能完全代表整个社会，过度依赖这类数据可能导致政策偏差。如何在收集和分析这些数据的同时保护公民的隐私权，也是亟需解决的法律困局。

在公共服务提供方面，大数据分析使得个性化和精准服务成为可能。例如，通过分析居民的用水、用电数据，政府可以更有效地规划和管理公共资源。[④] 这种方法可以提高资源利用效率，减少浪费，但也可能导致服务不平等。那些产生较少数据或数据质量较差的群体可能受到忽视或歧视。因此，数据驱动的自动化行政发展需要致力于如何确保公共服务的公平性和普遍性。

在风险预测和预防方面，大数据分析为政府提供了强大的工具。例如，通过分析历史数据和实时信息，政府可以更准确地预测和预防犯罪、疾病传播等风险。在行政执法领域，大数据分析提高了执法的精准度和效率。例如，税务

---

① Mittelstadt B D, Allo P, Taddeo M, Wachter S, Floridi L. *The Ethics of Algorithms: Mapping the Debate*. Big Data & Society, 2016, 3（2）: 1-21.

② 卢超：《自动化行政许可的制度优势与风险因应》，载《中国行政管理》，2024 年第 6 期，第 33 页。

③ Mergel I, Rethemeyer R K, Isett K. *Big data in public affairs*. Public Administration Review, 2016, 76（6）: 928-937.

④ Kitchin R. *The Real-time City? Big Data and Smart Urbanism*. GeoJournal, 2014, 79（1）: 1-14.

部门可以通过分析大量交易数据来识别潜在的逃税行为。在公共资源分配方面，大数据分析为政府提供了更科学的决策依据。例如，通过分析人口流动和经济活动数据，政府可以更合理地规划城市基础设施。[①] 只是这种方法在提高资源配置的效率的同时，也有可能加剧地区间的不平等。数据丰富的地区可能获得更多资源，而数据匮乏的地区可能被进一步边缘化。

在政府信息公开方面，大数据技术为实现"开放政府"提供了技术支持。通过建立开放数据平台，政府可以更便捷地向公众提供各类信息。这种做法可以增强政府透明度，促进公众参与。在行政问责方面，大数据分析为评估政府绩效提供了新的工具。通过建立复杂的指标体系和数据模型，更全面地衡量行政效能。在跨部门协作方面，大数据技术为打破"信息孤岛"提供了可能。通过建立数据共享平台，不同政府部门可以更有效地协调行动。[②]

大数据时代的数据驱动自动化行政使行政效能的巨大潜力得以发挥，随之而来的复杂的法律、伦理和社会问题亦应为学者所注意。如何在利用数据提高行政效率的同时，保护公民权益，维护社会公平正义，是当前自动化行政的核心问题。只有不断完善法律法规，创新监管模式，加强技术伦理建设，方能确保数据驱动的自动化行政能够真正服务于公共利益。

二、自动化行政行为的法律规制

自动化行政行为的法律规制是一个复杂而多面的问题，涉及行政法的多个核心领域。随着自动化技术在行政决策和执行中的广泛应用，传统的行政法理论和实践面临前所未有的挑战。这些挑战主要体现在四个方面：首先是自动化行政决策的合法性审查，传统的审查标准和方法需要适应算法决策的特性；其次是在自动化环境中如何保障程序正义，包括公民的知情权、参与权和救济权；再次是自动化行政行为的可诉性问题，涉及诉讼主体的确定、举证责任的分配以及救济方式的设计；最后是自动化行政面临的法律风险和相应的规制措

[①] Batty M. *Big Data*，*Smart Cities and City Planning*. Dialogues in Human Geography，2013，3（3）：274-279.

[②] Gil-Garcia J R，Chengalur-Smith I，Duchessi P. *Collaborative e-Government*：*Impediments and Benefits of Information-sharing Projects in the Public Sector*. European Journal of Information Systems，2007，16（2）：121-133.

施。这些问题不仅涉及技术层面，更关系到行政法的基本原则和价值。[①] 因此，在推进自动化行政的过程中，我们需要不断创新法律理论和实践，以应对新技术带来的挑战。这不仅需要对现有法律制度进行调整和完善，还需要建立新的规则和标准，以确保自动化行政在提高效率的同时，也能维护法治原则和公民权益。只有深入探讨这些问题，才能更好地理解自动化技术对行政法体系的影响，并为构建适应数字时代的行政法框架提供思路。

（一）自动化行政决策的合法性审查

合法性审查作为行政法的核心机制，在面对算法驱动的决策时需要进行相应的调整和创新。

首先，在权限方面，自动化决策系统是否具有合法的决策权成为一个关键问题。传统行政法理论强调行政权力必须有明确的法律授权，但在自动化决策中，这种授权的边界变得模糊。[②] 例如，当一个人工智能系统基于大数据分析作出行政决策时，这种决策权是否在原有的法律授权范围内？这个问题在不同国家和地区有不同的处理方式。欧盟《通用数据保护条例》明确规定，个人有权不受纯粹基于自动化处理的决定约束，这为自动化决策的权限设置了明确的界限。[③]

其次，在程序合法性方面，自动化决策系统的设计和运行过程是否符合法定程序成为审查的重点。传统的行政程序强调透明度和可问责性，但自动化系统的"黑箱"特性给这些要求带来了挑战。[④] 一些学者提出了"算法问责制"的概念，主张通过技术和法律手段增强自动化系统的透明度和可解释性。[⑤] 例如，要求公开算法的核心逻辑，或者建立独立的算法审计机制。这些措施可以增强自动化决策的合法性，但同时也可能增加行政成本，甚至影响系统的效率

---

① 王春业：《自动化行政中算法解释的困境及纾解》，载《法学杂志》2024 年第 3 期，第 76 页。

② Coglianese C，Lehr D. *Regulating by Robot：Administrative Decision Making in the Machine-Learning Era*. Georgetown Law Journal，2017，105：1147-1223.

③ Goodman B，Flaxman S. *European Union Regulations on Algorithmic Decision-Making and a "Right to Explanation"*. AI Magazine，2017，38（3）：50-57.

④ 赵龙：《自动化行政的技术性正当程序规制研究》，载《法律科学》2024 年第 3 期，第 95 页。

⑤ Diakopoulos N. *Accountability in Algorithmic Decision Making*. Communications of the ACM，2016，59（2）：56-62.

和准确性。

在实体合法性方面，自动化决策是否符合法律规定的实质标准成为审查的核心。这涉及算法的公平性和非歧视性问题。例如，在美国，使用风险评估算法进行量刑决策的做法引发了关于种族歧视的争议。[①] 这反映了自动化系统可能无意中复制或放大社会中既有的偏见和不平等。因此，如何确保算法的中立性和公平性成为合法性审查的重要内容。一些研究者提出了"公平性约束"的概念，试图通过数学模型来保证算法的公平性。但这种方法也面临如何定义和量化"公平"的挑战。

此外，自动化决策的合法性审查还需要考虑其对行政自由裁量权的影响。传统行政法理论认为，自由裁量权是行政机关根据具体情况作出恰当决定的必要空间。然而，自动化决策系统往往倾向于标准化和一致性，这可能导致行政自由裁量权的实质性缩减。如何在自动化的同时保留必要的灵活性和个案考量，成为合法性审查面临的一个重要问题。

最后，对法律救济问题而言，自动化决策的合法性审查还需要考虑如何为受到不利决定的个人提供有效的上诉和纠错机制。传统的行政复议和行政诉讼制度在面对自动化决策时可能显得力不从心。例如，当一个人被人工智能系统错误地归类为高风险群体时，他如何理解和质疑这个决定？一些国家开始探索建立专门的算法申诉机制，但这种机制的有效性还有待检验。[②]

（二）自动化行政中程序正义的保障

程序正义是行政法的基本原则之一，在自动化行政中，如何保障程序正义面临新的挑战和机遇。

在知情权方面，自动化系统的复杂性和技术性给公民充分了解行政决策过程带来了困难。传统的信息公开制度可能无法满足对算法决策的解释需求。为此，一些学者提出了"算法透明度"的概念，主张对自动化决策系统进行更全面的披露。然而，完全的透明可能损害系统的有效性（例如，公开详细信息可能导致系统被操纵），或者侵犯商业秘密。因此，如何在透明度和其他合法利益之间找到平衡，成为程序正义保障面临的一个核心问题。

---

① 韩春晖：《自动化行政中算法目的失范的公法治理》，载《比较法研究》2024 年第 2 期。

② Selbst A D, Powles J. *Meaningful Information and the Right to Explanation*. International Data Privacy Law，2017，7（4）：233-242.

在参与权方面，自动化决策可能限制了公民直接参与决策过程的机会。传统的听证会或公众咨询在面对复杂的算法系统时可能失去效果。为解决这个问题，一些研究者提出了"参与式算法设计"的概念，主张在自动化系统的设计和实施过程中引入公众参与。① 这种方法可以增强系统的合法性和可接受性，但也可能带来效率降低和决策延迟的风险。

在正当程序方面，自动化决策的速度和规模可能对传统的程序保障形成挑战。例如，当大量决定在极短时间内由人工智能系统作出时，如何确保每个决定都经过适当的考虑和审查？有学者提出了"自动化正当程序"的概念，主张将程序保障嵌入算法设计中。这种方法可以在保持效率的同时保障基本权利，但也面临如何在代码中准确表达法律概念的挑战。

在证据规则方面，自动化决策系统使用的数据和模型如何被视为合法证据是一个难点。传统的证据规则可能难以应对大数据和机器学习模型的复杂性。一些法院开始探索新的证据规则，例如要求提供算法的验证报告或允许对算法进行独立审计。这些做法可以增强证据的可靠性，但也可能增加行政成本和复杂性。

自动化行政还需要建立适应新技术环境的救济机制。传统的行政复议和行政诉讼可能难以有效应对算法决策的特殊性。一些国家开始探索建立专门的算法争议解决机制，例如设立"算法申诉专员"或"人工智能伦理委员会"。这些创新可以为受影响的个人提供更直接、更专业的救济渠道，但也面临如何确保这些机制的独立性和权威性的挑战。

（三）对自动化行政行为可诉性的讨论

自动化行政行为的可诉性是行政法领域一个日益重要的话题。传统行政法理论强调，行政行为应当受到司法审查，以保护公民权益和维护法治原则。然而，自动化决策系统的复杂性和技术特性给这一原则的实施提出了有待解决的新问题。

在诉讼主体方面，自动化行政行为引发了关于谁应该成为被告的讨论。传统上，行政诉讼的被告是作出决定的行政机关。但在自动化决策中，决策过程

---

① Janssen M，Kuk G. *The Challenges and Limits of Big Data Algorithms in Technocratic Governance*. Government Information Quarterly，2016，33（3）：371-377.

涉及多个主体，包括设计算法的技术公司、提供数据的第三方机构等。^① 这种情况下，如何确定责任主体成为一个复杂的问题。一些学者提出，应该将行政机关和技术提供商作为共同被告，以确保全面的司法审查。这种做法可以增强问责性，但也可能增加诉讼的复杂性和成本。

在诉讼标的方面，自动化行政行为的可诉性涉及对算法本身的审查问题。传统的行政诉讼主要针对具体行政行为的结果，但在自动化决策中，算法的设计和运行过程本身可能成为诉讼的焦点。^② 这就要求法院具备审查复杂技术系统的能力，这对司法系统提出了新的挑战。一些国家开始探索设立专门的技术法庭或引入技术专家辅助审判，但这些做法也面临如何确保司法独立性和公正性的问题。

在举证责任方面，自动化行政行为的复杂性可能导致举证困难。传统行政诉讼中，行政机关通常负有举证责任，需要证明其行为的合法性。但在涉及复杂算法的案件中，普通公民可能难以获取和理解相关技术信息。^③ 为解决这个问题，有学者提出了"举证责任倒置"的观点，主张由行政机关证明其自动化系统的合法性和公正性。这种做法可以平衡双方的信息不对称问题，但也可能增加行政机关的负担，影响行政效率。

在审查标准方面，自动化行政行为的可诉性还涉及如何制定适当的司法审查标准。传统的行政法审查标准，如合法性审查、合理性审查等，可能难以直接适用于算法决策。^④ 一些学者提出了"算法公平性审查"的概念，主张法院应该关注算法的设计过程、数据来源和决策逻辑是否公平合理。这种方法可以增强对自动化决策的有效监督，但也面临如何在技术复杂性和法律原则之间找到平衡的挑战。

在救济方式方面，自动化行政行为的可诉性还涉及如何设计有效的救济措施。传统的撤销决定、责令重新作出决定等救济方式可能难以直接适用于算法

---

① 陈悦：《论自动化行政中算法决策风险的"人在回路"治理模式》，载《行政法学研究》2024 年第 4 期，第 37 页。

② Kroll J A，et al. *Accountable Algorithms*. University of Pennsylvania Law Review，2017，165（3）：633-705.

③ Burrell J. *How the Machine "Thinks"：Understanding Opacity in Machine Learning Algorithms*. Big Data & Society，2016，3（1）：1-12.

④ 陈悦：《论自动化行政中算法决策风险的"人在回路"治理模式》，载《行政法学研究》2024 年第 4 期，第 38 页。

系统。① 一些学者提出了"算法修正令"的概念，主张法院可以要求行政机关修改算法或调整参数，以纠正不当决策。这种做法可以提供更有针对性的救济，但也面临如何确保技术可行性和避免过度干预的问题。

（四）自动化行政面临的法律风险和规制

自动化行政虽然提高了行政效率，但同时带来了一系列法律风险，需要相应的规制措施来应对。在数据安全和隐私保护方面，自动化行政系统大量收集和处理个人数据，增加了数据泄露和滥用的风险。传统的数据保护法可能难以应对大数据时代的挑战。为此，一些国家和地区制定了更严格的数据保护法规，如欧盟的《通用数据保护条例》。这些法规加强了对个人数据的保护，但也可能限制了数据的使用和共享，影响自动化系统的效能。如何在数据保护和行政效率之间找到平衡，成为自动化行政面临的一个核心挑战。

在算法公平性方面，自动化决策系统可能无意中复制或放大社会中既有的偏见和歧视。这不仅违反平等原则，还可能导致行政决策的系统性不公。② 为应对这一风险，一些国家开始探索"算法影响评估制度"，要求在部署自动化系统前评估其潜在的歧视性影响。

在责任认定上，自动化行政行为涉及多个主体，包括行政机关、技术提供商、数据提供者等，使得责任界定变得复杂。传统的行政责任理论可能难以应对这种复杂的责任链。③ 一些学者提出了"算法责任链"的概念，主张建立一个涵盖设计、部署和使用全过程的责任体系。

许多自动化决策系统的"黑箱"特性与行政公开原则相冲突，导致了透明度和可解释性的困难。这不仅影响了公众对行政决策的理解和监督，还可能损害行政的合法性和公信力。④ 为此，一些国家开始制定"算法透明度"法规，要求公开算法的基本原理和决策逻辑。由于其适应性和灵活性的不足，自动化系统可能难以迅速适应法律法规的变化或特殊情况。这可能导致系统性错误或

---

① 韩春晖：《自动化行政中算法目的失范的公法治理》，载《比较法研究》2024 年第 2 期，第 30 页。

② Barocas S，Selbst A D. *Big Data's Disparate Impact*. California Law Review，2016，104：671-732.

③ Doshi-Velez F，et al. *Accountability of AI Under the Law：The Role of Explanation*. 2017，1711.01134.

④ Pasquale F. *The Black Box Society：The Secret Algorithms That Control Money and Information*. Harvard University Press，2015.

不合理决定。① 为应对这一风险，一些学者提出了"自适应监管"的概念，主张建立一个能够根据实际效果和反馈不断调整的监管框架。

跨境数据流动和管辖权的跨国性质为自动化行政系统带来了复杂的法律问题。不同国家和地区的数据保护法规和隐私标准的差异，可能导致合规困难和法律冲突。为了解决这些问题，需要加强国际合作和协调，建立跨境数据流动的共同规则和标准。除了技术和法律问题以外，还需要对国家主权和国际关系等复杂因素进行考量。

自动化行政行为的可诉性和法律风险规制是一个多维度、跨学科的复杂问题。它不仅挑战了传统行政法的基本理论和制度，还涉及技术、伦理、社会等多个层面的问题。在推进自动化行政的过程中，需要持续创新和不断实践，建立适应新技术环境的法律框架，以确保自动化行政在提高效率的同时，维护公民权益和法治原则。

第三节　合同的自动执行

合同的自动履行是法律自动化的一个重要领域，它代表了合同法和技术融合的前沿，包括但不限于智能合约等形式。这一概念的核心是将传统的自然语言合同转化为计算机可以理解和执行的形式，从而实现合同的自动化管理和执行。这一转变不仅涉及技术层面的创新，更挑战了传统合同法的基本理念和实践。② 可计算合同的出现源于对传统自然语言合同局限性的认识。传统自然语言合同往往存在模糊性和歧义，这不仅增加了合同解释和执行的成本，也可能导致争议。相比之下，可计算合同通过结构化数据和形式化语言，力求实现合同条款的精确表达和自动执行。这种方法有望提高合同执行的效率和准确性，但其困难在于如何确保计算机代码能够准确反映当事人的真实意图。

可计算合同需要重新思考合同法的基本原则。例如，传统合同法强调的意思自治原则在可计算合同中如何体现？合同解释的规则如何适应代码化的合同条款？这些问题不仅涉及法律理论的创新，也关系到实践中如何平衡效率和公平、确定性和灵活性问题。

---

① 蔡星月：《算法规制：从规范规制到分层规制》，载《现代法学》2024 年第 4 期，第 187 页。

② Surden H. *Computable Contracts*. UC Davis Law Review，2012，46：629-700.

区块链技术的发展为可计算合同提供了新的实现形式，即智能合约。智能合约通过区块链的去中心化和不可篡改特性，实现了合同的自动执行。这种技术不仅提高了合同执行的效率，还降低了对第三方中介的依赖。作为一种开创性的技术（制度设计），智能合约在法律效力、错误纠正、隐私保护等方面尚需进一步深入创新。从法律角度来看，智能合约的自动执行特性挑战了传统合同法中的一些基本概念。例如，在智能合约中，合同的成立、生效和履行往往是同时发生的，这与传统合同法理论中的分阶段观念存在差异。此外，智能合约的不可撤销性也可能与合同法中的变更、解除等制度产生冲突。

智能合约和可计算合同的发展为解决传统合同中的一些问题提供了新的思路。例如，通过代码实现的自动执行可以减少合同违约情形，提高交易效率。在跨境交易中，智能合约可以降低法律适用的不确定性。但同时，这也要求法律工作者具备新的技能，能够理解和审查合同代码。[①] 合同的自动履行代表了法律与技术融合的一个重要方向。它既带来了提高效率、降低成本的机遇，又对传统合同法理论和实践提出了挑战。

一、可计算合同的概念和特点

（一）可计算合同的基本含义

可计算合同是一种将传统自然语言合同转化为计算机可以理解和执行的形式的创新概念。这种合同形式旨在利用计算机的处理能力来自动化合同的管理、解释和执行过程。可计算合同的核心思想是将合同条款表达为一系列逻辑规则和数据结构，使得计算机系统能够直接"理解"和操作这些条款。可计算合同的概念最早由学者哈里·瑟登在 2012 年的论文《可计算合同》中提出，他也因此被视为"智能合约之父"。瑟登认为可计算合同是一种"通过计算机程序来表达和执行合同条款的方法"。[②] 这种方法不仅仅是将合同文本数字化，而且将合同条款转化为计算机可以直接处理的数据和算法。可计算合同的基本特征如下：

---

① Grimmelmann J. *All Smart Contracts Are Ambiguous*. Journal of Law and Innovation，2019（2）：1-21.

② Surden H. *Computable Contracts*. UC Davis Law Review，2012（46）：629-700.

（1）形式化表达：合同条款被表达为严格的逻辑结构和数据模型，而不是传统的自然语言文本。

（2）自动执行：合同条款可以由计算机系统自动解释和执行，无需人工干预。

（3）数据驱动：合同的执行依赖于外部数据源，可以实时响应环境变化。

（4）可验证性：合同的执行过程和结果可以被精确追踪和验证。

在当前技术与法律条件下，可计算合同的概念也面临一些挑战。首先，将复杂的法律概念和条款转化为计算机代码是一个技术挑战，需要法律专业人士和程序员的密切合作。[①] 其次，可计算合同可能难以处理需要人为判断或模糊概念的情况，如"合理""善意"等。最后，可计算合同的法律效力和司法认可度仍然存在不确定性。尽管如此，可计算合同的潜力是巨大的。它可以大大提高合同管理的效率，减少争议，降低交易成本，特别是在复杂的商业交易、跨境合同和大规模标准化合同中，可计算合同可能带来革命性的变化。[②]

（二）自然语言合同的局限性

传统的自然语言合同在数字时代面临诸多局限性，这些局限性正是推动可计算合同发展的主要动力。首先，自然语言的模糊性和歧义性是主要问题之一。法律语言虽然追求精确，但仍然无法完全避免歧义。这种模糊性可能导致合同解释的争议，增加执行成本。[③] 例如，"合理时间内"这样的表述可能被不同方面理解为不同的具体时间范围。其次，自然语言合同的执行往往依赖人工干预，这不仅耗时耗力，还可能造成人为错误。在复杂的商业环境中，手动跟踪和执行合同条款变得越来越困难和昂贵。再次，自然语言合同难以与快速变化的商业环境和技术环境保持同步。在数字经济时代，商业条件可能瞬息万变，传统合同的静态性质使其难以适应这种动态环境。[④] 此外，自然语言合同

---

① Levy K E. *Book-Smart*，*Not Street-Smart*：*Blockchain-Based Smart Contracts and The Social Workings of Law*. Engaging Science，Technology，and Society，2017（3）：1-15.

② 许中缘、郑煌杰：《智能合约的治理逻辑：法律性质、风险类型、化解路径》，载《学术交流》2024年第2期，第78页。

③ Boardman M E. *Contra Proferentem*：*The Allure of Ambiguous Boilerplate*. Michigan Law Review，2013，104（5）：1105-1128.

④ Schwartz A，Scott R E. *Contract Theory and the Limits of Contract Law*. Yale Law Journal，2003，113（3）：541-619.

在跨境交易中面临语言障碍和法律适用的挑战。不同语言和法律体系之间的翻译和解释可能导致误解和争议。[①] 自然语言合同的管理和分析在大规模应用中变得异常复杂。对于拥有大量合同的企业来说，有效管理和分析这些合同成为一个巨大挑战。

这些局限性导致人们致力于探寻超越自然语言合同的新合同形式，且致力于保留或兼容传统自然语言合同的固有优势，例如，自然语言合同的灵活性和适应性，能够处理复杂和模糊的情况。人类语言的丰富性允许合同起草者表达微妙的法律概念和意图，这是纯粹的计算机代码难以完全替代的。[②] 此外，自然语言合同在法律体系中有着长期的实践和判例支持，其法律效力和司法解释已经形成了相对成熟的体系。相比之下，可计算合同在法律认可和司法实践方面还存在不确定性。[③]

（三）结构化数据驱动的可计算合同

结构化数据驱动的可计算合同是一种试图克服自然语言合同局限性的创新方法。这种方法将合同条款转化为结构化的数据模型和逻辑规则，使得合同可以被计算机系统直接处理和执行。结构化数据驱动的可计算合同通常包含以下几个关键要素。

1. 数据模型

定义合同中的关键实体、属性和关系，例如，在一份销售合同中，可能包括"买方""卖方""商品""价格"等实体，以及它们之间的关系。

2. 逻辑规则

描述合同条款的操作逻辑。这些规则通常采用"如果……，那么……"的形式，定义了在特定条件下应采取的行动。

---

① 游文亭：《〈民法典〉对智能合约的法律规制》，载《理论月刊》2023年第12期，第126页。

② Posner E A. *The Parol Evidence Rule，the Plain Meaning Rule，and the Principles of Contractual Interpretation*. University of Pennsylvania Law Review，2005，153（6）：1699-1751.

③ Savelyev A. *Contract law 2.0："Smart" Contracts as the Beginning of the End of Classic Contract Law*. Information & Communications Technology Law，2017，26（2）：116-134.

3. 外部数据接口

允许合同与外部数据源交互，如价格指数、汇率、天气数据等。这使得合同可以根据实时数据动态调整。

4. 执行引擎

负责解释和执行合同规则，触发相应的行动。

结构化数据驱动的可计算合同具有多个优势。第一，它提高了合同的精确性和一致性。由于合同条款被表达为明确的数据结构和逻辑规则，减少了歧义和误解的可能性。[①] 第二，这种合同形式支持自动化执行，大大提高了效率，减少了人为错误。第三，结构化数据使得合同更容易被分析和管理，特别是在处理大量合同时。[②]

结构化数据驱动的可计算合同也有一些难题有待解决：首先，将复杂的法律概念转化为结构化数据和逻辑规则是一个技术挑战，需要法律专业人士和技术专家的密切合作；[③] 其次，结构化数据可能难以捕捉法律语言的所有细微差别和复杂性，某些需要人为判断的情况可能难以用简单的逻辑规则表达。[④]

目前结构化数据驱动的可计算合同的法律地位还不够明确。传统的合同法理论和司法实践可能需要调整以适应这种新形式的合同。[⑤] 例如，在合同解释方面，法院可能需要考虑如何处理代码和数据结构，而不仅仅是文本。虽然存在若干挑战，但结构化数据驱动的可计算合同在某些领域已经开始显示其潜力。例如，在金融衍生品交易中，国际掉期与衍生品协会（ISDA）正在推动

[①] Grimmelmann J. *All Smart Contracts Are Ambiguous*. Journal of Law and Innovation，2019（2）：1-21.

[②] Hazard J，Haapio H. *Wise Contracts*：*Smart Contracts That Work for People and Machines*. In Trends and Communities of Legal Informatics. Proceedings of the 20th International Legal Informatics Symposium IRIS，2017：425-432.

[③] Levi S D，Lipton A B. *An Introduction to Smart Contracts and Their Potential and Inherent Limitations*. Harvard Law School Forum on Corporate Governance and Financial Regulation，2018.

[④] Sklaroff J M. *Smart Contracts and the Cost of Inflexibility*. University of Pennsylvania Law Review，2017（166）：263-303.

[⑤] 许中缘、郑煜杰：《智能合约的治理逻辑：法律性质、风险类型、化解路径》，载《学术交流》2024 年第 2 期，第 74 页。

使用结构化数据和标准化定义来提高合同的精确性和自动化程度。[①] 结构化数据驱动的可计算合同代表了合同法和技术融合的一个重要方向。它既带来了提高效率和精确性的机遇，又对传统合同法理论和实践提出了挑战。

二、可计算合同的法律构造

（一）可计算合同的基本原则

可计算合同的法律构建需要遵循一系列基本原则，这些原则既反映了传统合同法的核心理念，又适应了数字化和自动化的新要求。

第一，原则是合同自由。可计算合同虽然采用了新的形式，但仍然需要尊重当事人的意思自治。当事人应有权选择是否使用可计算合同，以及如何设定合同的具体条款。然而，这一原则在实践中可能面临挑战。例如，当一方在技术知识上处于劣势时，如何确保其真实意思得到充分表达？这需要在合同设计和执行过程中建立适当的保障机制。一些学者提出，可以通过引入"合同翻译器"或"智能代理"来帮助非技术背景的当事人理解和协商可计算合同的条款。[②]

第二，确定性原则。可计算合同的一个主要优势是能够提高合同执行的确定性。将合同条款转化为明确的逻辑规则和数据结构，可以减少歧义和争议。[③] 但是，过度追求确定性可能导致合同失去必要的灵活性。在某些情况下，合同可能需要保留一定的模糊空间，以适应复杂和变化的现实情况。这就需要在合同设计时采用"弹性条款"或"人工介入机制"，在确定性和灵活性之间找到平衡。

第三，透明性原则。由于可计算合同经常涉及复杂的技术实现，确保合同内容对所有当事人都清晰可理解成为一个关键问题。这不仅涉及合同文本的可读性，还包括算法逻辑的可解释性。然而，实现完全的透明可能面临技术复杂性和商业秘密保护的挑战。一些研究者提出了"分层透明"的概念，即根据不

---

① 游文亭：《〈民法典〉对智能合约的法律规制》，载《理论月刊》2023 年第 12 期，第133 页。

② Levy K E. *Book-Smart*，*Not Street-Smart*：*Blockchain-Based Smart Contracts and The Social Workings of Law*. Engaging Science，Technology，and Society，2017（3）：1-15.

③ Surden H. *Computable Contracts*. UC Davis Law Review，2012（46）：629-700.

同的需求和权限级别提供不同程度的透明度。[1]

第四，公平原则在可计算合同中同样不容忽视，虽然自动化执行可以提高效率，但也可能导致机械化的结果，忽视了具体情况下的公平考量。如何在代码中嵌入公平原则，以及在必要时允许人为干预，是可计算合同设计中需要考虑的重要问题。例如"公平性约束"的概念，试图通过算法设计来保证合同执行的公平性。

第五，安全性原则是可计算合同特有的重要原则。由于可计算合同依赖于计算机系统和网络，确保系统的安全性和数据的完整性变得尤为重要。[2] 这不仅涉及技术层面的安全措施，还包括法律层面的风险分配和责任认定。

第六，可计算合同还需要遵循合规性原则。这不仅包括符合传统合同法的要求，还需要考虑数据保护、网络安全等新兴法律领域的规定。[3] 在跨境交易中，如何确保可计算合同同时满足不同法域的法律要求，是一个复杂的挑战。"法律互操作性"概念的提出，则试图通过技术手段实现跨法域的合规性。

（二）在可计算合同中重构法律关系

可计算合同的出现正在重塑传统的合同法律关系。这种重构涉及多个方面，包括合同主体、合同内容的表达方式、合同的成立和生效机制，以及履行和争议解决方式。

在合同主体方面，可计算合同引入新的参与者。除了传统的合同当事人，还可能包括技术提供商、数据源提供者等。这种多方参与的模式使得责任分配变得更加复杂。例如，如果由于算法错误导致合同执行出现问题，那么应该由谁承担责任？这需要在合同设计时明确各方的权责边界。一些学者提出了"多层次责任模型"，试图通过细分责任层级来解决这一问题。[4]

合同内容的表达方式发生了根本性变化。传统的文本描述部分被转化为结

---

① Kroll J A, et al. *Accountable Algorithms*. University of Pennsylvania Law Review，2017，165（3）：633-705.

② Finck M. *Blockchain Regulation and Governance in Europe*. Cambridge University Press，2019.

③ ISDA. *Legal Guidelines for Smart Derivatives Contracts*：*Introduction*. International Swaps and Derivatives Association，Inc，2019.

④ Governatori G，et al. *On Legal Contracts*，*Imperative and Declarative Smart Contracts*，*and Blockchain Systems*. Artificial Intelligence and Law，2018，26（4）：377-409.

构化数据和算法逻辑。这种转化虽然提高了精确性，但其难点在于解释问题。例如，当代码和文本描述存在不一致时，应该以哪个为准？法院在处理此类争议时可能需要新的解释规则。一些研究者提出了"双轨制"解释方法，即同时考虑代码和自然语言描述，并根据具体情况决定优先级。[①]

合同的成立和生效机制也在发生变化。在某些可计算合同中，合同的订立、生效和执行可能是同时发生的。这种即时性挑战了传统合同法中的要约、承诺和合同成立的概念。同时，它也提高了交易效率，特别是在高频交易等场景中。然而，这种即时性也带来了撤销和变更的困难，需要在合同设计中考虑特殊的撤销和变更机制。

在履行方面，可计算合同的自动执行特性带来了新的法律问题。例如，如何处理不可抗力或情势变更等传统合同法中的例外情况？自动执行是否应该预留人工干预的空间？这些问题需要在合同设计和法律规制中得到妥善处理。一些学者提出了"智能干预"机制，即在特定条件下允许人工审查和调整自动执行的结果。

争议解决机制也需要适应可计算合同的特点。传统的诉讼或仲裁可能难以应对涉及复杂技术的合同争议。一些学者提出了"代码即法律"的观点，主张通过技术手段自动解决争议。[②]然而，这种方法可能忽视了法律的灵活性和人文考量。因此，如何设计既能利用技术优势又能保障公平正义的争议解决机制成为一个重要课题。一些创新性的解决方案应运而生，如"在线争议解决"（ODR）系统、"智能仲裁"机制。

（三）自动化合同起草和生命周期管理

自动化合同起草和生命周期管理是可计算合同实践中的关键环节。这些过程不仅涉及技术创新，还需要重新思考法律实务的方法和流程。在合同起草阶段，自动化工具可以大大提高效率和准确性。通过使用标准化的模板和条款库，结合自然语言处理技术，可以快速生成符合特定需求的合同文本。这种方法不仅节省时间，还可以减少人为错误。然而，自动化起草也面临挑战。例

---

① Hazard J，Haapio H. *Wise Contracts*：*Smart Contracts That Work for People and Machines*. In Trends and Communities of Legal Informatics. Proceedings of the 20th International Legal Informatics Symposium IRIS，2017：425-432.

② Wright A，De Filippi P. *Decentralized Blockchain Technology and the Rise of Lex Cryptographia*. SSRN Electronic Journal，2015.

如，如何确保自动生成的合同条款能够准确反映当事人的意图？如何处理需要个性化定制的复杂条款？这需要法律专业人士和技术专家的密切合作。一些研究者提出了"混合起草"模式，即混合自动化工具和人工审核，以平衡效率和准确性。

合同生命周期管理是另一个重要环节。可计算合同允许实时监控合同的执行状态，自动触发相关行动，如付款、交付等。这种动态管理方式可以提高合同执行的效率和准确性。但同时，它也带来了数据安全和隐私保护的问题。如何在实现高效管理的同时，确保敏感信息的安全，是一个需要慎重考虑的问题。一些学者提出了"隐私计算"技术，试图在保护数据隐私的同时实现必要的计算和分析。①

版本控制和变更管理在可计算合同中变得更加复杂。由于合同内容包括代码和数据结构，传统的文本比对方法可能不再适用。② 如何有效地跟踪和管理合同的变更历史，如何确保所有相关方对变更有一致的理解，这些都是需要解决的技术和法律问题。一些研究者提出了基于区块链的版本控制系统，以确保变更的透明性和不可篡改性。

合同终止和归档也需要新的方法。对于可计算合同，简单的文本存档可能不足以完整保留合同信息。可能需要同时保存代码、数据结构和执行环境，以确保未来可以准确理解和复现合同内容。这种复杂的归档要求可能增加存储和管理成本，但对于长期合同或可能涉及未来诉讼的合同来说，这种投资是必要的。因此有学者提出了"智能归档"的概念，也就是使用人工智能技术来管理和检索复杂的合同资料。

自动化合同管理还涉及法律合规性的持续监控。随着法律法规的变化，可计算合同可能需要及时更新以保持合规。这要求建立一个动态的合规管理系统，能够自动识别法律变化并提示进行必要的合同调整。一些研究者正在探索利用自然语言处理和机器学习技术来实现自动化的法律更新和合规检查。

可计算合同的法律构建是一个复杂的过程，需要在传统法律原则和新技术可能性之间找到平衡。要实现可计算合同，既需要技术创新，又需要法律思维

---

① 游文亭：《〈民法典〉对智能合约的法律规制》，载《理论月刊》2023 年第 12 期，第 128 页。

② Governatori G，Idelberger F，Milosevic Z，Riveret R，Sartor G，Xu X. *On Legal Contracts，Imperative and Declarative Smart Contracts，and Blockchain Systems*. Artificial Intelligence and Law，2018，6（4）：377-409.

的转变。随着实践的深入，未来应当会涌现出新的法律规则和行业标准，以适应这种新型合同形式的需求。

第四节　机器学习驱动的自动化司法决策

机器学习驱动的自动化司法代表了法律技术与人工智能融合的前沿领域，它正在深刻改变司法实践的方式和效率。这一领域的发展建立在法律可计算性的理论基础之上，利用机器学习算法处理和分析大量法律数据，旨在提高司法决策的准确性和效率。法律领域的机器学习的应用主要集中在自然语言处理、案例分析和风险评估等方面。自然语言处理技术使得计算机能够理解和分析法律文本，从海量判例和法规中提取关键信息。预测分析则利用历史数据预测案件结果或评估法律风险，为法律从业者提供决策支持。目前人工智能辅助司法决策系统正在全球范围内得到越来越广泛的应用。例如，美国一些法院使用的风险评估工具可以帮助法官在保释决定中评估被告的再犯风险。[1] 中国智慧法院的实践也方兴未艾[2]，走在国际法律实践的前沿，备受关注。[3]

机器学习驱动的自动化司法还面临一系列技术与伦理挑战。其中，透明度和可解释性是最受关注的问题之一。复杂的机器学习模型往往被描述为"黑箱"，其决策过程难以解释，这与司法公开原则相矛盾。[4] 另一个重要问题是算法偏见。如果训练数据中存在偏见，机器学习模型可能复制或放大这些偏见，导致不公平的结果。此外，如何确保数据安全和隐私保护，如何界定人工智能系统在司法实践过程中的法律地位和责任，都是亟待解决的问题。对此，学界和业界已经发展出若干解决进路。例如，发展"可解释的人工智能"技术，提高算法决策的透明度；建立严格的数据治理和算法审计机制，减少偏见；制定

---

[1]　Kehl D，Guo P，Kessler S. *Algorithms in the Criminal Justice System：Assessing the Use of Risk Assessments in Sentencing. Responsive Communities Initiative*，Berkman Klein Center for Internet & Society，Harvard Law School，2017.

[2]　陈罗兰：《论法院数字共同体的构建：以人工智能辅助司法为视角》，载《法学》2024 年第 1 期，第 135 页。

[3]　陈亮、程金华：《智慧法院如何测算审判工作量——中国司法语境下的困境反思与模式重构》，载《中国法律评论》2023 年第 5 期，第 170 页。

[4]　Pasquale F. *The Black Box Society：The Secret Algorithms That Control Money and Information*. Harvard University Press，2015.

专门的法律和伦理框架，规范人工智能在司法领域的应用。这些努力反映了在技术创新和法治原则之间寻求平衡的尝试。

一、法律领域的机器学习技术

人工智能和机器学习技术在法律领域的应用正在深刻改变法律实践的面貌。这些技术不仅提高了法律工作的效率，还为法律推理和决策提供了新的视角和工具。然而，将这些技术应用于法律领域也带来了独特的挑战和考量。

（一）与法律相关的人工智能和机器学习算法

人工智能在法律中的应用可以追溯到 20 世纪 60 年代的专家系统。这些早期系统试图通过编码法律规则来模拟法律推理过程。虽然这些系统在处理简单、明确的法律问题时表现不错，但在面对复杂、模糊的法律概念时常常显得力不从心。这种局限性推动了更复杂的机器学习算法在法律领域的应用。机器学习算法，特别是深度学习技术，在处理大量非结构化数据方面展现出了强大的能力。这对于法律领域尤其重要，因为法律文本、判例和其他法律文件通常是非结构化的自然语言形式。监督学习算法，如支持向量机（SVM）和随机森林，被广泛用于法律文档分类和案例预测。[①] 这些算法从已标记的训练数据中学习，能够对新的、未见过的数据进行分类或预测。

深度学习网络，尤其是循环神经网络（RNN）和转换器模型，在处理序列数据（如法律文本）方面表现出色。这些模型能够捕捉文本中的长距离依赖关系，对理解复杂的法律论证特别有用。[②] 然而，人们常常批评深度学习模型是"黑箱"，其决策过程难以解释，这在追求透明度和可解释性的法律领域可能引发争议。

强化学习是另一类在法律决策支持系统中有潜力的算法。这种算法通过与环境交互来学习最优策略，可以用于模拟复杂的法律决策过程。然而，在法律

---

① ［美］凯文·D. 阿什利：《人工智能与法律解析——数字时代法律实践的新工具》，邱昭继译，商务印书馆 2020 年版。

② Chalkidis I, Androutsopoulos I, Aletras N. *Neural Legal Judgment Prediction in English*. In Proceedings of the 57th Annual Meeting of the Association for Computational Linguistics，2019，4317-4323.

环境中应用强化学习面临如何定义适当的奖励函数和确保算法行为符合伦理标准的挑战。[①]

尽管这些算法在法律领域展现出了巨大潜力，但在实践应用中还有一些问题有待深入探究。首先是数据质量和代表性的问题。法律数据往往存在偏见和不完整性，这可能导致模型学习并放大这些偏见。其次是可解释性的问题。在法律环境中，仅仅给出结果是不够的，还需要解释推理过程，这要求开发更透明、可解释的人工智能模型。此外，法律推理往往涉及复杂的道德和伦理考量，这些难以用简单的算法逻辑捕捉。如何在人工智能系统中纳入这些考量，是一个重要的研究方向。最后，法律的动态性和地域性也给人工智能系统带来了挑战。法律经常变化，且在不同司法管辖区可能有不同解释，这要求人工智能系统能够及时更新并适应不同的法律环境。[②]

（二）法律研究和分析中的自然语言处理

自然语言处理技术在法律研究和分析中扮演着越来越重要的角色。这些技术能够自动化处理大量的法律文本，提取关键信息，识别模式，甚至生成法律文档，极大地提高了法律工作的效率。然而，法律语言的特殊性也给自然语言处理技术的应用带来了独特的挑战。在法律文本分类方面，自然语言处理技术已经取得了显著成果。例如，使用词袋模型、TF-IDF 等特征提取方法，结合分类算法如支持向量机或随机森林，可以有效地对法律文档进行分类。这种技术可以用于自动化文档审查，帮助律师快速找到相关案例或法规。然而，法律文本往往包含复杂的逻辑结构和专业术语，这要求分类算法能够捕捉更深层次的语义信息。

命名实体识别（NER）是另一个在法律自然语言处理中广泛应用的技术。它可以自动识别法律文本中的关键实体，如人名、地点、法律条款等。这对于自动化合同审查和案例分析特别有用。然而，法律文本中的实体往往有特殊的含义和上下文依赖性，这增加了 NER 任务的难度。

信息提取技术能够从非结构化的法律文本中抽取结构化信息，例如，从判决书中提取案件事实、法律依据和判决结果。这种技术可以帮助建立更全

---

① Alarie B，Niblett A，Yoon A H. *How Artificial Intelligence Will Affect the Practice of Law*. University of Toronto Law Journal，2018，68（supplement 1）：106-124.

② Surden H. *Machine Learning and Law*. Washington Law Review，2014（89）：87-115.

面、结构化的法律数据库，为后续的分析和决策提供支持。但是，法律文本中往往包含复杂的逻辑关系和隐含信息，这对信息提取技术提出了更高的要求。

文本摘要技术在法律领域也有重要应用。它可以自动生成长篇法律文档的摘要，帮助法律从业者快速把握文档的核心内容。然而，法律文本的细节大多十分重要，如何在保持准确性的同时进行有效摘要，是一个挑战。

近年来，基于深度学习的语言模型，如 BERT 和 GPT，在法律自然语言处理任务中展现出了强大的性能。这些模型通过预训练大量文本数据，能够更好地理解法律语言的上下文和语义。例如，使用 BERT 微调的模型在法律文本分类和问答任务中取得了优异的结果。然而，这些大型语言模型也面临计算资源需求大、可解释性差等问题。虽然自然语言处理技术在法律领域的进展十分显著，但仍然面临一些尚未解决的问题。首先是法律语言的复杂性和模糊性。法律文本往往包含复杂的条件语句、例外情况和模糊概念，这些都难以用简单的自然语言处理模型准确捕捉。其次是法律解释的多样性。同一法律文本可能有多种合法解释，这给自然语言处理模型带来了额外的复杂性。[①] 再次是法律语言的演变。法律术语和解释可能随时间变化，这要求自然语言处理模型能够适应这种动态性。最后，不同法域和法律体系之间的差异也给自然语言处理模型的通用性制造了壁垒。

（三）案例结果和风险评估中的预测分析

预测分析在法律领域的应用，特别是在案例结果预测和风险评估方面，正引起越来越多的关注。这些技术通过分析历史数据，试图预测未来的法律结果或评估潜在的法律风险。[②] 虽然这些工具可以为法律决策提供有价值的见解，但它们的使用也引发了关于准确性、公平性和适当性的争议。[③]

在案例结果预测方面，机器学习模型通过学习大量历史案例数据，试图预

---

① Grabmair M，Ashley K D，Chen R，Sureshkumar P，Wang C，Nyberg E，Walker V R. *Introducing LUIMA：an Experiment in Legal Conceptual Retrieval of Vaccine Injury Decisions Using a UIMA Type System and Tools*. In Proceedings of the 15th International Conference on Artificial Intelligence and Law，2015：69-78.

② 王禄生：《论预测性司法》，载《中国社会科学》，2024 年第 6 期，第 80-99，206 页。

③ 戎静：《"预测正义"能否预测正义？基于法国司法大数据预测应用的考察与启示》，载《中外法学》2023 年第 5 期，第 1201 页。

测新案件的可能结果。这种预测可以帮助律师评估案件的胜诉概率，制定诉讼策略，或者决定是否进行庭外和解。例如，有研究使用随机森林算法预测美国最高法院的判决结果，取得了较高的准确率。[①] 然而，批评者也注意到这种预测模型往往忽视了每个案件的独特性和复杂性。法律决策不仅依赖于过去的模式，还涉及对新情况的创新解释和适应。

风险评估工具在刑事司法系统中的应用尤其引人注目，也最具争议。这些工具通过分析被告的各种特征（如年龄、犯罪记录、社会经济状况等）来评估再犯风险。一些法院使用这些评估来辅助保释和量刑决定。支持者认为这些工具可以提高决策的一致性和客观性，但批评者指出它们可能固化、放大现有的社会偏见。

在民事案件中，预测分析工具也被用于评估诉讼风险和潜在赔偿金额。这些工具可以帮助企业作出更明智的法律决策，如是否起诉、和解或上诉。然而，过度依赖这些预测可能导致机械化的决策，忽视了每个案件的独特背景和法律创新的可能性。

预测分析工具在合规风险管理中也发挥着重要作用。通过分析历史数据和监管趋势，这些工具可以帮助识别潜在的合规风险，预测监管行动。这对于在复杂和不断变化的监管环境中运营的企业特别有价值。但是，这种方法可能导致过于保守的决策，抑制创新和合法的商业活动。

尽管预测分析工具在法律领域展现出了潜力，但它们的使用也面临一系列挑战和限制。第一是数据质量和代表性的问题。法律数据常常存在偏见和不完整性，这可能导致预测结果出现偏差。例如，如果历史数据反映了系统性的种族或性别偏见，基于这些数据的预测模型可能固化这些偏见。[②] 第二是可解释性的问题。许多高性能的机器学习模型，如深度神经网络，常常被描述为"黑箱"，其决策过程难以解释。这个问题在法律环境中特别突出，因为透明度和可解释性是司法公正的基本要求。第三是处理法律变化和新情况的能力。法律是动态的，新的法律、判例或社会变化可能使基于历史数据的预测变得不准确。这要求预测模型能够不断更新和适应。第四是伦理考量。在某些情况下，使用算法预测来影响法律决策可能被视为不恰当或不公平。例如，仅仅基于统

---

① Katz D M，Bommarito II M J，Blackman J. *A General Approach for Predicting the Behavior of the Supreme Court of the United States*. PloS one，2017，12（4）.

② Barocas S，Selbst A D. *Big Data's Disparate Impact*. California Law Review，2016，104：671-732.

计相关性来评判个人的再犯风险，可能被认为违反了个人尊严和正当程序的原则。第五是法律推理往往涉及复杂的价值判断和利益权衡，这些难以用简单的数学模型捕捉。过度依赖预测分析工具可能导致法律实践的机械化，忽视了法律的人文和道德维度。

二、人工智能辅助的司法决策系统

人工智能技术在司法领域的应用日益广泛，为法官提供了多种辅助决策工具。这些工具旨在提高司法效率、增强决策一致性，并为法官提供更全面的信息支持。然而，它们的使用也引发了关于司法独立性、公平性和透明度的讨论。

（一）法官使用的人工智能工具及其对司法过程的影响

案例检索和分析系统是最常见的人工智能辅助工具之一。这些系统利用自然语言处理和机器学习技术，能够快速从海量判例中找出与当前案件相关的先例。例如，美国的 ROSS Intelligence 系统可以理解法律问题，搜索相关案例和法规，并提供简明的答案。[①] 这种工具极大地提高了法官查找相关判例的效率，但其瓶颈在于难以确保检索结果的全面性和相关性。

预测分析工具是另一类引起广泛关注的人工智能辅助系统。这些工具通过分析历史数据，预测案件可能的结果或量刑建议。例如，美国一些州使用的 COMPAS 系统可以评估被告的再犯风险，辅助法官作出保释和量刑决定。这类工具可以提高司法决策的一致性，但也引发了关于算法公平性和个案正义的争议。文档分析和证据评估工具利用自然语言处理技术，帮助法官快速处理大量案件材料。这些工具可以自动提取关键信息，识别文档中的矛盾之处，甚至评估证据的可靠性。然而，过度依赖这些工具可能导致法官忽视重要的细节或上下文信息。

司法决策支持系统是更为复杂的人工智能工具，它不仅提供信息检索和分析功能，还能够模拟法律推理过程，为法官提供决策建议。这类系统在某些简单、标准化的案件中可能非常有效，但在复杂案件中可能难以捕捉所有相关的

---

① McGinnis J O，Pearce R G. *The Great Disruption：How Machine Intelligence Will Transform the Role of Lawyers in the Delivery of Legal Services*. Fordham Law Review，2014，82（6）：3041-3066.

法律和事实因素。[1]

　　这些人工智能工具对司法过程产生了深远的影响。首先，它们显著提高了司法效率。法官可以更快地处理案件，减少积压。然而，这种效率提升也带来了"快速司法"可能损害案件质量的担忧。其次，人工智能工具有助于增强司法决策的一致性。通过提供统一的信息和分析框架，这些工具可以减少不同法官之间的判决差异。但这也引发了关于司法个性化和灵活性可能被削弱的担忧。再次，人工智能工具改变了法官的工作方式。法官需要学习使用这些新工具，并在依赖人工智能分析和保持独立判断之间找到平衡。这对法官的技术素养提出了新的要求。[2] 最后，人工智能工具的使用引发了关于司法透明度和公平性的讨论。一方面，这些工具可以提供更客观、可追溯的决策依据；另一方面，复杂的人工智能算法可能难以解释，影响当事人对司法过程的理解和信任。

（二）司法中机器学习应用的案例研究

　　机器学习技术在全球多个司法系统中得到了实际应用，这些案例既展示了人工智能辅助司法决策的潜力，又暴露了一些面临的挑战和局限性。以COMPAS系统为例，该系统使用机器学习算法评估被告的再犯风险，被美国多个州的法院用于辅助保释和量刑决定。COMPAS系统通过分析被告的犯罪历史、社会背景等因素，给出风险评分。支持者认为，这种客观的风险评估有助于减少司法偏见，提高决策一致性。然而，ProPublica的一项调查发现，COMPAS系统对黑人被告的高风险预测率显著高于白人被告，引发了关于算法偏见的激烈争议。[3] 这个案例突出了人工智能系统在司法领域应用时面临的公平性和透明度挑战。

　　我国智慧法院建设中的206系统是另一个值得关注的用例。该系统利用自然语言处理和机器学习技术，对案件进行自动分类、要素提取和相似案例推荐。在标准化程度较高的案件中，如交通事故赔偿纠纷，206系统显示出高效

---

　　① 王禄生：《论预测性司法》，载《中国社会科学》，2024年第6期，第80-99，206页。

　　② Re R M，Solow-Niederman A. *Developing Artificially Intelligent Justice*. Stanford Technology Law Review，2019（22）：242-289.

　　③ Dressel J，Farid H. *The Accuracy，Fairness，and Limits of Predicting Recidivism*. Science Advances，2018（4）：1.

率和一致性。然而，在复杂案件中，系统的表现受到质疑。一些法律专家指出，过度依赖这类系统可能导致机械司法，忽视案件的个别特征和社会背景。[①]欧洲人权法院也尝试了机器学习技术。研究人员开发了一个模型，通过分析案件事实描述来预测法院判决结果。这个模型在某些类型的案件中达到了较高的准确率，显示了人工智能在辅助法律分析方面的潜力。但研究者也强调，这种模型不能取代法官的角色，而应作为辅助工具使用。荷兰司法系统引入了e-Court 在线争议解决平台。该平台使用人工智能技术处理简单的民事案件，如债务纠纷。虽然 e-Court 提高了效率，减少了案件积压，但也引发了关于正当程序和司法可及性的担忧。批评者指出，完全在线的、人工智能驱动的纠纷解决可能忽视了案件的人文因素，不利于弱势群体。[②]

这些案例研究表明，机器学习技术在司法领域的应用既有潜力又有风险。它们可以提高效率、增强一致性，但也面临公平性、透明度和个案正义的挑战。这些案例强调了在司法系统中谨慎、有限度地应用人工智能技术的重要性，以及持续监督和评估这些系统影响的必要性。

（三）在司法决策中平衡效率和人类判断

在司法决策中引入人工智能辅助工具，核心挑战之一是如何在提高效率的同时，保持人类判断的关键作用。这种平衡涉及技术、法律和伦理等多个层面的考量。效率提升是人工智能辅助司法决策系统的主要优势之一。这些系统可以快速处理大量数据，提供相关案例和法规参考，甚至生成初步的决策建议。在案件量大、类型相对标准化的领域，如交通违规或小额债务纠纷，人工智能系统可以显著加快案件处理速度，减少积压。然而，过度追求效率可能导致"流水线式"司法，忽视了案件的个别特征和社会背景。[③]

人类判断在司法决策中扮演着不可替代的角色。法官不仅需要应用法律规则，还需要权衡社会价值，考虑伦理因素，并在必要时作出创新性解释。这种复杂的判断过程难以完全由人工智能系统模拟。此外，法官的经验、直觉和对社会

---

① 陈亮、程金华：《智慧法院如何测算审判工作量——中国司法语境下的困境反思与模式重构》，载《中国法律评论》2023 年第 5 期，第 170 页。

② van den Herik J. *Intuition is Programmable*：*Fairness，Neutrality，and Transparency in AI and Law*. Artificial Intelligence and Law，2021，29（2）：207-228.

③ Citron D K. *Technological due Process*. Washington University Law Review，2008，85：1249-1313.

现实的理解，是人工智能系统目前无法完全替代的。在寻求平衡时，一个关键原则是将人工智能系统定位为辅助工具，而非决策者。法官应保留最终的决策权，人工智能系统的作用是提供信息支持和分析建议。例如，在使用风险评估工具时，法官不应机械地遵循人工智能的建议，而应将其作为众多考虑因素之一。另一个重要方面是确保法官对人工智能系统有充分的理解和控制。这意味着法官需要接受相应的培训，了解人工智能系统的工作原理、优势和局限性。只有这样，法官才能恰当地利用人工智能工具，并在必要时质疑或否决系统的建议。透明度和可解释性是平衡效率和人类判断的关键因素。人工智能系统的决策过程应该尽可能透明，其推理逻辑应该可以被解释。这不仅有助于法官理解和评估人工智能的建议，也有利于维护司法公开原则，增强公众对司法系统的信任。[①]

在具体应用中，可以考虑采用分级使用的策略。对于简单、标准化的案件，可以更多地依赖人工智能系统提高效率。而对于复杂、敏感或涉及重大利益的案件，则应该更多地依赖人类法官的判断。这种策略可以在效率和质量之间取得平衡。同时，应建立持续评估和调整机制。定期审查人工智能系统的表现，收集法官和其他利益相关者的反馈，并根据实际效果调整系统的使用范围和方式。这有助于在实践中不断优化机器判断与人类判断的平衡。[②] 在设计和使用人工智能辅助决策系统时，则应当考虑保留人工干预的空间。例如，系统可以设置"异常标记"功能，当遇到不符合常规模式的案件时，自动提醒法官进行更仔细的审查。这样可以结合人工智能的效率和人类判断的灵活性。

在追求效率的同时，不应忽视司法程序的社会功能。司法过程不仅是解决纠纷的机制，还承担着教育、调解和社会治理的功能。过度依赖人工智能可能弱化这些功能。因此，在设计和使用人工智能系统时，应考虑如何保留和强化司法程序的这些社会功能。[③] 在自动化司法决策中平衡效率和人类判断是一个复杂的过程，需要技术、法律和伦理等多方面的协调。人工智能辅助工具应该被视为增强而非替代人类法官的手段。通过谨慎的设计、使用和监管，人工智能技术可以提高司法效率，同时保持人类判断在司法决策中的核心地位，从而实现司法公正和效率的双重目标。

---

① Doshi-Velez F, Kim B. *Towards A Rigorous Science of Interpretable Machine Learning*. 2017.

② Zalnieriute M, Moses L B, Williams G. *The Rule of Law and Automation of Government Decision-making*. The Modern Law Review, 2019, 82 (3): 425-455.

③ 陈亮、程金华：《智慧法院如何测算审判工作量——中国司法语境下的困境反思与模式重构》，载《中国法律评论》2023 年第 5 期，第 171 页。

三、伦理和监管挑战

在法律领域应用人工智能决策系统时，透明度和可解释性成为关键的伦理和法律挑战。这些挑战源于人工智能系统的复杂性和"黑箱"特性，与法律系统追求公开、公正和可问责的核心原则产生了潜在冲突。

（一）法律中人工智能决策的透明度和可解释性

透明度是指人工智能系统的决策过程应该是公开和可审查的。在法律环境中，这意味着当事人、法官和公众应该能够了解人工智能系统是如何得出特定结论或建议的。然而，许多高级人工智能系统，特别是深度学习模型，以及大型语言模型等，其内部运作机制往往难以用人类可理解的方式解释。这种不透明性可能导致对人工智能辅助决策的不信任，甚至质疑其合法性。可解释性则更进一步，要求能够以人类可理解的方式解释人工智能系统的决策逻辑。在法律环境中，这尤为重要，因为法律决策往往需要详细的理由说明。例如，如果一个人工智能系统建议拒绝某人的保释申请，仅仅给出一个风险分数是不够的，还需要解释这个分数是如何得出的，以及它基于哪些具体因素。

为了提高人工智能决策的透明度和可解释性，研究者提出了多种方法。一种方法是使用"可解释的人工智能"（XAI）技术，如 LIME 或 SHAP。这些技术试图为复杂的人工智能模型提供局部或全局的解释。[①] 然而，这些解释常常是近似的，可能无法完全捕捉模型的复杂性。另一种方法是从设计阶段就考虑可解释性，使用更简单、更直观的模型，如决策树或线性模型。这些模型虽然可能在某些任务上性能不如复杂的深度学习模型，但它们的决策过程更容易理解和解释。[②] 在法律环境中，这种妥协可能是值得的，因为可解释性在某些情况下可能比极致的性能更重要。

---

① 刘艳红：《生成式人工智能的三大安全风险及法律规制——以 ChatGPT 为例》，载《东方法学》2023 年第 4 期，第 41 页。

② Rudin C. *Stop Explaining Black Box Machine Learning Models for High Stakes Decisions and Use Interpretable Models Instead*. Nature Machine Intelligence，2019，1（5）：206-215.

提高人工智能决策的透明度和可解释性的难点在于解释技术的演进与商业秘密的保护。首先是技术挑战。随着人工智能模型变得越来越复杂，完全解释其决策过程变得越来越困难。其次是商业秘密的保护。一些人工智能系统的开发者可能不愿意完全公开其算法，以保护其商业利益。此外，过度的透明度可能带来新的问题。例如，如果人工智能系统的详细工作原理被公开，可能会被恶意利用，或者导致人们试图"戏耍"玩弄系统。在法律环境中，这可能导致人们试图操纵人工智能系统，以获得有利的结果。因此，在追求透明度和可解释性的同时，需要在多个目标之间取得平衡，这包括人工智能系统的性能、可解释性、隐私保护、商业利益保护等。在法律环境中，这种平衡尤为重要，因为它直接关系到司法公正和公众信任。

（二）机器学习驱动决策中的偏见减轻和公平性

机器学习驱动的决策系统在法律领域的应用引发了关于偏见和公平性的深刻讨论。这些系统虽然旨在提高决策的客观性和一致性，但也可能继承或放大现有的社会偏见，从而产生不公平的结果。偏见在机器学习系统中可能以多种形式出现。最常见的是训练数据中的偏见。如果历史数据反映了社会中的系统性歧视，基于这些数据训练的模型可能会固化这些偏见。例如，如果历史上某些群体被过度逮捕或判刑，基于这些数据的再犯预测模型可能对这些群体产生不公平的高风险预测。另一种形式的偏见来自特征选择。即使数据本身没有明显偏见，但如果选择的特征与受保护属性（如种族、性别）高度相关，也可能导致不公平的结果。例如，使用邮政编码作为特征可能间接导致基于地域或者社会经济状况的歧视。算法偏见还有可能源于模型的设计和优化过程，如果模型优化的目标函数没有考虑公平性，可能导致对某些群体不利的结果。[①]

减轻这些偏见并确保机器学习驱动决策的公平性是一个复杂的系统性问题。一种解决方法是通过数据预处理来减少训练数据中的偏见。这可能包括重新采样数据以平衡不同群体的表示，或者移除可能导致歧视的敏感属性。然而，简单地移除敏感属性可能不足以消除偏见，因为其他特征可能与这些属性高度相关。另一种方法是在模型训练过程中引入公平性约束。例如，可以使用

---

① Chouldechova A. *Fair Prediction With Disparate Impact*：*A Study of Bias in Recidivism Prediction Instruments*. Big Data，2017，5（2）：153-163.

约束优化技术，要求模型在不同群体之间保持某种形式的统计公平性。① 然而，不同的公平性定义（如统计平等、机会平等）可能相互冲突，选择哪种定义本身就是一个复杂的伦理和法律问题。此外，事后处理技术也可以用来调整模型输出，以实现某种形式的公平性。例如，可以对不同群体应用不同的决策阈值，以平衡错误率。但这种方法可能引发新的法律和伦理问题，因为它实际上是在对不同群体采用不同的标准。

除了技术方法，还需要从制度和政策层面应对偏见和公平性问题。这包括建立监督和审计机制，定期评估人工智能系统的公平性和影响。同时，需要制定明确的法律和伦理指南，规定在法律环境中使用人工智能系统的标准和限制。首先，对公平性的追求的疑问主要在于对公平的界定的权衡。什么是"公平"？在不同情况下可能有不同的定义，而这些定义可能相互冲突。其次是权衡问题，追求某种形式的公平可能牺牲模型的整体性能或其他形式的公平。最后，机器学习系统的公平性不仅是一个技术问题，更是一个社会和政策问题。即使技术上实现了某种形式的公平，如果底层的社会不平等没有得到解决，人工智能系统可能只是在掩盖而不是解决根本问题。②

（三）司法系统中人工智能的法律和伦理框架

随着人工智能在司法系统中的应用日益广泛，建立适当的法律和伦理框架变得越来越重要。这个框架需要平衡技术创新的潜力与保护基本法律原则和人权的需求。首先，需要明确人工智能系统在司法过程中的法律地位。人工智能系统应该被视为决策辅助工具，而不是决策者。这意味着最终的法律责任应该由人类法官或其他法律专业人士承担。同时，需要制定明确的规则，规定在哪些情况下可以使用人工智能系统，以及如何使用。其次，需要建立人工智能系统的责任和问责机制。当人工智能系统的决策或建议导致不公正或错误时，应该有明确的追责机制。这可能涉及人工智能系统的开发者、部署者和使用者的责任划分。③ 同时，应该建立申诉和纠错机制，允许受到人工智能决策影响的

---

① Zafar M B, et al. *Fairness Constraints*：*Mechanisms for Fair Classification*. In Artificial Intelligence and Statistics，2017：962-970.

② 张欣：《算法公平的类型构建与制度实现》，载《中外法学》2024 年第 4 期，第 877 页。

③ Citron D K，Pasquale F. *The Scored Society*：*Due Process for Automated Predictions*. Washington Law Review，2014，89：1-33.

个人质疑和挑战这些决策。

隐私保护是另一个关键问题。人工智能系统往往需要处理大量个人数据，这引发了数据收集、存储和使用的隐私问题。需要制定严格的数据保护规则，确保个人信息安全，并限制数据的使用范围。公平性和非歧视原则应该是人工智能伦理框架的核心。这不仅包括技术层面的公平性（如前文讨论的偏见减轻），还包括程序公平性。例如，确保所有当事人都有机会了解和质疑人工智能系统的决策过程。同样重要的是透明度和可解释性原则。这不仅涉及技术层面的可解释性，还包括制度层面的透明度。例如，公开人工智能系统的使用范围、决策标准等信息，允许公众和专家对其进行审查和评估。

人类监督和干预的原则也应该被纳入框架。人工智能系统不应完全自主运行，而应该在人类监督下运行，并保留人工干预的可能性。这既是为了纠正可能的错误，又是为了处理人工智能系统无法应对的复杂或特殊情况。[①]伦理框架还应该考虑人工智能系统的长期社会影响。例如，人工智能系统可能改变法律推理的方式，影响法律的发展方向。需要评估这些长期影响，并制定相应的政策。[②] 在制定这些法律和伦理框架时，需要多方参与。这不仅包括法律专业人士和技术专家，还应该包括社会各界代表，以确保框架能够反映广泛的社会价值和关切。建立和实施司法人工智能的法律与伦理框架需要处理技术的快速发展与法律制定的相对滞后之间的矛盾，并需要在全球范围内协调这些框架，这就需要兼顾司法系统的跨境性质。最后应当加以考量的是在保护和规制之间找到平衡，既不阻碍创新，又能有效保护公众利益。[③]

在司法系统中应用人工智能技术虽然前景可期，但伦理和监管挑战也不可忽视，涉及技术、法律和社会等多个层面，需经由多学科的合作来解决。通过建立健全的法律和伦理框架，法律人应当充分利用人工智能技术的潜力，同时确保其应用符合法治原则和社会价值观，并随着技术的发展和社会的变化不断进行调整与完善的工作。

---

① 岳瑞：《人工智能伦理：规制、理论与实践难题——学术史梳理及其问题域考察》，载《东南大学学报（哲学社会科学版）》2024年第3期，第34页。

② Surden H. *Artificial Intelligence and Law：An Overview*. Georgia State University Law Review, 2019, 35 (4): 1305-1337.

③ Calo R. *Artificial Intelligence Policy：A Primer and Roadmap*. UC Davis Law Review, 2017, 51: 399-435.

第五节　自动化与法律职业的未来

法律自动化技术的迅速发展正在深刻改变法律职业的面貌，为法律从业者带来前所未有的机遇。这一变革不仅关乎技术工具的应用，更涉及法律思维方式的根本转变，对法律教育和法律服务的部署与交付模式产生深远影响。未来法律人需要同时具备传统的法律思维和新兴的计算思维。法律思维强调逻辑推理、案例分析和规则解释，而计算思维则关注问题分解、模式识别和算法设计。这两种思维方式的融合使将来的法律从业者能够更有效地利用技术工具，同时保持对法律本质的深刻理解。[①]

法学教育正面临适应这一变革的压力。未来的法学院可能需要将编程和法律建模纳入课程，以培养学生运用计算思维解决法律问题的能力。虚拟现实技术的应用可能为法律教育提供更加沉浸式和互动性的学习体验。法律服务的自动化正在重塑法律职业的实践。从法律文件的自动化生成到基于大型语言模型的法律咨询系统，技术正在改变法律人的日常工作。律师事务所的运营也越来越依赖平台化和自动化工具。这些变革提高了效率，降低了成本，重塑了质量控制、责任分配的新格局，并提出了对职业伦理的革新要求。[②]

一、未来法律人：法律思维和计算思维

（一）法律思维

法律思维，作为一种特殊的思维模式，是指在法律职业者中普遍存在的一种认识和处理问题的方式。它要求以法律规范为基础，运用法律逻辑进行思考和分析，以实现对法律现象的深入理解和正确适用。[③] 法律思维既包括对法律规则的理解和应用，又涵盖了对法律精神和价值的追求。这就需要法律人在面

---

① ［英］理查德·萨斯坎德：《法律人的明天会怎样？——法律职业的未来》，何广越译，北京大学出版社 2021 年版。

② Remus D, Levy F. *Can Robots Be Lawyers? Computers, Lawyers, and the Practice of Law.* Georgetown Journal of Legal Ethics, 2017, 30: 501-558.

③ 郑成良．《法治理念和法律思维论纲》，中国政法大学法治政府研究院，https://fzzfyjy. cupl. edu. cn/info/1038/1582. htm。

对问题时，依据法律的规定和原则，进行客观、理性的分析和判断。① 法律思维是法律专业人士的核心素质，它塑造了我们理解、解释和应用法律的方式。法律思维的首要特征是逻辑推理和分析能力。法律人从某种角度看就像一个做题家，因为他常常需要在错综复杂的事实和法律规则中梳理出清晰的脉络，这就像是在解一道复杂的数学题，需要一步步地推导，最终得出合理的结论。例如，在处理一个复杂的合同纠纷时，法律人需要仔细分析合同条款，考虑相关法律规定，权衡各方当事人的行为，最终得出谁应该承担责任的结论。②

法律思维的一个重要特征是对语言的精确理解和使用。法律文本中的每一个词都可能蕴含重要意义，我们必须学会细致入微地解读法律语言。这种语言的敏感性使我们能够捕捉到法律条文中的微妙差异，理解立法者的真实意图。③但这种对语言的专注也可能导致我们过于拘泥于字面含义，忽视了法律的精神和目的。类比推理是法律思维的另一个核心特征。我们经常需要将当前案例与其他案件的判例进行比较，找出相似点和差异点。这种思维方式让我们能够在看似不相关的案例中找到联系，或者在表面相似的案例中发现关键区别。④

批判性思考和创新能力也是法律思维不可或缺的部分。虽然我们尊重法律的权威性和稳定性，但同时也需要质疑现有的规则，思考它们是否仍然适用不断变化的社会现实。这种批判性思维让我们能够推动法律的发展，适应新的社会需求。⑤ 在当今快速变化的世界中，传统的法律思维面临新的挑战。技术革新、全球化、新兴社会问题等都在考验着法律思维的适应性。例如，在处理涉及生成式人工智能与大语言模型的法律纠纷时，传统的法律概念和原则可能难以直接适用。我们需要学会在保持法律思维核心价值的同时，增强其灵活性和创新性，为法律思维的界面找到新的接口，计算思维就是其中重要的一种。

（二）计算思维

计算思维正在悄然改变法律专业人士的思维方式。它为我们提供了一种新

---

① 陈景辉：《法律人思维与法律观点》，载《中国法学》2024 年第 2 期，第 186 页。

② Schauer F. *Thinking Like a Lawyer*：*A New Introduction to Legal Reasoning*. Harvard University Press，2009.

③ ［德］卡尔·恩吉施：《法律思维导论》，郑永流译，法律出版社 2004 年版。

④ Sunstein C R. *On Analogical Reasoning*. Harvard Law Review，1993，106（3）：741-791.

⑤ ［美］理查德·波斯纳：《法官如何思考》，苏力译，北京大学出版社 2009 年版。

的视角和工具，帮助我们以更系统、更高效的方式处理法律问题。2009 年周以真提出了计算思维的概念，其核心是将复杂问题分解，通过模式识别、算法设计来解决问题。[①] 这种思维方式与法律分析有着惊人的相似之处。当法律人面对一个复杂的法律案例时，往往也是在将问题分解为更小的部分，寻找相关的法律模式，然后设计解决方案。

问题分解是计算思维的第一步。在法律领域，这意味着我们需要将复杂的法律问题拆解成更小、更易管理的部分。例如，在处理一个复杂的知识产权纠纷时，我们可能会将问题分解为专利有效性、侵权行为、损害赔偿等几个方面。这种系统的分解方法可以帮助我们更清晰地理解问题的本质，避免被复杂性所干扰。不可忽视的是，过度的问题分解可能导致我们忽视问题的整体性。法律问题通常是相互关联的，过于机械的分解可能使我们错过重要的联系，因此，在应用计算思维进行问题分解时，法律人需要保持对整体的把握。

模式识别是计算思维的另一个重要特征。在法律实践中，我们常常需要从大量案例中识别出共同的模式或规律。计算思维提供了一种更系统的方法来进行这种模式识别。例如，可以使用数据分析技术来识别大量判例中的共同特征，从而预测未来案件的可能结果。这种基于数据的模式识别可以大大提高我们的工作效率，但需要警惕数据中可能存在的偏见，以及过度依赖历史模式可能忽视案件特殊性的风险。在一个快速变化的社会，过去的模式可能不再适用于新的情况。

算法设计是计算思维的核心。在法律领域，这可能表现为设计一系列步骤或规则来解决特定类型的法律问题。例如，我们可能设计一个算法来自动化合同审查过程，或者创建一个决策树来指导某些类型的法律决策。这种系统化的方法可以提高我们工作的效率和一致性。需要说明的是，根据法律的可计算原理，并非所有的法律问题都能被简化为算法。法律决策往往涉及复杂的价值判断和利益权衡，这些可能难以用简单的 if-then 语句来表达。

抽象化和泛化是计算思维的另一个重要特征。这让我们能够从具体的法律案例中抽取出一般性的原则，并将这些原则应用到其他类似的情况中。这种思维方式可以帮助我们更好地理解法律原则与规则的本质，而不仅仅是记

---

① Wing J M. *Computational Thinking*. Communications of the ACM，2006，49（3）：33-35.

忆具体的法条。^① 计算思维还强调效率和优化。在法律实践中，这可能表现为寻找最有效的方法来解决法律问题或提供法律服务。例如，我们可能使用自动化工具来加速文档审查过程，或者使用预测性分析工具来评估诉讼风险。^②

（三）像法律人一样思考，用代码来表达

在法律思维和计算思维的交汇点上，形成一个知识表示的新兴研究领域：用计算机程序代码来表示法律思想。这不仅是一种技术练习，也是一种全新的思考和表达法律的方式。^③ 它要求我们既要像法律专业人士一样思考，又要能够用代码来明晰并表示这些思想。我们需要理解，用代码表达法律并不意味着完全抛弃传统的法律语言和思维方式。恰恰相反的是，它是在传统基础上的一种延伸和增强。就像我们学习外语一样，学习"代码语言"可以让我们用另一种方式来表达和理解法律概念。

法律逻辑的形式化是这个过程的第一步。我们可以尝试将法律规则转化为if-then 语句。例如，一个简单的合同条款可能被表示为

```python
if payment_received and delivery_completed:
    contract_fulfilled = True
else:
    contract_fulfilled = False
```

这段代码虽然看似简单，但实际上捕捉到了合同履行的基本逻辑。当然，真实的法律情况会复杂得多，但它给了我们一个思路：如何将法律逻辑转化为计算机可以理解和执行的指令。法律语言往往是模糊和开放的，这种模糊性有时是有意为之，以适应不同的情况。如何在保持法律灵活性的同时实现形式化，是我们需要解决的一个关键问题。

---

① Bench-Capon T，Sartor G. *A Model of Legal Reasoning with Cases Incorporating Theories and Values*. Artificial Intelligence and Law，2003，11（2）：97-143.

② Kerikmäe T，Hoffmann T.（Eds.）. *The Future of Law and eTechnologies*. Springer，2020.

③ ［美］劳伦斯·莱斯格：《代码2.0：网络空间中的法律》，李旭、沈伟伟译，清华大学出版社2018年版。

接下来，我们要考虑如何用代码来表达更复杂的法律概念。例如，我们可以创建一个函数来模拟法官在特定类型案件中的决策过程：

```python
def judge_decision(case_facts, precedents, laws):
    relevant_precedents = find_relevant_precedents(case_facts, precedents)
    applicable_laws = determine_applicable_laws(case_facts, laws)
    decision = analyze_case(case_facts, relevant_precedents, applicable_laws)
    return decision
```

这个函数模拟了法官如何考虑案件事实、相关先例和适用法律来做出决定。当然，真实的司法决策过程要复杂得多，但这给了我们一个框架来思考如何将复杂的法律推理过程转化为计算机程序代码。[1] 这种代码化的法律思维不仅可以帮助我们更精确地表达法律概念，还可以揭示法律推理中的潜在问题。例如，在编写上述函数时，我们可能发现，如何定义和实现"find _ relevant _ precedents"和"analyze _ case"这样的子函数是非常具有挑战性的。这反映了法律推理中的一些根本性问题，如如何确定判例之间的相关性，如何权衡不同的法律因素等。

使用代码来表达法律思想还可以帮助我们更深入地理解法律概念。当我们尝试将法律规则转化为代码时，我们会被迫更精确地思考这些规则的含义和适用条件。这种过程可以帮助我们发现法律中的模糊性或不一致性，从而推动法律理论的发展。例如，在尝试编码一个复杂的法律规则时，我们可能发现某些条款之间存在潜在的冲突，或者某些情况下的适用结果是不明确的。这种发现可以帮助我们改进法律文本，使其更加清晰和一致。

代码化的法律思维还开启了自动化法律分析的可能性。例如，我们可以创建智能合同系统，自动执行合同条款；或者开发预测性分析工具，基于历史数据预测案件结果。这些应用不仅可以提高法律工作的效率，还可能改变我们提供法律服务的方式。[2] 但是，法律过度简化与可解释性难题等问题，是亟待未来法律人破解的困局。为了应对这些挑战，我们需要发展新的技能和工具。例

---

① Ashley K D，Brüninghaus S. *Automatically Classifying Case Texts and Predicting Outcomes*. Artificial Intelligence and Law，2009，17（2）：125-165.

② ［英］理查德·萨斯坎德：《线上法院与未来司法》，何广越译，北京大学出版社2021年版。

如，我们可能需要开发专门的法律编程语言，这种语言不仅能够表达复杂的法律逻辑，还能保持法律推理的可解释性。我们也需要建立新的法律教育体系，培养既懂法律又懂编程的复合型人才。

未来法律人还需要考虑代码化法律可能带来的社会影响。它可能改变法律职业的性质，影响法律服务的可访问性，甚至改变人们对法律的理解和态度。例如，如果大部分日常法律事务都可以通过自动化系统处理，那么律师的角色可能更多地转向复杂案件的处理和战略咨询。这种变化可能提高法律服务的效率和可及性，但也可能导致某些群体被排除在法律服务之外。将法律思维和计算思维结合起来，用代码来表达法律思想，代表了法律发展的一个重要方向。它不仅可以提高工作效率，还可能带来法律思维和实践的革新。作为未来的法律专业人士，我们需要准备好在这两个世界之间游刃有余，既能像法律人一样思考，又能用代码来表达这些思想。[①]

二、未来的法学院：通过编程培训未来的律师

今日的法学院正处于一个转折点。随着技术在法律领域的深入应用，传统的法律教育模式面临前所未有的挑战和机遇。未来的法学院不仅需要培养学生的法律思维，还需要用计算思维和编程技术武装他们。这种转变不是增加几门编程课程那么简单，而是需要重新思考整个法律教育的方式和内容。

（一）通过编程进行法律建模教育

法律建模是一个将法律概念、规则和流程转化为可计算模型的过程。通过编码进行法律建模教育，帮助学生更深入地理解法律结构，同时培养他们的计算思维能力。这种教育方式不仅能提高学生的分析能力，还能让他们更好地适应未来的法律工作环境。设想在未来法学院的一堂合同法课上，学生们不仅要学习合同的基本原则，还要尝试用代码来模拟合同的形成和履行过程。例如，他们可能会编写这样的代码：

---

① Katz D M. *The MIT School of Law? A Perspective on Legal Education in the 21st Century*. University of Illinois Law Review，2013（5）：1431-1482.

```python
class Contract:
    def __init__(self, offer, acceptance, consideration):
        self.offer = offer
        self.acceptance = acceptance
        self.consideration = consideration
        self.is_valid = self.check_validity()

    def check_validity(self):
        return self.offer and self.acceptance and self.consideration

    def execute(self):
        if self.is_valid:
            print("Contract executed successfully")
        else:
            print("Contract is not valid")
```

这段简单的代码模拟了合同的基本结构和有效性条件。通过编写和运行这样的代码，学生可以更直观地理解合同的要素和运作机制。

这种教育方式的困难有以下几点：首先，很多法学院的教师可能缺乏编程背景，难以有效地进行这种教学。其次，如何在有限的课程时间内平衡传统法律知识的传授和编码技能的培养，是一个需要慎重考虑的问题。为了克服这些挑战，法学院可能需要引入跨学科的教学团队，由法律专家和计算机科学家共同设计和教授课程。同时，也可以考虑将编码教育融入现有的法律课程中，而不是作为独立的课程。①

法律建模教育不仅限于模拟简单的法律概念。随着学生技能的提升，他们可以尝试构建更复杂的模型。例如，模拟整个诉讼过程，或者创建一个智能合约系统。这些项目可以帮助学生理解法律系统的复杂性，同时培养他们解决实际问题的能力。未来法律人也需要警惕过度依赖编码和模型的风险。法律不仅仅是一系列可以编程的规则，它还涉及复杂的道德判断、社会价值和人文考量。如果过分强调编码，可能导致学生忽视法律的这些重要方面。因此，在进行法律建模教育的同时，我们也需要强调批判性思考和伦理推理的重要性。②通过编码进行法律建模教育代表了法律教育的一个重要发展方向。它不仅可以

---

① ［英］理查德·萨斯坎德：《线上法院与未来司法》，何广越译，北京大学出版社2021年版。

② Pasquale F. *New Laws of Robotics*：*Defending Human Expertise in the Age of AI.* Harvard University Press，2020.

帮助学生更好地理解法律，还可以培养他们在未来法律职业中所需的技术技能。

（二）从模拟到虚拟现实：未来法律教育中的虚拟实践

虚拟现实（VR）和增强现实（AR）技术正在改变我们体验和互动的方式，法律教育也不例外。这些技术为创造沉浸式学习环境提供了新的可能性，使学生能够在安全、可控的环境中体验真实的法律场景。想象一下，学生们戴上 VR 头盔，瞬间就置身于一个虚拟法庭中。他们可以扮演不同的角色——律师、法官、陪审员，甚至是被告。这种沉浸式体验可以帮助学生更好地理解法庭程序，提高他们的口头辩论技能，并培养他们的临场应变能力。这种实时互动和即时反馈可以帮助学生更快地掌握法庭技巧和礼仪。虚拟实践为未来法律人带来了一些新的问题。首先，技术的可及性和成本问题。不是所有的法学院都有资源投资高端 VR 设备。其次，虽然虚拟环境可以模拟很多真实场景，但它可能无法完全捕捉真实法律实践中的复杂性和不确定性。对未来法学院的学生来说，则可能会因过度依赖虚拟环境而忽视真实世界中的人际互动和微妙的非语言交流。因此，虚拟实践应该作为传统实践教学的补充，而不是完全替代。

除了模拟法庭场景，VR 和 AR 技术还可以用于其他方面的法律教育。例如，学生可以通过 VR 体验犯罪现场勘查，或者使用 AR 技术来可视化复杂的合同结构。这些应用可以帮助学生更直观地理解抽象的法律概念。[1] 诊所式法律教育的虚拟化可能是一个有价值的应用。在这里，学生可以在虚拟环境中接待客户，收集信息，提供法律建议。这种模拟可以帮助学生培养客户沟通技能，同时也让他们有机会应用所学的法律知识。这种虚拟交互可以程序化地呈现各种不同的客户情况，让学生有机会处理多样化的法律问题。虚拟实践还可以与人工智能技术结合，创造更加动态和个性化的学习体验。例如，人工智能可以根据学生的表现实时调整虚拟场景的难度，或者扮演不同的角色来让学生挑战。[2]

从模拟到虚拟现实的转变代表了法律教育的一个重要发展方向。它不仅可

---

[1]　Maharg P. *Transforming Legal Education：Learning and Teaching the Law in the Early Twenty-first Century*. Routledge，2017.

[2]　［英］理查德·萨斯坎德：《法律人的明天会怎样？——法律职业的未来》，何广越译，北京大学出版社 2015 年版。

以提供更加沉浸式和互动的学习体验，还可以帮助学生为未来从事法律职业更好地做准备。随着技术的不断进步，我们可以期待看到更多创新的虚拟实践应用在法律教育中出现。未来的法学院将不再局限于传统的课堂和教科书。通过结合编码教育和虚拟实践，法学院可以培养出既精通法律，又具备技术素养的新一代法律专业人士。这些人才将更好地适应科技驱动的法律环境，推动法律职业的创新和发展。

三、法律职业的未来：法律服务的自动化

（一）法律文件工作的自动化

法律文件的处理一直是律师工作的重要组成部分。从合同起草到诉讼文书准备，大量的时间和精力被投入到这些工作中。然而，这些工作中的很大一部分是重复性的，这为自动化创造了机会。对今天的法律人来说，当他刚刚加入一家大型律师事务所，被分配起草一份复杂的商业合同，这可能意味着他需要花费数小时，甚至数天的时间来完成这项工作。但在未来可能只需要几分钟就可以生成一份初稿。这就是法律文件自动化的力量。

自动化工具，如模板生成器和智能文档系统，革命性地改变了法律文件的处理方式。这些工具不仅可以快速生成标准化的文件，还能根据特定的情况进行定制。例如，一个智能合同生成系统可能会这样工作：

（1）系统提示用户输入关键信息，如合同类型、当事人信息、主要条款等。

（2）基于这些输入，系统从预设的条款库中选择适当的条款。

（3）系统根据特定情况调整条款的措辞。

（4）系统生成一份完整的合同草稿，供律师审核和修改。

这种自动化不仅大大提高了效率，还可以减少人为错误，确保文件的一致性和准确性。[①]

法律文件自动化需要解决的问题，首先是准确性和适用性的问题。尽管自动化工具可以处理标准化的情况，但对于复杂或独特的法律问题，可能无法提供足够精细的定制。其次是法律责任的问题。如果自动生成的文件存在错误或

---

① ［英］理查德·萨斯坎德：《线上法院与未来司法》，何广越译，北京大学出版社2021年版。

遗漏，谁应该承担责任？这个问题目前还没有明确的答案。[①] 另一个值得关注的问题是，自动化可能影响年轻律师的学习和发展。传统上，起草法律文件是年轻律师学习法律实务的重要途径。如果这些工作被大量自动化，我们需要思考如何为年轻律师提供替代的学习机会。随着数字化时代的到来，法律文件的自动化趋势已经不可逆转。未来的律师需要学会与这些工具协同工作，将更多的时间和精力投入到需要高级法律思维的任务中，如策略制定、复杂问题解决和客户关系管理。

（二）大模型时代法律咨询的自动化

随着大型语言模型（如 GPT-4 及其后继者）的出现，法律咨询的自动化进入一个新的阶段。这些模型具有理解和生成自然语言的强大能力，为法律咨询的自动化提供了新的可能性。假如一个普通市民遇到了一个法律问题，在过去，他可能需要预约律师，花费大量时间和金钱来获得法律建议。但现在，只需要打开一个 APP，输入他的法律问题，就能立即得到初步的法律建议。这就是大模型时代法律咨询自动化的愿景。这些人工智能驱动的法律咨询系统可以 7×24 小时提供服务，大大提高了法律服务的可及性。它们可以处理大量的基础性法律问题，为律师释放更多时间来处理复杂的案件。例如，一个人工智能法律助手可能会这样工作：

用户：我刚刚被公司解雇了，我的老板说是因为业绩不好，但我觉得可能是因为我最近提出了一些工作场所的安全问题。我有什么权利需要得到保护吗？

人工智能：根据您提供的信息，这可能涉及不公平解雇或报复性解雇的问题。根据劳动法，雇主不能因员工提出合法的工作场所安全问题而解雇他们，这被称为"举报者保护"。您可能有以下权利：

（1）要求雇主提供书面解雇理由；

（2）如果您认为解雇是不公平的，可以提出申诉或起诉；

（3）如果解雇确实是报复性的，您可能有权要求复职或获得赔偿。

建议您收集所有相关文件，包括绩效评估、您提出安全问题的记录等。考虑咨询专门处理劳动法的律师，以获得更具体的建议。

---

① McGinnis J O, Pearce R G. *The Great Disruption：How Machine Intelligence Will Transform the Role of Lawyers in the Delivery of Legal Services*. Fordham Law Review, 2014，82（6）：3041-3066.

用户：谢谢。我应该如何选择一个合适的律师？

人工智能：选择合适的律师是很重要的。以下是一些建议：

（1）专业性：寻找专门从事劳动法的律师；

（2）经验：查看律师处理类似案件的经验；

（3）评价：查看客户评价和同行评价；

（4）初次咨询：许多律师提供免费的初次咨询，利用这个机会评估律师；

（5）费用结构：了解律师的收费方式，是按小时计费还是固定费用；

（6）沟通：选择一个能清楚解释法律问题并回答您问题的律师。

这种人工智能驱动的法律咨询系统可以提供快速、便捷的初步法律建议，帮助用户了解他们的法律处境和可能的选择。首先是准确性和可靠性的问题。尽管这些系统可以处理大量信息，但它们可能缺乏人类律师的判断力和对细微差别的理解。在复杂或边界情况下，它们可能给出不准确或不适当的建议。其次是法律责任的问题。如果用户根据人工智能系统的建议采取行动并遭受损失，谁应该承担责任？这个问题目前在法律上还没有明确的答案，可能需要新的法律和规制来解决。再次是隐私和数据安全的问题。这些系统需要处理大量敏感的个人和法律信息，如何确保这些信息的安全和保密是一个重要问题。最后是法律咨询是否应该完全自动化？法律问题往往涉及复杂的人际关系和社会背景，需要人类的同理心和判断力。完全依赖人工智能可能忽视这些重要的人文因素。

尽管存在种种尚未解决的困难，但在以大型语言模型为代表的人工智能时代，法律咨询自动化似乎是一个不可逆转的趋势。未来的律师需要学会与这些系统协同工作，将它们视为辅助而非取代人类专业知识的工具。例如，律师可以使用这些系统进行初步研究和分析，然后基于自己的专业判断提供更深入、更个性化的建议。

（三）律师事务所运营的平台化和自动化

随着技术的发展，律师事务所的运营模式也在发生深刻的变化。传统的金字塔结构正在被更加扁平化、网络化的结构所取代。这种变化不仅影响着事务所的内部运作，还改变其提供服务的方式。例如，一位律师是一家中型律师事务所的管理合伙人。在过去，他可能需要花费大量时间处理行政事务、协调不同部门的工作、管理客户关系。但现在，他只需要部署一个集成的平台，就可以自动化处理这些任务中的大部分工作。这就是律师事务所运营平台化和自动化的场景。这些平台通常包括多个模块，如案件管理、时间记录、账单生成、客户关系管理等，它们可以无缝集成，提供全面的事务所管理解决方案。例如，一个综合性的律师事务所管理平台可能这样工作：

（1）案件管理模块自动记录每个案件的进展，包括文件、日程、任务分配等；

（2）时间记录模块自动跟踪律师在每个案件上花费的时间；

（3）基于时间记录，账单生成模块自动创建客户账单；

（4）客户关系管理模块跟踪律师与每个客户的互动，提醒律师进行定期跟进；

（5）人工智能分析模块分析所有数据，提供对事务所效率、盈利能力等的洞察。

这种平台化和自动化不仅可以提高效率，还可以提供更好的客户体验。客户可以通过平台实时查看案件进展，与律师进行安全的在线交流，甚至进行在线支付。①

当然，这种转变不可能一蹴而就，而是在逐步的演化进程之中。首先是技术采用的问题。有些法律人，特别是年长的律师，可能对新技术持抗拒态度。如何说服他们接受这些新工具是一个挑战。其次是数据安全和隐私的问题。律师事务所处理大量敏感信息，如何确保这些信息在数字化过程中的安全是一个关键问题。② 另一个值得关注的问题是，平台化可能改变律师事务所的竞争格局。小型事务所可能通过采用先进的平台提高效率，挑战大型事务所的地位。同时，科技公司可能进入法律服务市场，提供基于平台的法律服务，与传统律师事务所竞争。此外，平台化和自动化可能改变律师的工作方式和工作内容。某些传统上由初级律师完成的工作可能会被自动化，这可能影响律师的职业发展路径。事务所需要重新思考如何培养和发展人才。

如果能攻克这些难关，律师事务所运营的平台化和自动化趋势可能会以不可逆转的趋势加速。未来的律师事务所可能更像是一个科技公司，而不是传统

---

① ［英］理查德·萨斯坎德：《法律人的明天会怎样？——法律职业的未来》，何广越译，北京大学出版社 2015 年版。

② Simshaw D. *Ethical Issues in Robo-Lawyering：The Need for Guidance on Developing and Using Artificial Intelligence in the Practice of Law*. Hastings Law Journal，2018，70：173.

的专业服务机构。律师需要学会在这种新环境中工作，培养技术素养，同时保持法律专业的核心价值。[①]

 **思考题**

1. 考虑到法律语言的模糊性、法律推理的开放性以及法律适用中的价值判断，请问这些因素如何限制法律的完全形式化和自动化？

2. 人工智能辅助司法决策系统有哪些伦理和法律风险？你认为应该如何平衡人工智能的效率和人类判断的灵活性？

3. 如何在实际工作中实现传统的法律思维和新兴的计算思维的融合？请给出具体案例或场景。

4. 请设想一下：未来的法律职业将面临哪些挑战和机遇？未来的法律专业人士需要掌握哪些新技能以适应这些变化？未来律所与法律服务提供商可能采取何种组织形式？

5. 在推进法律自动化的过程中，如何确保技术发展与法治精神相协调？你认为哪些原则或做法对于维护法律的人文关怀和价值导向至关重要？

---

① Barton B H. *The Lawyer's Monopoly*：*What Goes and What Stays*. Fordham Law Review, 2015，82（6）：3067-3090.

后记

　　全书分总论、数据处理、数据权利、数据安全、数据监管、数据责任、数据驱动法律自动运行等七章。之所以把数据处理放在总论之后的各章之前，是因为数据处理是引发数据权利、数据安全、数据监管、数据责任的法律事实。如果我们将数据处理、数据权利、数据安全、数据监管、数据责任看成以数据为对象的法学研究，那么，数据驱动的法律自动运行则是以数据为方法的法学研究范式。数据驱动的法律自动运行蕴含着法律人现在与未来的理想，此一理想图景要求立法及其运行更加智慧化、自动化，要求数字时代法律人才培养必须打破专业壁垒，实现法科与计算机科学、数据科学、统计学等学科的交叉融合。用现代信息技术赋能法科教育，这是新法科建设的突破口，也是法律人对"数字中国"和"法治中国"双战略建设应有的贡献。

　　全书各章撰稿人依次如下：

第一章　总论：饶传平，刘舒婷

第二章　数据处理：刘彬彬，程梦思

第三章　数据权利：陶斯琦，洪民杰

第四章　数据安全：余斐蓉，谢思卿

第五章　数据监管：李钊，何红桂

第六章　数据责任：许林波，余佳璇

第七章　数据驱动法律自动运行：杨安卓

    全书由饶传平拟定章节与体例要求，各章撰稿人撰写初稿，经编写组集体讨论、修改，由饶传平、李钊、杨安卓审稿。感谢华中科技大学出版社法律分社的编辑团队，他们的专业建议使本书的结构和内容更加完善。编者识见浅陋，遗珠难免；同人合作，隙缝多有；新兴学科，岂能周全；匡我不逮，是所望于海内外方家。

饶传平

2024 年 9 月 1 日

于江西财经大学数据法律研究院